LA PENSÉE
EUROPÉENNE
AU XVIIIᵉ SIÈCLE

La pensée
européenne
au XVIIIe siècle
de Montesquieu à Lessing

Paul Hazard

DE L'ACADÉMIE FRANÇAISE

LIBRAIRIE ARTHÈME FAYARD

Préface.

Il n'est guère de chapitre de cet ouvrage qui ne soulève des problèmes de conscience ; il n'en est guère qui n'enregistre des vibrations qui se sont prolongées jusqu'à nous. Non pas que tout commence en 1715 ; nous avons nous-mêmes dans une précédente étude, daté des environs de 1680 les débuts de la crise de la conscience européenne ; d'autres ont montré, depuis, par quelles routes la pensée de la Renaissance rejoignait celle du dix-huitième siècle [1]. Mais à partir de 1715 s'est produit un phénomène de diffusion, sans égal. Ce qui végétait dans l'ombre s'est développé au grand jour ; ce qui était la spéculation de quelques rares esprits a gagné la foule ; ce qui était timide est devenu provoquant. Héritiers surchargés, l'Antiquité, le Moyen Age, la Renaissance, pèsent sur nous ; mais c'est bien du dix-huitième siècle que nous sommes les descendants directs.

Mais le soin d'établir des rapports et de tirer des conclusions, nous le laissons à d'autres. Nous n'avons pas voulu jouer le rôle de prophète du passé ; encore moins de doctrinaire ; encore moins de partisan. Les faits, non pas tels qu'ils auraient dû être, tels qu'ils auraient pu être, mais tels qu'ils ont été : voilà seulement ce que nous avons cherché à saisir. Nous n'avons pas eu de loi plus impérieuse que de les rendre dans leur vérité objective ; nous n'avons pas eu de souci plus cher que d'être fidèle à l'histoire.

Le spectacle auquel nous avons assisté est celui-ci. Une grande clameur critique s'élève d'abord ; les nouveaux venus reprochent à leurs devanciers de ne leur avoir transmis qu'une société mal faite,

---

1. M. Rossi, *Alle fonti del deismo e del materialismo moderni*, Firenze. 1942 — R. LENOBLE, *Mersenne ou la naissance du mécanisme*, 1943. — R. PINTARD, *Le libertinage érudit dans la première moitié du XVIIe siècle*, 1943.

toute d'illusions et de souffrances; un passé séculaire n'a abouti qu'au malheur, et pourquoi? Aussi engagent-ils publiquement un procès d'une telle audace, que seuls quelques enfants perdus en avaient établi les premières pièces obscurément; bientôt paraît l'accusé : le Christ. Le dix-huitième siècle ne s'est pas contenté d'une Réforme; ce qu'il a voulu abattre, c'est la Croix; ce qu'il a voulu effacer, c'est l'idée d'une communication de Dieu à l'homme, d'une Révélation; ce qu'il a voulu détruire, c'est une conception religieuse de la vie. D'où la première partie de cette étude, Le procès du Christianisme.

Ces audacieux reconstruiraient, aussi; la lumière de leur raison dissiperait les grandes masses d'ombre dont la terre était couverte; ils retrouveraient le plan de la nature et n'auraient qu'à le suivre pour retrouver le bonheur perdu. Ils institueraient un nouveau droit, qui n'aurait plus rien à voir avec le droit divin; une nouvelle morale, indépendante de toute théologie; une nouvelle politique, qui transformerait les sujets en citoyens. Afin d'empêcher leurs enfants de retomber dans les erreurs anciennes, ils donneraient de nouveaux principes à l'éducation. Alors le ciel descendrait sur la terre. Dans les beaux édifices clairs qu'ils auraient bâtis, prospéreraient des générations qui n'auraient plus besoin de chercher hors d'elles-mêmes leur raison d'être, leur grandeur et leur félicité. Nous les suivrons dans leur travail; nous verrons les projets et les substructures de leur ville idéale, La cité des hommes.

Pourtant il ne faut pas étudier les idées comme si elles avaient gardé, dans leur développement, la pureté de leur origine, et comme si elles avaient préservé, dans la pratique, la logique inflexible de l'abstraction. Les époques successives ne laissent jamais derrière elles que des chantiers abandonnés; chacune se décompose avant qu'elle ait fini de se composer; d'autres arrivants la pressent, comme elle avait pressé ceux qu'elle avait trouvés sur place; et elle s'en va, laissant après elle, au lieu de l'ordre qu'elle avait rêvé, un chaos qui s'est accru. Nous allons avoir affaire aux esprits les plus clairs qui aient jamais été : ils n'en ont pas moins laissé, dans leur philosophie transparente, des contradictions dont le temps profitera pour exercer sur elle son action corrosive. Au lieu de réduire des idées vivantes à quelques lignes trop simples, nous devrons faire une part à l'imperfection qui s'est glissée dans leur perfection idéale, et nous aurons à rendre compte, non seulement de la façon dont une doctrine veut

s'établir, mais du devenir inexorable qui l'emporte. Ce sera la troisième partie de notre tâche : Désagrégation.

Pour limiter un champ dont personne ne dira sans doute qu'il
était trop restreint, nous n'avons considéré qu'une seule famille
d'esprits. L'abbé Prévost de Manon Lescaut, le Richardson de
Paméla et de Clarisse, le Gœthe de Werther, nous les avons nommés,
mais seulement à titre de contrepartie ; nous ne les avons pas étudiés ;
nous avons volontairement ignoré les représentants de l'homme sensible ; nous n'avons pas suivi le fleuve tumultueux qui coule aussi à
travers le dix-huitième siècle. Nous nous sommes borné aux Philosophes, aux Rationaux. Ames sèches, et dont la sécheresse a fait
surgir, par contraste, les passionnés et les mystiques. Ames comba-
tives, et qui n'entraient pas volontiers dans les psychologies adverses.
Ames que n'ont pas émues la forêt, la montagne ou la mer ; intelligences sans merci. Caractères qui n'ont pas atteint les cimes jusqu'où
se sont élevés un Spinoza, un Bayle, un Fénelon, un Bossuet, un
Leibniz. Des épigones de ces génies sublimes. Mais écrivains de
génie, eux aussi ; et acteurs de premier plan, dans le drame de la
pensée. Ils n'ont pas voulu, lâchement, laisser le monde comme ils
l'avaient trouvé. Ils ont osé. Ils ont eu, à un point que nous semblons
ne plus connaître, l'obsession des problèmes essentiels. Les occupations, les divertissements, les jeux, la dépense même de leur esprit,
ne leur ont paru que secondaires à côté des questions éternelles :
qu'est-ce que la vérité ? qu'est-ce que la justice ? qu'est-ce que la vie ?
Ce tourment n'a jamais cessé de les poursuivre ; toujours ils sont
revenus aux mêmes exigences, qu'ils ne croyaient avoir écartées, le
soir, que pour les retrouver à leur réveil.

Il vaudrait la peine d'étudier, dans ce même ensemble, l'autre famille :
celle des cœurs troublés, des volontés incertaines, des âmes nostalgiques ;
de regarder les êtres de désir, consumés par l'amour, et par l'amour
divin ; d'écouter leurs cris et leurs appels ; d'assister à leurs ravissements et à leurs extases ; de découvrir, avec eux, les richesses de
l'ombre ; de voir, avec eux, les soleils de la nuit. Il faudrait, pour ache-
ver l'histoire intellectuelle du dix-huitième siècle, considérer la naissance
et la croissance de l'homme de sentiment, jusquà la Révolution française.
Cette entreprise, nous l'avons commencée, déjà ; nous la poursuivrons ;
nous l'achèverons peut-être quelque jour. Si vis suppeditat, comme
disaient les Anciens.

PREMIÈRE PARTIE

Le procès du Christianisme.

CHAPITRE I

La Critique universelle.

Asmodée s'était libéré, et maintenant on le trouvait partout. Il soulevait le toit des maisons, pour se renseigner sur les mœurs; il parcourait les rues, pour interroger les passants; il entrait dans les églises, pour s'enquérir du credo des fidèles : c'était même son passe-temps favori. Il ne s'exprimait plus avec la lourdeur passionnée, avec la cruauté triste de Pierre Bayle; il gambadait, il folâtrait, démon rieur.

Le dix-septième siècle avait fini dans l'irrespect, le dix-huitième commença dans l'ironie. La vieille satire ne chôma point; Horace et Juvénal ressuscitèrent; mais le genre était débordé; les romans se faisaient satiriques, et les comédies, épigrammes, pamphlets, libelles, calottes, pullulaient; ce n'étaient que pointes, que piques, que flèches ou que pavés : on s'en donnait à cœur joie. Et quand les écrivains ne suffisaient pas à la besogne, les caricaturistes venaient à leur aide. Signe des temps : il y avait à Londres un savant homme, médecin, philologue, politicien aussi, qui s'appelait John Arbuthnot; il réunit autour de lui quelques-uns des plus hauts représentants de la pensée anglaise; tous ensemble, gaiement, ils fondèrent un club sans pareil, le Scriblerus Club, dont la raison d'être consistait à venger le bon sens par la raillerie : comme pour annoncer à l'Europe, l'année 1713, que l'époque de la critique universelle était venue.

Trois sillages se marquèrent sur cette mer irritée : et d'abord le burlesque. Vite, le *Télémaque* fut travesti. S'il est un doux passage de l'*Iliade*, plein de tendresse naïve et d'amour, c'est

celui où l'on voit Andromaque faire ses adieux à Hector :
près de lui elle s'arrête et se met à pleurer; elle lui prend la
main, elle lui parle en l'appelant de tous ses noms; ta fougue
te perdra; et n'as-tu pitié ni de ton fils, si petit, ni de moi,
malheureuse? Mais l'antiquité cessa d'être vénérable, rien ne
l'était plus; et voici en quels termes Hector accueillit Andromaque :

> Mon Dieu! que vous savez bien braire!
> Mais quand vous brairiez mieux encore
> Un roc est moins ferme qu'Hector,
> Et de vos pleurs il se soucie
> Comme en hiver d'une roupie [1]...

Le goût de l'héroï-comique se répandit, gagna de proche
en proche et devint une mode; on se plut à enfler les petits
sujets, ou à rapetisser les grands. Une boucle de cheveux enlevée, ou les paroles malencontreuses d'un perroquet chéri des
nonnes, ou les sottises d'un étudiant bretteur, parurent des
sujets suffisants pour travestir la muse épique, et contribuèrent
à faire de la moquerie une des attitudes favorites de l'esprit.

Arrivèrent en même temps les voyageurs narquois qui,
feignant de regarder l'Europe avec des yeux nouveaux, découvrirent ses travers, ses défauts et ses vices. Un espion turc se
hasarda, puis un Siamois, qui frayèrent la route aux Persans de
Montesquieu. Quand ceux-ci parurent, l'année 1721, ils furent
salués avec transport. Ah! qu'ils étaient spirituels! qu'ils
étaient incisifs, lorsque oubliant leurs histoires de sérail, ils
faisaient le récit de leurs étonnements naïfs! Ils transposaient;
et par la vertu de cette opération si simple, la vie française se
dépouillait brusquement des habitudes qui la recouvraient;
les préjugés, masqués par l'usage courant et par le caractère
familier de leur pratique, justifiés quelquefois par les transactions nécessaires à une société qui ne peut vivre qu'imparfaite, tout d'un coup ne paraissaient plus être que ce qu'ils
étaient réellement, des préjugés. Les institutions, dépouillées
de leur prestige conventionnel, des obligations qui les avaient
fondées, du souvenir des services qu'elles avaient rendus, des
longues indulgences qui les avaient protégées, se montraient
à nu, décrépites. Le voile de révérence se déchirait; et derrière

---

1. Marivaux, *Homère travesti, ou l'Iliade en vers burlesques*, 1717.

le voile il n'y avait qu'illogisme et qu'absurdité. Ce travail, les Persans l'accomplissaient avec un mélange si savamment dosé d'habileté et de naturel, avec tant de gaieté et de gaminerie, avec une volonté de bravade si décidée, qu'on était pris au jeu et qu'on se mettait inconsciemment de la partie; bien sot qui ne serait pas devenu leur complice. Avec tant de vigueur aussi, tant de justesse dans l'observation, tant de sûreté dans le rendu, tant de finesse dans le détail, que l'admiration l'emportait sur les résistances : comme s'ils avaient si prestement, si joliment détruit la maison, que le propriétaire lui-même les eût félicités en leur disant merci.

Quand les Persans se seront retirés, Oliver Goldsmith tirera un Chinois de son paravent, pour le promener dans Londres. Lian Chi Altangi, citoyen du monde, communiquera ses impressions à ses amis lointains, et ridiculisera les *fine gentlemen* qui mettent leur orgueil dans leur perruque comme Samson avait sa force dans ses cheveux; les *fine ladies*, si bien peintes et si bien barbouillées qu'elles ont deux figures, l'une belle et fausse pour le jour, l'autre vieille et laide pour la nuit. Il parlera des beautés qui l'ont assiégé, de celle qui est venue lui offrir son cœur et qui a emporté sa montre. Même il s'enhardira jusqu'à glisser parmi ces dessins aimables et souriants quelques eaux-fortes, aux traits plus profondément gravés, à l'encre plus grasse et plus noire. Regardez les drapeaux qui sont pendus aux voûtes de la cathédrale de Saint-Paul : lambeaux de soie, qui avaient à peine la valeur de quelques pièces de monnaie chinoise quand ils étaient neufs, et qui ne valent plus rien du tout, à présent. On dit qu'en les laissant conquérir, les Français ont perdu beaucoup d'honneur; et que les Anglais en ont gagné beaucoup, en les conquérant : mais l'honneur des nations européennes réside-t-il dans des morceaux d'étoffe trouée? Regardez l'équipage qui traverse les rues à grand fracas : c'est celui d'un lord, qui descendant d'une fille de cuisine jadis épousée par l'un de ses aïeux, et d'un garçon d'écurie à qui la fille de cuisine a octroyé des faveurs secrètes, a gardé de la première le goût de beaucoup manger et de trop boire, et du second la passion des chevaux; voilà ce qu'on appelle un noble.

Le Chinois fait trois tours, salue et disparaît dans la coulisse : en 1767 arrive un Huron qui débarque dans la baie de la

Rance, scandalise d'abord le prieur de Kerkabon et Mlle de Kerkabon, sa sœur; prétend se marier suivant sa fantaisie, se compromet avec les Huguenots et avec les Jansénistes, bouleverse Versailles : simplement parce qu'il est ingénu; parce que, n'ayant rien appris, il n'a point de préjugés; parce que son entendement, n'ayant point été courbé par l'erreur, est demeuré dans sa rectitude; parce qu'après Usbek, Rica, Rhédi, Lun Chi Altangi, il prétend, pour la première fois, voir les choses comme elles sont. — Le Huron se civilise, entre dans les armées du roi, devient philosophe et guerrier intrépide, perdant du coup son intérêt. L'Espagne se demandait quel étranger elle pouvait bien susciter encore; elle choisit un Africain. Gazel Ben Aly, Marocain, étudia Madrid et les provinces, et décrivit à Ben Belly, dans une série de lettres, les mœurs de l'Espagne, en même temps qu'il marquait les causes de sa grandeur et de sa décadence, et qu'il indiquait les remèdes qui déjà commençaient à la guérir. Ce furent, dans la dernière partie du siècle, les *Cartas Marruecas*, par José Cadalso. — Il y a eu, entre chacun de ces seigneurs et comme pour remplir les intervalles, des figurants bariolés, des Turcs, des Chinois, des Sauvages dépaysés, des Péruviens, des Siamois, des Iroquois, des Indiens, qui menèrent joyeusement leur carnaval critique.

Enfin — troisième procédé — d'autres voyageurs, des voyageurs imaginaires qui n'avaient jamais quitté leur logis, découvrirent des pays merveilleux qui faisaient honte à l'Europe. C'étaient l'Empire du Cantahar, ou l'Ile des Femmes militaires, ou la nation du centre de l'Afrique dont les habitants étaient aussi anciens, aussi nombreux, aussi civilisés que les Chinois, ou la ville des Philadelphes, ou la république des Philosophes Agoiens : on ne se lassait pas de célébrer les vertus de ces inexistants, tous logiques, tous heureux. On réimprimait les vieilles Utopies : Domingo Gonsales ressuscitait, pour s'élancer jusqu'à la lune. On en écrivait de nouvelles; Nicolas Klimius pénétrait dans le monde souterrain, où il rencontrait le royaume des Potuans, éclairés et sages; la terre des Pies; la terre glaciale, dont les habitants fondent quand ils sont frappés par un rayon de soleil; sans compter les Acéphales, qui parlent au moyen d'une bouche qui se trouve au milieu de l'estomac; et les Bostankis, qui ont le cœur placé dans la cuisse droite. Délires d'imagination, qui ne faisaient pas oublier le dessein principal : montrer combien la vie était absurde, en Angleterre, en Allemagne, en France, dans les Provinces Unies, et généralement dans tous pays prétendus civilisés; combien elle pourrait devenir belle si elle se décidait enfin à obéir aux lois de la raison.

A partir de 1726 se faisait sentir, sur ces multiples Utopies, l'influence du maître du genre, Jonathan Swift. Comme les enfants se sont emparés des Voyages de Gulliver pour en faire un de leurs jouets favoris, nous avons peine à voir encore leur portée redoutable.

Swift, pourtant, prend en main la créature humaine; il la réduit à des proportions minuscules; il l'agrandit jusqu'à lui prêter des proportions gigantesques; il la transporte dans des pays où toutes les formes normales de notre vie sont boule-versées; il ne se contente pas de nous donner la plus grande leçon de relativité que nous ayons jamais reçue; avec une fièvre mauvaise, d'un mouvement qui devient dévastateur, il attaque tout ce que nous avions appris à croire, à respecter, ou à aimer. Les hommes d'État? Des ignorants, des imbéciles, des vaniteux, des criminels; les rois donnent les décorations, les rubans bleus, noirs ou rouges, à ceux qui savent le mieux sauter à la corde; les partis s'entre-tuent pour savoir s'il convient de couper les œufs à la coque par le gros bout ou par le petit bout. Les savants? Des fous : à l'Académie de Lagrado, celui-ci travaille à extraire le soleil des concombres et à l'enfermer dans des fioles, pour l'hiver; celui-là bâtit des maisons en commençant par le toit; l'un, qui est aveugle, fabrique des couleurs; l'autre veut remplacer la soie par des fils d'araignée. Les philosophes? Des cervelles folles qui fonc-tionnent à vide; il n'y a rien d'absurde ou d'extravagant qui n'ait été soutenu par l'un d'entre eux. Au royaume de Lugg-nagg, Gulliver rencontre des immortels, qui s'appellent Straldbruggs : affreuse et dégoûtante immortalité! Dans cer-taines familles naissent des enfants marqués au front d'une tache, prédestinés à vivre toujours. Dès trente ans, ils devien-nent mélancoliques; à quatre-vingts ans, ils sont accablés de toutes les misères des vieillards, et torturés en outre par la conscience de la caducité qui les attend; à quatre-vingt-dix ans, ils sont sans dents et sans cheveux, ils ont perdu le goût des aliments, perdu la mémoire; à deux cents ans, à cinq cents ans, débris méprisés et honnis, horribles à voir, plus effrayants que des spectres, ils sont sans recours et sans espoir. — Enfin Swift nous rend odieuse notre existence même. Au pays des chevaux vivent dans l'esclavage des bêtes puantes, qu'on appelle des Yahous. Les Yahous ont de longs cheveux qui leur tombent sur le visage et sur le cou; leur poitrine, leur dos et leurs pattes de devant sont couverts d'un poil épais; ils portent de la barbe au menton, comme les boucs. Ils peuvent se coucher, s'asseoir, ou se tenir debout sur leurs pattes de derrière; ils courent, bondissent, grimpent aux arbres en se servant de leurs griffes: Les femelles sont un peu plus petites que les mâles; leurs mamelles pendent entre leurs deux pattes de devant, et quelquefois touchent la terre. Ces Yahous répugnants, ce sont les hommes... Quand on a fini la lecture des *Voyages de Gulliver* on est tenté d'en changer le titre et de leur donner celui d'un livre appartenant à la bibliothèque de Glumdalclitch, la jeune géante de Brobdingnag : *Traité de la faiblesse du genre humain.*

Aussi les fils de Gulliver, fils légitimes et portant son nom, ou fils bâtards, proliféreront-ils au point de former encore une tribu critique, celle des aigris, des inadaptés, ou seulement des rêveurs. Ils montreront au siècle, dans les déserts transformés en jardins, dans les îles où se cache l'Eldorado, sur la côte de Groenkaof, dans l'archipel de Mangahour qu'aucune carte n'indique, une humanité qui a su trouver des constitutions meilleures, des religions plus pures, la liberté, l'égalité et le bonheur. Pourquoi, quand nous pourrions nous procurer tous ces biens, continuons-nous à nous traîner dans notre misère? A cause de nos vices; et nos vices ne viennent que de notre longue erreur.

C'est bien la critique universelle; elle s'exerce dans tous les domaines, littérature, morale, politique, philosophie; elle est l'âme de cet âge querelleur; je ne vois aucune époque où elle ait eu des représentants plus illustres, où elle se soit plus généralement exercée, où elle ait été plus acide, avec ses airs de gaieté.

Pourtant, elle ne demande pas une transformation radicale

de notre être; elle ne s'attaque pas à l'égoïsme éternel que les moralistes du XVIIᵉ siècle avaient dénoncé; elle ne demande pas que nous changions notre nature pour devenir des saints, pour devenir des dieux. Il y a deux tendances mêlées dans la psychologie de ces réclamants, l'une de colère et l'autre d'espoir. Même Jonathan Swift, si sombre, ne laisse pas de nous faire entrevoir un peu d'azur au milieu des nuages de notre ciel. Il déclare qu'il déteste l'animal qu'on appelle l'homme et que ses voyages sont échafaudés sur cette grande construction de misanthropie. Mais il lui arrive aussi, tout d'un coup, de tenir des propos moins décourageants : à supposer que la parcelle de raison qui est inexplicablement mise en nous se développât; que la politique se réduisît au sens commun et à la prompte expédition des affaires; que quelqu'un fût capable de faire croître deux épis, ou seulement deux brins d'herbe, sur un morceau de terre où auparavant il n'y en avait qu'un, il ne faudrait pas désespérer entièrement de notre espèce. Si nous nous débarrassions de notre vice essentiel, qui est l'orgueil, nous serions moins absurdes et moins malheureux. Mais nous avons aggravé nos misères, nous en avons fabriqué d'autres : qui sait si une nouvelle sagesse, un bon sens simple et modeste, une conception de la vie mieux proportionnée à notre nature, ne seraient pas des remèdes que nous n'avons pas appliqués, mais qui demeurent toujours à la portée de notre main ?

A plus forte raison les autres se reprennent-ils. Leur pessimisme n'est pas cosmique; il ne s'étend pas à tout l'univers; il ne porte pas sur notre condition totale. Ils dénoncent, bien plutôt, un présent qui les irrite, mais qu'ils croient qu'on peut changer. Leur ennemi, c'est l'état social, tel qu'ils l'ont trouvé en venant au monde; qu'on le détruise, qu'on le remplace, et l'avenir sera meilleur.

Toujours une revendication accompagne leur critique. En 1728, John Gay, qui n'est pas un géant, mais qui est un ami des géants, Arbuthnot, Pope, Swift, donne une pièce qu'il intitule *The Beggar's Opera*, et qui peut ne paraître d'abord qu'une innocente plaisanterie. L'Opéra italien de Londres lui donne sur les nerfs; il persiflera ces grands chanteurs à roulades, ces sentiments emphatiques, ces sottes intrigues, indignes du mâle génie des rudes Bretons.

Pour les tourner en ridicule il met en scène une bande de tire-laine, de coupeurs de bourse, de filles perdues, auxquels s'ajoute un bandit de grand chemin : contrepartie des rois et des reines, des tendres héroïnes, des amoureux lyriques, des pères nobles et des duègnes respectables. Point de situation d'opéra, de déclaration passionnée, de duo sous la lune, de malédiction paternelle, de mort mélodieuse, qui ne fût reprise en caricature, dans les bas-fonds; et comme musique, des ballades populaires, de vieilles chansons, des airs fredonnés par les gens de Soho. Ainsi étaient raillées l'affectation, la rhétorique, l'afféterie de l'*italian nonsense*, indigne du mâle génie des rudes Bretons.

Mais cette gueuserie portait plus loin. Car l'activité de la bande, animée par le génie de son chef, Mr. Peachum, recéleur, distributeur des rôles et organisateur des complots, répartiteur des bénéfices, aussi capable de protéger ses hommes et de les tirer de prison, s'ils étaient arrêtés, que de les punir s'ils défaillaient, voulait être l'image de la vie politique, avec ses ministres qui distribuent à leur troupe ce qu'ils ont dérobé aux particuliers, avec sa justice en dehors de la justice, sa loi en dehors de la loi. Bien plus, c'est la noblesse que la pièce bafouait. Somme toute, Mr. Peachum, Mrs. Peachum, sa compagne, forte en gueule et toujours prête à proférer des maximes, sagesse des nations; leur fille Polly, le plus bel ornement du *gang* et le plus utile, les filous qui s'assemblent dans une taverne, les prostituées qui sentent le gin, en quoi tout ce monde diffère-t-il des beaux seigneurs et des nobles dames qui fréquentent la cour, qui habitent des châteaux, qui se promènent dans des carrosses et qui tiennent le haut du pavé? Cette différence, s'il en est une, est extérieure : les sentiments sont les mêmes, les habitudes sont les mêmes, les crimes sont les mêmes, à l'occasion. Ces gens aux beaux atours font-ils autre chose que de rechercher leur intérêt ou leur plaisir? Ils parlent de leur honneur : ne sont-ils pas toujours prêts à trahir? Ils parlent de leur vertu : n'ont-ils pas tous les vices? Ne sont-ils pas infidèles? Ne trichent-ils pas au jeu? Ne se mettent-ils pas à l'affût de l'argent? Ce sont des animaux de proie. Qu'ils fassent les dégoûtés, tant qu'ils veulent : on ne sait pas au juste si les seigneurs imitent les hommes de la rue ou si les hommes de la rue imitent les seigneurs. A décider entre eux, les gueux l'emporteraient. Les gueux valent mieux que ces hypocrites : se procurant sans tant de cérémonie ce dont ils ont besoin pour vivre, industrieux, infatigables, courageux, n'hésitant pas à risquer tous les jours leur liberté et leur vie, prêts à venir au secours d'un ami et à mourir pour lui, fidèles à leur code, ces « philosophes pratiques » cherchent à répartir plus équitablement les biens de ce monde et à corriger l'iniquité du sort.

Laissez passer les années, considérez un pays tout différent, changez le genre littéraire : vous retrouverez la même inquiétude sociale. Parini, fils d'un artisan lombard, devenu abbé, précepteur, et s'approchant ainsi de l'aristocratie, la juge et la condamne. Il donne, en 1763, *Il Mattino*, que suivra *Il Mezzogiorno* : deux chefs-d'œuvre. Le jeune seigneur dont il dépeint la vie pendant quelques heures seulement, depuis son lever tardif jusqu'au milieu du jour, n'est que paresse, mollesse, oisiveté; ses occupations ne sont que vide. Il boit son café dans de la porcelaine de Chine; il bavarde avec son maître à danser, son maître à chanter, son professeur de français; il reçoit son tailleur auquel il refuse de payer son dû; il s'attarde longuement devant sa table de toilette, tandis que le coiffeur qu'il injurie le frise et le poudre; il s'en va chez la femme mariée dont il est l'amant, sous les yeux du mari; il fait le dégoûté devant des nourritures exquises; il bavarde à tort et à travers, et porte des jugements décisifs sur ce qu'il ne connaît pas. Il est fat, orgueilleux, cruel; son carrosse écrase les passants qui ne se rangent pas assez vite devant lui. Quels sont ses mérites? Il n'a pas servi l'Etat; il n'a pas, comme ses aïeux, défendu sa patrie; il ne porte au côté qu'une épée de cour. Il est indigne de son nom, de son rang, de ses privilèges. Détail par détail, Parini le poursuit; il raille et il gronde; par moments une colère le prend, une colère sourde, sans déclamation et sans cris. Dans ses vers, d'une densité et d'une vigueur inégalées, passent des regrets, des espoirs :

Forse vero non è, ma un giorno è fama
Che fur gli nomini eguali, e ignoti uomi
Fur Plebe e Nobiltade...

« C'est un mensonge peut-être, mais la légende dit qu'il y eut un temps — où les hommes furent égaux, et où ce furent des noms inconnus — que Plèbe et Noblesse... »

Ainsi de suite et jusqu'à la fin du siècle, jusqu'à Figaro. Ainsi de suite et dans toute l'Europe. La critique s'achève en appel, en demande, en exigence. Que désirent ces voyageurs mécontents, ces *discontented wanderers* ? que veulent ces plaignants ? Pourquoi procèdent-ils à une révision à laquelle rien ne doit échapper, ni la législation arguant de sa majesté, ni la religion faisant valoir son caractère divin ? De quel bien s'estiment-ils frustrés ? — Du bonheur.

CHAPITRE II

Le Bonheur.

Oh Happiness ! Our Being's End and Aim !
Good. Pleasure. Ease. Content ! Wate'er thy Name !

O bonheur ! Fin et but de notre être ! Bien, Plaisir, Aise,
Contentement, et quel que soit ton nom !

Elles reviendront souvent, ces invocations, ces incantations presque ; ils seront inlassablement repris, analysés, définis, ces mots que, dans son *Essay on Man*, Pope rassemble comme par un cri d'appel, et auxquels il ajoute encore tous les possibles. Les gens de ce temps-là n'eurent pas peur des dieux jaloux, qui s'irritent lorsque les mortels prononcent d'imprudentes paroles. Au contraire, ils crièrent qu'ils voulaient leur part de félicité, qu'ils l'auraient, et qu'ils l'avaient déjà. *Réflexions sur le Bonheur, Épître sur le Bonheur, Sur la vie heureuse, Système du vrai Bonheur, Essai sur le Bonheur, Della felicità, L'arte di essere felici, Discorso sulla felicità, Die Glückseligkeit, Versuch über die Kunst stets fröhlich zu sein, Ueber die menschliche Glückseligkeit, Of Happiness* : voilà ce qu'en diverses langues ils osèrent inscrire au titre de leurs livres. Comme la découverte, après avoir comblé les individus, allait profiter aux peuples, ils étendirent son bienfait : *Traité de la société civile et du moyen de se rendre heureux en contribuant au bonheur des personnes avec qui on vit, Des causes du bonheur public, De la Félicité publique, Della pubblica felicità, La felicità pubblica, Ragionamenti... riguardanti la pubblica felicità. Riflessioni sulla pubblica felicità. Of National Felicity.* Pour avoir sous la main les meilleurs traités sur la question, ils en firent un recueil et l'appelèrent : *Le Temple du Bonheur*. Le beau temple était là, sur la colline heureuse; la Joie se tenait devant la porte et invitait les humains à commencer enfin la grande fête de la vie.

Une autre émulation s'emparait des esprits. C'était à qui critiquerait, mais c'était à qui répéterait aussi que de toutes les vérités, les seules importantes sont celles qui contribuent à nous rendre heureux; que de tous les arts, les seuls importants sont ceux qui contribuent à nous rendre heureux; que toute la philosophie se réduisait aux moyens efficaces de nous rendre heureux; et qu'enfin il n'y avait qu'un seul devoir, celui d'être heureux. La quête du bonheur on la mettait en poèmes, Graal des temps nouveaux. Helvétius, ayant décidé qu'il deviendrait l'Apollon de la France, demandait conseil à Voltaire; et comme Voltaire lui répondait que pour écrire de beaux vers, un beau sujet était d'abord nécessaire, il cherchait et n'en trouvait pas de plus digne que celui-ci : son bonheur, à lui; et le bonheur du genre humain. Le temps était proche, où Oromaze, le dieu du bien, allait terminer par une victoire décisive sa lutte contre Ariman, le dieu du mal : c'est Oromaze lui-même qui l'annonçait :

L'enfer s'anéantit, le ciel est sur la terre...

La quête du bonheur, on la mettait en romans : en 1759, Samuel Johnson, le raisonnable et le sage, confiait l'aventure à son héros Rasselas, fils de l'empereur d'Abyssinie. Rasselas, conformément à la loi du pays et en attendant que l'ordre de succession l'appelât au pouvoir, était enfermé dans une vallée sans communications avec le monde. Rien ne lui manquait de ce qui aurait dû le satisfaire, et cependant son état lui paraissait insupportable. Bientôt il formait le projet de quitter sa prison trop parfaite; il s'échappait, il visitait les campagnes et les villes, il se rendait au Caire où l'Occident et l'Orient s'affrontent, et où l'on trouve l'exemple de toutes les conditions; il entrait même dans les Pyramides, qui cachent peut-être le secret de la sagesse antique; et il répétait, d'une voix de moins en moins ferme à mesure que ses expériences le décevaient : *Surely happiness is somewhere to be found,* il y a sûrement un endroit où se trouve le bonheur... — En 1766, Wieland suscitait son Agathon : et celui-ci parcourait les diverses régions de la Grèce antique, interrogeant les profanes et les sages, les courtisanes et les ascètes : le bonheur, dites-moi si vous l'avez trouvé ? Où est le bonheur ?

Ils rêvaient. De l'autre côté de la ligne, entre le quarantième et le cinquantième degré de latitude méridionale, s'étendait un royaume de songe. Sa capitale, Léliopolis, était bâtie d'une pierre jaspée aussi belle que le marbre ; ses maisons étaient ornées d'étoffes et de tapis, l'hiver ; et l'été de toiles peintes, plus légères et plus vives en couleurs que les mousselines et les indiennes ; les lambris étaient recouverts d'un vernis plus parfait que celui de la Chine. Les campagnes étaient riches et peuplées ; les terres, cultivées avec autant de soin que le sont nos jardins, produisaient les plus riches moissons que l'on pût voir au monde. On y trouvait des montagnes de diamants et des quantités de pierres précieuses, rubis, émeraudes et topazes ; les rivières traînaient de l'or dans leurs sables, et la mer recélait des perles, de l'ambre, du corail. Rien n'égalait le vert des arbres, des prairies, des pelouses ; les haies elles-mêmes étaient couvertes de fleurs d'un émail sans pareil, et qui parfumaient l'air. Les légumes et les fruits y étaient excellents, les vins délicieux, et nombreuses les fontaines aux eaux pures. Un ciel serein, un air salubre, un doux climat, un peu plus aimable et moins sujet au changement que le nôtre, achevaient de rendre les habitants dignes de ce beau nom, les Féliciens [1].

Ils s'évadaient par la pensée. On partait, à la suite de Robinson, sur les flots incertains ; on courait les aventures et les périls de mer ; une tempête s'élevait, qui faisait sombrer le navire. Mais le naufragé trouvait toujours une plage où aborder, une nature compatissante, une vallée fertile, de la venaison, des fruits ; il avait une compagne à ses côtés, ou il la rencontrait par aventure : alors le couple reformait une société, dont la sagesse faisait honte à la vieille Europe. Et cela se passait dans l'île de Felsenburg, quelque part, en Utopie ; ou dans une île encore plus difficile à atteindre, qui s'appelait *Die glückseligste Insul auf der ganzen Welt, oder das Land der Zufriedenheit* : l'Ile la plus heureuse du monde entier,

---

1. (Marquis de Lassay), *Relation du royaume des Féliciens, peuples qui habitent dans les Terres Ausirales...*, 1727.

ou le pays du contentement. Tous, les doctes et les frivoles, les initiés et les profanes, les jeunes gens et les femmes et les vieillards, étaient possédés de la même soif. A Varsovie le Collège des Nobles, afin de donner aux familles une idée de l'excellence de ses études, l'année 1757, produisait en public dix orateurs imberbes, qui traitaient *Du bonheur de l'homme en cette vie.* Dans les salons parisiens, on remplaçait la carte du Tendre par celle de la Félicité; au théâtre, on pouvait voir jouer l'*Heureux,* pièce philosophique en trois actes et en prose. Il y avait un Ordre de la Félicité parmi les sociétés secrètes, et dans ses assemblées, on chantait des couplets comme ceux-ci :

> L'île de la Félicité
> N'est pas une chimère;
> C'est où règne la volupté
> Et de l'amour la mère;
> Frères, courons, parcourons
> Tous les flots de Cythère,
> Et nous la trouverons.

« Le bonheur », écrivait Mme de Puisieux en peignant les caractères de ses contemporains, « est une boule après laquelle nous courons quand elle roule, et que nous poussons du pied quand elle s'arrête... On est bien las quand on se résout à se reposer, et à laisser aller la boule... » On n'était jamais las, à en croire Montesquieu : « Monsieur de Maupertuis, qui a cru toute sa vie et qui peut-être a prouvé qu'il n'était point heureux, vient de publier un petit écrit sur le bonheur. »

L'époque était obsédée par quelques idées fixes. Elle ne se fatiguait pas de les reprendre; avec prédilection, elle revenait aux mêmes formules, aux mêmes développements, comme si jamais elle n'était sûre d'avoir suffisamment prouvé, suffisamment convaincu. Nous la voyons ici dans une de ses attitudes favorites, et dans un de ses acharnements. Les guerres ne cessaient pas : guerre de la succession d'Espagne, guerre de la sucession d'Autriche, guerre de Sept Ans; guerre dans le proche Orient, guerre portée jusqu'au Nouveau Monde. De·temps en temps, la peste ou la famine venaient ravager quelques provinces; partout on souffrait, comme d'ordinaire. Cependant l'Europe intellectuelle voulait se persuader qu'elle vivait dans le meilleur des mondes possibles; et la doctrine de l'optimisme était son grand recours [1].

C'est l'histoire éternelle d'une éternelle illusion...
— Non pas. Il y a des époques désespérées. Il y a des époques douloureuses, qui n'oseraient afficher cette exigence, parce qu'elle leur semblerait dérision; qui ont été si profondément atteintes dans leur esprit et dans leur chair, qu'elles osent à peine croire à des lendemains meilleurs, et qui savent qu'elles portent en elles toute la misère du monde. Il y a des époques de foi, qui, ayant constaté notre irrémédiable misère, mettent leur confiance dans un Au-delà dont elles attendent justice : celles-là parient sur l'infini.

Le bonheur, tel que l'ont conçu les rationaux du XVIIIe siècle, a eu des caractères qui n'ont appartenu qu'à lui. Bonheur immédiat : aujourd'hui, tout de suite, étaient les mots qui comptaient; demain semblait déjà tardif à cette impatience; demain pouvait à la rigueur apporter un complément, demain continuerait la tâche commencée; mais demain ne donnerait pas le signal d'une transmutation. Bonheur qui était moins un don qu'une conquête; bonheur volontaire. Bonheur dans les composantes duquel ne devait entrer aucun élément tragique : *Beruhigung der Menschen* : que l'humanité se tranquillise! que cessent les troubles, les incertitudes et les angoisses! Rassurez-vous. Vous êtes dans une aimable prairie entourée de bosquets, traversée par des ruisseaux d'argent, et qui ressemble aux jardins de l'Eden : vous refusez de la voir. Une odeur exquise s'échappe des fleurs : vous refusez de la sentir. Des lis éclatants, des fruits délicieux s'offrent à vous : vous refusez de les cueillir. Si vous allez vers un rosier, vous vous arrangez pour être déchiré par ses épines; si vous traversez le gazon, c'est pour courir après le serpent qui fuit. Là-dessus vous poussez des soupirs, vous vous lamentez, vous dites que l'univers est conjuré contre vous, et qu'il vaudrait mieux que vous ne fussiez jamais né. Vous n'êtes qu'un insensé, et vous causez vous-même votre malheur [2]. — Ou bien vous

---

1. Sur l'optimisme de Leibniz et de Pope, voir la Troisième Partie du présent ouvrage, chapitre III, *Nature et bonté.*
2. I. P. Uz, *Lyrische Gedichte*, 1749. *Versuch über die Kunst stets fröhlich zu sein.*

vous plaisez à évoquer un spectre, une effroyable déesse : elle est habillée de noir, sa peau est plissée de mille rides, son teint est livide, et ses regards pleins de terreur; ses mains sont armées de fouets et de scorpions. Vous écoutez sa voix; elle vous conseille de vous détourner des attraits d'un monde trompeur, elle vous dit que la joie n'est pas le lot de l'espèce humaine, que vous êtes né pour souffrir et pour être maudit, que toutes les créatures souffrent sous les étoiles. Alors vous demandez à mourir. Mais ne savez-vous pas que c'est la Superstition qui vous parle ainsi, fille de l'Inquiétude, et qui a comme suivantes la Crainte et le Souci? La terre est trop belle pour que la Providence l'ait destinée à être un séjour de douleur. Refuser de jouir des bienfaits que l'auteur des choses a préparés pour vous, c'est faire preuve d'ignorance et de perversité [1].

Rien de commun avec le bonheur des mystiques, qui ne tendaient à rien de moins qu'à se fondre en Dieu; avec le bonheur d'un Fénelon, qui se sentait l'âme plus sûre et plus simple que celle d'un petit enfant, quand en pensée il rejoignait le Père; avec le bonheur d'un Bossuet, douceur de se sentir commandé par le dogme et conduit par l'Eglise, certitude de compter un jour parmi les élus qui figurent à la droite du Saint des Saints; avec le bonheur des justes qui acceptaient l'obéissance à la loi et espéraient la récompense qui ne finirait plus; avec le bonheur des simples abîmés dans leur prière; avec les béatitudes...

Des béatitudes, avant-goût du ciel, ceux qui remplaçaient les anciens maîtres ne se souciaient plus; un bonheur terrestre, voilà ce qu'ils voulaient.

Leur bonheur était une certaine façon de se contenter du possible, sans prétendre à l'absolu; un bonheur de médiocrité, de juste milieu, qui excluait le gain total, de peur d'une perte totale; l'acte d'hommes qui prenaient paisiblement possession des bienfaits qu'ils discernaient dans l'apport de chaque jour. C'était encore un bonheur de calcul. Tant pour le mal, d'accord; mais tant pour le bien : or le bien l'emporte. Ils procédaient même à une opération mathématique. Faites la somme des avantages de la vie, la somme des maux inévi-

---

1. S. Johnson, *The Rambler*, n° 44, 18 août 1750.

tables; soustrayez la seconde de la première, et vous verrez que vous conservez un bénéfice. D'un côté, le total des points favorables, multipliés par l'intensité; de l'autre, le total des points défavorables, multipliés par l'intensité; si, à la fin de votre journée, vous trouvez que vous avez eu trente-quatre degrés de plaisir et vingt-quatre degrés de douleur, votre compte est prospère et vous devez vous tenir pour satisfait [1].

C'était un bonheur construit. Regardons, tel qu'il se considère dans son miroir, l'auteur des *Lettres Persanes;* profitons, moins de ce qu'il a ébauché, comme tout le monde alors, un *Essai sur le Bonheur,* que des notes qu'il a prises dans des cahiers intimes; voyons la manière dont il prend en main la direction d'une existence qu'il a si parfaitement réussie. Je partirai, se dit expressément Montesquieu, d'une donnée positive : je n'ambitionnerai pas la condition des Anges et ne me plaindrai pas de ne pas l'obtenir; je m'en tiendrai au relatif. Ce principe étant admis une fois pour toutes, je constate que le tempérament joue un grand rôle dans cette affaire; et sur ce point, je suis bien partagé : « il y a des gens qui ont pour moyen de conserver leur santé de se purger, saigner, etc. Moi, je n'ai pour régime que de faire diète quand j'ai fait des excès, de dormir quand j'ai veillé et de ne prendre d'ennui ni par les chagrins ni par les plaisirs, ni par le travail ni par l'oisiveté. » Son âme s'attache à tout; il est de ceux qui saluent avec une égale joie l'aube qui éveille et la nuit qui endort; dire qu'il se plaît mieux à la campagne ne veut pas dire qu'il déteste Paris; il est parfaitement dispos dans ses terres où il ne voit que des arbres, et aussi bien dans la grande ville, au milieu de ce nombre d'hommes qui égale les sables de la mer. Ce bien-être vital, encore faut-il l'exploiter habilement, comme font les gagne-petit. De même que les deniers accumulés finissent par devenir des écus sonnants, de même les brefs moments de petits plaisirs finissent par constituer une fortune convenable. Ne gémissons pas sur nos

1. Wollaston, *Religion of nature delineated,* 1722. *Ébauche de la religion naturelle,* traduite de l'anglais. La Haye, 1756. Section II, *De la félicité,* Note p. 110 : « Il faut nécessairement donner une idée de la comparaison que l'auteur fait des degrés de plaisir et de douleur avec les nombres, parce que ceci fera entrer plus facilement le lecteur dans les plus abstraites propositions de cette section, où l'auteur fait une perpétuelle allusion à l'arithmétique », etc.

peines; pensons, bien plutôt, qu'elles nous ramènent à nos plaisirs : je vous défie de faire jeûner un anachorète sans donner en même temps un goût nouveau à ses légumes. Pensons encore que les souffrances modérées ne sont pas dépourvues d'un certain agrément, et que les vives souffrances, si elles nous blessent, nous occupent. Bref, mettons-nous dans une telle disposition d'esprit que nous comprenions combien ce qui est pour nous l'emporte sur ce qui est contre nous. Accommodons-nous à la vie; ce n'est pas elle, n'est-ce pas? qui s'accommodera à nous. Nous sommes lancés dans une partie qui dure autant que nous-mêmes; le joueur habile passe quand se présente un mauvais coup; quand un bon coup arrive, il profite de ses cartes et il remporte la partie pour finir; tandis que le joueur maladroit perd toujours.

Bonheur de sécheresse : que de psychologies furent alors semblables à la sienne! On fabriquait un mélange d'ingrédients divers pour remplacer les pures délices et les joies surhumaines. On y faisait entrer le plaisir, réhabilité : pourquoi ce long contresens sur son compte? Pourquoi l'avoir chassé? N'était-il pas dans notre nature? Volupté, charme de la vie... Seuls des fanatiques pouvaient mettre leur joie dans les privations, dans les souffrances corporelles, dans l'ascétisme : la gaieté fait de nous des dieux, et l'austérité des diables [1].

> *Sollt' auch ich durch Gram und Leid*
> *Meinen Leib verzehren,*
> *Und des Lebens Fröhligkeit*
> *Weil ich lebe, entbehren?*

Pourquoi devrais-je, moi aussi, consumer mon corps par le deuil, par la souffrance? Pourquoi devrais-je, vivant, me priver de la joie de vivre [2]*?* La mort, la mort elle-même, doit perdre l'air affreux qui d'ordinaire lui est attribué; les morts trop sérieuses sont méprisables, à cause de l'affectation qui les accompagne; les vrais grands hommes sont ceux qui ont su mourir en plaisantant [3].

Dans ce mélange on faisait entrer la santé; non plus une

1. Frédéric II à Voltaire, Remusberg, 27 septembre 1737.
2. Hagedorn, *Die Jugend*, 1730.
3. A.-F.-B. Deslandes, *Réflexions sur les grands hommes qui sont morts en plaisantant*, 1712.

prière pour le bon usage des maladies, mais des précautions pour que la maladie ne vînt point. Plus une honnête fortune, s'il était possible. Tous les avantages matériels de la civilisation : car on n'en était pas encore au confort, mais on commençait à donner un plus haut prix aux commodités de la vie.

Des recettes prosaïques. Celle du marquis d'Argens : « Le vrai bonheur consiste dans trois choses : 1° n'avoir rien à se reprocher de criminel; 2° savoir se rendre heureux dans l'état où le ciel nous a placés, et dans lequel nous sommes obligés de rester; 3° jouir d'une parfaite santé. » Celle de Mme du Châtelet : « Il faut, pour être heureux, s'être défait des préjugés, être vertueux, avoir des goûts et des passions, être susceptible d'illusions, car nous devons la plupart de nos plaisirs à l'illusion, et malheureux est celui qui la perd... Il faut commencer par bien se dire à soi-même que nous n'avons rien à faire en ce monde qu'à nous y procurer des sensations et des sentiments agréables. » Quelquefois, plus obscure chez les uns, plus formellement déterminée chez les penseurs qui cherchaient la raison profonde d'une attitude si différente de celle de leurs aînés, l'idée d'une adhésion à l'ordre universel, qui voulait que les créatures fussent heureuses : autrement, pourquoi auraient-elles reçu la vie?

Des légions de mondes brillent dans les limites assignées; et dans l'espace éthéré où des astres innombrables se meuvent dans leurs orbites, tout est assujetti à l'ordre.

C'est pour l'ordre que tout ce qui existe a été formé; il gouverne les doux zéphyrs et les vents orageux; sa chaîne lie tous les êtres depuis l'insecte jusqu'à l'homme.

Notre première loi est le bien de toute la création; je serai heureux si je n'enfreins par aucune action coupable le bonheur universel, unique fin de mon existence... [1].

Ainsi se manifestaient ouvertement des orientations nouvelles de la pensée.

D'abord c'en était fait de la convoitise de l'absolu. Et encore voulait-on que cette renonciation fût paisible. On

1. Uz, *Lyrische Gedichte*, 1749. *Die Glückseligkeit.* Traduction de Huber, *Choix de poésies allemandes*, 1766. Tome II, *Ode de M. Utz, La Félicité.*

affectait de croire, on croyait presque que le calice n'était pas rempli de fiel, et que le fiel lui-même n'était pas amer. On plaçait « le système moral du monde à un point fort au-dessous de la perfection idéale (car nous sommes incapables de concevoir ce qu'il nous est impossible d'atteindre), mais cependant à un degré suffisant pour nous instituer un état heureux, tranquille, ou du moins supportable [1] ».

Du coup, on ramenait le ciel sur la terre. Entre le ciel et la terre il ne pouvait même plus y avoir de différence d'espèce. A supposer qu'une autre existence fût concevable, comment croire que, bienheureuse, elle dût être achetée par le malheur ? que le créateur et l'ordonnateur du monde eût voulu que les moyens fussent opposés pour parvenir au même but, dans cette vie et dans une autre vie qui la suivrait ? que, pour être heureux, il fallût commencer par la souffrance ? Dieu ne pouvait s'être livré au jeu de nous priver de la félicité tandis que nous existions, pour nous la donner quand nous ne serions plus. Le présent et l'avenir, s'il en était un, ne différaient pas en espèce ; les actes qu'il nous fallait accomplir pour acquérir le plus grand bonheur dont notre nature fût capable étaient ceux mêmes qui nous conduiraient au bonheur éternel, s'il en était un. Pas de rupture, pas de contradiction ; notre être continuerait notre être, s'il y avait un paradis dans l'au-delà, notre être de chair qui serait semblable à lui-même dans l'immortalité [2].

La philosophie devait être dirigée par la pratique ; elle ne devait plus être autre chose que la recherche des moyens du bonheur. « Il est un principe dans la nature, plus universel encore que ce qu'on appelle *la lumière naturelle,* plus uniforme encore pour tous les hommes, aussi présent au plus stupide qu'au plus subtil : c'est *le désir d'être heureux.* Sera-ce un paradoxe de dire que c'est de ce principe que nous devons tirer les règles de conduite que nous devons observer, et que c'est par lui que nous devons reconnaître les vérités qu'il faut croire ?... Si je veux m'instruire sur la nature de Dieu, sur ma propre nature, sur l'origine du monde, sur sa fin, ma raison est confondue, et toutes les sectes me laissent dans la même

1. Bolingbroke, *A Letter on the Spirit of Patriotism,* 1737.
2. Maupertuis, *Essai de philosophie morale,* 1749.

obscurité. Dans cette égalité de ténèbres, dans cette nuit profonde, si je rencontre le système qui est le seul qui puisse remplir le désir que j'ai d'être heureux, ne dois-je pas à cela le reconnaître pour véritable? ne dois-je pas croire que celui qui me conduit au bonheur est celui qui ne saurait me tromper [1]? »

Enfin le bonheur devenait un droit, dont l'idée se substituait à celle de devoir. Puisqu'il était le but de tous les êtres intelligents, le centre auquel toutes leurs actions aboutissent; puisqu'il était la valeur initiale; puisque cette affirmation, *Je veux être heureux,* était le premier article d'un code antérieur à toute législation, à tout système religieux, on ne s'est plus demandé si on avait mérité le bonheur, mais si on obtenait le bonheur auquel on avait droit. Au lieu de : « Suis-je juste? » cette autre question : « Suis-je heureux? »

Arriérés, ceux qui pensaient autrement. Le jeune Vauvenargues, qui était stoïcien, qui pleurait et s'exaltait en lisant Plutarque, qui travaillait à cultiver en lui la vertu pour elle-même, et l'héroïsme pour sa beauté, aux yeux de son cousin et ami, le fougueux Mirabeau, avait tort : Vauvenargues divaguait, quand il aurait dû se faire un plan fixe pour atteindre ce qui doit être notre unique objet, le bonheur. Aux yeux d'une femme du xviiie siècle, la Princesse de Clèves, qui, étant aimée et aimant en retour, refusait son bonheur et se retirait dans un désert pour fuir l'homme qui voulait la forcer à être heureuse malgré elle, avait tort. L'histoire avait été comprise à tort, parce que les savants qui avaient cherché à déterminer si tel peuple avait été plus religieux, plus sobre, plus guerrier que tel autre, avaient tort : ce qu'ils auraient dû faire, c'est rechercher lequel avait été le plus heureux. Les Égyptiens ne l'avaient pas été; ni les Grecs malgré leur haut degré de civilisation; ni les Romains malgré la force de leur Empire, ni l'Europe soumise au Christianisme. Pour être en état d'apporter un remède à cette longue infortune et pour être utiles au présent, les historiens auraient dû se poser deux questions : combien de jours dans l'année, ou d'heures dans la journée, un homme peut-il travailler sans s'incommoder, sans se rendre malheureux? Combien faut-il qu'un homme

1. Maupertuis, *ibid.*

travaille de jours dans l'année, ou d'heures dans la journée, pour se procurer ce qui est nécessaire à la conservation et à l'aisance de sa vie ? En effet, « il existe dans toutes les conditions un attrait irrésistible qui porte tous les êtres vers le meilleur état possible, et c'est là qu'il faut chercher cette révélation physique qui doit servir d'oracle à tous les législateurs ». Elle était lourde de sens, cette phrase que prononçait en 1772 le marquis de Chastellux, dans son traité *De la félicité publique, ou Considérations sur le sort des hommes dans les différentes époques de l'histoire,* lourde d'un sens que devait développer l'avenir.

Tout le monde avait eu tort, sauf peut-être les précurseurs que le xvIIIᵉ siècle avait eus dans le siècle de Louis XIV. D'où l'amertume critique, le reproche permanent, la plainte en promesses non tenues, en trahison. D'où l'appel au bonheur. D'où l'idée d'une réparation toute proche, grâce à la raison, grâce aux lumières.

CHAPITRE III

La raison. Les lumières.

Pour les croyants, la raison était une étincelle divine, une parcelle de vérité concédée aux créatures mortelles, en attendant le jour où elles franchiraient les portes du tombeau, et où elles verraient Dieu face à face. Pour les nouveaux venus, ce ne seront là que les chimères d'une époque révolue et d'un moment dépassé.

Comme dans sa définition du bonheur, la pensée européenne commence ici par un acte d'humilité, lequel sera vite suivi d'un acte d'orgueil; mais son premier décret contient l'annonce d'un sacrifice. Elle s'avoue incapable de connaître la substance et l'essence, situées dans une région inaccessible à ses prises. Assez longtemps, proclame-t-elle, les hommes ont accumulé des systèmes qui tour à tour ont péri, explications chaque fois définitives et chaque fois illusoires. Jeu de fous, que de s'évertuer à franchir des barrières posées comme infranchissables; jeu dangereux. *Usque huc venies et non procedes amplius:* tu viendras jusqu'ici, tu n'iras pas plus avant. Arrête-toi au terme que tes forces t'assignent; personne ne l'a dépassé, personne ne le dépassera; à cette condition seulement, tu assureras la stabilité de tes conquêtes. La raison est comme une souveraine qui, arrivant au pouvoir, prend la résolution d'ignorer les provinces où elle sait qu'elle ne régnera jamais fermement; elle n'en dominera que mieux celles qu'elle garde. Le pyrrhonisme, éternel ennemi, venait d'une ambition démesurée : déçu, cet orgueil ne laissait après lui que des ruines. Grâce à une modération qui est sagesse, le pyrrhonisme sera vaincu.

Qu'est-ce que la raison, ainsi limitée? D'abord on lui conteste tout caractère d'innéité; elle se forme en même temps que se forme notre âme, et se perfectionne avec elle; elle se confond avec cette activité intérieure qui, travaillant sur les données des sens, nous fournit nos idées abstraites, et se diversifie en facultés. Ensuite on passe vite sur sa puissance de déduction : déduire n'est qu'un développement qui n'ajoute rien à la connaissance, puisqu'il la présuppose dans la donnée première dont toutes les autres découleront. Mais surtout, on insiste sur sa valeur discriminatrice. La vérité est un rapport de convenance ou de disconvenance que nous affirmons à propos des idées. La plupart du temps, nous n'apercevons pas ce rapport, parce que nous manquons d'un moyen terme. Soient deux édifices éloignés : il nous est impossible de savoir avec précision comment ils se ressemblent et comment ils diffèrent. Mais nous le saurons, si nous appliquons à l'un et à l'autre une toise ou un cordeau : car nous établirons entre les deux une relation que l'œil était incapable de nous faire concevoir. Tel est le rôle de la raison : en présence de l'obscur et du douteux, elle se met au travail, elle juge, elle compare, elle emploie une commune mesure, elle découvre, elle prononce. Pas de plus haute fonction que la sienne, puisqu'elle est chargée de révéler la vérité, de dénoncer l'erreur. De la raison dépendent toute la science et toute la philosophie.

On considéra qu'il était sans intérêt d'épiloguer sur son essence, et du plus haut intérêt, au contraire, de voir opérer cette bonne ouvrière, de connaître sa méthode et ses achèvements. Elle observe les faits que les sens enregistrent; comme les faits se présentent à elle dans un ensemble qui paraît d'abord inextricable, elle les extrait de cette confusion; sans les interpréter, sans risquer à leur sujet quelque hypothèse que ce soit, elle essaie de les saisir à l'état pur, puis de les retenir comme tels. L'analyse est sa méthode favorite. Au lieu de partir de principes a priori, comme faisaient les gens d'autrefois, qui se payaient de mots et qui tournaient en rond sans s'en apercevoir, elle s'attache au réel; par l'analyse elle distingue ses éléments, puis les collectionne avec patience. Tel est son premier travail; le second consiste à les comparer, à découvrir les liens qui les unissent, à en tirer des lois.

Besogne lente et pénible. Du moins la raison est-elle en mesure de solliciter les faits qui lui échappent, de les obliger même à se répéter pour qu'elle les examine de plus près, de vérifier l'exactitude de ses rapports, grâce à un procédé que les métaphysiciens ignorent, et qu'elle met en honneur : l'expérience. L'appréhension du fait, dégagé de ses ombres; la vérification du fait; le retour au fait, sont les mouvements successifs de sa prudente démarche. Entre une acquisition provisoire et un résultat définitif, l'expérience se place comme une garantie, une assurance contre l'erreur, un remède à la faiblesse de nos sens, aux négligences de notre paresse, aux écarts de notre imagination, aux maladies de l'esprit dont les générations précédentes ont souffert. Aussi deviendra-t-elle la puissance bienfaisante qui fera s'écrouler les temples du faux. Le héros des *Bijoux indiscrets*, Mangogul, si absorbé qu'il soit par des passe-temps qui n'ont rien de commun avec les préoccupations philosophiques, n'en est pas moins féru de raison; à ce titre, Diderot lui prête un rêve symbolique où déborde son enthousiasme pour l'expérience, promue au rang des divinités tutélaires. Mangogul, endormi, se croit transporté par un hippogriffe dans un édifice étrange, qui ne repose sur aucune fondation : ses colonnes fragiles s'élèvent à perte de vue et reposent sur des voûtes percées. Les gens qui s'assemblent à l'entrée sont des bouffis, des fluets, sans muscles et sans force, presque tous contrefaits. Traversant leur foule, il arrive à une tribune qu'une toile d'araignée surmonte en guise de dais, et où se tient un vieillard à barbe blanche, en train de souffler des bulles de savon dans une paille : car telle est la façon de travailler des systématiques. Mais on entrevoit au loin un enfant qui peu à peu s'approche : ses membres grossissent et s'allongent à chaque pas. Il prend cent formes diverses, dans le progrès de ses accroissements : il dirige vers le ciel un long télescope, estime à l'aide d'un pendule la chute des corps, constate par le moyen d'un tube à mercure la pesanteur de l'air. Il devient un colosse, sa tête touche aux cieux, ses pieds se perdent dans l'abîme, et ses bras s'étendent de l'un à l'autre pôle. Il secoue de la main droite un flambeau dont la lumière éclaire le fond des eaux et pénètre jusque dans les entrailles de la terre. Il est l'Expérience. L'Expérience s'approche de l'édifice vétuste; ses colonnes chancellent, ses voûtes s'affaissent et son pavé s'entrouvre; ses débris s'écroulent avec un bruit effroyable et tombent dans la nuit.

La raison se suffit à elle-même : qui la possède et l'exerce sans préjugés ne se trompe jamais : *neque decipitur ratio, neque decipit unquam*; elle suit infailliblement la route de la vérité. Elle n'a besoin ni de l'autorité, dont elle est assez exactement le contraire et qui ne s'est montrée qu'une maîtresse d'erreur; ni de la tradition; ni des Anciens, ni des Modernes. Toute aberration est venue de ce qu'on a cru aveuglément, au lieu de procéder en chaque circonstance à un examen rationnel. Dans la même région sans doute que le Portique des Hypothèses imaginé par Diderot, se trouve le Temple de l'Ignorance, imaginé par Pietro Verri [1]. L'Ignorance habite un château délabré; gothique en est l'architecture, et sur la grandporte est sculptée une énorme bouche qui bâille. Une foule remplit le vaste édifice, des indécis, des bavards, des stupides qui ne savent ni le nom de la déesse, ni l'endroit de leur propre séjour. Les murs sont couverts d'horribles peintures, naufrages et guerres civiles, la Mort et la Stérilité. D'une haute tribune, une vieille femme décharnée répète à chaque instant sur un ton déclamatoire : « Jeunes gens, jeunes gens, écoutez-moi, ne vous fiez pas à vous-mêmes; ce que vous ressentez en vous n'est qu'illusion; faites confiance aux Anciens, et croyez que tout ce qu'ils ont fait est bien fait. » En même temps un vieillard décrépit se démène et crie : « Jeunes gens, jeunes gens, la raison est une chimère; si vous voulez discerner le vrai du faux, suivez les opinions de la multitude; jeunes gens, jeunes gens, la raison est une chimère. » — Iconographie du même style nous montrant l'Expérience qui détruit les systèmes, et l'Ignorance qui préconise la foi dans le passé, le consentement aux antiques préceptes, l'obéissance aux préjugés qui s'opposent au libre jugement.

Que si cependant l'individu a besoin de se rassurer sur la valeur de ses opérations intellectuelles, il possède un signe de reconnaissance : le caractère universel de la raison. Celle-ci, en effet, est identique chez tous les hommes. Elle ne comporte pas d'exceptions possibles; les voyageurs qui prétendent avoir noté, dans les pays lointains, des oppositions irréductibles entre les comportements variés de notre espèce, n'ont eu affaire qu'à des différences superficielles et à des accidents négligeables;

---

1. Pietro Verri, *Il Tempio dell' Ignoranza*, dans le périodique *Il Caffè*, 10 juin 1764.

ou bien ils ont mal regardé, ou bien ils ont menti. Est irrationnel ce qui n'a pas toujours été, ce qui n'est point partout; le critérium de la Vérité est son extension dans l'espace et dans le temps. Les rationaux eurent beaucoup de motifs de s'irriter contre les Enthousiastes, leurs ennemis personnels; or un des plus profonds fut celui-ci : ces fanatiques se fiaient à l'émotion, au sentiment, tout individuels : aussi leur pensée, comme leur conduite, aboutissait-elle au chaos. Depuis les plus civilisés des citoyens du monde jusqu'aux Hurons du lac Michigan, jusqu'aux misérables Hottentots, dernier échelon avant la brute, du Nord au Sud et de l'Est à l'Ouest, la nature s'exprime par la voix de la raison.

Son excellence achève de se marquer à sa vertu bienfaisante. Parce qu'elle perfectionnera les sciences et les arts et qu'ainsi se multiplieront nos aises et nos facilités; parce qu'elle sera le juge qui nous fera savoir, plus sûrement que la sensation elle-même, quelle est au juste la qualité de nos plaisirs, et par conséquent ceux qu'il faut délaisser et ceux qu'il faut prendre; parce que le malheur n'est qu'un défaut de connaissance ou qu'un jugement erroné, parce qu'elle remédie à l'un et qu'elle corrige l'autre : ce que le passé avait toujours promis sans le donner, elle l'accomplira, elle nous rendra heureux. Elle apportera le salut; elle équivaudra pour le philosophe, dit Dumarsais, à ce qu'est la grâce pour saint Augustin; elle éclairera tout homme venant en ce monde, étant lumière.

La lumière; ou mieux encore, les lumières, puisqu'il ne s'agissait pas d'un seul rayon, mais d'un faisceau qui se projetait sur les grandes masses d'ombre dont la terre était encore couverte, ce fut un mot magique que l'époque s'est plu à dire et à redire, avec quelques autres que nous verrons. Comme elles étaient douces aux yeux des sages, ces lumières qu'eux-mêmes avaient allumées; comme elles étaient belles et comme elles étaient puissantes; comme elles étaient redoutées des superstitieux, des fourbes, des méchants! Enfin elles brillaient ; elles émanaient des augustes lois de la raison; elles accompagnaient, elles suivaient la Philosophie qui s'avançait à pas de géant. Éclairés, voilà ce qu'étaient les enfants du siècle : car la métaphore délectable se prolongeait indéfiniment.

Ils étaient les flambeaux; la lampe dont la lueur les dirigeait dans le cours de leurs pensées et de leurs actions; l'aube annonciatrice; le jour; et le soleil, constant, uniforme, durable. Les hommes avaient erré, avant eux, parce qu'ils avaient été plongés dans l'obscurité, parce qu'ils avaient dû vivre au milieu des ténèbres, des brouillards de l'ignorance, des nuées qui cachaient la droite route; on avait couvert leurs yeux d'un bandeau. Les pères avaient été des aveugles, mais les fils seraient les enfants de la lumière.

Peu leur importait que l'image fût aussi ancienne que le monde, et qu'elle fût née peut-être au moment où les fils d'Adam, effrayés par la nuit, s'étaient rassurés en voyant poindre le jour. Peu leur importait même qu'elle eût été théologique : « Je suis la lumière du monde, et celui qui me suit ne marche pas dans les ténèbres. » Ils se l'appropriaient, ils la faisaient leur, comme s'ils l'avaient découverte. La lumière, les lumières, c'était la devise qu'ils inscrivaient sur leurs drapeaux, car pour la première fois une époque choisissait son nom. Commençait le siècle des lumières; commençait l'Aufklärung.

Was ist Aufklärung ? s'est demandé Kant, lorsque, les temps étant révolus, il a jugé bon de procéder à un examen de conscience rétrospectif. Il a répondu qu'elle avait été, pour l'homme, une crise de croissance, la volonté de sortir de son enfance. Si, dans les époques précédentes, l'homme était resté en tutelle, c'était par sa faute : il n'avait pas eu le courage de se servir de sa raison; toujours il avait eu besoin d'un commandement extérieur. Mais il s'était repris, il avait commencé à penser par lui-même : *Sapere aude*. La paresse, la lâcheté, poussent une foule d'esprits à rester mineurs tout au long de leur vie, et permettent à quelques autres d'exercer une domination facile. Si j'ai un livre qui a des opinions pour moi, un directeur de conscience qui a une morale pour moi, un médecin qui a un régime pour moi, je n'ai pas besoin de faire personnellement effort : à ma place, un voisin s'occupera de la désagréable affaire qui consiste à réfléchir. Que la grande majorité des créatures ait peur d'atteindre sa majorité, c'est ce à quoi veillent les gardiens qui ont commencé par abêtir leur troupeau domestique : ils montrent à ces éternels enfants le danger qui les menace s'ils prétendent marcher seuls. De sorte qu'il est difficile aux individus de sortir de cette seconde nature qu'ils finissent par aimer. Et cependant il est possible, il est inévitable que se crée un public qui accède à la philosophie des lumières. Car quelques âmes fortes se dégagent et donnent l'exemple. Exemple dont la vertu ne peut opérer que lentement : tandis que par une révolution, on abat un despotisme, on met fin à une oppression, mais on n'arrive à rien de durable, et même on crée des préjugés nouveaux : au contraire, on exécute une réforme profonde par une évolution. La liberté en est l'âme, la liberté sous la forme la plus saine de tout ce qu'on désigne sous ce vocable, la liberté de faire un usage public de sa raison. — Mais ici des cris s'élèvent; l'officier dit à ses soldats: ne raisonnez pas, et faites l'exercice; le financier : ne raisonnez pas, payez; l'ecclésiastique : ne raisonnez pas, croyez! Le fait est qu'une certaine limitation est nécessaire, qui, loin de nuire à l'Aufklärung, la favorise. La liberté de penser et de parler est illimitée chez l'homme cultivé, chez le savant; elle est limitée chez ceux qui, exerçant une fonction du corps social, doivent l'accomplir sans discussion; il serait extrêmement dangereux qu'un officier, recevant dans le service un ordre de son supérieur, se mît à raisonner sur l'opportunité de cet ordre; qu'un ecclésiastique, exposant le Credo à ses catéchumènes, se mît à leur montrer ce que ce Credo a de défectueux. En somme, le jeu des organes de la machine sociale doit se continuer sans changement brusque; en même temps, un changement doit se produire dans l'esprit de ceux qui la dirigent, un changement qui les affecte en tant qu'êtres pensants, et qui peu à peu substitue à l'état de tutelle un état de liberté. Deux plans : celui de l'action, qui provisoirement reste inaltéré; celui de la raison, où se prépare l'évolution qui pour finir dominera les actes, car ce travail de la pensée a comme devoir de ne point s'arrêter.

Le champ de la libération s'est ouvert; nous ne sommes pas arrivés, nous ne nous arrêterons jamais, mais nous sommes sur le bon chemin [1]... — Telle fut, comme elle voulait être vue, sous sa forme la plus haute et dans l'idéal, l'Aufklärung.

---

1. E. Kant, *Beantwortung der Frage : Was ist Aufklärung?* 1784.

Plusieurs faits, en ce qui concerne l'histoire des idées, ont contribué à établir son règne : l'influence de Bayle; l'échec de Vico; le succès de Wolff; le triomphe de Locke.

Bayle n'a point cessé d'agir. C'était faire œuvre pie que le réfuter : il était mort depuis un demi-siècle, depuis trois quarts de siècle, qu'on s'acharnait encore contre lui, ainsi qu'au premier jour : tant il continuait d'apparaître au premier rang des sceptiques. En fait, son *Dictionnaire* figurait à la place d'honneur dans les bibliothèques; on le rééditait, on le traduisait; soit qu'il s'enflât d'édition en édition, soit qu'on le réduisît en extraits, en analyses, il était toujours l'arsenal où toutes armes étaient puisées, quand il s'agissait de remplacer l'autorité par la critique. Des disciples plus ou moins directs exploitaient la pensée centrale du grand ennemi des religionnaires, à savoir que religion et vérité étaient inconciliables, que religion et morale n'étaient point liées; ces disciples allaient répétant qu'on n'apercevait pas que les chrétiens fussent meilleurs que les incroyants, et qu'il était bien possible qu'une république d'athées fût plus vertueuse, et en même temps plus désintéressée, qu'une république de catholiques ou de protestants. Il n'était pas jusqu'à l'un de ses procédés favoris qui ne servît inlassablement : celui qui consistait à dire que telle difficulté étant insoluble par la raison, il fallait s'en remettre à la croyance pour sortir d'embarras : de sorte que la foi était le recours de l'absurde. « Si notre Sainte Écriture a dit que le Chaos existait, que le Tohu-Bohu a été adopté par elle, nous le croyons sans doute, et avec la foi la plus vive. Nous ne parlons ici que suivant les lueurs trompeuses de notre raison [1]... » L'écolier est plus désinvolte, mais on reconnaît bien la leçon du professeur. Souvent enfin cette influence se fragmente : qu'il s'agisse des comètes, ou de Spinoza, ou de l'histoire, ou de la Bible, Bayle est dans les mémoires, Bayle dirige les esprits.

S'il fallait apporter ici quelque atténuation, on dirait seulement qu'à un moment donné, ce culte est moins fervent. D'une part, en effet, ce qui paraissait audacieux à l'extrême aux environs de 1700, paraît relativement bénin aux environs de 1750 : dès lors, on a moins besoin d'un exemple dont

---

1. Voltaire, *Le Philosophe ignorant. Tout est-il éternel ?*

la violence s'est atténuée avec le temps. Depuis l'article *David* du dictionnaire, David en a entendu d'autres, il s'est habitué. D'autre part, les épigones estiment que le doute, attitude initiale et précaution première, doit être suivi d'une activité positive à laquelle le Pyrrhonien par excellence s'est refusé. Du *Dictionnaire historique et critique* à l'*Encyclopédie*, du recueil des erreurs à l'inventaire des connaissances humaines, une évolution s'affirme par laquelle Pierre Bayle se trouve dépassé.

Si l'Italie avait écouté Giambattista Vico, et si, comme au temps de la Renaissance, elle avait servi de guide à l'Europe, notre destin intellectuel n'aurait-il pas été différent? Nos ancêtres du XVIIIe siècle n'auraient pas cru que tout ce qui était clair était vrai; mais au contraire que « la clarté est le vice de la raison humaine plutôt que sa vertu », parce qu'une idée claire est une idée finie. Ils n'auraient pas cru que la raison était notre faculté première, mais au contraire l'imagination; la raison, tard venue, n'ayant fait que dessécher notre âme; et ils auraient eu peut-être le regret de nos paradis perdus. Ils n'auraient pas cru qu'il fallait illuminer la terre, en surface, mais au contraire que l'explication des choses venait des profondeurs du temps. Ils n'auraient pas cru que nous nous dirigions en droite ligne vers un avenir meilleur, mais au contraire que les nations étaient soumises à des vicissitudes qui les faisaient sortir de la barbarie pour aller vers la civilisation et de la civilisation les ramenaient à la barbarie. Toutes leurs idées auraient été bouleversées, toute leur conception du monde.

Il faut admirer ce héros de la pensée et ce génie original, et, jusque dans sa défaite provisoire, l'homme qui aurait voulu donner un autre cours au fleuve du siècle. Par la vertu de la maladie qui l'avait tenu éloigné des écoles, et par celle d'une fierté qui lui avait fait mesurer d'un seul coup l'insuffisance de maîtres qui répétaient et ne réfléchissaient plus, il n'avait pas subi l'influence de la scolastique, qui comptait encore tant de dévots. Par la vertu de sa propre force, il n'avait pas subi l'influence des doctrines à la mode, comme celle de Descartes, qui à l'entendre avait engourdi les esprits en les dispensant du savoir, leur apprenant à dédaigner les efforts et les patiences en mettant leur confiance dans une perception distincte, laquelle avait favorisé la paresse de notre nature, qui veut tout connaître dans le temps le plus court et avec la moindre peine. Il n'avait pas subi l'influence de Locke, fraîchement venue de Londres, et qui représentait la nouveauté du jour. Son caractère n'avait pas davantage cédé aux forces d'esclavage, à la puissance des grands, à la pauvreté, à l'insuccès de sa carrière professorale. Dans la gêne, il avait continué à travailler, à chercher, à se plonger dans l'étude des disciplines les plus diverses, jusqu'au jour où estimant enfin que ses approches étaient suffisantes, il avait publié le livre qui ne proposait rien de moins que de donner les principes d'une science nouvelle sur la nature des nations, sur le droit des gens, et à vrai dire sur la loi qui présidait à l'évolution de l'humanité : *Principi d'una Scienza Nuova intorno alla natura delle nazioni, per li quali si ritrovano altri principi del diritto delle genti ;* et c'était l'année 1725. Il s'en dégageait cette idée grandiose que le sujet et l'objet de la connaissance étaient l'histoire que chaque peuple, et tous les peuples, créent inconsciemment en la vivant, et consciemment lorsqu'ils la conçoivent comme le devenir même de notre espèce. Pour lui, l'histoire était la réalité en train d'être vécue; et elle était encore l'ensemble des témoignages que nous laissons derrière nous, et qui, avant d'être des souvenirs, sont les modalités de l'existence; elle était tous les monuments, depuis les premières pierres des cavernes jusqu'aux produits les plus raffinés de la civilisation; toutes les langues qui eussent jamais été parlées ou écrites; toutes les institutions qui eussent jamais été fondées; toutes les habitudes et toutes les mœurs; toutes les lois. Il n'était pas d'objet que Vico ne touchât sans le transformer en or : le langage n'était plus la science abstraite des mots, mais une série d'inscriptions qu'il fallait lire en y cherchant le reflet de nos états psychologiques antérieurs; la poésie n'était plus le résultat d'un artifice, une difficulté vaincue, une réussite d'autant plus parfaite qu'elle se conformait davantage aux préceptes de la raison, mais notre âme spontanée et naïve, mais une valeur primitive qui allait se dégradant. *L'Iliade* et *l'Odyssée* n'étaient plus des épopées savamment composées par un aède aveugle, remplies à la fois de beautés singulières et de fautes de goût, dues celles-ci à la grossièreté de son temps : mais une des voix que nous avions parlées, une des formes de notre être, saisie à un moment de la durée et venue jusqu'à nous. Et la science nouvelle n'était plus la géométrie ou la physique, mais l'interprétation des signes dont l'ensemble constituait l'humanité et la vie.

En vain Giambattista Vico s'adressait aux savants, à ses compatriotes de Naples, à ce Jean Leclerc qui, dans sa gazette de Hollande, distribuait la renommée aux écrivains qu'il révélait à l'Europe. L'Europe restait sourde, et pour commencer l'Italie. Il lui avait pourtant fourni un de ses titres de noblesse, en montrant dans la langue latine les traces d'une civilisation autochtone, *De antiquissima Italorum sapientia*, sagesse qui ne devait rien qu'à un peuple digne de redevenir lui-même. C'est plus tard seulement que cet appel sera entendu et recueilli. Pour le moment il restait sans écho; ce novateur n'avait pas de disciplines, pas de suivants; sa pensée était sans action, et même les siens ne le recevaient pas.

Christian Wolff était un professeur très doctoral : on le devinerait rien qu'à regarder son portrait, sa perruque solennelle, l'épaisse cravate où son cou s'engonce, ses yeux exorbités d'homme qui a trop lu et trop écrit, sa physionomie pleine de l'assurance du pédagogue. Il enseignait à l'Université de Halle, où il avait débuté par les mathématiques, en 1706 : il gardera toujours l'empreinte de la géométrie. Puis il était devenu philosophe de profession. En 1712 il avait donné son premier grand livre, *Vernünftige Gedanken von den Kräften des menschlichen Vertandes, und seinen richtigen Gebrauch in Erkenntniss der Weisheit,* « Pensées raisonnables sur les forces de l'entendement humain et sur son bon usage dans la connaissance de la sagesse ». Depuis lors il n'avait pas cessé de professer, de mettre dans ses publications la matière de ses cours. Soixante-sept ouvrages de 1703 à 1753; quelques-uns en plusieurs volumes; et beaucoup in-quarto. Chaque année, autour de sa chaire, et dans l'éclat de sa renommée, il avait rassemblé des prosélytes; il était devenu le maître à penser de l'Allemagne.

De Leibniz il voulait bien avoir été l'élève, à condition qu'on ne prît pas le mot au sens étroit, qu'on ne le considérât pas comme le simple divulgateur des doctrines d'un plus grand homme, qu'on reconnût bien haut qu'il avait transformé, corrigé, amélioré l'héritage dont il était devenu mieux que le simple dépositaire : *Philosophia Leibnitia-Wolffiana :* part à deux, la plus belle part étant pour lui. Leibniz lui avait fourni un point de départ d'où il s'était élancé pour prendre de plus hauts vols.

Bientôt, de la pensée magnifiquement conciliatrice de l'auteur de la *Théodicée*, il avait fait une pensée systématique; il l'avait amenée à des affirmations catégoriques, presque à un dogme. La philosophie était pour lui la science du possible, de tout le possible; et dès lors, il faisait entrer tout le possible dans des compartiments bien fermés, de façon que rien ne débordât et rien n'échappât; il l'emprisonnait dans des définitions sans fissures. « Les sciences », interprète son traducteur et admirateur Formey, « ne sont et ne peuvent être nommées telles, que si elles résultent d'un assemblage de vérités solidement liées, sans aucun mélange d'erreurs. M. de Wolff a passé sa vie uniquement livré au soin de transformer en sciences réelles et véritables cet amas indigeste de connaissances philosophiques que l'on avait alors plutôt accumulées qu'édifiées. » O le beau damier rectiligne qu'il prenait pour miroir! L'existant se trouvait pris, et bien pris, dans ses cases :

LA PHILOSOPHIE

I. — Théorétique se divise en

  1. Logique;

  2. Métaphysique, qui a pour parties
     a. Ontologie,
     b. Cosmologie générale,
     c. Psychologie
        A. Empirique,
        B. Raisonnée.
     d. Théologie naturelle.

  3. Physique, qui est
     a. Expérimentale,
     b. Dogmatique, dans laquelle on considère les causes
        A. Efficientes,
        B. Finales.

II. — Pratique se divise en
1. Philosophie pratique universelle;
2. Éthique, ou Morale.
3. Économique, etc.
4. Politique [1].

Cette manie de rigueur formelle se retrouvait, lorsque Christian Wolff entreprenait de fournir un critérium du vrai. Est vrai, tout ce qui ne contient pas de contradiction en soi; la clarté est le signe de la vérité, l'obscurité est le signe de l'erreur. L'intelligence des choses est pure, si leur notion ne comprend ni confusion, ni ombre; elle est impure, si elle comprend de l'ombre et de la confusion. Ce n'était pas la réalité d'un fait qui comptait pour lui, mais l'application du raisonnement à un fait, sa suite rigoureuse, son développement sans défaut; c'était moins la concordance de l'être avec l'affirmation qui doit le traduire que la concordance des différentes parties d'une affirmation une fois donnée. Ce qu'ayant dit, il admirait son œuvre et la trouvait parfaite.

Pensées raisonnables sur Dieu, sur le monde, et sur l'âme; Pensées raisonnables sur l'homme; Pensées raisonnables sur la société : de ses pensées raisonnables et de sa philosophie rationnelle, mises en allemand pour les profanes, mises en latin pour les savants, il a inondé son pays d'abord, puis les pays voisins. Il est vrai que sa carrière avait subi un accident fâcheux : à Halle, le 12 juillet 1721, il avait tenu un discours sur la morale des Chinois, reprenant le thème, qu'un long usage aurait dû rendre inoffensif, de la haute moralité des enseignements de Confucius : lesquels menaient au bien, non par l'effet de quelque révélation divine, mais d'une sagesse tout humaine qu'inspirait la raison, d'une sagesse raisonnable. Aussitôt les professeurs piétistes, ses collègues et ses ennemis, avaient crié au scandale; et l'affaire, après avoir ému l'Université, avait été portée jusqu'à Frédéric-Guillaume, son souverain. La légende veut qu'un courtisan ait représenté au roi-sergent que ce M. Wolff enseignait la doctrine de l'harmonie

1. *Mémoire abrégé sur la vie et les ouvrages de M. de Wolff* dans les *Principes du droit de la nature et des gens, extrait du grand ouvrage latin de M. de Wolff,* par M. Formey, Amsterdam, 1758, 3 vol. in-12, t. I, p. XLVI.

préétablie; qu'elle menait au fatalisme; que dès lors les soldats de S.M. n'étaient plus que des machines; et qu'on avait tort de punir ces machines si elles désertaient. Ce sur quoi le roi s'était fâché et avait donné l'ordre de chasser M. Wolff : s'il se trouvait encore à Halle au bout de vingt-quatre heures qu'on le pendît. Mais la revanche était venue. A l'avènement de Frédéric II, il avait été rappelé dans sa ville, dans son Université, dans sa chaire, où il n'eut plus guère qu'à ruminer sa gloire : ce qu'il fit jusqu'à sa mort, en 1754. Immense renommée, qu'a emportée le vent : on disait qu'il était le Sage, le nom de philosophe étant trop faible pour lui; que des nations entières l'admiraient; que les Français l'avaient agrégé à l'Académie des Sciences, honneur suprême; que les Anglais avaient traduit plusieurs de ses traités, marque infaillible de l'approbation d'un peuple qui se croit seul en possession de penser et de philosopher; que les Italiens avaient senti de bonne heure son mérite et qu'ils avaient été les premiers, tant à Rome que dans les écoles d'Italie, à recommander ses ouvrages : Sa Majesté Napolitaine avait même introduit par lettres patentes le système wolffien dans les Universités de ses États. Le Nord n'avait pas été glacé à son égard; la Russie lui avait conféré le titre de professeur honoraire de son Académie impériale, et les autres royaumes de ces climats lui avaient donné des témoignages de l'estime la plus distinguée. Ce grand bruit d'ailes s'est vite assourdi, et Christian Wolff n'a plus d'épitaphe que dans les traités d'histoire de la philosophie. Mais meurt-il ou n'est-il pas éternellement présent parmi nous tout homme qui a su communiquer ses vibrations à l'esprit?

Il avait toujours adhéré à une religion positive; il avait réfuté Spinoza, Locke, Bayle; il avait protesté aussi bien contre « la dégoûtante libre penserie des Anglais », que contre « l'envahissant déisme, matérialisme et scepticisme des Français »; « environ deux heures avant sa mort, sentant qu'il allait entrer dans le travail de l'agonie, il découvrit sa tête, et faisant tout l'effort que lui permettait son extrême faiblesse, et joignant les mains, il dit : « A présent, Jésus mon Rédempteur, fortifie-moi pendant cette heure... » Attitude du chrétien, qui prie et qui espère. Chrétien, il ne l'était pourtant pas, dans sa pensée profonde. Pour lui, la morale était rationnelle; la foi était une opération rationnelle, qui n'allait pas jusqu'à croire au miracle;

et Dieu n'était en somme qu'un produit de la raison humaine. C'est dans ce sens que Christian Wolff sera interprété par ses successeurs.

Quand on arrive à John Locke on reste frappé d'étonnement. A une première apparence, en effet, sa royauté est sans rivale et ne souffre aucune rébellion. En 1690, son *Essay on human understanding* a proposé une orientation nouvelle de la pensée : cet Essai reste, jusqu'à Kant, le livre de chevet de la philosophie. Le mot d'Helvetius dans le livre *De l'homme, Analogie de mes opinions avec celle de Locke,* vaut pour l'immense majorité; on peut compter sur les doigts ceux qui ne l'ont pas lu, pratiqué, admiré, tandis que la foule de ses suivants est innombrable. Je ne sais s'il y a jamais eu un manieur d'idées qui, plus manifestement que celui-là, ait façonné son siècle. Il est sorti des écoles, des universités, des cercles savants, des académies, pour aller jusqu'aux profanes; il est devenu l'un des accessoires indispensables de la mode intellectuelle. Pope raconte qu'une jeune Anglaise qui faisait faire son portrait voulut que la peintre le représentât tenant dans les mains un gros volume, les œuvres de Locke; et Goldsmith nous dit que les petits maîtres français ne se contentaient pas de briller par l'élégance et le raffinement de leur parure : encore voulaient-ils que leur esprit fût orné, orné par Locke. Destouches, dans sa comédie *La fausse Agnès,* met en scène une jeune fille qui s'est fait passer pour folle, afin de se débarrasser d'un prétendant qu'elle n'aime pas; après quoi elle montre qu'elle est parfaitement raisonnable en expliquant la doctrine de la connaissance telle qu'elle est donnée dans l'*Essai.* Souvent une allusion, une citation, un rappel non pas même des œuvres maîtresses, mais des œuvres les moins connues, indiquent qu'on le tient tout prêt dans les réserves de la mémoire, pièce d'or qu'on est heureux d'extraire et de faire briller en passant.

Rares sont les auteurs qui vont d'instinct à toutes les questions essentielles, et à celles-là seulement, la croyance, la morale, la politique, l'éducation, et qui, sur tous ces grands sujets, mettent leur marque ineffaçable : John Locke a été de ceux-là. Voici qu'on découvre aujourd'hui qu'il a fait révolution même en littérature : non seulement parce qu'il a ruiné d'un seul coup les vieilles rhétoriques et les vieilles grammaires, montrant que l'art d'écrire ne consistait pas à appliquer des règles et des préceptes, et procédait bien plutôt de l'activité intérieure de l'âme : mais parce qu'il a donné à l'impression, à la sensation, une place qu'on ne leur avait pas encore reconnue. Je ne dois rien à la nature, disait Sterne à Suard, qui se demandait si ce bizarre Anglais ne se moquait pas de lui; je dois tout à l'étude prolongée de quelques ouvrages : l'Ancien et le Nouveau Testament; et Locke, que j'ai commencé dans ma jeunesse, et que j'ai continué à lire toute ma vie. Dans ce sens, Locke est à l'origine d'une littérature qui enregistre, cohérentes ou non, les réactions du Moi devant les phénomènes qui viennent le frapper, la littérature de l'impression, la littérature de la sensation.

D'où vient une influence aussi étendue que profonde ? d'où vient cette action qui apparaît partout ? Locke a préfiguré l'attitude que le siècle voulait prendre devant le problème de l'être. Elle procède de lui, la renonciation solennelle à l'inconnaissable; il procède de lui, le décret impérial *De coercendo intra nes imperio*. Elle est sienne, l'idée que ce qui ne nous est pas utile ne nous est pas nécessaire; le marin n'a pas besoin de plonger dans les gouffres de l'océan, il lui suffit de porter sur sa carte les écueils, les courants et les ports. Elle est sienne, où qu'il l'ait prise, l'idée qu'il n'y a rien d'inné dans l'âme; que nos idées abstraites, que notre raison même, sont le résultat des sensations qu'elle enregistre, et du travail qu'elle exerce sur elle. Elle est sienne, l'idée que la connaissance n'est que le rapport entre les données que nous appréhendons en nous, que la vérité n'est que la cohérence de ce rapport. Elle est sienne, la réduction de l'homme à l'homme. Il est à la source de l'empirisme.

Les porteurs de torches s'avançaient, la vérité allait sortir de ses retraites. Ils s'appelaient fièrement Amis du vrai, les Aléthophiles. Sur une médaille dont l'avers représentait Minerve, ils faisaient graver leur devise *Sapere aude* : « Ose connaître ». Ils marchaient, « le regard libre et l'esprit plein de clarté [1] » :

Et ce qu'avait produit l'ignorance grossière
Disparaît au grand jour d'un siècle de lumière [2].

1. Wieland, *Die Natur der Dinge*, Erstes Buch, vers 77 et 78.
2. Chabanon, *Sur le sort de la poésie...*, 1764.

CHAPITRE IV

Le Dieu des Chrétiens mis en procès.

Seulement, la place était occupée.

Ces audacieux trouvaient devant eux une conception de la vie qui, depuis dix-huit siècles, s'était confondue avec la civilisation de l'Europe. Le Christianisme s'offrait aux hommes dès leur naissance, les modelait, les instruisait, sanctionnait chacun des grands actes de leur existence, ponctuait les saisons, les jours et les heures, et transformait en délivrance le moment de leur mort. Chaque fois qu'ils levaient les yeux, ils voyaient, sur les églises et sur les temples, la même croix qui s'était dressée au Golgotha. La religion faisait partie de leur âme à des profondeurs telles, qu'elle se confondait avec leur être. Elle les réclamait tout entiers et ne souffrait point de partage : qui n'est pas avec moi est contre moi.

La foi chrétienne était là, présente et agissante; et les arrivants se heurtaient à sa force invétérée. Elle enseignait que la vie n'était qu'un passage, qu'une préparation, que l'âpre route qui conduit au ciel : tandis qu'ils confiaient au présent toutes leurs chances et toutes leurs joies. Elle disait que la raison nous conduisant jusqu'à un certain point de la connaissance, mais finissant toujours par rencontrer quelque mystère, la seule ressource était de mettre notre confiance dans une raison supérieure, qui dès maintenant nous aidait, et qui quelque jour nous permettrait de transpercer le voile qui s'interpose entre nos yeux de chair et la Vérité : tandis qu'ils mettaient leur confiance dans une raison toute humaine. Elle disait qu'une malédiction étant attachée à notre race, de sorte qu'une perversion demeure chez les plus nobles d'entre nous, et qu'à nos aspirations sublimes se mêle un affreux goût de péché, la seule ressource était d'admettre une faute originelle, rançon de notre liberté, faute dont nous serions lavés si nous nous montrions dignes de répondre à l'appel du divin : tandis que cette malédiction et cette tare première, ils ne la voyaient pas. Elle invoquait l'autorité, la tradition : dans l'une ils ne trouvaient qu'un abus, et dans l'autre une erreur.

Dès lors, un conflit s'engageait, tel qu'on n'en avait jamais vu. Il ne s'agissait plus de menaces obscures, de revendications partielles, d'hérésies ou de schismes, branches que l'on pouvait sacrifier afin de conserver l'arbre : c'est aux racines que les ennemis s'en prenaient. Il ne s'agissait plus de révoltes isolées, de rébellions bornées à un individu, à une secte; de disputes entre théologiens; l'appétit d'une domination totale s'était éveillé et voulait se satisfaire. Le heurt se produisait devant la foule et pour la foule, au grand jour : le combat, des deux côtés acharné, donne au siècle son caractère poignant.

Non pas que religion chrétienne et philosophie des lumières se soient opposées à l'état pur, Il y a eu des Pharisiens et des vendeurs du Temple parmi les défenseurs du Christ. Troupe des puissants et des riches, persuadés que les choses n'avaient nullement besoin de changer puisqu'elles étaient organisées à leur profit. Troupe des entêtés, des bornés, trouvant plus commode de condamner et de châtier que d'entrer dans le fond de la controverse. Troupe des faux dévots, qui croyaient faire le salut de leur âme par l'observance des pratiques extérieures, et qui criaient au scandale dès qu'on touchait à quelque superstition manifeste, chrétiens de nom et plus païens que les gentils et que les idolâtres. Troupe sans charité.

De même, il y avait dans l'autre camp des âmes à tel point dépourvues de sentiment religieux qu'elles ne comprenaient pas, qu'elles ne pouvaient pas comprendre l'angoisse de ceux qui appellent et l'apaisement de ceux qui prient. Pour ces âmes-là, les chrétiens n'étaient que des faibles ou des imposteurs. N'éprouvant pas, pour leur compte, le besoin de croire, ils travestissaient, ils caricaturaient : le christianisme était un complot, si grossier qu'on s'imaginait à peine qu'il pût avoir pris naissance et s'être perpétué, entre deux oppressions qui s'étaient unies pour s'assurer le partage de la terre, celle des prêtres et celle des rois; le christianisme n'avait produit que des mensonges et des crimes, au long de l'histoire; tous les maux dont nous souffrons disparaîtraient, le jour où le christianisme aurait disparu. Des abus que l'Église avait tolérés, auxquels elle s'était associée quelquefois, ils faisaient l'essentiel de la foi. La foi, à les entendre, était une crédulité absurde à l'usage des ignorants et des imbéciles; elle consistait à croire non ce qui semble vrai, mais ce qui semble faux à l'entendement. Au culte du Dieu d'Israël, d'Abraham et de Jacob, ils substituaient « le culte superstitieux de la nature humaine [1] ». *Human nature vindicated* [2]. Comme si notre misère était venue non pas de notre condition, mais de la religion qui avait voulu l'interpréter et l'ennoblir, et du Christ.

Mais à travers les épisodes d'une mêlée confuse et souvent haineuse, arguments qui se manquent et qui ne se rencontrent plus, critique qui n'atteint pas la défense, défense qui ne répond pas à la critique, aigreurs et violences; malgré les déviations, les erreurs et le trouble caractère que prend un débat lorsqu'il est porté devant la multitude, reste que la question qui se posa fut celle de savoir si l'Europe continuerait à être chrétienne, ou ne le serait plus.

Dans ces conditions s'ouvrit un procès sans précédent, le procès de Dieu. Le Dieu des protestants était mis en cause aussi bien que le Dieu des catholiques, avec quelques circonstances atténuantes pour le premier, parce qu'on l'estimait plus près de la raison, plus favorable aux lumières. Mais en gros, on ne voulait pas distinguer entre Genève et Rome, entre saint Augustin et Calvin. L'origine était commune; et commune la croyance à la révélation.

C'était, dit un critique dont nous reproduisons les termes mêmes, c'était comme si un bruit, né on ne sait quand, était à la fin devenu trop insistant pour être plus longtemps négligé; le bruit courait que Dieu, étant parti secrètement pendant la nuit, était sur le point de franchir les frontières du monde connu et d'abandonner l'humanité. Rendons-nous bien compte qu'en ce temps-là, Dieu était mis en jugement. L'affaire n'était rien de moins, dans l'ordre intellectuel, que la cause célèbre

1. Grimm, *Correspondance littéraire*, III, p. 449, décembre 1757.
2. Thomas Chubb, *Human nature vindicated*, Londres, 1726.

de l'époque, et elle excitait l'émotion des hommes à un point que nous pouvons difficilement comprendre. Chacun, les lecteurs aussi bien que les auteurs, était soucieux de connaître s'il y avait un Dieu pour prendre soin de son âme immortelle, ou s'il n'y avait pas de Dieu et pas d'âme immortelle dont on dût prendre soin. Tel était le problème pour le commun des hommes; vivaient-ils dans un monde gouverné par une intelligence bienfaisante, ou dans un monde gouverné par une force sans choix? Problème qui échauffait les esprits, problème partout débattu, dans les livres, dans la chaire, dans les salons, dans les dîners après que les domestiques étaient sortis. Nous ne pouvons pas davantage concevoir un philosophe ignorant ou négligeant cette question, qu'un philosophe contemporain ignorant ou négligeant la théorie des quanta [1]... Sous sa forme pittoresque l'observation est juste, à condition qu'on spécifie que l'accusé était le Dieu des chrétiens.

De ce procès on parlait, en effet, dans les lettres qu'on échangeait à travers l'Europe; on parlait dans les journaux; on parlait dans les épîtres, odes, dithyrambes, et jusque dans les petits vers légers qu'on mêlait à la prose. On en parlait chez les rois et chez les reines, dans l'Hermitage que Caroline d'Anspach avait orné, à Richmond, des bustes de Wollaston, Clarke, Locke et Newton, et où l'évêque Butler venait exposer tous les soirs, de sept à neuf heures, les vérités de la religion; à Rheinsberg et à Potsdam; à la cour du roi Stanislas Auguste; à Saint-Pétersbourg, devant Catherine de Russie. On en donnait des nouvelles dans les salons, parmi les conversations que dirigeaient Mme de Tencin, Mme du Deffand Mlle de Lespinasse. On y faisait allusion dans les séances académiques. On le recommençait dans les bureaux de l'Encyclopédie, à Paris. A Berlin, au milieu de la fumée des pipes et du bruit des verres, des compagnons, qu'unissait le même souci de connaître enfin le verdict, s'entretenaient du procès sur les bancs de la brasserie. Les savants, dans leurs laboratoires, se penchaient sur leurs microscopes avec l'espoir de découvrir dans la nature quelque pièce nouvelle à verser au dossier; les voyageurs qui s'en allaient à l'étranger s'enquéraient de savoir

---

1. *The Heavenly City of the Eighteenth Century Philosophers*, by Carl L. Becker, New Haven, Yale University Press, 1932.

si l'on avait, là-bas, quelque façon de l'aborder et de le résoudre. Diderot se trouvait à la maison de campagne de son ami d'Holbach ; on avait copieusement mangé, et bu largement ; on riait, on plaisantait, on se livrait à de grosses farces bouffonnes. Et puis, comme si tout ce qui ne touchait pas au procès n'eût été qu'un divertissement passager pour un instant d'oubli, par une pente insensible on en revenait comme malgré soi aux « questions qui ne sont pas indifférentes ». « La sensibilité générale, la formation de l'être sentant, son unité, l'origine des animaux, leur durée, et toutes les questions auxquelles cela tient, ne sont pas questions indifférentes. Il n'est pas indifférent de nier ou d'admettre une Intelligence suprême [1]... »

Et toujours, de la part de ceux qui l'intentaient, une amertume, une rancœur ; toujours l'idée d'une responsabilité qui s'était accrue de siècle en siècle, il était plus que temps de demander des comptes. Le Dieu des chrétiens avait eu tout le pouvoir et il s'en était mal servi ; on lui avait fait confiance et il avait trompé les hommes ; ceux-ci, sous son autorité, avaient fait une expérience qui n'avait abouti qu'au malheur. Pourquoi, demandait-on, le Christ était-il sombre et triste ? « Sans la religion, nous serions un peu plus gais [2]. » Pourquoi son royaume n'était-il pas de ce monde ? « Loin de combattre, que la religion fortifie dans l'homme l'attachement aux choses terrestres [3]. » Pourquoi a-t-il conseillé l'humiliation de la chair ?

> Quel triomphe accablant, quelle indigne victoire
> Cherchez-vous tristement à remporter sur vous ?
> Votre esprit éclairé pourra-t-il jamais croire
> D'un double testament la chimérique histoire,
> Et les songes sacrés de ces mystiques fous
> Qui, dévots fainéants, sots et pieux loups-garous,
> Quittent de vrais plaisirs pour une fausse gloire ?
> Le plaisir est l'objet, le devoir et le but
> De tous les êtres raisonnables...

Raisonnable, voici justement ce qu'il n'était pas ; il n'était même pas logique. Jugé suivant les lois de notre logique et de notre raison, le plan de sa Providence était incohérent.

---

1. Diderot, *Rêve de d'Alembert*. Édition Tourneux, tome II, p. 135.
2. Diderot, *Entretien avec la Maréchale*, Œuvres, Éd. Tourneux, tome II, p. 514.
3. Helvétius, *De l'homme*. Section I, chapitre XIII.

C'est ce que disait Voltaire, en continuant son *Épître à Uranie*, résumé de ses griefs :

Je veux aimer ce Dieu, je cherche en lui mon père,
On me montre un tyran que nous devons haïr.
Il créa des humains à lui-même semblables
    Afin de les mieux avilir;
    Il nous donna des cœurs coupables
    Pour avoir droit de nous punir;
    Il nous fit aimer le plaisir
Pour mieux nous tourmenter par des maux effroyables,
Qu'un miracle éternel empêche de finir.
Il venait de créer un homme à son image
    On l'en voit soudain repentir
Comme si l'ouvrier n'avait pas dû sentir
    Les défauts de son propre ouvrage...

Ou pour résumer tous les reproches en un seul, Dieu nous a proposé une énigme; il pouvait nous l'expliquer, il ne l'a pas voulu. Un jour, La Condamine en avait composé une et l'avait lue à des amis formés en cercle autour de lui. A son étonnement, ceux-ci avaient aussitôt trouvé le mot. C'est qu'il l'avait écrit en gros caractères sur le dos de son papier. Ah! que Dieu n'en a-t-il fait autant! « Si Dieu nous eût traités comme l'étourdi et bon La Condamine nous ne nous serions pas cassé la tête depuis cinq ou six mille ans; mais c'est se moquer des gens que de les renvoyer au Mercure de l'autre monde pour savoir le mot [1]. »

Telle fut l'atmosphère : avant de retracer, dans ses grands traits, l'histoire de ce combat, regardons quelques-unes des âmes ulcérées qui, parmi les premières, donnèrent au temps sa couleur. Un Italien, un Français, un Allemand.

Ce n'était pas une nouveauté, que la défense du pouvoir temporel contre les empiétements du sacerdoce : c'était même la fin d'une longue querelle; voici le tour qu'elle prit.

Pietro Giannone était né dans les Pouilles, le 7 mai 1676; il avait étudié la scolastique, puis s'était rendu à Naples pour y apprendre le droit. Droit romain, droit canon, droit féodal; histoire, histoire ecclésiastique; philosophie; de gassendiste devenu cartésien, il avait tout appris. Il n'était pas méchant;

---

1. Grimm, *Correspondance littéraire*, tome VII, p. 119, septembre 1770.

il y avait de la rectitude dans son caractère, une honnêteté, une confiance dans la justice. Mais il n'était pas commode; épineux, aimant la bataille; têtu, et possédé d'une idée fixe, à laquelle il allait consacrer sa vie. Toujours les ecclésiastiques avaient voulu usurper les prérogatives des gouvernements; jamais leurs prétentions n'avaient été légitimes : voilà ce qu'il montrerait, lui, Giannone, à Naples, à l'Italie et à l'Europe. Aussi composait-il, dans la hâte et dans la fièvre, l'*Istoria civile del regno di Napoli*, qui parut en 1723.

Non pas tout à fait de l'histoire, car l'auteur ne regardait pas de si près à l'exactitude des sources, et dans sa fureur de démonstration il prenait facilement le bien d'autrui; non pas une œuvre d'art; c'était un bélier, une catapulte. Qu'on voulût bien comprendre Giannone; qu'on n'attendît pas de lui récits d'exploits et de batailles, peintures de paysages, considérations archéologiques; son dessein était tout civil. En remontant en arrière aussi loin qu'il le faudrait, et en poussant jusqu'à la période contemporaine, il prouverait qu'une seule lutte s'était engagée, développée à travers des péripéties diverses : celle des successeurs de Pierre contre les représentants de César. L'Église, toujours intéressée, toujours prête à profiter des faiblesses humaines, à séduire les cœurs incertains, à jouer des terreurs de l'au-delà devant le lit des malades et des agonisants, accumulant l'argent, les propriétés, les avantages de toute espèce, avait au long des siècles trahi sa mission.

Le mouvement qui entraîne l'*Istoria civile* est passionné; le ton est amer; le procédé habituel est la répétition : *Politica ecclesiastica, Monaci e beni temporali :* vous le voyez, s'écrie Giannone, à travers les siècles la politique ecclésiastique reste la même, à travers les siècles les moines tendent à s'emparer des biens temporels; des arguments identiques sont repris avec une fureur accrue. Le reste d'attachement à l'Église que gardent quelquefois ceux qui prétendent faire son salut malgré elle disparaissait dans ces diatribes; et Giannone, défenseur de l'État, devenait un iconoclaste qui s'enivre de sa fureur. On le voyait à la façon dont il parlait des images saintes, des reliques, des pèlerinages, des miracles aussi; à sa haine du clergé régulier; à son mépris de la hiérarchie; à l'ironie qui était son moyen de défense contre les attaques dont il était l'objet : pour complaire à ses contradicteurs, il croirait désormais que le Pape était le maître du monde entier, et qu'il avait le droit de se servir de tous les moyens, tels qu'amendes, emprisonnements, cachots, relégations, exil, afin d'assurer le salut éternel du genre humain; il croirait que l'autorité pontificale ne se limitait pas à la surface de la terre et de la mer, mais s'étendait à l'enfer, au purgatoire, au paradis, de sorte que dans les royaumes célestes elle pouvait commander aux anges...

Pietro Giannone continuait à défendre sa thèse, indomptable. Non sans péril; non sans déchaîner les persécutions des puissances qu'il bravait, multipliant les écrits polémiques, voulant sauver l'*Istoria civile* et la répandre, attaquant toujours. Excommunié pour un temps, mis à l'Index, il s'était réfugié à Vienne, où il avait trouvé un abri auprès de l'Empereur, dont il soutenait les prérogatives. Mais lorsqu'en 1734 Naples cessa d'appartenir à l'Autriche et que l'Empereur cessa du même coup de s'intéresser à Giannone, celui-ci se mit en tête de revenir en Italie. Il arrive à Venise, d'où il est expulsé; à Milan, d'où on le chasse. Alors il se rend à Genève, où il est bien accueilli. La maison de Savoie, estimant que son séjour dans cette dernière ville était dangereux par contagion, l'attire dans un piège : à l'appel d'un homme qu'il croyait être de ses amis, il se rend dans un village piémontais, et la nuit même de son arrivée, on l'arrête. On l'enferme, on le transfère de prison en prison; et il meurt dans la citadelle de Turin, en 1748.

Or il a laissé un manuscrit, non publié de son vivant, et dont le contenu achève de caractériser sa pensée. *Il Triregno:* « les trois règnes ». Il y a eu au monde trois royaumes successifs, le premier étant celui de la terre. Car elle était toute terrestre, la civilisation hébraïque et ses croyances n'impliquaient aucune idée de survie, aucun espoir d'immortalité. Moïse n'avait promis à ceux qui obéiraient à sa loi que des récompenses matérielles, fertilité des champs, abondance des troupeaux, santé, prospérité; il n'avait nullement conçu l'âme comme devant échapper aux prises de la mort. Les Égyptiens avaient fourni aux Grecs, race ingénieuse, les imaginations que ces derniers devaient se plaire à développer, sur les marais stygiens, sur l'Achéron, sur les Champs-Élysées; et dans ce développement même ne se trouvait encore qu'une continuation figurée des choses de la terre. Vint ensuite le royaume céleste. Les Évangiles nous disent comment Dieu a envoyé son Verbe dans le monde, afin que le Messie servît de guide sur la voie où les hommes, de terrestres et de mortels qu'ils étaient, deviendraient célestes et immortels : étant bien entendu que le salut s'obtenait moins par la croyance que par la pratique de quelques vertus très simples, telles que tout rustre et tout vilain, toute femmelette si grossière qu'on la suppose, pût s'y conformer. En troisième lieu était venue l'abomination de la désolation, le règne du Pape. Des hommes s'étaient emparés de ce christianisme primitif et sur ses bases ils avaient élevé un édifice entièrement contraire à son esprit. Ils avaient pris en main la loi du juste et de l'injuste, qualifié les actions de permises ou de défendues, à leur gré, fait croire à la multitude qu'il leur appartenait d'ouvrir ou de fermer les portes du ciel. Profitant de l'ignorance des princes et de la bêtise des peuples, ils avaient enseigné que des biens temporels pouvaient s'échanger contre des biens spirituels, que donations et legs avaient la vertu de racheter les âmes, et qu'à bons deniers comptants on payait le paradis. Ainsi on en était revenu au règne terrestre ; pour reconquérir le règne céleste, il fallait abolir l'Église.

Ce n'était pas la première fois qu'un membre du bas clergé était mécontent de son sort, se plaignait de sa misère, souffrait du mépris des grands. Or voici le tour que chez l'un d'entre eux prit cette protestation.

Vivait à Etrépigny en Champagne un bon curé, ou du moins un assez bon curé, à en juger selon les apparences. Il était d'une famille aisée, qui avait donné plusieurs docteurs à l'Église ; cultivé, on le voyait occupé à lire et à relire les livres de sa bibliothèque. Il est vrai qu'il avait eu des démêlés avec le seigneur du pays, et qu'il avait refusé de le recommander au prône ; l'archevêque de Reims lui avait donné tort, exigeant de lui une amende honorable. Ce sur quoi il était monté en chaire, le dimanche qui avait suivi cet ordre : « Voilà le sort ordinaire des pauvres curés de campagne ; les archevêques, qui sont de grands seigneurs, les méprisent et ne les écoutent pas ; ils n'ont d'oreilles que pour la noblesse. Recommandons donc le seigneur de ce lieu, et prions pour M. de Cléry ;

demandons à Dieu sa conversion et qu'il lui fasse la grâce de ne point dépouiller les orphelins. » Ce propos n'ayant pas arrangé les choses, comme bien on pense, la lutte inégale avait continué; et l'on rapporte que le seigneur faisait jouer du cor sous les fenêtres de l'église, le dimanche, tandis que le curé prêchait. Jean Meslier n'était pas très favorablement noté; mais assidu à ses fonctions, disant ses offices, sans autre aventure il mourut, en 1729.

Or il laissait trois exemplaires d'un testament animé de telles fureurs, qu'après deux cents ans passés on ne peut le lire sans un frémissement : amertume qui s'exhale à flots; amas de rancunes et de haines exaspérées par leur impuissance; appel à une révolte que pour son compte Meslier n'avait pas osé entreprendre ouvertement : le reproche de lâcheté qu'il se faisait à lui-même entrait pour une part dans la frénésie des insultes qu'il adressait à la religion et à Dieu. Rage de s'être laissé conduire à l'état ecclésiastique, d'avoir eu les apparences d'un prêtre orthodoxe, d'avoir été opprimé, d'avoir répudié toute croyance, et de s'être tu. Il avait été cent fois sur le point de la faire éclater, expliquait-il, cette colère contenue pendant le cours de toute une vie; mais il n'avait pas voulu s'exposer à l'indignation des prêtres et à la cruauté des tyrans, qui n'auraient pas trouvé de supplices assez forts pour punir sa témérité.

Le testament du curé Meslier partait du désir de bonheur qui est au cœur des hommes. Pourquoi ce désir a-t-il toujours été trompé? Parce que, quelques-uns voulant commander, et quelques autres s'acquérir une réputation de sainteté, deux pouvoirs s'étaient institués, l'un politique et l'autre religieux; et ces deux pouvoirs s'étant alliés, le malheur du monde avait été décidé pour toujours. Ensemble, les rois et les prêtres avaient consommé leur iniquité.

Une vague de passion l'emportait. Les religions ne sont que des impostures. Elles sont la source fatale des troubles, des divisions et des guerres : donc elles ne sont pas d'institution divine. Les preuves que le catholicisme apporte pour prouver le caractère exceptionnel de sa mission, sont toutes fausses : donc il n'est pas d'institution divine. Ses enseignements sont contraires à ceux de la nature, puisqu'il sanctifie la souffrance; à ceux de la raison, puisqu'il exige la foi : donc il n'est pas

d'institution divine. Il tolère une injuste disproportion entre
les hommes : donc il n'est pas d'institution divine. Il fait
chanter des *Te Deum* pour glorifier les massacres et les car-
nages : donc il n'est pas d'institution divine. Jean Meslier
poursuivait sur ce ton. Il avait l'âme la moins indulgente et la
moins charitable; abominant le fanatisme, la plus fanatique;
n'ayant de chaleur que pour les malédictions. L'appel du divin
qui persistait dans le cœur du plus humble des paysans qui fréquentaient son église, jamais il ne l'avait entendu. Des Écritures il n'avait jamais connu que la lettre; il n'avait jamais su
ce qu'était un symbole; on aurait dit qu'il n'avait jamais prié.

De même on aurait dit qu'il n'avait jamais pensé que l'exercice d'un pouvoir pouvait répondre à quelque nécessité
sociale. Tous les princes et tous les rois, il fallait les abolir;
et pour commencer il fallait s'émeuter, refuser de payer l'impôt,
assommer les monstres auxquels une parcelle d'autorité se
trouvait dévolue. « Il me souvient à ce sujet du souhait que
faisait autrefois un homme qui n'avait ni science ni étude;
mais qui, selon les apparences, ne manquait pas de bon sens
pour juger sainement de tous les détestables abus et de toutes
les détestables cérémonies que je blâme ici... Il souhaitait...
que tous les grands de la terre et tous les nobles fussent pendus
et étranglés avec les boyaux des prêtres. » Sur ces paroles
affreuses, il invoquait les Brutus et les Cassius, les Jacques
Clément et les Ravaillac de l'avenir.

De son malheur personnel il faisait grief à Dieu même. Car
tel était, suivant lui, l'ultime responsable : ou plutôt la fausse
idée que les hommes se faisaient de son existence : et Jean Meslier se proclamait athée. Arrivé à son paroxysme; enivré de
sacrilège, puis dégrisé quand il ne lui reste rien à détruire, il
n'éprouve plus que tristesse et qu'abattement, il n'a plus à la
bouche qu'un goût de cendre. Alors il fait sa dernière confi-
dence à son compagnon inerte, au manuscrit qu'il a composé,
copié et recopié au long de ses jours et de ses veilles. Confi-
dence désespérée de l'homme qui n'a plus devant lui que le
néant : « Après cela, que l'on en pense, que l'on en juge, que
l'on en dise, et que l'on en fasse tout ce que l'on voudra dans
le monde, je ne m'en embarrasse guère. Que les hommes
s'accommodent et qu'ils se gouvernent comme ils veulent, qu'ils
soient sages ou qu'ils soient fous, qu'ils soient bons ou qu'ils

soient méchants, qu'ils disent ou qu'ils fassent de moi tout ce qu'ils voudront après ma mort, je m'en soucie fort peu. Je ne prends déjà presque plus de part à ce qui se fait dans le monde. Les morts avec lesquels je suis sur le point d'aller ne s'embarrassent plus de *rien* et ne se soucient plus de *rien*. Je finirai donc ceci par le *rien*, aussi ne suis-je guère plus que *rien*, et bientôt je ne serai *rien*, etc. »

Ce n'était pas la première fois qu'un luthérien abandonnait sa croyance, et s'en allait vers la libre pensée; voici l'allure que prit cette évolution chez un homme de ce temps-là, Johann Christian Edelmann.

Il ne prenait pas ses racines dans le XVIIᵉ siècle aussi profondément que Giannone et que Meslier; il était né en 1698. Il s'était dirigé vers la carrière ecclésiastique, et après avoir traversé diverses écoles, en 1720 il avait fait ses études de théologie à l'Université d'Iéna. Il avait commencé à prêcher, et il lui arriva même de parler contre le socinianisme avec un zèle qui fut remarqué. Mais il avait gardé de ses professeurs la plus mauvaise idée; ce qu'il avait appris chez eux ne valait pas une pipe de tabac; les théologiens ne lui avaient enseigné que des sottises académiques, il avait été heureux de les fuir; il avait bien le temps de devenir pasteur, il n'était pas si pressé. Aussi, pour connaître le monde, s'engagea-t-il dans le métier de précepteur. Ici encore il aurait pu se stabiliser, rien ne lui manquait de ce qui était nécessaire à son rôle : des connaissances, de l'autorité, une curiosité très éveillée. Il était le familier qui est heureux de profiter des divertissements des nobles, la chasse en automne, le patinage et les bals en hiver; qui ne craint pas de lever les yeux sur la belle comtesse, laquelle le regarde à son tour. Et sa vie aurait pu continuer de la sorte. Mais justement il n'était pas stable, c'est la stabilité qui lui manquait le plus; et il était brûlé d'orgueil.

L'*Unpartheysche Kirchen und Ketzer Historie*, de Gottfried Arnold, lui tombe sous la main et fait sur lui une impression décisive : Gottfried Arnold avait raison : c'étaient les hérétiques qui tenaient la vraie foi, ce n'étaient pas les orthodoxes. Adieu, luthéranisme! Adieu, toute Église! Comme il était à Dresde, un matin, il entendit une voix qui lui disait : Écris des Vérités Innocentes. Obéissant à cet appel mystérieux, il se mit à sa table de travail et commença la première des brochures qui devaient constituer plus tard toute une série, sous le titre, *Unschuldige Wahrheiten;* et c'était pour démontrer l'indifférence des religions.

La Vérité n'est pas dans l'orthodoxie, où est la vérité? Peut-être chez les piétistes? Il fut piétiste, pour un temps; il fit partie de la secte des Inspirés : on s'assemble, on prie, on chante des cantiques où il est question de Babel et de ses infortunés habitants; on tombe à genoux, on met le front contre terre, et on attend l'inspiration divine. Ainsi Johann Christian Edelmann pria, chanta, attendit, et fut parmi les zélés; jusqu'au jour où il apprit à connaître le chef de la troupe, qui était venu en personne pour voir la nouvelle recrue, et où il sentit qu'il ne l'aimait pas. La vérité était toujours dans l'hétérodoxie, mais elle n'était pas chez les Illuminés.

Un jour, dans l'Évangile selon saint Jean, son attention fut attirée par ces mots : Θεὸς ἦν ὁ λόγος. Quelle joie, quelle certitude l'envahirent à cette lecture! Dieu était raison; Dieu est Raison. La raison, dont il n'avait pas entendu l'appel jusqu'ici, plongé qu'il était dans la superstition, s'imposait enfin à lui d'une manière irrévocable. Et tout se passait comme si on l'avait transporté au sommet d'une haute montagne, et qu'il eût découvert tout d'un coup des horizons immenses; comme s'il avait été un esclave emprisonné, garrotté dans un cachot, et qu'on l'eût tout d'un coup rendu à la liberté, à la lumière, au soleil; ou comme si les portes du tombeau s'étaient ouvertes pour une résurrection. Plus d'autre mission, pour lui, que d'aller prêchant le culte de la raison parmi les hommes. Il jette son chapeau à trois cornes et sa perruque, il renonce à ses manchettes et à son jabot de linge fin, il laisse pousser sa barbe, il revêt le froc; il s'en va sur les grands chemins, objet de la dérision publique. Une phrase travaille encore son esprit, une pensée qui vient de Spinoza : « Dieu est l'essence immanente du monde. » Son devoir est de mieux connaître ce Spinoza dont les théologiens lui parlaient comme d'un misérable. Aussi écrit-il à un ami de Berlin pour lui demander d'acheter les œuvres du philosophe, lorsqu'elles passeront d'occasion dans quelque vente. Nouvelle surprise et nouvelle joie : loin d'être le plus méprisable des hommes, Spinoza est le seul qui ait donné la véritable explication des choses. Enhardi par la lecture du *Tractatus theologico-politicus*, Edelmann entreprend de démontrer la fausseté des Écritures et de démasquer Moïse; puis il publie *Die Göttlichkeit der Vernunft*, la Divinité de la Raison (1741).

A cette date son rôle est terminé; il est mis au ban de la société, il est l'impie par excellence, le suppôt de Satan. Ses livres sont confisqués, brûlés; on frappe d'amende ceux qui tentent de les mettre en circulation. Il erre dans le Nord de l'Allemagne et finit par revenir à Berlin, où on le tolère à condition qu'il ne publie plus rien : ce qui lui fut sans doute la plus pénible offense, comme l'obscurité où il passa ses dernières années fut sans doute son pire chagrin .

CHAPITRE V

Contre la religion révélée.

Elle était l'ennemie. Les philosophes n'auraient rien fait, aussi longtemps qu'ils n'auraient pas prouvé aux fidèles qu'elle n'avait pu se manifester, en droit; et qu'elle ne s'était pas manifestée, en fait; aussi longtemps qu'ils n'auraient pas établi que logiquement, elle ne supportait pas l'examen; et qu'historiquement, les témoignages sur lesquels elle s'appuyait ne méritaient nul crédit.

La révélation appartient à l'ordre du miracle, et la raison n'admet pas de miracles. La révélation appartient à l'ordre du surnaturel, et la raison n'admet que les vérités naturelles. Dès que la raison examine la révélation, elle y trouve du contradictoire, et par conséquent du faux. Ce qu'il y a de proprement religieux dans la religion, n'est que superstition; et, par conséquent, il faut que la raison s'attaque à cette superstition vivace et la détruise. Il n'est de croyance que rationnelle; au rationnel, le divin lui-même doit se réduire. Tels les propos qui furent alors communément tenus par les chefs du chœur dans toutes les langues. Sur la carte de l'Europe, on distingue aisément les principaux centres d'où ils partirent; les voici.

Beaucoup de bruit; des scandales successifs, dont chacun semblait si fort que l'éclat n'en pouvait être dépassé, et il était dépassé pourtant; une série d'œuvres provocatrices, qui auraient manqué leur effet si elles n'avaient pas soulevé, chaque fois, indignation, clameurs; une chaîne d'individus qui venaient de points très différents, pour se relayer dans une même œuvre de bravade : tel fut le spectacle qu'offrit l'Angleterre, d'où l'exemple depuis longtemps était parti.

En 1715, ni Toland, l'auteur du *Nazarenus,* ni Collins,

le Free Thinker, n'avaient fini leur carrière. Mais sans attendre, d'autres « ébranlaient les colonnes de la prêtrise et de l'orthodoxie ». D'abord Thomas Gordon; ensuite Wolston, *Wolstoni furor* : un homme d'études, celui-ci, qui avait pris ses titres à Cambridge, était entré dans les ordres, et qui, brillant et disert, avait devant lui la perspective d'une belle carrière; mais il s'était jeté à corps perdu dans l'hétérodoxie. Puis Middleton, éduqué à Cambridge lui aussi, devenu docteur en théologie et bibliothécaire de l'Université. Puis Tindall, qui sortait d'Oxford; converti au catholicisme, revenu au protestantisme, et passé du protestantisme au déisme militant. Surgissait en même temps un petit homme gros et court, mal élevé, en difficulté avec l'orthographe, fabricant de chandelles, après avoir été ouvrier gantier, Thomas Chubb. Puis Thomas Morgan le Philalèthe. Puis Peter Annet : un maître d'école écrivant pour la populace... Courts pamphlets, brochures, savants ouvrages, ils couvraient le marché de leur prose irritée. On les cassait de leurs emplois, on brûlait leurs écrits, on les mettait au pilori, on les jetait en prison : vainement.

Et c'était, chaque fois, une nouvelle attaque. Contre l'Église anglicane et sa hiérarchie et ses prébendes; contre toute Église. Contre les miracles; contre l'interprétation donnée par les Évangiles de la vie du Seigneur, celle-ci n'étant que l'emblème de la vie spirituelle et de la résurrection morale de chaque individu. Surtout, contre la médiation divine : le fondement de la religion était, ou bien la convenance morale des choses, ou bien la volonté arbitraire de Dieu. Si Dieu se conforme à la convenance morale des choses, il est sage et bon; si Dieu a une volonté arbitraire, il n'est ni sage ni bon, il fait un choix capricieux entre le bien et le mal. Mais Dieu se soumettant à la convenance morale des choses, sa médiation devient inutile; car l'homme doué d'entendement arrive de lui-même à la distinction entre le bien et le mal, à la légitimité de la soumission à la règle de la convenance morale des choses. Donc, il faut en revenir à la religion naturelle, le Christianisme n'étant supposé nécessaire que dans le cas où Dieu serait absurde ou mauvais.

De tous les côtés on battait en brèche la forteresse. Celui-ci s'acharnait à prouver la fausseté de l'Ancien Testament, et celui-là, qu'il fallait attribuer à saint Paul le rôle qu'on avait réservé au Christ. Celui-ci établissait l'exacte conformité qu'il croyait voir entre l'Église romaine et le paganisme; et cet autre, accusait David, l'homme selon le cœur de Dieu, de n'avoir été qu'un indigne criminel. Tous substituaient la raison à la révélation.

Le traité le plus significatif, dans ce sens, était peut-être celui de Tindall, *Christianity as old as the Creation, or the Gospel a Republication of the Law of Nature,* « le christianisme est aussi vieux que la création, l'Évangile n'est qu'une nouvelle publication de la loi de nature » (1730). Il n'en saurait être autrement, expliquait Tindall. Dieu, étant parfait, a donné au monde une loi parfaite, qui ne tolère ni addition, ni diminution, ni changement. Dès lors la loi chrétienne, utile peut-être au temps de son apparition pour restaurer le sens affaibli de la religion naturelle, ne pouvait rien apporter de substantiellement nouveau, ne pouvait être que la répétition de la première et unique loi. L'idée d'une révélation était à proprement parler inconcevable, dangereuse, source d'imaginations fausses, et de superstitions, et d'abus dont il était grand temps de revenir, par l'effet d'une éducation philosophique qui remplacerait l'éducation religieuse.

L'incendie s'est éteint vers 1760; à partir des environs de 1740, il est allé décroissant. A cette date, l'atmosphère change en Angleterre; l'opinion publique s'est détournée; dans les âmes se sont développées d'autres forces que celle de la raison profanant les autels. Mais cette pensée virulente a continué d'alimenter l'étranger. Voltaire l'a découverte, pour l'utiliser largement; le baron d'Holbach la répandra par ses traductions et ses refaçonnements. Plus vive encore sera l'influence des déistes anglais sur la pensée allemande, qui cherchera moins chez eux des citations, des témoignages, des traits d'audace, des irrévérences, qu'une impulsion. Ils seront dans la bibliothèque des historiens et des exégètes, et les professeurs les donneront à lire à leurs étudiants; ils figureront dans les comptes rendus des revues savantes; ceux des Allemands qui feront le voyage de Londres les consulteront sur place et auront plaisir à proclamer leur dette. Quand, en 1741, Johann Lorenz Schmidt, l'homme qui voulait rationaliser la Bible, traduira le livre de Tindall, *Christianity as old as the Creation,* on peut dire que le courant

venu d'Angleterre se sera joint au courant de la pensée allemande, non pour se confondre avec lui, mais pour en préci-
piter les effets.

Les Français procédaient autrement. Ils ne se livraient pas
à des études d'exégèse; d'auteur qui se soit penché sur les
textes sacrés, qui se soit donné la peine d'apprendre l'hébreu
ou seulement le grec, qui ait fait un sévère apprentissage de la
fonction de critique, qui ait ressuscité Richard Simon, on
n'en voit guère parmi les écrivains connus. Ils se contentaient
de cueillir dans des ouvrages divers les arguments qui leur
semblaient efficaces, et ils leur faisaient un sort. Aussi bien
visaient-ils un autre public que celui des docteurs : les gens
du monde, les bourgeois, les femmes, le grand public. Le
juge auquel ils en appelaient le plus souvent était le bon sens,
tout uni. De leur façon vive et rapide, ils faisaient exprès de
se heurter aux difficultés, pour montrer en un clin d'œil
qu'elles étaient insurmontables. Point d'obscurités métaphysiques, point de longues dissertations capables de rebuter
les lecteurs, point d'étalage d'érudition; mais une composition soignée, un style agréable, une forme agile.

Et leur clarté, et l'air de simplicité lumineuse qu'ils confé-
raient à tous les sujets; et, sous leurs apparences légères, le
grave souci, le souci permanent qui demeurait au fond de
leur pensée. Voltaire revenait d'Angleterre, racontait sa découverte, et son récit aurait pu n'être qu'une relation de voyage
après beaucoup d'autres, avec plus de pénétration et plus
d'esprit. Mais voici que ces lettres anglaises devenaient des
lettres philosophiques; qu'elles traitaient de la liberté des
sectes, de l'indifférence des religions, et, comme dit l'auteur,
de la petite bagatelle de l'immortalité de l'âme. Montesquieu
écrivait une Histoire romaine, après tant d'autres; et voici
qu'à propos d'un cas particulier, il substituait des causes
intérieures aux volontés divines, pour expliquer la grandeur
et la décadence des nations. Ou bien il composait un ouvrage
juridique, et voici que ce qui était en jeu n'était rien de moins
que l'autorité du Droit divin. Il n'en allait pas autrement pour
beaucoup d'auteurs de la seconde classe; Toussaint étudiait
les mœurs du siècle; mais voici qu'au lieu de décrire simple-

ment un aspect transitoire de l'éternelle comédie, sa démonstration tendait à séparer la morale de la religion. Helvétius étudiait l'homme, l'homme, sans mystère et sans lendemain.

Plus qu'en aucun autre pays, ils étaient nombreux, et, disputes à part, se serraient contre l'ennemi commun; ils avaient dans leur troupe une foule de talents, et quelques génies; au moindre signe, frère Thomas, frère Grétry, sœur Necker, sœur de Lespinasse, Mère Geoffrin, comme dit Grimm dans son Sermon philosophique prononcé le Jour de l'an 1770, venaient à la rescousse; et tant d'autres, dans le besoin. Leur progression se marquait par de retentissantes affaires, où chaque fois ils étaient vaincus par les pouvoirs publics, et vainqueurs devant l'opinion : la thèse de l'abbé de Prades, l'interdiction de l'*Encyclopédie*, la condamnation du livre de l'*Esprit*, la censure de la Sorbonne contre *Bélisaire* : « Avouez, Monsieur, écrit Marmontel au syndic de la Faculté de Théologie, que c'est plutôt sur l'esprit de mon siècle que sur le mien que l'on me juge. » De loin, on suivait ces débats avec la curiosité, jamais lassée, qu'excitaient les choses de France, et l'on sentait bien en effet, que représenté par un peuple qui n'avait pas de passion plus vive que celle des idées claires, c'était chaque fois l'esprit du siècle qui était en jeu.

Ils appelaient à leur secours tous ceux qui, dans l'espace ou dans le temps, avaient jamais montré qu'on pouvait bien vivre sans connaître la religion révélée, ou s'étaient jamais rebellés contre quelque religion que ce fût. Ils invoquaient les Chinois, les Égyptiens, les Mahométans; aux Grecs, ils demandaient à la fois la statue de Socrate et celle d'Épicure; aux Latins, ils empruntaient Lucrèce, cet apôtre; Cicéron, ce déterministe, ce précurseur qui avait su voir que le culte des dieux était celui de la raison universelle; Sénèque le philosophe. Ils ressuscitaient Julien l'Apostat, traduisant son discours contre les chrétiens, et maudissaient Constantin, ce mauvais empereur, qui s'était moqué de Dieu et des hommes. Ils appelaient les grands rationaux de l'Italie, qu'à vrai dire ils ne connaissaient pas très bien, mais dont il était utile et glorieux de citer les noms, libres penseurs qui avaient souffert pour la cause, Giordano Bruno, Cardan, Campanella, Pomponace, et leur successeur Vanini. Et tous les libertins leurs ancêtres; et les Anglais, leurs voisins.

Les *contre* recommençaient, sur un autre ton. Contre la première révélation; contre les Juifs, cette race misérable, si parfaitement indigne d'une mission sacrée. Contre le Pentateuque, compilation d'Esdras. Contre la Bible. Contre les miracles et contre leurs témoins. Contre les prophètes, gens qui n'avaient jamais rien prononcé que de faux, et qui d'ailleurs n'avaient même pas eu l'intention de prophétiser. Contre Jéhovah, vindicatif, cruel, injuste; et ce qu'il y avait de bon en lui n'était venu que de l'étranger, que des peuples orientaux plus avancés en civilisation. Contre les Évangélistes, ces pauvres pêcheurs ignorants; contre l'Évangile; même contre la personne de Jésus. Contre l'Église et contre ses dogmes; contre les mystères; contre l'idée même du péché originel, qui prétendait avoir engagé tous les fils d'Adam. Contre l'organisation de l'Église, les sacrements, le baptême, la confession, la communion, la messe. Contre les moines et les religieuses, contre les prêtres, contre les évêques, contre le Pape. Contre la morale chrétienne et contre les Saints; contre les vertus chrétiennes et contre la charité. Contre la civilisation chrétienne, contre le Moyen Age, époque gothique, époque de ténèbres; contre les Croisades, folie.

Ils inventaient des caricatures de sermons, des histoires grivoises, des anecdotes scabreuses, car une pointe de libertinage sensuel se mêlait volontiers à leur polémique. Tout d'un coup ils prenaient l'attitude de Pères de l'Église, pour reprocher aux chrétiens de ne pas vivre selon leur propre loi; et l'instant d'après, ils bafouaient cette loi. Pour finir ils ne laissaient rien au christianisme, pas une trace dans l'histoire autre que celle de sa mauvaiseté, pas une valeur qu'on pût seulement discuter, pas l'apparence même d'une vertu.

En Allemagne, le même but fut atteint par une évolution plus tardive, s'il est vrai qu'il fallut attendre les années 1780 pour qu'elle obtînt ses résultats essentiels; plus complexe, car elle fut double, l'une mondaine et pour une bonne part due à l'importation, l'autre profonde et intéressant l'être même de la conscience luthérienne.

Bien étrange serait l'appel que le prince héritier de Prusse adressa pour la première fois à Voltaire, dans sa lettre du mois d'août 1736, lui demandant d'être son guide et son maître, s'il s'agissait d'un cas unique. En fait, dans la fermentation générale, et dans le besoin particulier de renouvellement qu'éprouvait l'Allemagne, Berlin s'était tourné déjà vers le pays qui représentait la civilisation dans ce qu'elle avait alors de plus moderne, vers la France. Et non seulement Berlin, mais à travers tout le pays, les princes et les nobles qui, de même que leurs pères avaient regardé avec admiration Versailles, regardaient avec admiration Paris. Rappelons-nous le changement qui intervient dans la carrière du jeune Wieland : il s'en allait du côté du sentiment, se donnait à ses délices et à ses effusions, se mettait à l'école des Suisses qui lui recommandaient l'amour de la nature et la poésie du cœur. S'il se transforme, si tournant le dos à ses anciens amis, il s'en va maintenant du côté des lumières, c'est qu'il a fréquenté le château de Warthausen, dont le seigneur, le comte Stadion, lui a enseigné le ton à la mode, lui a dit qu'il importait de penser et d'écrire comme on faisait en France, pour peu qu'on voulût être au goût du jour. Sous cette influence le vrai Wieland s'est trouvé, le Wieland voltairien.

Quelquefois, en lisant le livre d'un Aufklärer, on a l'impression de n'entendre qu'un écho : ils ont été tenus d'abord à Londres et à Paris, les propos que l'auteur allemand répète. Tel l'ouvrage qu'en 1750 publia Michaël von Loen, fils d'un riche marchand et homme du monde, et qu'en 1751, se méfiant des traducteurs, il prit le soin de mettre lui-même en français : *La véritable religion, unique dans son espèce, universelle dans ses principes, corrompue par les disputes des théologiens, divisée par plusieurs sectes, réunies en Christ.* « Qu'on ne soit pas surpris de voir que sans appartenir à l'Église, j'aborde la question religieuse : le sujet concerne tout chrétien, intéresse le bien public et le bonheur des hommes. Si j'examine l'histoire des peuples les plus anciens, je trouve partout des notions simples et communes, tant à l'égard de la vertu qu'à l'égard de ce qu'on appelle Dieu. Dieu se manifeste par la nature et par la révélation : une seule et même vérité fait l'accord de l'une et de l'autre; entre l'une et l'autre, il ne saurait y avoir de contradiction ou de différence : si la révélation contredisait la loi de nature ou différait d'elle, elle serait hors de la vérité. De même la vertu est d'une espèce unique, et elle se réduit à un commandement qui n'a jamais changé : tu aimeras le Seigneur ton Dieu de tout ton cœur et de toute ton âme et de toute ta force et de toute ta pensée, et ton prochain comme toi-même... » Rien de substantiellement nouveau dans cette façon de raisonner; quelque déiste des bords de la Tamise ou de la Seine pourrait signer.

Mais ce que nous n'avons pas vu, ce que nous ne pouvons voir d'ailleurs, c'est le patient travail d'érudits qui examinent le texte de l'Écriture, et qui vont toujours s'éloignant de la conception orthodoxe de la Révélation. Que de fils de pasteurs, après avoir suivi les cours de l'école secondaire voisine de leur village, après s'être inscrits à l'Université, devenus docteurs et professeurs, ont demandé à l'exégèse de confirmer ou de détruire leur conviction! Ils savaient l'hébreu; ils savaient par surcroît quelques autres langues orientales; ils écrivaient des dissertations, des thèses, de gros volumes faits pour les spécialistes, leurs frères. Point de défaveur jetée *a priori* sur la religion; au contraire, un respect constant, une nostalgie; voire même l'espérance que devant la multiplication des dissidents et le progrès des impies, la raison fournirait un principe d'arbitrage qui ramènerait à l'unité perdue.

C'est l'Aufklärung des Universités allemandes, plus savante, plus modérée que la rébellion anglaise, dont ils acceptent certains principes mais dont ils désapprouvent les fureurs; moins irrévérencieuse que celle des Français, dont ils acceptent le concours mais dont l'esprit et les plaisanteries leur semblent de mauvais aloi. Siegmund Jacob Baumgarten devient en 1730 professeur adjoint, en 1743 professeur ordinaire de théologie à l'Université de Halle; les étudiants l'écoutent, non pour le charme de son enseignement, car son débit est monotone, sa voix est faible, ses cours sont fatigants à suivre; mais pour la dignité de sa personne et pour la prodigieuse étendue de son érudition. Il est entre le piétisme et le rationalisme; comme Wolff, il le prononce avec délices, ce mot « raison » qui doit lui donner la clef du pur christianisme : je m'adresse, dit-il, aux lecteurs raisonnables et chrétiens. Il professe, puis il écrit une Histoire de l'Église : et que doit-elle être, sinon « une narration qui s'appuie sur des textes »? Le texte tel qu'il est, et non pas tel qu'on suppose qu'il doit être, voilà sa loi. Sans aller jusqu'à la prédilection que Gottfried Arnold avait marquée pour les hérétiques, du moins il manifeste pour eux un intérêt constant. Il écrit leur histoire, aussi : *Esquisse d'une histoire des partis religieux, ou des sociétés au service de Dieu, de leurs litiges et de leurs divisions en dehors et à l'intérieur de la chrétienté* [1]. Il les étudie dans deux Revues qu'il publie : *Nachrichten von einer Hallischen Bibliothek* (1748-1751), *Nachrichten von merkwürdigen Bücher* (1752-1758) : vingt volumes en tout; et que sont-ils ces livres qu'il exhume, sinon pour la plupart des livres d'impiété? Certes il les réfute, certes il indique les bons auteurs qu'on doit opposer aux ennemis de la religion : il n'en vit pas moins dans la compagnie intellectuelle de ceux qui veulent la ruiner, comme s'il se donnait le plaisir de résister dangereusement à la tentation.

Feignons d'entrer dans la salle où professe son collègue Christian Benedict Michaelis; celui-ci explique le prophète Jérémie [2]. Il dit que pour bien le comprendre, la première chose à faire est de le replacer dans son temps, les circonstances temporelles sont la lumière qui éclaire les prophéties : de là à considérer les prophéties comme un simple fait historique qui s'est produit sans intervention providentielle, il n'y a pas loin : *etenim historia, uti temporum, sic vaticiniorum lux, est qua demta, tenebris et caligine plena sunt omnia*. Ou bien il explique le Nouveau Testament, comme s'il s'agissait d'Hérodote ou de Polybe [3]. Le Nouveau Testament offre des leçons différentes, ce qui est bien naturel si on songe que ses auteurs étaient inspirés sans doute, mais que ceux qui ont copié leur texte ne l'étaient pas : d'où beaucoup de fautes, involontaires ou intentionnelles, et qui peuvent aller jusqu'à la tromperie. Pour choisir entre ces leçons il faut une méthode : les leçons des Pères de l'Église ont moins de valeur que celle des traducteurs, les leçons des traducteurs ont moins de valeur que celle des manuscrits. Les mêmes lois de la science qui valent pour les auteurs profanes, valent pour les auteurs sacrés.

1. S. J. Baumgarten. *Abris einer Geschichte der Religions Partheyen, oder Gottesdienstlichen Gesellschaften, und der selben Streitigkeiten so wohl als Spaltungen, ausser und in der Christenheit* (1775).

2. *Ch. B. Michaelis S. Theologiae ac Ph. Prof. Halensis prolegomena in Jeremiam*, Halae Magdeburgicae, 4e Ed., 1733.

3. *D. Ch. B. Michaelis... Tractatio critica De Variis lectionibus Novi Testamenti caute colligendis et dijudicandis*, Halae Magdeburgicae, 1749.

C'est ce que dit Johann August Ernesti, le philologue de Leipzig, l'illustre latiniste, *Germanorum Cicero*, et à peine moins illustre exégète. Expressément : un texte présente un seul sens, et non plusieurs. Il n'y a pas de sens allégorique, il y a un sens précis, qui dépend de l'usage; car enfin, la relation entre le signe et le sens est d'institution humaine, elle est soumise aux usages humains, non pas à d'autres. C'est une affaire de grammaire : *nullus alius sensus est nisi grammaticus, eumque grammatici tradunt.* Livres humains, livres divins, doivent être traités de même sorte : l'Écriture ne peut être comprise théologiquement, si elle n'a d'abord été comprise grammaticalement; la critique est philologique, ou elle n'est pas [1].

Curieuse psychologie que celle de ces savants : ils préparent de plus grandes audaces sans se l'avouer : ce sont leurs successeurs qui verront clairement les résultats de leur travail, eux-mêmes s'attachent encore à la tradition. La curiosité, le labeur historique et scientifique de S. J. Baumgarten ne l'amènent pas à rompre avec la religion révélée; il est conservateur par habitude, par tempérament, par volonté, et novateur seulement par la pointe extrême de son esprit. J. A. Ernesti tout en préconisant comme nous venons de le voir l'emploi de la plus rigoureuse méthode philologique, estime, non sans se contredire, que celle-ci ne doit faire oublier ni l'inspiration divine, ni l'inerrance qui en est la conséquence. Il nous a défini le théologien parfait : c'est un homme qui joue deux rôles à la fois; l'un lui est commun avec les grammairiens; l'autre lui est particulier et n'appartient qu'à lui. Rien, mieux que cette phrase, ne traduit une volonté d'équilibre, que d'autres déjà considéraient comme impossible à maintenir.

Car elle suit sa pente, la critique de nouveau déchaînée. Johann David Michaelis fut le fils de Christian Benedict, et il devint professeur à Göttingen comme son père l'avait été à Halle : mais professeur de philosophie, non pas de théologie : professeur de théologie, il aurait dû souscrire à la Confession d'Augsbourg, et c'est ce qu'il ne voulut pas faire. Consciencieux jusqu'au scrupule, indépendant jusqu'à vouloir

---

1. *Io. Augusti Ernesti Institutio Interpretis Novi Testamenti ad usus lectionum,* 1761.

reconstruire toutes disciplines par lui-même, grammairien,
linguiste, historien, exégète, il a donné aux études orientales
une impulsion nouvelle, en même temps qu'il a marqué,
d'une manière décisive, ce que son école revendiquait pour
la science. Le voici qui fait imprimer, en 1750, une introduction
à la lecture des livres du Nouveau Testament [1]; il la reprend,
la remanie, l'augmente, et la conduit, en 1787-1788, jusqu'à
une quatrième édition. Il dit que l'inspiration des livres du
Nouveau Testament importe moins que leur authenticité;
que quand la divinité n'aurait pas inspiré un seul de ces livres,
et quand les Apôtres et les Évangélistes n'auraient eu d'autre
secours que le talent d'écrire ce qu'ils savaient, en admettant
leurs ouvrages comme authentiques et comme ayant un degré
suffisant de crédibilité, la religion chrétienne serait encore
la véritable. Car on peut avoir des doutes sur l'inspiration
du Nouveau Testament, et même la nier, et être bien persuadé
de sa vérité : en effet, le fait historique n'en resterait pas moins
debout : plusieurs personnes manifestent publiquement cette
opinion, ou bien l'ont en particulier, et il serait injuste de
mettre ces personnes au rang des incrédules. Doivent compter
au nombre des livres canoniques ceux dont on peut prouver
qu'ils ont été authentiquement écrits par les Apôtres; et ceux-
là seuls. Ceci posé, il distingue deux groupes : les écrits qui
composent le premier portent les noms des Apôtres Matthieu,
Jean, Paul, Jacques, et Jude; d'autres n'ont pas été écrits par
les Apôtres, mais par leurs aides et par leurs compagnons,
savoir les Évangiles de saint Marc et de saint Luc, et les
Actes des Apôtres. Les livres de ce deuxième groupe, il ne
les excluait pas lorsqu'il s'est mis à les étudier; mais — comme
si nous avions besoin d'une preuve supplémentaire de la
progression inexorable de cette pensée — plus il a creusé le
sujet, plus il les a comparés à ceux du premier groupe, plus
vivement ses doutes se sont augmentés. Dans la troisième
édition de son ouvrage, il donnait encore les arguments pour
et contre, incertain de la conclusion à laquelle il devait aboutir;
dans la quatrième, il est enclin à la négative. Si ces ouvrages
ne sont pas authentiques, il faut les rejeter. Ni l'autorité de
l'Église dont il nous dit qu'elle présupposerait la question de

1. J. D. Michaelis. *Einleitung in die göttlichen Schriften des Neuen Bundes.*

savoir ce que c'est que les hérétiques; ni une sensation intérieure de la conscience; ni un certain caractère d'utilité morale,
ne peuvent être invoqués. Pure affaire de textes, pure affaire
de philologie, pure affaire d'histoire; seule compte une filiation authentique. Johann David Michaelis bannira donc
l'Évangile selon saint Luc et selon saint Marc; et ce faisant,
il aura l'impression de bien servir le Christianisme. Son raisonnement est le suivant : les principales objections que les
adversaires de la religion élèvent contre l'Évangile s'adressent
à saint Luc. Abandonnez saint Luc, et aussi saint Marc,
sujet aux mêmes doutes : vous désarmerez ces adversaires en
leur ôtant la possibilité de faire ressortir des contradictions
qu'en effet on ne peut entièrement aplanir.

Mais voici le terme où l'essence même du christianisme
est atteinte et modifiée par un théologien qui se croyait calom-
nié et insulté, quand on lui disait qu'il n'était plus véritablement chrétien. Johann Salomo Semler était l'élève favori de
Baumgarten, envers lequel il n'a cessé de témoigner admiration et gratitude : la filiation est directe. Même carrière, aussi :
il devint en 1752 professeur de théologie à l'Université de
Halle. Il fut hardi, il fut brillant; sa voix retentit, puissante,
dans les grandes polémiques de l'époque. Pour lui, la religion est moralité; son histoire est celle de l'amélioration
morale de l'homme. Vie intérieure, plus ou moins intense
selon la qualité de l'individu, source jaillissante du fond de
l'être, la religion est une force spontanée, une force libre.
Si vous intervenez du dehors pour la canaliser, vous altérez
sa nature, vous contrariez l'expansion de son énergie. L'autorité est sa grande ennemie. Or, que font les dogmatiques?
Comment opèrent les théologiens? Ils travaillent à contresens. Ils ont découpé dans le temps, ces gens à courte vue,
un moment passager, un fait transitoire. Dans une civilisation
condamnée à périr, dans la religion juive et dans la religion
chrétienne, ils ont voulu voir la seule religion; à ses valeurs
relatives, ils ont résolument imprimé un caractère absolu.
Telle est leur erreur : d'une expression donnée du sentiment
religieux, ils ont fait la Religion, intangible; d'une forme
locale, ils ont tiré une loi sans appel qu'ils ont déclarée la
seule valable pour toutes les époques et pour tous les pays.
De ce qui devait changer, ils ont fait ce qui ne changerait

jamais : et leur méprise a porté sur la suite des siècles. Comme s'ils imposaient à tous les corps, pour toujours, un habit que la mode d'aujourd'hui a mis en usage, que la mode de demain emportera, ils ont imposé à toutes les âmes ce revêtement, qui bientôt n'a plus été qu'un travesti. Opération funeste, continue Semler; sous l'amas des règles, des préceptes et des rites, ils ont étouffé la substance de la foi; ils ont transformé en pratiques extérieures, en rites désuets, la volonté de bien qui est la force profonde de la croyance. Au point où ils en sont arrivés, ces mêmes maîtres de l'Église ont promu une théologie locale, une manifestation occasionnelle, une organisation sociale due à la circonstance, au rang de Credo et à la dignité de condition unique du Salut.

Semler ne se tenait pas pour un impie, le moins du monde; il pensait que les mauvais chrétiens étaient les théologiens de la vieille école, les orthodoxes qui se permettaient d'exclure de leur communion tel ou tel hérétique, comme si l'hérésie n'était pas, elle aussi, un revêtement temporaire de la foi, une manifestation passagère de la croyance éternelle. Les ennemis du Christianisme étaient ceux qui niaient toute idée de révélation, laquelle demeurait comme un fait dont il avait donné, enfin, le sens véritable : une communication sans cesse renouvelée de Dieu à l'homme. Au nom de la critique, il montrait comment il voulait qu'on l'entendît désormais. Il s'appliquait à étudier le Nouveau Testament, et il affirmait qu'il n'y avait pas de raison profonde pour retenir tel ou tel texte, et pour exclure tel ou tel autre, pas de raison pour choisir entre les textes du canon, puisque tous représentaient à quelque degré une forme locale et provisoire de la foi, historiquement explicable. De même il s'appliquait à étudier l'Ancien Testament, selon les plus rigoureuses méthodes qu'il croyait exercer sans aucun parti pris, et il décrétait qu'il s'agissait là d'une œuvre nationale juive, et de rien d'autre. Les livres bibliques n'avaient pas été écrits pour révéler une religion, puisqu'ils contenaient des affirmations qui étaient opposées aux vérités de la révélation éternelle, c'est à celle-ci qu'il en revenait toujours. Le Dieu des Juifs n'était pas le Dieu de la nature; la vertu des Juifs n'était pas la moralité qui découle des lois de la nature; les Juifs ne croyaient pas à l'immortalité de l'âme, cette idée ne leur étant venue que sur le tard et après des influences étrangères, après la captivité de Babylone et de Perse : et donc, c'était un contresens que de vouloir donner la Bible comme la vérité et la vie. Elle était une image, un reflet qui valait au même titre que tant d'autres reflets que l'on pouvait saisir en remontant le cours des âges, et par exemple chez les Païens. Car les Païens avaient, eux aussi, représenté un moment de la Révélation éternelle; et il y avait eu religion véritable chez eux, chaque fois qu'il y avait eu véritable moralité.

CHAPITRE VI

L'apologétique.

Partout où le Christianisme avait partie liée avec l'État, l'État venait à son secours. En Espagne, la publication et même la diffusion des œuvres impies était particulièrement difficile; à côté, voire au-dessus du pouvoir royal, veillait l'Inquisition. De même au Portugal : le 18 octobre 1738, Antonio Jose da Silva est étranglé, puis brûlé dans un *auto da fe* à Lisbonne; en 1778 encore, Francisco Manoel do Nascimiento, accusé de ne pas croire au Déluge, de jeter le ridicule sur la doctrine du péché originel, est emprisonné; il n'échappe à son procès qu'en s'évadant. En France, où toute attaque contre le droit divin était un crime de lèse-majesté, la censure, le privilège des libraires, les condamnations prononcées par les évêques et par l'Assemblée du clergé, les interventions du Parlement, les sanctions royales, essayaient d'endiguer le flot montant de l'incroyance. Dans l'Italie morcelée, les cas étaient variables : la Toscane était indulgente et laissait réimprimer chez elle l'*Encyclopédie ;* le grand-duché de Parme, francisé, montrait peu de rigueur; à Venise, ville du commerce, on fermait volontiers les yeux sur la nature de la marchandise : tandis que Rome était sévère, et que le Piémont prenait des mesures tracassières ou violentes. En Autriche, Marie-Thérèse était particulièrement soupçonneuse : à Vienne, la censure fit interdire le Catalogue de l'Index, parce que la seule lecture des titres aurait pu donner la curiosité de lire les ouvrages dont il valait mieux, pensait-elle, que l'existence même demeurât insoupçonnée. A mesure que la propagande philosophique devenait plus active, s'accentuait la rigueur. Interdictions, prohibitions, s'aggravaient, dans les pays mêmes où, au début du siècle, on avait fermé les yeux.

Chez les protestants, il était entendu que la pensée avait le droit de s'exprimer librement. Ce qui n'empêchait pas qu'en Allemagne on expulsât Wolff de sa chaire de Halle et des États prussiens, qu'on persécutât Edelmann, qu'on emprisonnât Johann Lorenz Schmidt, qu'on chassât Karl Friedrich Bahrdt de ses emplois. Berlin était en principe la plus tolérante de toutes les villes, accueillante aux proscrits qui étaient traqués ailleurs pour cause d'irréligion; mais dès qu'il s'agissait de politique, c'était une autre affaire, si nous en croyons un témoin non suspect, Lessing : à Berlin, dites en matière de foi toutes les sottises que vous voudrez, on vous laissera tranquille; mais avisez-vous d'aborder la politique et vous verrez que cette prétendue liberté est un esclavage. Même en Angleterre, on sévissait quelquefois; jusqu'en 1779, les catholiques continuaient à être exclus de l'Acte de Tolérance.

Notons cet état de choses pour mémoire, et concédons que si le Christianisme n'avait eu que l'intervention séculière pour se protéger, il aurait justifié une partie des accusations qu'on portait contre lui.

Puisque la philosophie devenait une affaire d'opinion publique surtout en France : surtout en France, les antiphilosophes acceptaient la lutte sur le même terrain : du moins ils essayaient.

Ils réussissaient quelquefois. Ils trouvaient un nom pour ridiculiser leurs adversaires : les Cacouacs. En 1757, *L'Histoire des Cacouacs* commença de courir Paris. Vers le quarante-huitième degré de latitude méridionale, on avait nouvellement découvert une tribu plus ignorée que celle des Caraïbes. Les Cacouacs avaient comme arme du venin caché sous leur langue; à chaque parole qu'ils prononçaient, même du ton le plus doux, ce venin coulait, s'échappait, se répandait au loin. Ils ne reconnaissaient aucune autorité, professaient la relativité de toutes choses, et répétaient sans cesse le mot Vérité. Orgueilleux, ils pensaient avoir l'univers à leurs pieds; et méprisant la sagesse divine, ils divinisaient la Nature. Par leurs habiles et fausses maximes, ils gagnaient de proche en proche. Or voici qu'une nation d'hommes courageux, bien que faibles en nombre, leur déclarait la guerre; la bataille s'engageait, les Cacouacs s'avançaient à grand fracas : peut-être auraient-ils été vainqueurs, si les autres n'avaient eu un instrument redoutable : le sifflet. Sifflés, les Cacouacs vaincus fuyaient en débandade.

Certains traits portaient juste : « L'origine des Cacouacs, si on les en croit, remonte jusqu'aux Titans, qui voulaient escalader le ciel. » — « Les Cacouacs étudient la nature en tout. Ils ne lui bâtissent point de temple, parce que cela aurait l'air d'un culte, et que les Titans leur ont laissé pour maxime qu'il faut connaître et non adorer. » Comme titre supposé d'un de leurs livres : « Plan d'une religion universelle à l'usage de ceux qui peuvent s'en passer, et dans laquelle on pourra admettre une divinité, à condition qu'elle ne se mêle de rien. » Ajoutez des drôleries, des parodies, des citations choisies pour leur emphase, comme le : « Jeune homme, prends et lis », de Diderot, et vous aurez un exemple de la manière de Jacob Nicolas Moreau, dans son *Avis utile*, et dans son *Nouveau mémoire pour servir à l'histoire des Cacouacs;* il eut du succès, fut imité, et déchaîna la colère des philosophes, qui voulaient bien user du ridicule, mais ne toléraient pas qu'on en usât contre eux.

Bientôt ils allaient être mis sur la scène. Tout le monde connaît la comédie des *Philosophes* (1760), et comment Palissot caricatura Grimm, Helvétius, Diderot, Mlle Clairon, et en particulier Jean-Jacques Rousseau qui entrait sur la scène en marchant à quatre pattes, et qui tirait de sa poche une laitue. On connaît moins tout un travail de résistance et de contre-offensive. Abraham Chaumeix s'en prenait à l'*Encyclopédie*, c'était la croisade de sa vie; plein de verve et d'âpreté, il en discernait les points faibles; il caractérisait l'esprit qui animait l'ensemble : « Je ne me suis pas mis en peine de m'informer si M. Diderot avait fait une description exacte du métier à faire des bas, et des différentes manières de tailler une chemise; mais je me suis arrêté à considérer quelle idée l'*Encyclopédie* me donnait de l'homme, de sa nature, de sa fin et de son bonheur. » Ou bien il mettait en pièces le livre *De l'esprit*, il avait beau jeu. — Linguet portait des coups durs. *La Philosophie ?* « Son nom signifie amour de la sagesse. Elle s'en empare avec fierté, comme on charge les armoiries de symboles qui n'ont aucun rapport avec les actions de ceux qui les portent. Très souvent un lâche fait peindre un lion dans son écusson. » — « Le fanatisme religieux ensanglante la terre, mais le fanatisme philosophique enlève aux hommes leur force et leur vertu. » — « Le philosophe raisonneur qui discute, qui pèse les droits des puissances, qui disserte sur les vertus et les vices, est trop lâche pour savoir obéir. Son cœur flétri par ses prétendues lumières n'est accessible qu'à la peur. Désabusé sur les mots de patrie, d'honneur, de devoir, accoutumé à les disséquer, à en analyser les rapports, il n'en connaît plus ni la force, ni la douceur. »

Le plus combatif était Fréron. Breton, tête dure, il se relevait chaque fois de ses défaites : il était mis à la Bastille, à Vincennes, au For-l'Évêque, pour avoir distribué des horions à droite et à gauche, et de préférence aux puissants : libéré, et presque sans reprendre haleine, il recommençait. Ses publications, les *Lettres de la Comtesse*, les *Lettres sur quelques écrits de ce temps*, étaient suspendues : peu lui importait, il se mettait à rédiger l'*Année littéraire*, et bon gré mal gré la traînait jusqu'à sa mort. Il n'était pas le premier venu; il maniait bien la plume, était sensible au mérite littéraire, avait du goût; il aimait les nouveautés; il voyait les maux de la société et demandait des réformes; ami des plaisirs de la vie, généreux, dépensier même, sa personnalité sortait du banal. Dès qu'il voyait un philosophe il se mettait en colère. Le nom d'aucun d'entre eux ne manque dans ses pages : de Voltaire lui-même il n'avait pas peur. « Je reparaissais sur l'arène, avec l'ardeur d'un athlète dont quelques blessures que des lâches lui ont faites en trahison raniment le courage au lieu de l'abattre. » Il savait ce qui l'attendait, mots féroces, épigrammes tenaces, mauvais tours, vengeances; mais à provoquer ces représailles il prenait du plaisir. Il avait une mission à remplir; les philosophes n'avaient pas l'air de voir qu'aux consolations du Christianisme, ils substituaient le trouble, l'amertume et le désespoir : lui, Fréron, dénoncerait leur erreur. Il leur montrerait qu'ils étaient fous, s'ils pensaient qu'une nation qui secoue un joug sacré continuera à supporter un joug humain. Il défendrait ce que la tradition a de salutaire. « Jamais siècle n'a été plus fertile que le nôtre en écrivains séditieux qui, à l'exemple du poète Linière, n'ont d'esprit que contre Dieu. Ils se disent les apôtres de l'humanité, et ils ne voient pas que c'est être mauvais citoyen, que c'est faire un mal réel aux hommes, que de leur ôter des espérances qui seules adoucissent les maux de cette vie; que c'est bouleverser l'ordre des sociétés, irriter le pauvre contre le riche et le faible contre le puissant, armer des millions de bras qui sont arrêtés par un frein sacré autant que par les lois... Ce méprisable acharnement contre la religion marque d'ailleurs plus de faiblesse que de force de l'esprit. On ne parlerait, on n'écrirait pas contre elle, si on ne la redoutait intérieurement. Les prosateurs, les poètes qui en font l'objet de leurs satires, ressemblent à ces voyageurs tremblants qui ont peur des voleurs et qui chantent de toutes leurs forces pour cacher leurs craintes. »

Ceux qui formaient l'armée des anti-philosophes pensaient qu'on avait imprudemment porté l'incendie dans la vieille maison, sous prétexte d'y donner la lumière.

Si nous voulions reprendre une imagination qui fut alors à la mode, et décrire une bataille de livres, toutes pages tourbillonnant dans les airs, tous formats s'entrechoquant, nous aurions beau jeu, car ce fut à peine une figure. Jamais autant d'ouvrages ne furent publiés contre la religion, jamais autant d'ouvrages ne furent publiés pour elle. On en aurait fait, disaient les contemporains, des bibliothèques entières; dans les journaux du temps, en quelque pays d'Europe qu'ils parussent, une seule catégorie fut plus largement représentée que celle des traités agressifs : celle des traités qui défendaient le Christianisme.

Les Anciens que les autres invoquaient en faveur du matérialisme, les apologistes les refutaient. Et comme les autres appelaient à leur secours tous les libertins du monde : de même, les apologistes invoquaient les illustres défenseurs de la foi; ils ranimaient la grande voix de Bossuet pour rappeler les âmes vers le Seigneur. On attaquait la Bible? Dom Calmet passait sa vie à la défendre. On disait que le Pentateuque n'était pas de Moïse? Il est bien vrai, répondait Astruc le médecin, que le livre semble révéler des sources différentes; qu'on y trouve une tradition d'après laquelle Dieu est nommé Eloïm, une autre d'après laquelle il est nommé Jéhovah; et d'autres encore, si l'on veut; mais les difficultés disparaissent, si on admet que

Moïse a travaillé sur plusieurs mémoires qui ont pour ainsi dire convergé vers lui. Un des arguments favoris des contradicteurs consistait à prétendre que les valeurs spirituelles que l'on reconnaissait dans la tradition juive venaient de l'influence d'autres religions orientales; on montrerait donc, à rebours, que les grandes fables, les cultes et les mystères du paganisme, ne sont que des copies altérées des histoires, des usages, et des traditions des Hébreux. Des critiques infirmaient l'histoire du premier établissement de l'Église, de toute la tradition ecclésiastique : alors on sortait l'*Histoire ecclésiastique* de l'abbé Fleury, dont Alfieri racontait qu'il avait lu les trente-six volumes, dans sa jeunesse; et chez les Luthériens paraissaient les *Institutionum Historiae ecclesiasticae antiquioris et recentioris Libri IV* (1726), œuvre magistrale de J. L. von Mosheim, l'adversaire de Toland. Dans les collections d'ouvrages hérétiques les philosophes puisaient leurs négations : donc on publierait d'autres collections, d'autres choix où les croyants trouveraient à fortifier leurs certitudes et, par exemple, l'ouvrage de Johann Albert Fabricius, *Delectus argumentorum et Syllabus Scriptorum qui veritatem religionis christianae... asseruerunt* (1725). L'hérésie prenait la voie des Universités pour se répandre : discours universitaires, dissertations, thèses, ramèneraient les étudiants à l'orthodoxie.

Aucun pas ne fut fait sans provoquer une démarche contraire. Sus aux sociniens, guerre aux déistes, exterminons les athées. Le mal profond vient de Locke : réfutons ce philosophe par la philosophie. On ne parle que de démonstrations géométriques : démontrons géométriquement la vérité de la religion chrétienne. Périodiques contre périodiques, lettres contre lettres, dictionnaires contre dictionnaires, vers contre vers. *Le Philosophe chrétien; La Religion vengée...*

L'apologétique travailla d'abord à renforcer ses propres positions, à faire un examen attentif des arguments traditionnels, et pour ainsi dire à se rassurer elle-même; elle relut les Pères de l'Église et les grands théologiens du passé; elle rassembla ses puissances intérieures. Pour couper la racine du mal, écrit à Montesquieu l'évêque de Soissons, Mgr de Fitz-James, le 29 septembre 1750, « il faudrait songer

sérieusement à ranimer les études de théologie, qui sont
entièrement tombées, et tâcher de former des ministres de
la religion qui la connaissent et soient en état de la défendre.
La religion chrétienne est si belle que je ne crois pas qu'on
puisse la connaître sans l'aimer; ceux qui blasphèment contre
elle, c'est qu'ils l'ignorent. Si nous pouvions faire revivre des
Bossuet, des Pascal, des Nicole, des Fénelon, la seule considération de leurs doctrines et de leurs personnes ferait plus de
bien que mille censures. »

Elle parla donc le langage de la scolastique à ceux qui
l'entendaient encore : mais elle sut en parler un autre à ceux
qui ne l'entendaient plus. La raison, pourquoi pas ? La raison
et la religion sont-elles nécessairement des ennemies ? Au
contraire l'Église les a toujours associées. Nous ne pouvons
connaître les objets que suivant les idées que nous en avons,
et notre jugement n'est certain qu'autant que nos idées sont
claires : d'accord. Reste cependant un domaine que nos idées,
obscures, bornées, et souvent fautives, ne peuvent atteindre,
personne ne le nie. Dieu ne peut nous tromper, c'est ce que
tous les déistes accordent aisément. Or Dieu nous a révélé
des vérités qui, autrement, nous seraient restées inaccessibles,
il faut les croire. La foi aux mystères n'est donc jamais contre
la raison; au contraire, la raison nous prescrit cette soumission
à l'autorité divine. Ainsi parle un des apologistes les plus
féconds de l'époque, l'abbé Bergier, qui rappelle à ses lecteurs
le mot de saint Paul : *rationabile obsequium*[1].

Les faits, pourquoi pas ? — L'apologétique ne doit pas
rester dans le silence; elle ne doit pas non plus user de
contrainte, mais de persuasion, de charité, de douceur :
car il n'y a de religion véritable que celle qui est volontaire,
et nulle puissance humaine ne peut forcer le retranchement
impénétrable de la liberté. Son devoir est donc d'écouter
les arguments de ses adversaires et de leur répondre dans
leur propre plan. Cette attitude est prise par un autre auteur,
l'abbé Houtteville, dont *La religion chrétienne prouvée par les
faits*, publiée en 1722, se rééditta maintes fois jusqu'à la fin
du siècle. Il prit soin d'établir, en bonne méthode, les carac-

---

1. *Apologie de la religion chrétienne,* 1769; chapitre v. Voir, du même auteur,
Le déisme réfuté par lui-même, 1765.

tères qui assurent la certitude des faits; après quoi il montra que les miracles rapportés par l'Écriture sainte, annoncés par des témoins oculaires ou contemporains, sincères et vrais, portant sur des faits publiés, en liaison avec des faits postérieurs, reconnus même par ceux qui avaient intérêt à les nier, avaient le caractère de faits incontestables, devant lesquels il fallait s'incliner. Contradictoires ou non avec les lois de la nature, on devait les admettre. Contradiction qui d'ailleurs n'était telle que pour nos faibles esprits, et qui disparaissait pour une intelligence divine, capable de voir le lien de toutes choses, et de fondre en unité ce qui est pour nous divergence.

Les faits; la raison; et une autre puissance aussi, qui naît de la raison qui observe les faits, puis qui la dépasse et devient exaltation, devient sentiment. On découvrit alors les merveilles de la nature. Ces forces enchaînées qui obéissent à l'ordre, cette harmonie qui règle l'infiniment grand et l'infiniment petit, cette beauté éparse dans les êtres et dans les choses, ne demandent-elles pas que notre reconnaissance s'élève jusqu'à leur auteur? La simple observation des phénomènes ne suffirait pas à rendre justice au Créateur : qu'un hymne s'élève vers Dieu! C'est trop peu que de constater seulement sa présence : il convient de laisser parler, d'accord avec l'intelligence, un cœur qui s'émeut. L'Angleterre, avec Derham; et aussitôt après la Hollande, avec Nieuwentydt, commencèrent ces actions de grâces, ces effusions, ces élans lyriques; le signal a été si vite aperçu par des esprits qui le demandaient, qu'il s'est communiqué de proche en proche, et que bientôt il n'y eut plus de pays en Europe qui ne répétât, dans sa langue, que les cieux racontent la gloire du Seigneur. Les titres furent divers et le sentiment unanime. Il ne nous appartient pas d'en faire ici l'histoire, puisque nous nous bornons à l'ordre de la raison. Mais c'est de constatations rationnelles que ce sentiment s'est dégagé; et l'apologétique en a tiré parti. De la bonté, de la beauté, elle a pris argument pour la vérité. Dès 1741, dans son *Traité sur le Beau,* le P. André exprime l'idée qui végétera chez des auteurs obscurs, et qui mûrira sous l'action des événements et des hommes, jusqu'au *Génie du Christianisme* : « Nous avons parlé de Dieu comme il convient à un philosophe chrétien; nous avons démontré son existence, expliqué sa nature, décrit son action, montrant

partout l'accord très étroit de la religion et de la foi relativement au Dieu souverain. Tantôt contemplant d'une façon
plus profonde Dieu en lui-même, nous avons vu qu'il n'y a
rien de plus grand, rien de plus admirable, rien de plus terrible,
que la Divinité offerte comme en spectacle. Tantôt considérant de plus près comment Dieu se comporte à notre égard,
nous avons trouvé qu'il n'y a rien de meilleur, rien de plus
aimable que ce même spectacle de la divinité. Nous avons
éprouvé moins de difficulté à le voir qu'à l'expliquer.

Les apologistes anglicans s'ingénièrent. Berkeley descendit
dans la lice, provoqua les « minute philosophers », les petits
philosophes qui se croyaient de grands penseurs [1]. Les impies
allaient trop loin, ils allaient trop vite; Swift leur disait qu'ils
pouvaient bien attaquer le christianisme, mais non pas l'abolir;
une foule de gens prétendaient qu'il n'était qu'un mensonge,
qu'il ne valait même plus la peine de fournir un sujet d'enquête,
qu'il n'y avait plus qu'à en rire, comme par voie de représailles, parce qu'il avait longtemps interrompu les plaisirs du
monde : ce n'était pas une raison pour l'abandonner : c'était
une raison, bien plutôt, pour réhabiliter sa vraie valeur.
La mode était de tourner les bons chrétiens en ridicule et
de leur faire perdre contenance : par des raisons appropriées
au temps on les rassurerait, on leur rendrait confiance dans
les vérités de la foi. Puisqu'il y avait procès, on jugerait.
Ce n'était pas une métaphore, car l'un des défendants, l'évêque
Sherlock, eut l'idée d'instituer un procès en forme, où figu-
raient un juge, un jury, un chef du jury; un procès comme
on en voyait tous les jours à Londres et dans la province,
avec cette différence que les témoins mis en cause étaient
ceux qui affirmaient la résurrection du Christ [2].

Le juge. — *Messieurs les jurés, je viens de vous exposer en
substance ce qui a été allégué de part et d'autre. C'est à vous maintenant à y réfléchir et à donner votre jugement.*

1. Alciphron, *Or the minute Philosopher; in seven Dialogues, containing an
Apology for the Christian Religion, against those who are called Freethinkers*, London,
1732.
2. *The trial of the Witnesses of the Resurrection of Jesus*, London, 1729.

(Le jury ayant délibéré, le chef du jury se lève et parle.)

Le chef du jury. — *Mylord, nous sommes prêts à donner notre verdict.*

Le juge, s'adressant aux jurés. — *Êtes-vous d'accord ?*

Les jurés. — *Oui.*

Le juge. — *Qui portera la parole ?*

Les jurés. — *Notre chef.*

Le juge. — *Que dites-vous donc ? Les apôtres sont-ils, oui ou non, coupables de faux témoignage au sujet de la résurrection de Jésus ?*

Le chef du jury. — *Non coupables.*

Parmi les exégètes, les théologiens, les historiens, les sermonnaires, deux hommes se détachent en relief. Warburton, évêque de Gloucester, avait un caractère singulier : puissant et rude ; grand liseur, grand travailleur, grand disputeur ; il avait étudié la procédure avant d'entrer dans les ordres, et en avait gardé une certaine pratique de la chicane ; moderne, il n'avait pas eu peur de s'informer chez Locke de la philosophie nouvelle et chez Bayle du scepticisme. Paradoxal, il avait une façon qui n'appartenait qu'à lui ; il semblait tout accorder à ses adversaires, et quand ceux-ci triomphaient, il les battait par surprise. Par exemple, dans son *Alliance between Church and State* (1736). L'Église est un corps à part, et n'a pas de droits sur l'État. L'État est un corps à part, et n'a pas de droits sur l'Église. A ces affirmations initiales, comment les dissidents ne se seraient-ils pas réjouis ? et comment les philosophes n'auraient-ils pas cru qu'ils avaient trouvé un nouvel ami dans le clergé même ? Mais Warburton continuait. La religion a besoin de l'État. L'État a besoin de la religion, s'il ne veut pas être perverti ; il ne saurait tolérer, chez ses serviteurs, la négation de principes qui assurent sa stabilité, comme la distinction naturelle et essentielle entre le bien et le mal : il est légitime qu'il exige d'eux cette garantie. De l'un à l'autre pouvoir, il n'y a pas soumission, mais alliance indissoluble. Et Warburton finissait par défendre une religion officielle, au nom des règles fondamentales de la loi de nature et du droit des gens.

Plus bruyante encore fut l'œuvre qu'il publia deux ans plus tard, *The Divine Legation of Moses*. Tout le monde admettra

ce postulat, qu'un habile législateur, lorsqu'il établit une
religion et un gouvernement civil, n'agit pas capricieusement
et au hasard : au contraire, il a ses raisons et ses buts. Une
religion ordinaire a besoin, pour se soutenir, de la croyance
à un état futur. Un gouvernement ordinaire a besoin, pour la
bonne marche de la société, de la croyance à la doctrine des
récompenses et des peines. Or, ni la croyance à un état futur,
ni la doctrine des récompenses et des peines ne se trouvent
dans la loi mosaïque. Qu'en conclure, étant donné qu'à n'en
pas douter Moïse était un habile législateur? Qu'il se fondait,
non pas sur des valeurs ordinaires, suffisantes pour une religion purement humaine, mais sur des valeurs extraordinaires,
exceptionnelles, surhumaines, divines... — Que les syllogismes
de Warburton soient probants, c'est ce qu'on peut contester;
mais qu'ils aient agi, c'est ce que prouvent abondamment
les répliques de Voltaire.

Tout autre était Joseph Butler, qui, né d'un père presby-
térien, mourut évêque anglican; et parti de la dissidence,
finit dans le conformisme. Non par ambition, car il était
simple et frugal, sans faste, sans apparat; sans autre but dans
sa vie que la recherche de la vérité et la pratique des vertus
chrétiennes. La nature, la raison, il les acceptait comme point
de départ; et puisque à la suite de Locke on ne voulait rien
accepter qui dépassât l'observation de l'âme humaine, il
édifia sa démonstration sur l'empirisme. De là son opportunité, sa force, et l'immense succès de son livre : *The analogy
of Religion, Natural and Revealed, to the Constitution and Course
of Nature* (1736). L'analogie de la religion, naturelle et révélée,
avec l'être et le cours de la nature.

Il disait que le plus haut degré de la vérité est assurément
l'évidence démonstrative; mais que dans notre vie quoti-
dienne, ce n'était pas à elle que nous avions recours, et que
nous devions nous contenter de l'évidence probable : laquelle,
par une série de degrés, allait de la présomption légère à la
plus forte certitude morale. On peut supposer qu'il y aura
du brouillard en Angleterre tel jour précis du mois de janvier;
il est plus probable qu'il y en aura pendant un jour quelconque
du même mois; il est moralement certain qu'il y en aura au
cours de l'hiver. L'homme qui observe le flux et le reflux
de la mer, et qui affirme que le même phénomène se reproduira,

n'émet qu'une hypothèse; mais comme le flux et le reflux se sont produits pendant des jours, des semaines, des mois, des années, des siècles, nous pouvons dire avec assurance qu'ils se produiront demain. Ce raisonnement, qui ne vaudrait pas pour une intelligence parfaite, capable de connaître l'ensemble des causes et des effets, vaut du moins pour nos intelligences bornées. En fait, l'analogie détermine notre jugement et dirige nos actes, comme le prouve l'expérience.

Elle assure, de même, la légitimité de la religion naturelle. Le passage d'un état connu à un état inconnu, voilà, réduite à son dernier terme, la croyance à l'immortalité de l'âme. Or cette idée de passage n'est-elle pas conforme aux opérations de la nature, telles qu'elles se produisent devant nous? De même que des chrysalides se changent en papillons, que des êtres rampants deviennent des êtres ailés, que des vers percent leur cocon, que des oiselets brisent la coquille de l'œuf, pour subir les transformations les plus étonnantes; de même et par analogie, il est probable qu'après notre mort charnelle nous entrerons dans une nouvelle vie. La religion nous fait craindre des peines qui seront la punition des crimes, espérer des joies qui seront la récompense des vertus : eh bien! de même que notre intempérance, dans un délai donné, nous fait passer d'une santé florissante à une santé misérable, et que notre bonne conduite finit par nous procurer force et vaillance : de même, il est possible, il est probable, il est moralement certain, que nos offenses envers le Créateur se traduiront en peines, que notre observation de la loi morale se traduira en joies.

Quant à la religion révélée — qui ne diffère de la religion naturelle que parce qu'elle satisfait un besoin de précision qui est en nous — la pierre d'achoppement à laquelle se heurtent les incrédules est la médiation du Christ. La médiation — n'est-ce pas encore un des faits qui président à notre vie, et que nous acceptons avec reconnaissance? Toutes les créatures naissent par l'intermédiaire d'autres créatures, et sont par elles nourries, défendues, protégées; toutes les satisfactions nous sont par d'autres procurées. Donc, la venue d'un médiateur entre Dieu et l'homme, la venue du Christ qui s'est incarné pour nous laver de notre souillure, par analogie doit s'attendre et se croire.

Voix persuasive, qui plut aux croyants parce qu'elle leur faisait entendre qu'ils n'étaient pas des attardés et qu'ils pouvaient prétendre, eux aussi, au nom toujours souhaité de modernes. Voix qui surprit les incrédules, en ce sens qu'ils retrouvaient quelques-uns de leurs propres accents. Raisonnement qui suivit la méthode donnée comme étant la seule bonne, l'observation et l'expérience. Joseph Butler, évêque de Durham, eut la satisfaction d'avoir donné au public une manière de sécurité philosophique; l'hypothèque prise sur la vérité paraissait si forte que le déisme devait se tenir pour vaincu.

On entrevoit ici, comme une nouveauté qui ne s'est pas encore inscrite dans l'histoire, et pour parler le langage du temps, un Christianisme « éclairé » : tout un mouvement européen, un mouvement chrétien, tendant à dépouiller la religion des stratifications qui s'étaient formées autour d'elle, à offrir une croyance si libérale dans sa doctrine que personne ne pourrait plus l'accuser d'obscurantisme, si pure dans sa morale que personne ne pourrait plus nier son efficacité pratique. Non pas une compromission, mais la ferme assurance que les mêmes valeurs qui, pendant dix-huit siècles, avaient fondé la civilisation, valaient encore et vaudraient toujours.

Si on voulait tenter du moins l'esquisse de ce grand effort, on commencerait par rappeler les penseurs qui comprirent que l'aristotélisme appartenait à un autre âge, acceptèrent Descartes alors que la génération précédente l'avait banni, et lui demandèrent des arguments en faveur de la spiritualité de l'âme; des penseurs chrétiens qui pratiquèrent et qui admirèrent Locke, refusant de le suivre dans son agnosticisme, mais exploitant les richesses psychologiques qu'il avait découvertes. On citerait les savants, et du plus haut mérite, le P. Boscovitch à Raguse, Haller et Bonnet en Suisse, Réaumur à Paris, Euler en Allemagne, qui montrèrent que la méthode expérimentale, loin de mener à l'incroyance, affermissait l'idée d'une finalité. On invoquerait les moralistes qui rappelèrent au Prince que sa puissance ne se fondait que sur un devoir plus strict, et qui exigèrent de lui beaucoup plus que les philosophes ne lui demandèrent jamais : tel le sage, le pieux Muratori qui n'était pas tellement plongé dans son érudition qu'il ne regardât la vie, qui a été quelquefois tenté par le doute, et qui s'est réfugié dans son Credo; les gouvernants ne doivent avoir en vue que le bien de l'État, suivre en toutes choses la loi divine qui défend de commettre le mal et ordonne de contribuer au bien de tous, même au bien de leurs ennemis : faites aux autres hommes ce que vous voudriez qu'ils fissent pour vous. Car le meilleur remède aux souffrances sociales, sans tant de traités idéologiques, restait la charité; et la règle unique proclamée par les déistes, aimez-vous les uns les autres, n'était pas à eux, elle venait du Christ. On sortirait de l'ombre la figure des prêtres et des évêques qui prêchèrent à leurs ouailles la tolérance, qui dénoncèrent la superstition. On compterait les Saints qu'a vu naître le XVIIIe siècle.

On n'oublierait pas l'effort des Congrégations. Prendrons-nous l'exemple d'un Jésuite, pendant près de quarante ans professeur au Collège Louis-le-Grand, collaborateur aux *Mémoires de Trévoux ?* A le lire, nous apprendrons que M. Locke est le premier de ces temps-ci qui ait entrepris de démêler les opérations de l'esprit humain, et qu'il ne s'est pas laissé conduire à des systèmes sans réalité : sa philosophie semble être en ce point, par rapport à celle de Descartes et de Malebranche, ce qu'est l'histoire par rapport à un roman. La philosophie raisonnable du P. Buffier était celle du sens commun, assez féconde pour avoir été reprise et développée, plus tard, en Angleterre, par Thomas Reid. Ses idées sur la vie sociale n'étaient ni peureuses ni rétrogrades : l'égalité de nature était un principe qu'il ne fallait jamais perdre de vue; c'étaient les fonctions qui étaient inégales, celles des sujets et celles des princes, non pas les hommes. En tout, le P. Buffier n'avait en vue que de « suivre la clarté la moins suspecte de l'intelligence humaine ».

Prendrons-nous l'exemple d'un Bénédictin ? Il est difficile de ne pas avoir un faible pour le P. Feijoo, si simple, si franc, si robuste : il s'appelle lui-même libre citoyen de la république des lettres et le nom est bien donné. C'était un thème favori des philosophes, dans la première partie du siècle, que le retard de l'Espagne sur la route des lumières. Or l'homme qui, de

sa cellule, l'a provoquée au progrès, est précisément Feijoo.
L'esprit critique ne lui manquait pas, et même il l'exerçait à
tout propos. On dit que la dixième vague est toujours la plus
forte. Voyons cela : ce n'est pas vrai, c'est un préjugé vulgaire.
On dit que l'héliotrope tourne toujours sa fleur vers le soleil :
c'est faux. On dit qu'il est dangereux de prendre un aliment
peu après qu'on a bu du chocolat; encore un « on-dit » qui
ne résiste pas à l'épreuve. Rejetons les on-dit, ne croyons
qu'aux faits bien prouvés. Encyclopédique, Feijoo était théologien, historien, homme de lettres, homme de science; il
admirait Bacon et Newton, qui représentaient pour lui la
vérité expérimentale; Descartes lui paraissait un génie téméraire, mais un génie, et il brisait une lance en sa faveur, à
l'occasion. Réformateur, il ne craignait pas d'écrire contre
les nobles qui ne justifient pas leur privilège, contre la lenteur
de la justice, contre la torture. Patriote, il n'avait rien de plus
cher au monde que son pays. Cosmopolite, il était pour les
plus larges communications entre les peuples, pour l'abolition de l'esprit de parti, pour la paix universelle. Et parce qu'il
était tout cela, il était profondément chrétien. Il estimait qu'on
avilissait la religion par la croyance aux faux miracles, par les
pratiques puériles, par la façon qu'on avait de la lier au passé :
ce ne sont pas les dogmes sacrés qui brident la pensée et qui
étouffent la science, ce sont ces autorités usurpées; et donc, il
combattait le faux aristotélisme qui avait paralysé la pensée
espagnole, et qui, en plein xviiie siècle, voulait encore la
tenir engourdie. Pendant des siècles et des siècles, ceux qu'on
appelait des philosophes s'étaient creusé la cervelle devant les
textes d'Aristote : quelle aberration! Et comme ils auraient
mieux fait d'étudier la nature! Qui n'emploie d'autre méthode
que celle des discussions scolastiques, fait le jeu de l'ignoble
Cacus qui attire astucieusement Hercule dans sa caverne, afin
de rendre ses armes inutiles en l'aveuglant avec la fumée qu'il
vomit. Pour lui, il ne tomberait pas dans ce piège; il débar-
rasserait le catholicisme des marchandises de contrebande
qu'on avait introduites dans le temple. Feijoo se sentait parfaitement à l'aise à la fois dans la tradition et dans la nouveauté.

Intégrer la nouveauté dans la tradition; débarrasser l'enseignement des vieilleries de l'école; orienter les esprits vers
l'observation des faits; préconiser le culte de Bacon, de

Newton; délivrer les Portugais de leur narcissisme; les habituer à la critique, au jugement personnel; les réveiller, les exciter à reprendre place dans la vie intellectuelle de l'Europe : ce fut une grande tâche; ce fut celle de l'auteur du *Verdadeiro Método de Estudar* (1746-1747), le P. Luis Antonio Verney, franciscain; et ses successeurs furent encore des ecclésiastiques, des Oratoriens.

Si l'on voulait faire ressortir la figure la plus représentative peut-être de ce catholicisme éclairé, il faudrait choisir un prêtre, Antonio Genovesi. Il le mérite par la fermeté de sa position initiale, qui est celle-ci : les penseurs qui attaquent la religion chrétienne la connaissent mal, et dès lors la déforment : pour les réfuter il est nécessaire que se présente un homme qui la connaisse de l'intérieur, qui la pratique fermement, et qui en dégage l'esprit. Dès lors il se met à l'œuvre. Tous ceux qui ont pris parti contre la religion révélée, il les a pratiqués, il les cite au besoin, ses pages sont pleines de leur souvenir; tous les apologistes, il les a lus de même; tous les problèmes que l'époque s'est plu à poser et à reprendre, il les a abordés pour son compte, franchement, l'origine des idées, la loi naturelle, le rationalisme et l'empirisme, l'optimisme. Il défend la doctrine chrétienne par la connaissance profonde qu'il a de ses ennemis, et d'elle-même; et il la défend encore par son action.

Il avait été péripatéticien dans sa jeunesse, bon disputeur *pro et contra*. Ordonné en 1736, il était arrivé à Naples l'année suivante; c'était le temps où Mgr Galiani entreprenait la réforme des études : il entra dans le parti des réformateurs. Il fut cartésien; puis il connut la pensée de Locke et pour une part il l'accepta. Professeur de métaphysique, puis d'éthique à l'Université, il publia, à partir de 1743, des *Elementa Metaphysicae* qui firent époque; et il ne cessa plus d'employer le moyen le plus sûr parmi ceux qui influent sur la vie : atteindre l'âme des jeunes gens. A ses étudiants il répète qu'il ne faut pas jurer sur les paroles des maîtres; que la croyance doit procéder d'un examen rationnel; qu'elle ne doit pas être confondue avec la bigoterie, qui ne fait qu'étouffer la flamme intérieure; que le catholicisme ne craint pas d'affronter la philosophie moderne, soit pour la réfuter lorsqu'elle se trompe, soit pour tirer parti d'elle lorsqu'elle est conforme à la sagesse.

Tout recommence, mais sur un mode plus vif, en matière de politique, car Genovesi contribue à un déplacement d'intérêt qui est capital pour Naples et pour l'Europe : il s'agit moins de légitimer la raison d'État, de remonter aux origines théocratiques du gouvernement civil, de consolider la structure du pouvoir établi, que d'affirmer le droit des sujets, que de demander les réformes qui doivent assurer leur bonheur. Sur la terre napolitaine, où la féodalité pesait lourdement, une manière d'accord se produit entre le prince et les sujets, contre la puissance intermédiaire qui est hostile aux intérêts de l'un et de l'autre; Genovesi est l'un de ceux qui favorisent puissamment cet accord. Pour ses opinions il fut inquiété, dénoncé à Rome; il n'obtint pas la chaire de théologie qu'il avait souhaitée : mais il ne sortit pas de l'orthodoxie. Il n'était pas ascète; il était bien en chair et buvait agréablement le bon vin de Salerne. Mais en esprit il resta profondément chrétien; et de toutes les vertus chrétiennes il fut fidèle à la plus pure, à la charité. Il avait coutume de dire : « J'adore l'Évangile, dont la substance est amour. Qu'elle est douce, cette parole, amour! Et comme notre vie serait heureuse, si elle était seule à régner! »

Il y aurait lieu, enfin, de suivre les transferts de la pensée chrétienne, de même que la pensée philosophique se transfère de nation en nation. C'en est un, des plus curieux, que l'action des Scuole pie, des Piaristes d'Italie sur divers États de l'Europe, soit qu'elle s'exerce directement, soit qu'elle passe par les étrangers qui viennent finir ou recommencer leurs études à Rome. Leur influence novatrice s'étend sur la Hongrie, sur l'Allemagne du Sud, sur l'Autriche et sur ses possessions, sur la Pologne. Lorsque celle-ci, vers le milieu du siècle, se modernise à son tour, et qu'elle sent le besoin de renouveler les programmes de ses écoles, un Piariste, le P. Konarski, prescrit l'étude de Bacon, de Gassendi, de Descartes, de Malebranche, de Locke, de Genovesi, dans l'esprit le plus libéral. *Sapere aude* : c'était, nous l'avons vu, la devise des novateurs, qui voulaient faire de la recherche de la vérité la loi unique de leur vie; or le roi Stanislas Auguste fait frapper à l'effigie de Konarski une médaille portant en exergue : *Sapere auso*.

Réunissons, par la pensée, les ouvriers de la vigne; imaginons cet affairement de robes noires, de robes blanches, de robes de bure; rappelons de leur côté, les clergymen et les évêques anglicans; et les pasteurs et les professeurs luthériens; et les pasteurs de France; et les laïcs aussi; n'oublions pas le rêve, toujours recommencé, d'un accommodement entre catholiques et réformés, d'une union des Églises qui rassemblerait les disciples du Christ : et nous pourrons nous figurer, ayant vu la vivacité de l'attaque, l'ardeur de la défense.

CHAPITRE VII

Les progrès de l'incrédulité.
Le jansénisme.
L'expulsion des jésuites.

Un nouveau Bossuet, un nouveau Fénelon ne venaient pas; un nouveau Pascal ne venait pas. Le P. Gerdil, qui fut cardinal, réfutait Locke, mais que pouvait-il contre sa diffusion? Que pouvait Crousaz contre Pope? John Leland défendait l'Ancien et le Nouveau Testament, la Révélation : il n'effaçait pas le sourire de Hume. C'étaient de bons champions, quand il eût fallu des génies.

Souvent, malgré leurs intentions, ils restaient lourds et ennuyeux, les polémistes; leurs longues préfaces, leurs dissertations pédantes, leurs phrases massives, n'atteignaient pas le public; ils raisonnaient comme leurs grands-pères; le présent ne les écoutait plus. Ou bien en quête de nouveauté, ils n'attrapaient que le ridicule. L'abbé Pellegrin pensa-t-il avoir réussi, quand il mit sur des airs à la mode les vérités chrétiennes? *Explication de l'oraison dominicale,* sur l'air de *Joconde* : *Seigneur, vous avez bien voulu me donner une femme.* — *Explication du Symbole des Apôtres,* sur l'air : *Réveillez-vous, belle endormie.* — *Contre le péché en général,* sur l'air d'*Armide* : *Amour, que veux-tu de moi ?* — *De la nécessité de la pénitence,* sur l'air des *Folies d'Espagne.* L'*Astro-théologie,* la *Physico-théologie,* l'*Hydro-théologie,* furent-elles convaincantes? Lesser pensa-t-il avoir fait œuvre durable quand il publia son *Insecto-théologie ?* Dieu fait en sorte que les insectes les plus nuisibles appartiennent aux espèces les moins fécondes. Il veut que les insectes soient utiles, puisque dans certains pays ils servent d'aliment : saint Jean serait mort de faim dans le désert, s'il n'y avait pas eu les sauterelles. Les insectes ont une valeur théologique, ils ont été les ministres des châtiments dont Dieu afflige les coupables, ministres d'autant plus à craindre qu'il n'y a pas moyen de s'en garantir. Les insectes ont une valeur juridique; ils ont puni les adultères, les lois anciennes voulant qu'on les exposât nus dans une fourmilière, ou qu'on les livrât aux piqûres d'un essaim d'abeilles. Voire...

Les Anti-Cacouacs savaient mal se servir du sifflet, mais les Cacouacs s'en servaient excellemment : les Guenée, les Nonnotte, si respectables qu'ils fussent, étaient tournés en dérision; quand on veut faire ressortir les mérites de Fréron, et qu'on essaie de lui rendre justice, malgré soi on s'imagine entendre l'épigramme féroce que Voltaire a attachée à son nom :

> L'autre jour, au fond d'un vallon,
> Un serpent mordit Jean Fréron;
> Que pensez-vous qu'il arriva?
> Ce fut le serpent qui creva.

Jean-Jacques Lefranc, marquis de Pompignan, magistrat honorable et homme de lettres infortuné, s'en prit aux philosophes dans son discours de réception à l'Académie française; le même Voltaire le saisit au collet et ne le lâcha plus, Lefranc de Pompignan devint son souffre-douleur. Autre épigramme :

> Savez-vous pourquoi Jérémie
> A tant pleuré pendant sa vie?
> C'est qu'en prophète il prévoyait
> Qu'un jour Lefranc le traduirait.

Épîtres, satires, allusions toujours renouvelées, l'accablèrent : tant et tant qu'il n'osa plus sortir de chez lui : Voltaire avait supprimé Lefranc de Pompignan.

La partie non écrite de la vie de l'esprit, les conversations, les réflexions, les mots qu'on répète de proche en proche — qui l'arrêtera? La philosophie est dans les clubs et dans les assemblées, dans les cafés, autour des tables de thé — qui la saisira? Elle se répand dans l'air, elle s'insinue — où la prendre? Les policiers se mêlent innocemment aux promeneurs qui bavardent sous les arbres du Palais Royal ou dans les jardins du Luxembourg; ils consignent dans leurs rapports qu'ils ont entendu des propos contre la religion, des propos athéistes, tenus même par des abbés : impossible d'arrêter tous ces impies. Nicolas Boindin, homme de lettres, membre de l'Académie des Inscriptions, tient ses assises au café Procope, où il est connu comme libertin. Il emploie un jargon à lui : il appelle la liberté, Jeanneton; la religion, Jacotte, et Dieu, M. de l'Être. « Oserai-je vous demander, lui dit un mouchard qui l'écoute, ce que c'est que ce M. de l'Être, qui s'est si souvent mal conduit et dont vous êtes si mécontent? — Monsieur, c'est un espion de police. » Même une réplique de tragédie peut devenir suspecte : mettra-t-on en prison les spectateurs qui applaudissent? Même un livre glorieux, comme *Télémaque*, peut servir à la propagande philosophique : brûlera-t-on *Télémaque* sur les marches du Palais? Toutes composantes d'une atmosphère dont les chrétiens eux-mêmes finissaient par subir l'action.

Quelquefois, un colporteur frappait à la porte et laissait, contre espèces sonnantes, un manuscrit dans le genre de ceux-ci : *Discours historique contre l'Apocalypse et en même temps contre les autres livres du Nouveau Testament; Essai historique et critique sur les trois plus fameux imposteurs, Moïse, Jésus et Mahomet; Extrait des Sentiments de Jean Meslier; Testament de Jean Meslier; L'âme matérielle;* et autres analogues; en tout, plus de cent titres. En France existait une organisation clandestine, où Fréret, Mirabaud, Dumarsais, ont trempé pour une large part, et qui travaillait sur la France : fournisseurs de manuscrits; entrepreneurs, copistes, distributeurs à domicile; clientèle de nobles, de bourgeois, d'ecclésiastiques, à Paris et même en province; commerce fructueux de denrées défendues; technique habile, faite pour atteindre l'opinion à des profondeurs ignorées. Cette entreprise tendait à remplacer les livres dont l'impression aurait paru trop dangereuse; et elle s'annexait au besoin les productions les plus récentes : Grimm allèche ses correspondants étrangers, au mois d'août 1755, en leur annonçant que les manuscrits de *La Pucelle* de M. de Voltaire se multiplient insensiblement, et qu'il n'est pas impossible d'en avoir quatorze chants pour le prix de cinq à dix louis.

Les livres mêmes, on ne les empêche jamais de s'imprimer, de se répandre, lorsqu'on a contre soi le public. Tel ouvrage a été interdit par la censure, n'a pas obtenu le permis du syndicat de la librairie : il n'en sera pas moins imprimé, grâce aux

presses clandestines, aux petites presses portatives qu'on
dissimule aisément; puis on le vendra dans les théâtres, dans
les jardins; mieux encore, dans les endroits privilégiés qui
appartiennent au roi, à la famille royale, aux ordres religieux.
Ou bien le manuscrit passera la frontière, gagnera Londres,
Liège, Bouillon, Cologne, Genève, Yverdon et autres lieux;
plus volontiers encore la Hollande, où sont installées des manufactures d'ouvrages prohibés. Imprimé, relié, il prendra le
chemin du retour. C'est une constatation courante que plus
sévèrement il est défendu, plus vivement il sollicitera les ache-
teurs. La *Correspondance littéraire,* à propos du livre de Toussaint, *les Mœurs :* « Le magistrat, en faisant brûler cet ouvrage,
a, comme cela ne manque jamais d'arriver, augmenté la curiosité de le lire. » — D'Alembert à Frédéric II, le 10 juin 1770 :
« Je ne connais point l'*Essai sur les Préjugés* que V. M. a pris
la peine de réfuter; je crois pourtant que ce livre s'est montré
à Paris et même qu'il s'y est vendu très cher. Mais il suffit
qu'un livre touche à de certaines matières et qu'il attaque bien
ou mal certaines gens pour être recherché avec avidité, et pour
être en conséquence hors de prix, par les précautions que prend
le gouvernement pour arrêter ces sortes d'ouvrages : précautions qui font souvent à l'auteur plus d'honneur qu'il ne
mérite. » Le cas le plus frappant est celui de l'*Histoire philosophique et politique des établissements et du commerce des Européens dans les deux Indes,* de l'abbé Raynal : interdite en France,
mise à l'Index, lacérée et brûlée comme impie, blasphématoire,
tendant à soulever les peuples contre l'autorité souveraine et
à renverser les principes fondamentaux de l'ordre civil, elle
a eu vingt éditions, de plus nombreuses contrefaçons, s'est
débitée par morceaux, a valu une manière d'apothéose à
son auteur. Bref, un moraliste qui étudie les *Préjugés du public*,
Denesle, prétend qu'un livre a peu de débit s'il a une permission régulière; qu'au contraire il se vend à profusion s'il ne
porte pas à son frontispice « avec privilège », s'il est confié
à cinq ou six colporteurs, qui d'un air craintif iront furtive-
ment le porter dans les maisons, le faisant payer dix fois son
prix.

Pietro Verri habite Milan, Alessandro s'est établi à Rome;
les deux frères entretiennent une correspondance active, où
ils parlent couramment des nouveautés de la librairie, surtout

des nouveautés défendues. Voici comment elles arrivent. A Milan, par la Suisse; par les libraires de Parme et de Toscane; grâce à la complicité d'un courrier qui apporte la vertueuse *Histoire ecclésiastique* de Fleury, tandis que des brochures incendiaires sont glissées dans le même paquet, entre les tomes. A Rome : Alessandro à Pietro : « Je n'ai pas reçu l'*Encyclopédie,* mais elle est à douze milles de Rome. J'ai la manière de l'introduire. Je l'ai fait venir à Cività Vecchia; et de là, par des occasions, je la fais venir dans les environs de Rome; et dans le carrosse d'un Cardinal, elle entrera impunément. C'est ce que j'ai fait pour tout ce qui m'est venu de Londres. » (29 décembre 1770.)

A Venise, en 1764, on a renforcé précautions et défenses : aucun libraire ne peut ouvrir un ballot de livres venant de l'étranger, sans la présence d'un fonctionnaire de la Sérénissime : il s'agit donc de tromper la police. Si les livres sont envoyés d'Allemagne, on les déballe à Padoue; là, par petits paquets dont se chargent les barques qui descendent la Brenta, au besoin par la poste, ils finissent leur voyage chez les libraires de la place Saint-Marc. Si les livres ont pris la voie de mer, on aborde pendant quelques minutes les barques qui vont du navire au port, et on opère une substitution : on prend les ouvrages prohibés, on met à leur place des ouvrages innocents. Quelquefois, la marchandise est expédiée en transit; mais des complaisances permettent de la garder à Venise au lieu qu'elle continue son chemin. La franchise diplomatique, aussi, joue son rôle. Nous connaissons ces livres par les rapports des agents chargés de la répression, et qui malgré tout arrivent à en saisir : ceux de Locke, de Collins, de Mandeville, de Bolingbroke, de Hume; ceux de Bayle, du marquis d'Argens, d'Helvétius, du baron d'Holbach; Rousseau, *l'Émile, le Contrat Social;* Voltaire, *la Pucelle, les Questions sur l'Encyclopédie, l'Ingénu.* Sans parler des publications licencieuses, qui abondent.

A nouvelles barrières, nouvelles brèches. Même dans le pays le moins perméable, l'Espagne, la pensée hétérodoxe finit toujours par pénétrer, quelquefois sous les formes les moins prévisibles : une amitié personnelle avec tel auteur étranger, qu'on a connu jadis au cours d'un voyage; une correspondance en apparence anodine, mais où se glissent quelques phrases révélatrices; le compte rendu publié par un journal qui, tout en s'indignant contre les idées qu'il réfute, commence par les exposer : tout cela, indépendamment du commerce et de la contrebande. Un des nombreux libraires qui ont favorisé cette diffusion — comme Gabriel Cramer à Genève, Marc Michel Rey à Amsterdam — François Grasset, de Lausanne, écrit à J.-J. Rousseau, le 8 avril 1765 : « Ne sourirez-vous pas, mon très honoré compatriote, lorsque vous apprendrez que j'ai vu brûler à Madrid, dans l'église principale des Dominicains, un dimanche, à l'issue de la grand'messe, en présence d'un grand nombre d'imbéciles et ex cathedra, votre *Émile,* sous la figure d'un volume in-quarto ? Ce qui engagea précisément plusieurs seigneurs espagnols et les ambassadeurs des cours étrangères à se le procurer à tout prix, et à se le faire venir par la poste. »

Les complicités viennent des gouvernants eux-mêmes. Le roi de France nomme Malesherbes directeur de la librairie; et Malesherbes a sa politique, à lui. Personnellement, il estime que la liberté des gens de lettres est utile à l'État; et d'autre part, qu'il n'y a pas de loi qui soit exécutée lorsqu'une nation entière cherche à favoriser la fraude. Ce qui est fort bien vu : mais pourquoi charger Malesherbes du service qui doit empêcher l'impression et arrêter la circulation des livres défendus ? Le roi de France est le protecteur de la religion et Mme de Pompadour, de la philosophie. Le roi de France ne veut pas que Piron soit de l'Académie, il veut bien lui donner une pension pour le consoler. Tout d'un coup, on prend des mesures barbares qui révoltent tout sentiment de justice; on emprisonne Giannone par traîtrise, on roue Calas, puis les rigueurs s'endorment et on oublie. On s'en prend à des misérables, mais le baron d'Holbach tient table ouverte et fait publiquement profession d'athéisme. On décrète de prise de corps l'auteur de l'*Émile,* mais on laisse à ses amis le temps de le prévenir, et à lui-même le temps de s'échapper; tandis qu'il prend la route, il rencontre les exempts qui lui donnent un coup de chapeau. Les ouvrages antireligieux de Voltaire sont arrêtés, mais ils sont répandus par son ami Damilaville entre autres, premier commis au bureau des vingtièmes, qui met sur les lettres et sur les paquets le cachet du Contrôleur général. Les manuscrits de Naigeon l'athée sont du poison, on le sait bien, mais il les envoie paisiblement à son frère, contrôleur des livres à Sedan; d'où ils passent à Liège et de Liège à Amsterdam. Comment expliquer, en bonne logique, que le conseiller favori de la très pieuse Marie-Thérèse, Van Swieten, fasse tous ses efforts pour soustraire à la censure autrichienne les ouvrages que celle-ci voudrait condamner? que cette même Marie-Thérèse ait pour mari un franc-maçon avéré, François-Étienne, duc de Lorraine, alors que la franc-maçonnerie a été expressément condamnée par Rome? que le trône épiscopal de Liège soit occupé par un autre adepte, l'évêque Delbrück, qui protège les philosophes en général, et en particulier Pierre Rousseau, le rédacteur du *Journal encyclopédique,* bastion de l'impiété dans les possessions autrichiennes? Le journal est censuré par la Faculté de théologie de Louvain, supprimé le 27 avril 1759; Pierre Rousseau est banni. Il s'établit à Bouillon, fonde le *Journal de Bouillon* qui continue l'œuvre du *Journal encyclopédique,* et reçoit des subsides de la Majesté impériale qui l'a chassé : union secrète du pouvoir et de la philosophie contre l'Église, qu'en même temps le pouvoir défendait.

La prohibition, puisqu'on en voulait une, aurait pu être constante et sévère : en fait, on tendait un filet aux mailles si larges qu'il n'était pas très difficile d'y passer. Des accès de fanatisme et de l'anarchie. L'époque était aux incohérences, parce qu'elle était aux facilités. On résistait; et on cédait à un esprit général que flattait la douceur de vivre. Une vague d'indépendance était mollement endiguée; on réparait les fissures, et aussitôt après on les laissait s'élargir. Contradictions... La noblesse tenait à ses privilèges, et était en coquetterie avec les philosophes qui les dénonçaient. Les aventuriers les plus douteux, et connus pour tels, avaient leur entrée dans les cours princières. L'Assemblée du clergé de France refusait de payer l'impôt, s'en tenait au don volontaire dont elle fixait le montant, résistait à l'autorité : en même temps, elle invoquait l'autorité contre les incrédules. Les calvinistes français continuaient à être persécutés, traqués, exclus de l'état civil; sur ce point il fallait trois quarts de siècle d'efforts pour que fussent assouplies, puis abolies, les rigueurs anciennes. Mais ces rigueurs devenaient lettre morte quand il s'agissait de rappeler les abbés dans leurs abbayes, d'empêcher l'épiscopat de se recruter presque exclusivement dans l'aristocratie, de sévir contre les prestolets qui affichaient mœurs et croyances scandaleuses. Les théologiens, comme c'était leur devoir, ne transigeaient pas sur le dogme; tandis que dans les chaires, les prédicateurs à la mode aimaient mieux ne point parler du dogme et se rabattre sur une vague morale, suffisamment parente de la morale naturelle pour qu'elle n'effarouchât plus. Abandon doctrinal, qui se constatait aussi dans l'Église réformée. Sans parler de l'action dissolvante exercée par le piétisme sur les croyances orthodoxes, qui n'est pas de notre sujet, rappelons les tendances rationalistes des dirigeants de la pensée luthérienne; ajoutons que le calvinisme français, tout en se défendant vaillamment contre la persécution, cédait sur quelques-unes de ses données spécifiques; et que même certains pasteurs de Genève devaient se reprendre, pour ne pas accepter les conséquences extrêmes d'un socinianisme où les philosophes étaient heureux de les voir s'engager.

La psychologie qui résultait de ces compromissions, Paul Valéry l'a excellemment définie, à propos des *Lettres persanes* : « L'ordre pèse toujours à l'individu. Le désordre lui fait désirer la police ou la mort. Ce sont deux circonstances extrêmes où la nature humaine n'est pas à l'aise. L'individu recherche une époque tout agréable, où il soit le plus libre et le plus aidé. Il la trouve vers le commencement de la fin d'un système social. Alors, entre l'ordre et le désordre, règne un moment délicieux. Tout le bien possible que procure l'arrangement des pouvoirs et des devoirs étant acquis, c'est maintenant que l'on peut jouir des premiers relâchements de ce système. Les institutions tiennent encore. Elles sont grandes et imposantes. Mais sans que rien de visible soit altéré en elles, elles n'ont guère plus que cette belle présence; leurs vertus se sont toutes produites; leur avenir est secrètement épuisé; leur caractère n'est plus sacré, ou bien il n'est plus que sacré; la critique et le mépris les exténuent et les vident de toute valeur prochaine. Le corps social perd doucement son lendemain [1]... »

---

1. Paul Valéry, *Préface aux Lettres Persanes*, recueillie dans *Variété*, II, 1930.

C'en était fait, Port-Royal était détruit, du jansénisme on n'entendrait plus parler. Le 8 septembre 1713, la Bulle *Unigenitus* condamne cent une propositions tirées d'un livre qui avait paru en 1671, la *Morale de l'Évangile,* et qui avait été souvent réédité sous le nouveau titre de *Réflexions morales,* par un prêtre de l'Oratoire, le P. Quesnel : propositions hérétiques. Là-dessus, tout recommence, et pendant de longues années le jansénisme va troubler la conscience religieuse de l'Europe, à des degrés divers.

Il fleurit à Utrecht, où il trouve un apôtre dans la personne de Gabriel Duparc de Bellegarde, qui par ses ouvrages, par sa correspondance, par son action personnelle, procure à l'hérésie un centre de résistance et d'action. Il a des ramifications aux Pays-Bas; à la cour de Vienne, où il est professé par Van Swieten; en Espagne, où des canonistes, défenseurs du pouvoir royal, le prennent comme allié; au Portugal; au Collegium germanicum de Rome; à Naples; en Lombardie et en Toscane. Scipione de' Ricci, nommé en 1780 évêque de Pistoia, accueille les brochures de propagande que son ami Bellegarde lui envoie, adopte pour son diocèse un catéchisme teinté de jansénisme, rédige des lettres pastorales de même couleur, admire l'ouvrage du P. Quesnel, favorise des imprimeries d'où sortent des traités inspirés de ses idées, encourage un journal de Florence, *Gli Annali Ecclesiastici,* qui continuent la tradition des *Nouvelles Ecclésiastiques :* tant et tant que quatre-vingt-dix des propositions du Synode qu'il réunit, le 18 septembre 1786, seront condamnées par la Papauté.

Pour ce qui est des choses de France, on sait comment le roi ordonna l'enregistrement de la Bulle; comment le Parlement favorisa ceux qui ne l'acceptèrent pas; comment les évêques furent partagés; et comment une guerre religieuse s'ensuivit. Comment, sur la tombe du diacre Pâris, au cimetière Saint-Médard, des convulsionnaires se produisirent; comment le cimetière Saint-Médard fut fermé; comment les faux miracles se multiplièrent; comment des religieuses se firent piétiner, frapper à coups de bûches, écraser sous des planches, et crucifier, pour donner des preuves éclatantes de leur foi janséniste. Comment on exigea des fidèles qui voulaient recevoir les sacrements un billet de confession

délivré par un prêtre soumis à la Bulle; comment les Jansénistes dénoncèrent au Parlement les prêtres qui refusaient
d'administrer les sacrements sans ce billet de confession;
comment le Parlement poursuivit ces prêtres. Comment le
Parlement engagea contre la royauté une longue lutte, où il
fut vaincu. Comment l'opinion publique fut divisée, déchirée;
comment appelants et acceptants s'acharnèrent; quel émoi
régna dans les âmes, et quelle aigreur.

Les conséquences n'ont pas été moins clairement marquées.
Les matières de foi les plus délicates ont été traitées sur la
place publique, et le plus ignorant s'est cru maître de décider
si les propositions condamnées par la Bulle se trouvaient
dans le livre du P. Quesnel ou si elles n'y étaient pas; de sorte
que des gens « entêtés comme des diables », des femmelettes
et jusqu'à des femmes de chambre, se seraient fait hacher à
propos de faits, de distinctions et d'interprétations où la
plupart n'entendaient rien [1]. Le pouvoir civil a été appelé
à intervenir dans les choses de religion, et y est intervenu
avec tant d'arbitraire qu'il y a perdu son crédit. La hiérarchie
ecclésiastique a été menacée : pourquoi l'autorité du Pape
et non pas celle des évêques, successeurs directs des apôtres?
Pourquoi l'autorité des évêques et pas celle des curés, ministres
de l'Évangile? Pourquoi l'autorité des curés et non pas celle
des fidèles, décidant comme membres de la communauté
chrétienne? Le bas clergé a été excité à désapprouver les
évêques, et le temporel s'est élevé contre le spirituel. Dans ces
désordres, les rationaux ont trouvé un beau sujet de dérision,
qu'ils ne se sont pas fait faute d'exploiter.

Il est certain que le jansénisme a miné de l'intérieur la
religion qu'il voulait défendre. « Les habitudes et les procédés
jansénistes avaient ébranlé dans la société laïque l'ascendant
du magistère ecclésiastique; dans cette Église qui, vis-à-vis
des philosophes, aurait eu besoin de cohésion, des brèches
existaient, et les dévots pèlerins qui, porteurs du petit manuel
publié en 1767, accomplissaient de Paris aux Champs, comme
ils eussent fait le Chemin de la Croix, treize stations de pèlerinage, ne se doutaient pas que cette religion Port-Royaliste
dont ils célébraient les suprêmes liturgies, était devenue,

---

1. *Journal* de l'avocat Barbier, année 1729.

sans le vouloir, la fourrière de Voltaire et de Diderot, dont ils abhorraient les noms [1]. »

Mais peut-être aussi, lorsqu'il eut jeté ses dernières flammes et ne fut plus que cendre, disparut de la conscience publique un élément d'austérité et de rigueur dont les philosophes sentaient bien qu'il représentait l'extrême opposition à leurs facilités.

L'expulsion des Jésuites étonna les contemporains, tant la Compagnie paraissait encore puissante. Les Pères étaient riches et ils étaient nombreux; dans toute la partie catholique de l'Europe, l'élite de la jeunesse fréquentait leurs écoles; ils dirigeaient la conscience des rois et des reines; ils avaient des missions à la Chine, leur autorité était prépondérante dans les colonies espagnoles et portugaises de l'Amérique du Sud. En quelques années tout s'écroula; leur fin eut le caractère d'un drame rapide et brutal.

Les reproches qu'on leur adressait étaient si anciens, si souvent repris, qu'ils semblaient usés. On allait répétant que leur morale était trop indulgente, toujours favorable aux transactions, prête aux accommodements; que leur subtile casuistique était faite pour donner raison aux pécheurs; que leur Dieu, octroyant la grâce à ceux qui ne la demandaient pas, trouvant dans toutes les fautes un motif de justification, était faible et partial; qu'ils s'étaient trop mêlés aux affaires de ce monde, oubliant le ciel. Mais c'étaient là vieilles chansons, inlassablement chantées par leur ennemis les Jansénistes, ennemis vaincus. Or, vers le milieu du siècle, ces critiques furent reprises, multipliées; elles se firent violentes et menaçantes; tous les actes des Jésuites furent interprétés à mal, toutes leurs erreurs devinrent criminelles : une vague d'opinion se souleva contre eux, et les emporta.

C'est de Lisbonne que partit le signal : il fut donné par Sébastien-Joseph de Carvalho e Mello, en 1759 comte d'Oyeras, en 1770 marquis de Pombal. Il avait été chargé d'affaires à Londres, ambassadeur à Vienne; en 1750, peu après son

---

1. Georges Goyau, *Histoire religieuse*, dans l'*Histoire de la nation française*, publiée par G. Hanotaux, t. VI, ch. VI, *La fin de l'Eglise d'Ancien Régime*, p. 481.

avènement, le roi Joseph Ier l'avait appelé au ministère : il y prit un pouvoir qui bientôt devint dictatorial. Réformer le Portugal, voilà ce qu'il voulait faire; transformer son désordre en discipline, sa misère en prospérité; et tout de suite; et sans épiloguer sur le choix des moyens, sur leur légalité, sur leur moralité; pour lui ces deux derniers mots n'avaient guère de sens. Il brisait tous obstacles à l'autorité de l'État, à sa puissance totale et souveraine. Il rencontra les Jésuites, et il engagea le combat. Contre eux il mena campagne, exploitant leurs faiblesses, leurs défauts, les jalousies et les haines qu'ils avaient soulevées. Il les frappa isolément chaque fois qu'il en eut l'occasion. Puis vinrent les mesures décisives : en 1757, il leur défendit d'être désormais les confesseurs de la famille royale et les bannit de la cour; en 1758, il leur défendit de prêcher et de confesser dans tout le royaume. Le 3 septembre de la même année se produisit un attentat contre la vie du roi de Portugal, Joseph Ier : Pombal impliqua les Jésuites dans le complot, en fit arrêter dix, emprisonner trois. Le 19 janvier 1759, les Pères furent internés dans leurs maisons et leurs biens confisqués. Le 17 septembre, cent trois Jésuites quittèrent le port de Lisbonne, expulsés. Le 5 octobre, parut un décret, en date du 3 septembre, les bannissant définitivement, leur interdisant sous peine de mort le séjour dans les domaines portugais. Parmi les Jésuites accusés d'avoir participé au complot se trouvait un P. Malagrida, avec lequel le ministre avait eu maille à partir aux colonies d'où il avait été rappelé, puis au Portugal. Dans le cachot du P. Malagrida, on saisit deux manuscrits par lui composés, l'un sur la vie de sainte Anne et l'autre sur l'Antéchrist. C'en fut assez pour le déférer au tribunal de l'Inquisition comme hérétique; l'Inquisition le condamna, et il mourut sur le bûcher, à quatre heures du matin, le 21 septembre 1761 : comme si le comte d'Oyéras avait eu besoin de cet autodafé et de ces flammes pour annoncer son triomphe à l'Europe.

En France aussi, l'impopularité des Jésuites était grande; ils provoquèrent eux-mêmes les foudres qui s'apprêtaient, et de deux façons. Le P. Berruyer avait fait paraître en 1728 un ouvrage intitulé : *Histoire du Peuple de Dieu,* qui dès cette époque avait fâcheusement ému l'opinion; en 1753, il publia la seconde partie, qui fut condamnée par les autorités ecclésiastiques; en 1758, la troisième, non moins fortement réprouvée. Le P. Berruyer partait de cette idée que les Saintes Écritures, même traduites, sont obscures; qu'elles ne forment pas une histoire complète et cohérente; qu'elles présentent des équivoques qui ont besoin d'être expliquées; qu'elles ont besoin aussi, pour remédier à la sécheresse des faits, de réflexions morales et politiques telles qu'en offre l'histoire profane. En somme, la Bible, l'Évangile, et même l'histoire des Apôtres, manquaient d'une composition régulière et d'une présentation agréable, il fallait les corriger. Désormais les différentes parties, bien liées ensemble, formeraient un corps unique; chaque donnée se rapporterait à une fin générale; les personnages, de concert entre eux, entretiendraient une scène non interrompue jusqu'à l'entier dénouement, scène où les héros penseraient, parleraient et agiraient; leurs actions seraient peintes et non indiquées, leurs discours seraient entendus, et leurs sentiments, dévoilés. Cette belle entreprise, l'auteur la poussait avec une intrépidité, un contentement de soi, une suffisance, un aveuglement qu'aucun blâme ne touchait.

Bien que le P. Berruyer eût été formellement désavoué par ses supérieurs, le scandale retomba sur l'Ordre entier. Ses ennemis eurent beau jeu pour dire que les Jésuites ne se contentaient plus d'édulcorer la morale : c'est l'Écriture qu'ils profanaient. Et telle était leur tactique, continuait-on : s'ils étaient demeurés inflexibles sur les objets de la foi; s'ils avaient annoncé à des gens frivoles et corrompus un Dieu en trois personnes, un Dieu qui s'incarne dans le sein d'une Vierge, pour mourir sur un bois infâme; s'ils avaient prêché l'Évangile dans son intégrité, le monde qu'ils aiment et dont ils recherchent la faveur et l'appui, leur aurait échappé. Et donc ils lui offraient un Christ sans couronne d'épines et sans croix. Les Jésuites n'étaient plus que des déistes déguisés[1].

Lorsque le P. La Valette, visiteur général et préfet apostolique, eut fait de mauvaises affaires dans ses entreprises coloniales et dans ses établissements de la Martinique; lorsqu'il

---

1. *Lettres théologiques, dans lesquelles l'Ecriture Sainte, la tradition et la foi de l'Eglise sont vengées contre le système impie et socinien des PP. Berruyer et Hardouin, Jésuites. Ouvrage posthume de M. l'Abbé Gaultier...* 1756; tome III, pp. 359 et suivantes.

voulut payer en denrées les négociants de Marseille, et que le navire qui portait ces denrées fut saisi par le blocus anglais; lorsque les Jésuites, condamnés par les juges-consuls de Marseille, refusèrent de payer et en appelèrent au Parlement; lorsqu'ils produisirent leurs constitutions et que le Parlement se mit à les examiner, l'Ordre fut perdu. Le 3 juillet 1761, l'avocat général au Parlement de Paris, Joly de Fleury, prononça un réquisitoire d'où il ressortait que l'existence de cet Ordre constituait un danger pour l'État. Il en fut de même pour divers Parlements de province; le *Compte rendu des constitutions des Jésuites,* par M. Louis-René de Caradeuc de La Chalotais, procureur général du roi au Parlement de Bretagne, eut un succès tout particulier : l'idée centrale en est que les Jésuites ont juré obéissance absolue au Pape, même dans l'ordre temporel; que le Pape a délégué son pouvoir au général de l'Ordre, et qu'ainsi l'Ordre est contraire à l'État, aux lois de l'État, à l'essence même de l'État. Il faut le condamner, le plus pressé étant de lui enlever l'éducation de la jeunesse. Et l'idée subjacente : le clergé régulier est inutile, est dangereux par son pullulement; il nuit au clergé séculier, aux curés, aux vicaires qui, eux, portent le poids du jour. Or les Jésuites sont l'aristocratie des ordres : en les frappant, ce sont les constitutions de tous les ordres qu'on atteindra. Des décrets successifs sont pris contre une Société « inadmissible par sa nature dans un État policé »; le 18 novembre 1764, le roi de France l'exclut de son royaume très chrétien.

Bientôt ce fut le tour de Sa Majesté très catholique. Elle n'était pas en querelle, mais elle était en désagrément avec Rome, contre laquelle elle voulait défendre les prérogatives de la couronne d'Espagne; aussi les meilleurs serviteurs de Rome, les Jésuites, avaient-ils cessé d'être en faveur. Là aussi, on les attaqua isolément; là aussi, on utilisa contre eux l'hostilité des autres ordres; là aussi, on résolut leur perte. En 1766, une émeute populaire, dite des chapeaux, avait fort effrayé le roi Charles III, qui du coup avait quitté Madrid. L'émeute réprimée, il fallut trouver les coupables; rien de plus simple que de dire que les Jésuites avaient une part de responsabilité dans la révolte; et si les preuves manquaient, n'avaient-ils pas empoisonné l'esprit public dans une guerre de libelles qui l'avait précédée? Tel fut le prétexte; le mode d'exécution était plus difficile à trouver, dans le pays où la Compagnie était née, et auquel elle tenait encore par une foule d'attaches; on pouvait craindre des troubles. Les autorités civiles reçurent un pli cacheté, à ouvrir, pour Madrid, dans la nuit du 31 mars au 1er avril; en province, dans la nuit du 1er au 2 avril 1767. Elles y trouvèrent l'ordre d'occuper aussitôt, avec l'aide de la force armée, les maisons des Jésuites; de rassembler les Pères, de leur lire l'ordre de bannissement qu'avait signé le roi : dans les vingt-quatre heures, et sous escorte, ils devaient être dirigés vers un lieu de rassemblement, et aussitôt après vers un port par lequel ils quitteraient l'Espagne sans retour. Ce qui fut fait avec tant de rapidité qu'à Madrid, les deux cents Jésuites qui habitaient la ville furent chassés plusieurs heures avant le lever du jour.

La force qui abattit les Jésuites fut d'abord l'esprit du temps nouveau : ce sont les lumières. Parmi les philosophes qui manifestèrent leur surprise et leur joie, à propos d'un événement qu'ils n'avaient pas osé souhaiter expressément et qui les comblait d'aise, le plus explicite peut-être fut d'Alembert, dans son mémoire *Sur la destruction des Jésuites en France* (1765). Le fait, explique-t-il à ses lecteurs, doit figurer parmi les événements les plus extraordinaires d'un siècle qui fera époque dans l'histoire de l'esprit humain; il compte au même rang que les tremblements de terre, que les guerres, que les renversements d'alliances, que les attentats contre les rois; il est digne de retenir l'attention au premier chef. L'Ordre était supérieur à tous les autres, à cause de la place éminente que tenaient les Jésuites dans les sciences et dans les arts, de la régularité de leur conduite et de leurs mœurs, à cause aussi de l'habileté qu'ils mettaient à accommoder la morale à la faiblesse humaine. Il avait connu, au temps de Louis XIV, sa plus haute prospérité. Mais maintenant il était tombé, car il avait voulu dominer la terre, et rien ne choque autant des esprits raisonnables que de voir des hommes qui ont renoncé au monde et qui cherchent à le gouverner. La Chalotais a fort bien dit : « L'esprit monastique est le fléau des États; de tous ceux que cet esprit anime, les Jésuites sont les plus nuisibles, parce qu'ils sont les plus puissants; c'est donc par eux qu'il faut commencer à secouer le joug de cette nation pernicieuse. » Car si on abat les chefs de la troupe, ensuite le reste se disperse à travers les bois; et donc, les autres congrégations seront atteintes à leur tour. Réfléchissant sur les petites causes qui ont amené ce grand effet, sur ce que l'orage est parti de la nation la plus étroitement liée aux prêtres et aux moines, sur ce qu'une secte mourante et avilie a terminé contre toute espérance l'entreprise que les Arnauld, les Pascal, les Nicole, n'avaient pu exécuter, d'Alembert détermine l'ennemi véritable à qui revient la gloire du triomphe : la Philosophie. Elle a porté l'arrêt contre les Jésuites, les Jansénistes n'ont été que les solliciteurs.

La force qui abattit les Jésuites, c'est ensuite l'instinct et la volonté de l'État, qui définitivement se sécularisait, et qui ne voulait admettre, ni au-dessus de lui, ni à côté de lui, une force sur laquelle il n'avait pas de prise. Les Bourbons ont le plus violemment réagi, parce que, rois des monarchies les plus catholiques, ils éprouvaient plus impérieusement le besoin de rompre avec ces serviteurs de Rome. Frédéric II a reçu les Jésuites dans ses États protestants, parce que son pouvoir n'avait rien à craindre d'eux; mais Joseph, co-régent de l'Empire autrichien avec sa mère Marie-Thérèse, les aurait volontiers expulsés, s'il faut en croire les confidences qu'il faisait à Choiseul : « Pour ce qui regarde les Jésuites et votre plan de les supprimer, vous avez mon approbation complète. Ne comptez pas beaucoup sur ma mère; l'attachement à l'ordre des Jésuites est devenu héréditaire dans la famille de la maison des Habsbourg, Clément XIV en a les preuves. Cependant Kaunitz est votre ami et fait ce qu'il veut de l'impératrice. Il est de votre parti et de celui du marquis de Pombal pour la suppression des Jésuites et c'est un homme qui ne laisse rien à moitié fait. Choiseul, je connais ces gens autant que personne, je connais tous les plans qu'ils ont exécutés, les efforts pour répandre les ténèbres sur la terre et pour gouverner et troubler l'Europe depuis le cap Finistère jusqu'à la mer du Nord; en Allemagne ils sont mandarins, en France académiciens, en Espagne et au Portugal les grands de la nation et au Paraguay des rois... Du moins tout cela était, Choiseul, mais je prévois que les choses vont changer. »

Après que l'Ordre eut été expulsé de la République de

Venise, du grand-duché de Parme, du royaume des Deux-Siciles; après quelques résistances vaines; par la bulle *Dominus ac Redemptor,* en date du 21 juillet 1773, la Compagnie de Jésus fut supprimée.

Vainement, dans cette Bulle, Clément XIV faisait appel à tous les membres de la chrétienté, les conjurant, au nom de ce sacrifice même, de rétablir la paix de l'Église, devant les attaques pressantes de l'ennemi commun. Les fidèles étaient en désarroi; des progrès de l'irréligion leurs pasteurs ne cessaient de se plaindre; des progrès de l'irréligion les philosophes ne cessaient de se vanter; les digues étaient rompues, et montait le flot de l'impiété.

Avaient-ils arraché, les philosophes qui prirent alors la direction de la pensée, avaient-ils vraiment arraché leur vieux cœur chrétien? La foi ne les obsédait-elle pas, jusqu'au plus profond de leur rébellion? N'avaient-ils pas posé tous les problèmes en fonction du christianisme et jamais en dehors de lui? Leur acharnement même ne décelait-il pas la présence d'une force obstinée, jamais vaincue?

Toujours est-il qu'ils se croyaient libérés. Ce que l'historien des idées doit d'abord inscrire à leur compte, c'est l'immense effort qu'ils avaient accompli, pour transformer en une Europe non chrétienne l'Europe chrétienne qu'ils avaient trouvée devant eux. Ce qu'il doit étudier ensuite, c'est ce qu'ils ont proposé pour mettre à la place de ce qu'ils avaient aboli.

DEUXIÈME PARTIE

La cité des hommes.

CHAPITRE I

La religion naturelle.

La cité des hommes se bâtirait suivant des lignes simples, une fois détruites les architectures désordonnées qui couvraient la terre, et même les fondations anciennes qui n'avaient soutenu que des édifices manqués. Sur un sol aplani elle élèverait ses constructions logiques; ses ouvriers, sans chercher à tirer parti du passé, à l'améliorer par des corrections de détail, besogne trop lente, dresseraient un plan parfait, pour des habitants qui cesseraient enfin de n'avoir que Babel comme demeure, un ciel incertain comme espoir.

Un mot exaltait les audacieux qui se mettaient à la besogne, un mot talisman qui s'ajoutait à ceux que nous avons déjà vus, la Raison, les Lumières : et c'était le mot Nature. Ils lui attribuaient une vertu encore plus efficace, puisque la nature était la source des lumières, et la garantie de la raison. Elle était sagesse et elle était bonté; que l'homme consentît à écouter la nature, et jamais plus il ne se tromperait; il lui suffisait d'obéir à sa bienfaisante loi.

Aussi, pour commencer, la religion devait-elle devenir naturelle. Naturelle parce qu'elle ne serait plus que l'émanation de la nature; et encore, parce qu'elle suivrait l'instinct que la nature met en nous, pour nous permettre de distinguer le vrai du faux et le bien du mal; et encore, parce qu'au lieu de nous faire considérer notre vie mortelle comme une épreuve, elle obéirait à la loi de nature qui veut, sans épreuve, notre félicité. Il y avait longtemps que des prophètes avaient annoncé sa venue, lentement elle s'était préparée à des profondeurs inconnues de la foule : désormais elle apparaissait au grand jour; et ce n'était pas son contenu, c'étaient son orgueil, son audace et son prosélytisme qui la faisaient apparaître comme « un avènement prodigieux ».

On garderait un Dieu, mais si lointain, dilué, et pâle, qu'il ne gênerait plus la cité des hommes par sa présence, qu'il ne la troublerait plus par ses colères, qu'il ne l'offusquerait plus par ses gloires. Le déisme, ou théisme, n'impliquerait plus d'acte de foi, étant le résultat d'une pure opération intellectuelle aboutissant à une affirmation élémentaire et suffisante : l'existence de Dieu. Un regard jeté sur la création suffit à constater des effets admirables : or on ne peut concevoir des effets sans cause; donc, il faut supposer une cause première. Pas d'horloge sans horloger : nous avons devant les yeux une horloge bien réglée, donc il existe un habile ouvrier qui l'a fabriquée, qui la règle, et qui est Dieu.

Pour quelles fins Dieu a-t-il tiré le monde du néant? La question est embarrassante. Mais il serait plus embarrassant encore d'admettre l'hypothèse d'un monde qui n'aurait été conçu par personne, qui fonctionnerait au hasard, et qui ne se dirigerait vers aucun but : autant dire que des êtres raisonnables auraient été créés sans l'intervention de la raison. Préférons, en bonne logique, le difficile à l'absurde, et admettons les causes finales, pis-aller qui satisfait encore.

Le déisme procédait à une manière d'épuration. Si nous retranchons tout ce qui nous paraît superstitieux dans l'Église romaine, puis dans l'Église réformée, puis dans toute Église et dans toute secte, à la fin de ces soustractions, restera Dieu. Un Dieu inconnu, un Dieu inconnaissable; aussi ne lui a-t-on guère conservé que l'Être; parmi tous les qualificatifs possibles, on ne lui a donné que le plus vague et le plus honorable et on l'a appelé l'Être suprême.

A quoi bon des sacrements? des rites? des églises, des temples, des mosquées? L'île de la raison sera autrement belle, sans dômes et sans clochers. Pourquoi des prêtres ou des pasteurs? Dieu ne peut être honoré que par le culte intérieur qui réside dans l'âme. Reconnaître, en général, un premier Être; élever de temps en temps son cœur vers lui; s'abstenir des actions qui déshonorent dans le climat que l'on habite, et remplir certains devoirs par rapport à la société, voilà l'unique nécessaire, tout le reste est accidentel. Dans ces devoirs n'entrent pas les pieux exercices qui détournaient les fidèles de l'adoration véritable. Occupés à entendre le sermon, ils négligeaient de secourir leur prochain. Orgon avait pour compagnie unique sa fille Philothée. Il tomba en syncope : sa fille lui fit respirer de l'eau des Carmes, qui ne le soulagea point. Cependant l'heure de l'office pressait; Philothée recommande son père à Dieu et à sa servante, prend sa coiffe et ses heures, et court aux Grands-Augustins : l'office fut long, c'était un salut de confrérie. Orgon meurt sans secours... Mais Philothée avait cru que le son des cloches était la voix de Dieu qui l'appelait, et que c'était faire une action héroïque que de préférer le commandement du ciel au cri du sang; aussi, de retour, fit-elle généreusement à Dieu le sacrifice de la vie de son père, et crut sa dévotion d'autant plus méritoire qu'elle lui avait coûté davantage... Toussaint le déiste, qui raconte cette histoire [1], pense que rien n'empêchera les hommes de se livrer à la vertu, quand Philothée aura cessé de se signer.

Renonciation aux images du Fils sur sa croix, des assemblées des anges, des visages transfigurés des saints; abandon des traditions qui ramenaient les fidèles autour de la crèche, quand venait Noël, qui leur faisaient chanter l'Alleluia au jour de Pâques; les enfants même n'auront plus le droit de prêter à Dieu un corps, des bras pour attirer et des mains pour bénir : si nous ne voulons pas faire d'eux des idolâtres, il importera d'interdire aux maîtres élémentaires toute allusion, toute expression qui tendrait à laisser croire à leurs élèves que l'Être se peut représenter. On raconte que le diacre Photin, savant homme, rendant un jour visite aux Pères du désert, trouva parmi eux un saint moine qui s'appelait Sérapion. Celui-ci était très austère et de conduite irréprochable, mais il avait l'habitude de se figurer Dieu à la ressemblance des mortels. Photin parla si bien au vieux Sérapion qu'il le détrompa de son erreur, puis il continua son voyage. Mais à partir de ce moment Sérapion, lorsqu'il voulait prier, entrait dans un grand désespoir : « Hélas! que je suis misérable, ils m'ont enlevé mon Dieu! Je ne sais plus maintenant à qui je dois m'attacher, ou qui je dois adorer, ou à qui je puis m'adresser [2]... » Pour le pauvre Sérapion, pour ses regrets et pour ses

1. Toussaint, *Les Mœurs*, 1748, *Discours préliminaire sur la vertu.*
2. Jean Brémond, *Les Pères du désert*, 1927. Tome II, pp. 524-526.

larmes, les déistes n'auraient pas eu l'ombre d'une indulgence; seulement du dédain.

Ils espéraient que cette permanence de Dieu, préservée, leur assurerait une catholicité plus vaste que celle que le catholicisme lui-même eût jamais atteinte. Car d'après eux, la religion du Christ n'ayant commencé qu'à une date relativement proche, et ne s'étant promulguée qu'à une minorité des habitants de la terre, était doublement bornée; tandis que le déisme recrutait ses adhérents dans l'immensité du temps et de l'espace. Nous professons que notre religion est aussi ancienne que le monde, qu'elle est celle d'Adam, de Seth, et de Noé; ce Li, ce Changti, ce Tien, qu'adoraient les Sères; ce Birmah, père de Brama, qu'adoraient les peuples du Gange; ce Grand Être nommé Oromase chez les anciens Perses, le Démiourgos que Platon célébra chez les Grecs, le Jupiter très bon et très grand des Romains, lorsque dans le Sénat ceux-ci dictaient des lois aux trois quarts de la terre alors connue, sont des figurations diverses d'un même Dieu, de l'Être Suprême [1]. Que si même il y avait des habitants dans les étoiles de la Voie lactée, ceux-là aussi seraient déistes. « Je méditais cette nuit; j'étais absorbé dans la contemplation de la nature; j'admirais l'immensité, le cours, les rapports de ces globes infinis que le vulgaire ne sait pas admirer; j'admirais encore plus l'intelligence qui préside à ces vastes ressorts. Je me disais : il faut être aveugle pour n'être pas ébloui de ce spectacle; il faut être stupide pour n'en pas reconnaître l'auteur; il faut être fou pour ne pas l'adorer. Quel tribut d'adoration dois-je lui rendre? Ce tribut ne doit-il pas être le même dans toute l'étendue? Un être pensant qui habite dans une étoile de la Voie lactée ne lui doit-il pas le même hommage dans toute l'étendue? La lumière est uniforme pour l'astre de Sirius et pour nous [2]... »

Plus personne ne sera exclu; plus personne ne sera condamné : toute créature humaine participe à cette religion universelle. Les Américains y ont participé, tout perdus qu'ils fussent dans leur continent non repéré; les païens y ont participé, tous les païens de bonne volonté qui ont vécu avant la révélation chrétienne.

1. Voltaire, *Les Adorateurs ou les louanges de Dieu*, 1769.
2. Id., *Questions sur l'Encyclopédie*, article *Religion*, 1771.

Quelles furent, à côté du déisme, les forces de l'athéisme?

Comptons d'abord, parmi ses partisans, certains héritiers de la tradition libertine. Par exemple, « un petit abbé bossu nommé Méhégan, qui, lorsque le célèbre Boindin fut obligé d'abandonner le café Procope, où il professait assez ouvertement l'athéisme, voulut lui succéder dans ce bel emploi; et, non content de dogmatiser de vive voix, écrivit un livre assez mal fait, intitulé *Zoroastre,* où il écrasait toute révélation pour établir le naturalisme. Ce petit ouvrage l'a fait enfermer à la Bastille, pendant plus d'un an [1] ». Ou ce Piémontais, irrité contre tous et contre lui-même, qui dut quitter son pays et qui vint en Angleterre, où il lia partie avec Thomas Morgan, passa d'Angleterre en Hollande et mourut sans laisser de quoi payer son enterrement : selon Alberto Radicati di Passerano, de catholique devenu calviniste, de calviniste devenu déiste, et de déiste athée, il n'y a ni justice en ce monde, ni vie éternelle; l'idée de commencement est une absurdité, comme l'idée de fin; la mort n'est que la dissolution d'éléments dont la nature se sert pour fabriquer de nouveaux êtres; il ne faut pas la craindre; et si on est malheureux, qu'on se tue, tout simplement.

Ces exaltés se détachent sur un ensemble qui devient moins hostile à leurs négations. Au lieu de considérer l'athée comme un criminel, on se plut à lui accorder quelques circonstances atténuantes; il n'était peut-être qu'un homme qui se trompait; à vrai dire il y avait deux sortes d'athées, les athées vicieux et immoraux, qui sont contre la religion parce que la religion témoigne contre leur vie : ceux-là méritent réprobation. Mais n'existait-il pas aussi des athées vertueux, qui aimaient ce qui est bon, raisonnable et beau? Ils chérissaient l'humanité, se montraient sociables, n'étaient tombés dans le préjugé que par l'effet de leur honnêteté native; ils avaient sucé la superstition avec le lait de leur nourrice : alors ils avaient confondu superstition et religion. Malentendu pardonnable; après tout, il était plus facile de corriger un athée qu'un enthousiaste ou qu'un fanatique.

Beaucoup de ceux qui ont repris le paradoxe de Bayle ont eu soin d'ajouter, à la défense de l'athée, qu'il avait tort sans

1. Grimm, *Correspondance littéraire.* T. II, p. 218. 1754.

doute, mais qu'enfin on ne devait pas lui assigner le dernier degré dans l'échelle des hommes. D'ailleurs n'abusait-on pas du nom? Ne s'en servait-on pas pour jeter le discrédit sur des philosophes très estimables, qui n'avaient eu d'autre tort que celui de vouloir dissiper les préjugés de la foule? Ne l'avait-on pas appliqué à des penseurs admirables, comme Socrate? On avait brûlé Vanini pour cause d'athéisme, et Vanini n'était pas un athée.

Étant admis qu'une longue méditation, une étude profonde, de bonnes mœurs, un renoncement parfait aux préjugés, peuvent conduire un grand génie à l'athéisme; ou si l'on veut, que l'athéisme est le vice de quelques gens d'esprit, étant donné que, pour la première fois, un athée, M. de Wolmar, prit figure de héros sympathique dans le plus célèbre des romans du siècle, *La Nouvelle Héloïse* : cette ombre d'indulgence succédant à une sévérité totale indique une première modification de l'état d'esprit antérieur; voici la seconde.

Un glissement vers un matérialisme philosophique.

L'esprit différait spécifiquement de la matière, rien n'était mieux établi. Or, cette différence s'abolit par l'effet d'un homme qui voulait rester un chrétien, Locke, et d'un autre homme qui restait fermement un déiste, Voltaire. Il n'est pas sans exemple que des idées dévient, soient prises à contresens, et dans ce contresens même, trouvent leur succès. Celle-ci échappa à son inventeur, et le trahit; faite pour mieux marquer la toute-puissance de Dieu, elle servit à confondre esprit et matière; et à prouver, pour toute une catégorie de philosophes, l'inutilité de ce qu'ils appelaient l'hypothèse âme.

Locke, en effet, avait gardé une conscience puritaine; il tenait l'Évangile pour la règle de sa foi et s'affligeait quand on le classait parmi les impies. Mais occupé à marquer les limites étroites de notre connaissance, il montrait à satiété l'impossibilité où nous sommes de trouver les certitudes auxquelles nous aspirons :

Par exemple, nous avons les idées d'un carré, d'un cercle, et de ce qui comporte égalité; cependant nous ne serons peut-être jamais capables de trouver un cercle égal à un carré et de savoir certainement s'il y en a. Nous avons des idées de la matière et de la pensée; mais peut-être ne serons-nous jamais capables de connaître si un être purement matériel pense ou non, par la raison qu'il nous est impossible de découvrir, par la contemplation de nos propres idées, sans révélation, si Dieu n'a point donné à quelques amas de matière disposés comme il le trouve à propos la puissance d'apercevoir et de penser; ou s'il a joint et uni à la matière ainsi disposée une substance immatérielle qui pense [1]...

Voltaire tomba en arrêt devant ce passage, lorsqu'il consacra à l'incomparable Locke la treizième de ses *Lettres philosophiques;* il lui fit un sort, en l'égayant un peu, pour ne pas heurter de front Nosseigneurs les théologiens, gens qui voient si clairement la spiritualité de l'âme qu'ils feraient brûler, s'ils le pouvaient, les corps de ceux qui en doutent. C'est ainsi qu'il parlait, dans ses confidences à ses amis; dans son texte destiné au public, il montrait plus de prudence, mais son attitude était à peine moins décidée :

Locke, après avoir ruiné les idées innées... considère enfin l'étendue, ou plutôt le néant des connaissances humaines. C'est dans ce chapitre qu'il ose avancer modestement ces paroles : Nous ne serons peut-être jamais capables de connaître si un être purement matériel pense ou non.

Là-dessus, théologiens et dévots sonnèrent l'alarme.

On cria que Locke voulait renverser la religion; il ne s'agissait pourtant point de religion dans cette affaire; c'était une question purement philosophique, très indépendante de la foi et de la révélation; il ne fallait qu'examiner sans aigreur s'il y a de la contradiction à dire : la matière peut penser, et Dieu peut communiquer la pensée à la matière.

Voltaire revint dix fois, vingt fois, sur la même idée; à sa manière; il la para; il la fit étinceler, il lui donna une résonance et une portée nouvelles. Avant lui, et dès la publica-

---

1. *An Essay concerning Human Understanding,* livre IV, chapitre III. — Nous suivons ici la traduction de Pierre Coste.

tion de l'*Essai sur l'entendement humain*, amis et ennemis s'étaient affairés à son sujet : Edward Stillingfleet, évêque de Worcester, s'étant récrié, Locke avait répondu; Coste, le traducteur, avait résumé cette réponse : M. Locke revient à dire qu'il n'y a pas de contradiction logique à supposer que la toute-puissance de Dieu puisse aller jusqu'à douer la matière de pensée : rien de plus. Bayle s'étant donné pour fonction d'extraire le contenu de toutes les formules, avait demandé à celle-là ce qu'elle voulait dire au juste : « Cette doctrine de M. Locke nous amène tout droit à n'admettre qu'une espèce de substance, qui par l'un de ses attributs s'alliera à l'étendue, et par l'autre avec la pensée : ce qui étant une fois posé, on ne pourra plus conclure que si une substance pense elle est immatérielle. » Collins et Toland avaient discerné le parti qu'ils pouvaient tirer d'un argument d'autant plus précieux qu'il venait de leur adversaire, et malignement ils s'étaient réjouis. Leibniz s'était affligé de ce que la religion naturelle elle-même s'affaiblissait extrêmement : plusieurs font les âmes corporelles; d'autres font Dieu corporel; M. Locke et ses sectateurs doutent si les âmes ne sont pas matérielles et périssables. Clarke, répliquant à Leibniz, avait remis les choses au point : oui, quelques endroits dans les écrits de M. Locke peuvent faire soupçonner qu'il doutait de l'immatérialité de l'âme; mais il n'a été suivi en cela que par quelques matérialistes, qui n'approuvent presque rien dans les ouvrages de M. Locke que ses erreurs. Déjà l'idée comptait près d'un demi-siècle de vie, déjà elle s'était chargée d'un lourd poids de discussions et d'interprétations, quand Voltaire la fit rejaillir, la trouvant si simple, si lumineuse, que disparaissait du coup une difficulté qu'on avait tenue pour invincible : « Ma lettre sur Locke se réduit uniquement à ceci : la raison humaine ne saurait démontrer qu'il soit impossible à Dieu d'ajouter la pensée à la matière. Cette proposition est, je crois, aussi vraie que celle-ci : les triangles qui ont même base et même hauteur sont égaux [1]. »

Aussi, après Voltaire, les adversaires du spiritualisme estimèrent-ils que l'affaire était réglée, et prirent-ils son argument comme décisif. Pourquoi conserver une dualité de substance? Locke l'a bien dit, l'âme peut être matérielle.

[1] Voltaire à M. de La Condamine, 22 juin 1734.

Une tentative de matérialisme scientifique.

Toute la vie s'explique par la matière, et par la seule matière, disaient des savants qui venaient au secours des plus audacieux des philosophes, tout en les dédaignant un peu. Car ils les dédaignaient comme des gens qui se satisfont de leur verbiage, et qui, tout en prétendant ne tenir compte que des faits, ne raisonnent que sur des mots. Tandis qu'eux, les savants qu'ils croyaient être, parlaient en observateurs qui étudient la nature sur le vif, et savent ce qu'elle est. S'ils reprenaient obstinément, d'ouvrage en ouvrage, le débat sur la question de savoir si les bêtes ont une âme ou n'en ont pas, c'est qu'ils estimaient que les spiritualistes eux-mêmes leur fournissaient un argument très précieux : des êtres organisés peuvent fort bien vivre en se passant d'âmes, disaient-ils. Le système d'Épicure, les atomes et les combinaisons d'atomes, les jets innombrables qui ont amené le coup de dés qui a formé le monde, restaient chers à leur esprit; toutefois ces systèmes ne leur semblaient pas capables d'expliquer tout à fait le phénomène vital, il importait de les rajeunir.

C'est ce que firent plusieurs originaux. Ce diplomate retraité, Benoît de Maillet, qui après avoir été consul en Égypte, ambassadeur en Abyssinie, consul à Livourne, inspecteur des établissements français dans le Levant et sur les côtes de Barbarie, publia en 1748 son *Telliamed, ou Entretiens d'un philosophe indien avec un missionnaire français, sur la diminution de la mer, la formation de la terre, l'origine de l'homme, etc...* Des souvenirs de l'Orient, pays des merveilles et pays des sages; la tradition des voyages imaginaires; l'influence de Fontenelle et de ses *Entretiens;* le désir de répondre à une préoccupation contemporaine, pourquoi trouve-t-on des coquillages sur le sommet des montagnes? des vérités avant la lettre; et, tout ensemble, des crédulités naïves... Les limites de la mer ne sont pas fixes; elles reculent, l'étendue de la mer diminue : cela se prouve par des mesures certaines. D'autre part, des sondages non moins certains montrent que le fond de la mer offre des ressemblances avec la disposition de nos montagnes, de nos vallées. Donc la mer a recouvert jadis toute la terre; les coquillages que nous trouvons jusque sur les sommets en portent témoignage. Donc, le Déluge n'est que l'interprétation d'un fait scientifique, qui ne suppose pas d'intervention divine. Donc notre planète s'est formée par une lente évolution de la matière qui exclut l'idée d'une création *ex abrupto*. La matière éternelle prend des formes qui varient, ainsi qu'on peut le constater par la contemplation du système solaire, où tout n'est fixe que d'une fixité relative; des étoiles ont disparu et d'autres apparaissent; le sort même de notre terre est incertain, peut-être sera-t-elle desséchée, calcinée quelque jour. Peut-être la vie est-elle née de la mer, comme l'atteste l'existence des sirènes et des hommes poissons...

Au commencement était un chaos de semences, qui s'organisèrent après leur fécondation. La terre et l'eau, l'air et le feu, se mirent à croître; les pierres et les métaux se mirent à éclore; les montagnes et les pics se formèrent lentement, les végétaux parurent; la nature multiplia les essais qui la conduisirent à la formation de l'homme; et telle fut l'origine de la vie dans notre planète, selon Robinet et ses *Considérations philosophiques de la gradation naturelle des formes de l'être,* qui parurent en 1768. A ces visions grandioses, Robinet ajoutait que les empreintes que nous retrouvons sur les pierres fossiles, les cailloux qui ont la forme d'un doigt, ou d'une oreille, d'un tibia ou d'un cœur sont les essais de la nature, qui, gauchement et patiemment, traçait les premières ébauches de l'homme.

Hartley le médecin : il maintenait l'autorité de la révélation et construisait même une théologie, une théologie à sa manière, qui excluait la possibilité des peines éternelles; en même temps, il affirmait que la pensée se ramène à des mouvements des fibrilles de la substance médullaire, et que l'âme est matérielle.

Priestley le chimiste : déiste, finaliste, partisan du christianisme raisonnable : l'âme est matérielle, et pourquoi redouter la démonstration de ce fait? Il nous fait admirer davantage l'Être suprême qui a donné à la matière la capacité de penser.

Maupertuis. Et le plus bruyant de tous : La Mettrie. Le matérialisme est le salut, crie-t-il à tue-tête; le matérialisme est la vérité. Il faut partir de la nature, force sans connaissance et sans sentiment, aussi aveugle lorsqu'elle donne la vie, qu'innocente lorsqu'elle la détruit. Comment opère-t-elle? Crée-t-elle des semences de toutes les espèces, répandues dans l'univers, et finissant par se rencontrer? Suit-elle une manière d'évolution, les premières générations étant imparfaites, monstrueuses, et seuls survivant les êtres auxquels aucune partie essentielle n'aura manqué ? Ce qui est certain, c'est que toutes les expériences, anatomiques et physiologiques, montrent que ce qu'on est convenu d'appeler âme n'est qu'une dépendance du corps. Ses manifestations sont liées, en effet, à des états du corps ; elle s'altère dans les maladies, se calme par l'opium, s'excite par le café et par le vin ; la faim la rend cruelle et sauvage ; elle est adolescente, mûre, décrépite ; elle change avec l'âge, de même qu'elle varie avec les climats. Bref, elle n'existe pas, en tant que différente de la matière ; elle est matière. Elle est un vain terme dont on n'a point d'idée, et dont on se sert pour nommer la partie qui pense en nous ; alors que la pensée n'est qu'une propriété de la matière organisée, telle que l'électricité, la faculté motrice, l'impénétrabilité ou l'étendue. Son étude rentre dans l'histoire naturelle, *Histoire naturelle* de l'âme (1745). L'homme ne se distingue par aucun privilège de l'ensemble, tout mécanique, des êtres vivants : *L'homme machine* (1747). « Être machine, sentir, penser, savoir distinguer le bien du mal, comme le bleu du jaune, en un mot être né avec l'intelligence et un instinct sûr de morale, sont des choses qui ne sont pas plus contradictoires qu'être un singe et un perroquet, et savoir se donner du plaisir. » Ou si l'on veut il est plante, les plantes étant elles-mêmes des machines : *L'homme plante* (1748) : « Celui qui a regardé l'homme comme une plante n'a pas fait plus de tort à cette belle espèce que celui qui en a fait une pure machine. L'homme croît dans la matrice par végétation, et son corps se dérange et se rétablit comme une montre, soit par ses propres ressorts, dont le jeu est souvent heureux, soit par l'art de ceux qui les connaissent, non les horlogers, mais les physiciens chimistes. » Acceptons cette fatalité : « Nous ne sommes pas plus criminels, en suivant l'impulsion des mouvements primitifs qui nous gouvernent, que le Nil ne l'est de ses inondations, et la mer de ses ravages. » Ou plutôt réjouissons-nous-en : « Savez-vous pourquoi je fais encore quelque cas des hommes ? C'est que je les crois sérieusement des machines. Dans l'hypothèse contraire, j'en connais peu dont la société fût estimable. Le matérialisme est l'antidote de la misanthropie. »

La Mettrie, d'aventure en aventure et de scandale en scandale, avait trouvé asile auprès de Frédéric II ; l'athée du roi, disait Voltaire. Il avait plus de matière que la moyenne des hommes, étant gras, joufflu, pansu, énorme, et goinfre; le 11 novembre 1758, sa machine mourut des suites d'une indigestion.

Une vulgarisation de l'athéisme, enfin, s'exprima dans une foule d'ouvrages, et dans deux en particulier, *Le système de la Nature* (1770) et *Le Bon Sens, ou idées naturelles opposées aux idées surnaturelles* (1772), résumé du premier. Il y eut un athée de profession, qui se fit lire des savants et des ignorants, des duchesses et des femmes de chambre; et ce fut Paul Thiry, baron d'Holbach. Allemand d'origine et né à Hildesheim, il était venu à Paris pour y faire ses études, et y était resté. Un hôtel particulier, de bons dîners deux fois la semaine; une maison de campagne accueillante : quels moyens d'action! Beaucoup d'Européens de marque ont reçu l'hospitalité de la rue Royale Saint-Honoré, ou du château du Grandval. Ce n'est pas que le baron eût du génie; ses idées sont ramassées de droite et de gauche; sa prose est lourde et pâteuse, et ses effets de grandiloquence ne suffisent pas à la soulever, ils la boursouflent. Ce n'est pas non plus que son caractère fût parfait : contrasté, capricieux : imaginez, pour reprendre les expressions de Diderot, qui fut de ses intimes, un satyre gai, piquant, insouciant, nerveux; un ton original et polisson; une humeur changeante, qui le portait à contrarier et à brusquer ses amis; un cœur généreux et volontiers bienfaisant, mais capable aussi d'amertumes qui rendaient la vie difficile à son entourage; les bons moments compensaient les mauvais, mais non pas toujours; il attirait et repoussait... Mais il était riche, il était sociable et avait sa place marquée dans la meilleure compagnie; il était laborieux et actif; et il sentait en lui une vocation impérieuse : c'était sa fonction que de diminuer, que d'anéantir, s'il le pouvait, toute religion.

Contre le christianisme, jamais assez d'injures, jamais. Aux livres innombrables qui désormais avaient paru contre la religion, il en ajoutait d'autres, en masse, qui offraient à la foule la pâture la plus grossièrement anticléricale, *Le Tableau des Saints, De l'imposture sacerdotale, Les Prêtres démasqués, De la cruauté religieuse, l'Enfer détruit*. Si nombreux qu'il est difficile d'en établir la liste exacte, et difficile de distinguer sa part personnelle de celle des collaborateurs qui l'aidaient. Y avait-il, dans les temps anciens et dans les temps modernes, quelque ouvrage qui pût servir à son dessein, il le faisait traduire. Entrait-il en possession de quelque manuscrit qui fût utile à sa campagne, il l'exhumait : comme celui que feu M. Boulanger avait laissé sur l'*Antiquité dévoilée par ses usages,* où il prouvait que nos idées religieuses venaient de l'impression de terreur que le Déluge avait laissée aux rares survivants. Il dirigeait l'atelier, l'officine, le bureau d'où sortait une propagande si simpliste, si acharnée, qu'elle fatiguait même les frères, qui finissaient par voir dans sa personne un capucin athée.

Quelques autres l'accompagnaient et prolongeaient son action; une petite troupe, non plus de méprisés et d'humiliés, mais d'orgueilleux, qui ne craignaient pas de revendiquer une place dans la société — la première, puisqu'ils se proclamaient les sages, et qu'ils ajoutaient que le sage est supérieur à la divinité. Boulanger, Naigeon, Charles-François Dupuis, Sylvain Maréchal, Jérôme Lalande, pour ne citer que les plus connus, offrent un air de parenté : même monomanie. Naigeon, le suivant de Diderot, le fournisseur et le réviseur du baron d'Holbach, assemble dans son *Recueil philosophique, ou Mélanges de pièces sur la religion et la morale* (1770) les textes essentiels de l'irréligion, bréviaire à rebours. Sylvain Maréchal veut être le Lucrèce français et compose un poème dont les vers sont un défi :

Il n'est point de vertu, si l'on admet les dieux.

Il compile un *Dictionnaire des athées,* où il tire à lui les personnages les plus inattendus, depuis Abélard jusqu'à Zoroastre, Berkeley et Boccace, Grégoire de Nazianze et Jurieu, Wolff le philosophe et Young le poète; et où figurent des peuples entiers, les Anglais, les Brésiliens, les Chiliens, et les Américains en général. Ce dictionnaire est l'œuvre d'un maniaque; et le *Discours préliminaire,* gonflé de prétention, éclatant de vanité, n'aurait pas plus de valeur, s'il ne nous montrait l'exaspération d'idées dont nous avons vu la naissance et le développement : l'athée est l'homme de la nature; l'homme qui, acceptant la limitation de la connaissance, ne voit pas comment cette connaissance limitée lui permettrait d'atteindre Dieu; l'homme qui, ne désirant que son bonheur présent, n'a pas besoin de Dieu pour le réaliser. « La question de savoir s'il y a un Dieu au ciel, n'est pas plus importante pour lui que de savoir s'il y a des animaux dans la lune »; l'homme qui, ayant admis que toute la civilisation chrétienne repose sur une erreur, veut que la destruction de cette erreur soit totale : « La destruction pleine et entière d'une longue et importante erreur qui se mêlait à tout; qui dénaturait tout, jusqu'à la vertu; qui était un piège pour les faibles, un levier pour les puissants, une barrière pour les hommes de génie; la destruction pleine et entière de cette imposante erreur, changerait la face du monde. »

Ils ont eu moins d'influence qu'ils n'ont fait de bruit.

Un contemporain, Pilati, déclare qu'il n'y a aucune partie du monde qui soit aussi pleine d'athées et de déistes que l'Italie : même si l'expression de la pensée italienne ne nous montrait pas le contraire, la confusion qu'il fait entre déistes et athées suffirait à infirmer son dire. L'évolution de la psychologie anglaise, loin de la conduire aux négations, la ramène à la foi. En France, Helvétius déclare que les théologiens ont tant abusé du mot matérialiste, qu'il est devenu synonyme d'esprit éclairé, et qu'il désigne les écrivains célèbres dont les ouvrages sont avidement lus : ce n'est qu'un trait de polémique. On connaît cette anecdote : revenu à Paris comme secrétaire d'ambassade, Hume déclare dans un dîner qu'il ne croit pas qu'il y ait des athées, parce qu'il n'en a jamais vu un seul. Nous sommes dix-huit à table, lui répond son hôte; quinze sont athées, les trois autres ne savent que penser. Mais il était chez le baron d'Holbach. Tout l'effort des Aufklärer allemands tend à établir, non pas du tout l'athéisme, mais « eine vernünftige Erkenntniss Gottes », une connaissance rationnelle de Dieu.

Si l'on ne demandait plus que l'on brûlât ces impies, leurs livres encore faisaient horreur. La Mettrie ayant dédié son *Homme machine* au savant Haller, celui-ci se jugea insulté et envoya au *Journal des Savants*, au mois de mai 1749, une protestation solennelle : « L'auteur anonyme de *L'Homme machine* m'ayant dédié cet ouvrage, également dangereux et peu fondé, je crois devoir à Dieu, à la religion et à moi-même, la présente déclaration, que je prie MM. les auteurs du *Journal des Savants* d'insérer dans leur ouvrage. Je désavoue ce livre comme entièrement opposé à mes sentiments. Je regarde la dédicace comme un affront plus cruel que tous ceux que l'auteur anonyme a fait à tant d'honnêtes gens, et je prie le public d'être assuré que je n'ai jamais eu de liaison, de connaissance, de correspondance, ni d'amitié, avec l'auteur de *L'Homme machine*, et que je regarderais comme le plus grand des malheurs toute conformité d'opinion avec lui. » Haller était pieux; mais d'Alembert, Frédéric II, Voltaire, ne l'étaient pas; et ils réfutèrent *Le système de la Nature*.

Contre les athées, les déistes argumentaient à profusion, contredisant leurs arguments l'un après l'autre; l'expérience prouve, disent les athées, que les matières que nous regardons comme inertes et mortes prennent de l'action, de l'intelligence et de la vie, quand elles sont combinées d'une certaine façon : ce n'est pas vrai, disent les déistes. La matière et le mouvement suffisent à tout expliquer : ce n'est pas vrai. La matière est éternelle et nécessaire : ce n'est pas vrai; « lorsqu'on ose assurer qu'il n'y a point de Dieu, que la matière agit par elle-même, par une nécessité éternelle, il faut le démontrer comme une proposition d'Euclide, sans quoi vous n'appuyez votre système que sur un peut-être. Quel fondement pour la chose qui intéresse le plus le genre humain [1]! »

Mais les athées ne se laissaient pas faire, et ils avaient pour le déisme l'attitude méprisante que les déistes avaient pour la dévotion. « Un matérialiste un jour me disait qu'un déiste était une espèce d'homme qui n'avait pas assez de faiblesse pour être chrétien, ni assez de courage pour être athée [2]. » On cite le mot d'une adoratrice forcenée de la philosophie, qui disait de Voltaire qu'étant déiste, il était bigot. Qu'entendaient-ils, ces faibles esprits, ces cause-finaliers, par une religion sans mystère ? N'était-ce pas une contradiction dans les termes ? Et par quelle timidité conservaient-ils un Dieu dont ils disaient eux-mêmes qu'ils ne pouvaient le concevoir ?

1. Voltaire, *Dictionnaire philosophique*, article *Athée, Athéisme;* article *Dieu.*
2. Le P. Bonhomme, *L'anti-Uranie ou le déisme comparé au christianisme,* 1763.

La différence entre le Dieu du déiste, de l'optimiste, de l'enthousiaste, et celui du dévot, du superstitieux, du zélé, ne réside que dans la diversité des passions et des tempéraments : il n'y aura jamais qu'un pas du déisme à la superstition [1]. Le déiste, et tout autre sectaire qui admet une religion, pourrait être désigné sous l'expression vulgaire : *Ecce homo;* tandis que l'être viril qui ne fléchit le genou devant personne, est l'athée : *Ecce vir* [2] ...

En ces termes s'interpellaient, sur le mode aigu, ces alliés d'un moment, qui avaient bien voulu faire campagne ensemble contre un ennemi commun, mais qui voyaient de plus en plus clairement que leur pensée divergeait sur une question essentielle.

Le XVIIIe siècle, dans son ensemble, a été déiste, non pas athée. Mais il a dû faire place, bon gré mal gré, à un athéisme qui lui a reproché la même timidité dont les déistes accusaient les croyants.

1. Baron d'Holbach, *Le Bon Sens, ou idées naturelles opposées aux idées surnaturelles,* § 111.
2. Sylvain Maréchal, *Dictionnaire des athées,* an VIII. *Discours préliminaire.*

CHAPITRE II

Les sciences de la nature.

La science serait celle de la nature; et en effet, l'histoire naturelle fut mise au premier rang, la géométrie au second.

Certes, beaucoup continuèrent à se délecter des mathématiques, considérées comme le plus bel exercice de la raison, le plus clair, le plus solide et le plus méthodique. L'Europe ne manqua pas tout d'un coup de mathématiciens illustres : ils abondèrent encore. Il y aura toujours au monde des gens semblables à ce M. de Lagny dont on nous raconte l'histoire; comme il était mourant, et qu'on lui disait en vain les choses les plus tendres, M. de Maupertuis survint et se fit fort de le faire parler. « M. de Lagny, le carré de douze? — Cent quarante-quatre », répondit le malade d'une voix faible; et puis il ne dit plus mot.

Seulement, la géométrie perdit la suprématie qu'on lui avait conférée, parce qu'on s'avisa décidément qu'elle n'ajoutait rien à la connaissance, qu'elle se contentait de développer, par déduction, des principes une fois posés, et qu'en conséquence elle n'appréhendait pas le réel. Étant donné qu'il n'existe dans la nature ni surface sans profondeur, ni ligne sans largeur, ni aucun point sans dimension, ni aucun corps qui possède la régularité hypothétique que lui suppose le géomètre, sa science ne semble plus qu'un rêve mis en équations. Illusion que de vouloir recréer le monde par le mouvement et par l'étendue : ç'avait été celle de M. Descartes, dont le règne était passé.

Le règne de Newton était venu, qui avait mis les mathématiques au service de la physique, les ramenant ainsi à leur juste rôle. Parce qu'il était parti non point d'abstractions, non point d'axiomes, mais de faits, pour aboutir à d'autres faits dûment constatés; parce qu'il avait tiré de la nature les lois de la nature, la génération montante l'avait adopté parmi ses demi-dieux. Il était sorti de la période des incompréhensions, et on l'expliquait aux derniers incrédules. Ses disciples, dans les Académies, dans les chaires, commentaient ses œuvres, dont le contenu paraissait inépuisable; on le mettait même à la portée du grand public, comme faisait Voltaire dans son clair français, comme faisait Algarotti en italien : *eccovi il Neutonianismo per le Signore*. Sa gloire s'affirmait de proche en proche : les savants qu'on envoyait au Pérou en 1735 et à Tornéo en 1736 pour vérifier ses mesures de la terre revenaient en disant qu'expérience faite, il ne s'était pas trompé. Devant la vieille Sorbonne elle-même il trouvait des défenseurs, et il pénétrait dans les écoles, gardiennes des idées, lentes à les adopter, obstinées à les maintenir. « La fureur de l'attraction est aujourd'hui plus forte en Hollande et en Angleterre que jamais celle des tourbillons imaginaires de Descartes ne le fut en France. On voit des avocats abandonner le barreau pour s'occuper de l'étude de l'attraction; des ecclésiastiques oublient pour elle tous les exercices théologiques [1]... »

Galilée, sans accéder à la même gloire, obtint réparation : en 1737, par une cérémonie solennelle, ses cendres avaient été transférées à Santa Croce, l'église florentine où l'Italie célèbre le culte de ses illustres morts. Mais il y avait un nom qui symbolisait une science moins abstraite, moins hautaine, plus facilement accessible que la physique mathématique; plus naturelle encore, si l'on peut dire : celui du chancelier Bacon. Le précurseur, le sage des sages; l'ennemi des hypothèses vaines, le maître à penser; celui qui avait restauré l'empire de la raison, tracé les chemins, aboli les difficultés, indiqué les travaux qui restaient à faire, le plus grand et le plus universel des philosophes; le génie expérimental en personne. Lorsque Bacon avait dit, de son accent à la fois simple et pathétique, que la logique formelle était plus propre à consolider et à perpétuer les erreurs qu'à découvrir la vérité; que le syllogisme liait les intelligences et n'atteignait pas les

---

1. Le marquis d'Argens, *La philosophie du Bon Sens*, 1746. *Réflexion III*, par. 20.

choses; qu'il fallait ne plus jurer sur les paroles des maîtres, ne plus adorer les idoles, changer de méthode, pratiquer l'observation, recourir à l'expérience : il avait semé des idées qui, quelque cent ans après le *Novum Organum*, ont germé, ont levé, ont formé moisson couvrant l'Europe. *Aphorismi de interpretatione naturae et regno hominis.*

Dès la surface et du premier coup d'œil, on perçoit une effervescence. Partout des *curiosi* se mettent à l'œuvre; celui-ci commence une collection de papillons, et cet autre un album de plantes; celui-ci fait venir de l'étranger les prismes qui lui permettront de décomposer la lumière, ou les lunettes qui lui feront voir l'anneau de Saturne. Qui veut plaire à sa maîtresse lui envoie des insectes rares qui prendront place dans sa vitrine; qui veut faire figure de savant, publie la description d'un cabinet d'histoire naturelle; qui voyage, se munit de boîtes, de filets, de ciseaux et de loupes. Gersaint ne vend pas seulement des tableaux, mais des coquillages. Les grands seigneurs donnent l'exemple; et tant mieux, dit cet autre, puisque, ruinés pour ruinés, il vaut mieux qu'ils le soient par un chimiste que par un homme d'affaires, la science du moins y gagnera. La contagion atteint les rois : Louis XV veut posséder des collections, le Dauphin prend des leçons de physique; George III est botaniste; Jean V assiste à des recherches astronomiques, et Victor-Amédée III répète avec Gerdil les expériences de l'abbé Nollet. A la porte de l'abbé Nollet qui, à Paris, rue du Mouton, près la Grève, professe un cours de physique expérimentale, se pressent les carrosses des duchesses qui veulent être électrisées. Les bourgeois suivent le mouvement; et les jeunes gens, auxquels l'abbé Pluche montre le *Spectacle de la nature*, ou les particularités qui sont les plus propres à les rendre curieux et à leur former l'esprit.

Si, frappé par ces premières apparences, on cherche leur soutien, on constate vite la gravité de l'effort que la mode n'a fait qu'exploiter. Les journaux donnent au compte rendu des publications scientifiques une place si considérable qu'elle est envahissante; livres de physique, de botanique, de médecine, deviennent toujours plus nombreux; mais par le progrès même de la discipline à laquelle ils appartiennent, vite ils vieillissent et demandent à être remplacés : ils le sont. A ces livres multipliés, aux communications qui annoncent telle ou telle nouveauté, les Académies s'ouvrent toutes grandes; l'Académie de Berlin, vivifiée par Frédéric II en 1744; l'Académie de Saint-Pétersbourg, fondée en 1725; l'Académie de Stockholm, fondée en 1739; la Société Royale de Copenhague, fondée en 1745; cependant que l'Institut de Bologne, l'Académie des Sciences de Paris, la Royal Society de Londres, ces douairières, soutiennent leur tradition, chaque compagnie tenant à honneur d'associer les étrangers à ses travaux. C'est une marque d'estime, et vivement souhaitée, que d'être discuté devant leur tribunal; en 1746, Voltaire ayant écrit une *Dissertation sur les changements arrivés dans notre globe et sur les pétrifications qu'on prétend en être encore les témoignages,* l'adresse en italien à l'Institut de Bologne, en anglais à la Société Royale de Londres; encore se proposait-il de la mettre en latin, pour l'envoyer à l'Académie de Saint-Pétersbourg. En 1735, cette dernière avait offert des ouvrages à l'Académie de Lisbonne, dont le président était alors le vieux comte d'Ericeira, le même qui, jadis, avait traduit Boileau. Le comte prononce un discours de remerciement, encore tout plein de phrases redondantes et fleuries; il parle de la reine de Saba, de la Sibylle de l'Orient qui, des glaces du Septentrion, a expédié, écrits sur des feuilles d'or, les ouvrages de ses académiciens, mais il parle aussi de Bacon, du subtilissime René Descartes, qui a su allier l'algèbre à la géométrie; de Newton, le plus grand philosophe de l'Angleterre, qui a démontré ce qui est démontrable en philosophie naturelle, et dont les principes sont très justement suivis. A la fois les vieilles figures de rhétorique et l'expression du goût nouveau.

Le mouvement est double : une expansion, une volonté qui pousse les chercheurs à sortir de leur province, de leur royaume, de leur continent, pour conquérir peu à peu tout le créé : *Catalogus plantarum quibus consitus est Patavii amœnissimus hortus; Flora Noribergensis, Botanicon parisiense; Hortus uplandicus, Flora lapponica, Historia naturalis curiosa regni Poloniae, The Natural History of England; Flora cochinchinensis...* Comme on pressent encore l'existence de quelques terres inconnues, les vaisseaux qui partent à la découverte prennent à bord des naturalistes, qui rapporteront en Europe des exemplaires d'une flore et d'une faune qui jusqu'alors s'étaient cachées aux hommes. A mesure que l'enquête s'étend, le nombre des espèces végétales et animales s'accroît démesurément, on n'arrive plus à les compter, les chiffres qu'on inscrit aujourd'hui deviendront faux demain : on est comme débordé par ces apports incessants; la vie, l'immense vie, bouleverse les notions qu'on avait d'elle. En même temps se produit une concentration : les plus curieux de ces curieux s'enferment entre quatre murs et appellent à eux cette même vie prolifique. Ils se livrent à des opérations mystérieuses, découpent, dissèquent, regardent dans des microscopes, agitent des flacons où ils ont enfermé d'étranges substances : le savant de laboratoire est né. Pauvres laboratoires, qui manquent souvent des instruments les plus simples; chercheurs mal équipés, qui hésitent à quitter leurs habits de velours et à retrousser leurs manches de dentelles, mais qui n'en commencent pas moins à vivre l'épopée de l'expérimentation.

Alors apparurent, comme en série, les noms dont chacun demeure attaché au souvenir d'une victoire : en astronomie, la lignée des Cassini; en géologie, Jean Gottlob Lehman et Horace Bénédict de Saussure; en botanique, Charles de Linné, et les premiers des cinq Jussieu; en entomologie, René-Antoine Ferchault de Réaumur, Charles Bonnet; en physique, Guillaume-Jacob S'Gravesande, Léonard Euler, Alessandro Volta; en physiologie, Hermann Boerhave, Friedrich Hoffmann, Albrecht von Haller, Gaspar-Friedrich Wolff, Lazzaro Spallanzani, Georg-Ernst Stahl, Joseph Priestley, Charles-Guillaume Scheele : souvent c'est à tort qu'on les confine dans une spécialité : tout se découvrait à la fois. Évoquons, faute de les nommer tant qu'ils sont, les figures légendaires : un Galvani, provoquant les contractions musculaires des grenouilles écorchées; un Lavoisier, devant ses tubes et ses cornues, grave et beau.

Ils appartenaient aux pays les plus divers, n'en étant guère qui n'eût délégué quelques-uns de ses représentants à la grande œuvre; à vrai dire ils ne formaient qu'une seule nation au milieu des nations. Ses sujets continuaient leur travail même au milieu des guerres; même dans les moments où les communications étaient les plus difficiles, ils se faisaient des

signaux; ils se contrôlaient les uns les autres, ils s'approu-
vaient, ils se félicitaient. Telle était la république idéale des
savants.

Ce n'était pas si facile.

Les ambitions étaient trop vastes; on répétait qu'on ne
pouvait progresser qu'avec des semelles de plomb; mais on
partait d'un élan si joyeux qu'on croyait avoir des ailes; et
on se lançait dans des projets démesurés, pour commencer;
comme celui qu'engagea, l'année 1719, la jeune Académie
de Bordeaux : rien de moins que l'histoire de la terre et de
tous les changements qui s'y sont produits, tant généraux que
particuliers, soit par les tremblements et les inondations, ou
par d'autres causes; avec une description exacte des progrès
de la terre et de la mer, de la formation ou de la perte des
îles, des rivières, des montagnes, des vallées, lacs, golfes,
détroits, caps, et de tous leurs changements; des ouvrages
faits de main d'homme qui ont donné une nouvelle face à
la terre... Les mémoires devaient être envoyés à M. de Montesquieu, président à mortier au Parlement de Guyenne, qui
en payerait le port. M. de Montesquieu eut-il beaucoup à
payer? Jamais le projet ne s'exécuta.

Des prodiges on ne voulait plus. Mais on avait peine à se
détacher du merveilleux, surtout au début, lorsque la méthode
n'était pas encore assurée. Des hypothèses on ne voulait plus.
Mais qu'il était commode d'en produire une, chaque fois
qu'on se trouvait embarrassé! La peste ravage Marseille
et la Provence : qu'est-ce que la peste et comment se répand-
elle? Elle n'est pas contagieuse, ce serait une absurdité noire
que de le soutenir. Elle est contagieuse, mais seulement à
la façon d'une épidémie; et celle-ci vient de la mauvaise
nourriture. Elle est contagieuse par les plaies, par les urines,
par la transpiration; et donc par les matelas, par les hardes,
par tout ce que le malade a touché. Quelle est sa nature?
Elle consiste en miasmes, en particules gorgoniques, en
particules d'antimoines, en vermisseaux qui, le matin, nagent
comme des poissons, à midi volent comme des oiseaux, et
meurent le soir; elle consiste en insectes qui s'insinuent par
les plus petits trous de la peau, surtout en hiver parce qu'ils

sont frileux. Comment la guérir? Par le café. Par l'eau prise en abondance. Par des boissons acides, comme l'ont commandé les maîtres d'autrefois. Par des décoctions de racine de scorsonère, auxquelles on ajoutera des gouttes de jus de citron ou d'esprit de soufre. Par de la teinture d'or, de l'essence émétique, des potions cordiales, des pilules purgatives, des sudorifiques. Sur les bubons, des cataplasmes, ou des pierres à cautère qu'on laissera pendant plusieurs heures. Lyon, Montpellier, Paris, Zurich, Londres, se disputèrent; et les malades mouraient toujours.

Il ne suffisait pas de maudire l'esprit de système pour s'en débarrasser. On s'en prenait au plus difficile, au problème de la génération, au problème de la formation des corps organisés : et avant d'avoir accumulé les observations, on formulait des théories, auxquelles d'autres théories répondaient aussitôt : bientôt la mêlée devenait inextricable. Préformation et emboîtement? Épigénèse? Moules et matrices [1]? Pour prouver la supériorité de l'une ou de l'autre de ces explications, on discutait à perte de vue; et déviée, on eût dit que la science ne progressait plus.

Une erreur, quelquefois, attirait l'attention par son caractère spectaculaire. En 1748, Jean Tuberville Needham, physicien anglais, avait vu se produire des générations spontanées. Laissons-lui la parole, écoutons-le tandis qu'il nous raconte les expériences qu'il a organisées, les précautions qu'il a prises contre toute erreur possible, les résultats surprenants qu'il a obtenus. — « Je pris du suc de viande très chaud et je le mis dans une fiole que je fermai avec un bouchon de liège, mastiqué avec tant de précaution que c'était comme si on avait scellé la fiole hermétiquement. J'exclus ainsi l'air extérieur, afin qu'on ne pût pas dire que mes corps mouvants tiraient leur origine d'insectes ou d'œufs répandus dans l'atmosphère. La petite quantité d'eau que je mêlai avec le suc pour le rendre un peu plus fluide ne constituait pas, je pense, plus d'un sixième, et je l'y versai bouillante, de peur qu'on ne

---

1. On trouvera ces théories le plus nettement formulées dans les textes suivants : pour l'emboîtement : Maupertuis, *Essai sur la formation des corps organisés*, paragraphes IX et X. Pour l'épigénèse : Charles Bonnet, *Contemplation de la nature*, septième partie, chapitre x, *La génération*. Pour les moules et matrices : Buffon, *Histoire naturelle*, *Des animaux*, chapitres III et IV.

pût s'imaginer qu'il y eût quelques germes contenus dans cette eau... Je ne négligeai aucune précaution, non pas même celle de mettre dans des cendres très chaudes le corps de la fiole après qu'elle fût bouchée, afin que s'il y avait quelque chose dans cette petite fraction d'air qui remplissait le col, on vînt à bout de le détruire et de lui faire perdre la faculté productrice... Ma fiole fut toute remplie, en quatre jours de temps, d'animaux microscopiquement vivants... » Et c'était admirable, et ce n'était pas vrai; et des années furent nécessaires pour examiner la théorie de Needham, la contrôler, la réfuter, pour prouver que la fermentation de vie, par lui constatée, venait de germes apportés du dehors, quelque soin qu'il eût pris de les exclure : arrêt, piétinement, retour en arrière...

Toutes les aventures dont l'histoire des idées nous donne le spectacle, les filiations inattendues, les victoires qui se terminent en défaites, les insuccès féconds, se retrouvent ici dans leur paroxysme. Les botanistes, imbus de l'esprit scientifique, aspiraient à trouver une classification des plantes qui ne se fondât que sur des faits objectivement observés; et après Tournefort, Linné crut avoir réussi, à partir de son *Systema naturae* (1735). « C'est moi qui, le premier, ai inventé d'utiliser pour les genres les caractères naturels... » Mais en même temps, ces botanistes, comme les autres savants leurs frères, et comme les philosophes, leurs maîtres avoués ou inavoués, cherchaient à faire entrer l'univers et ses productions dans un plan préconçu. Ils imaginaient ce qu'ils appelaient la grande échelle des êtres; les êtres ne pouvaient pas s'ordonner autrement que selon cette échelle où aucun barreau ne manquait; on passait de l'un à l'autre par des gradations si menues qu'on pouvait à peine les distinguer, mais qui n'en étaient pas moins réelles; le discontinu était exclu a priori, aucune place n'avait le droit de rester vide; pas de coupure entre les degrés d'une série, entre la série animale et la série végétale, entre la série végétale et la série minérale; une liaison imperceptible existait entre les hommes et les créatures supérieures, les anges; au sommet, et seul détaché, se trouvait Dieu. Il fallait à tout prix que chaque case fût occupée; si on ne discernait pas encore ses occupants, ceux-ci n'en apparaîtraient pas moins quelque jour. De sorte que les mêmes hommes qui se proclamaient les serviteurs du fait soumettaient le fait, bon gré mal gré, à l'a priori.

Pour passer du dogme de la fixité des espèces à l'idée d'une évolution vitale, une longue et dure lutte était nécessaire. Il fallait pourtant bien constater que sous l'influence des climats exotiques, certains animaux, certains végétaux, avaient changé. Il fallait accepter les résultats apportés par la paléontologie, qui trouvait dans les couches profondes du sol la trace d'êtres disparus; les résultats apportés par la physiologie, qui enregistrait des phénomènes de dégénérescence et d'autres d'hybridation. Mais non sans résistance. On prenait Maupertuis pour un cerveau bizarre; ses visiteurs racontaient avec étonnement que sa maison était une ménagerie, remplie d'animaux de toute espèce, qui n'y entretenaient pas la propreté, et qu'il se divertissait étrangement à accoupler des animaux disparates. Plus fou encore semblait La Mettrie, affirmant que les premières générations avaient dû être très imparfaites, qu'ici l'œsophage avait manqué, et là, les intestins; que seuls avaient survécu les animaux doués de tous les organes nécessaires, et les plus forts. On avait à soulever un poids immense d'ignorance et de préjugés, pour voir émerger peu à peu le transformisme de Lamarck.

De longues peines, des désappointements, des déboires; mais aussi des exaltations et des joies. On trahirait l'époque si on ne rendait pas le frémissement qui l'anima.

O merveilles! ô monde prodigieux des insectes! Voici que Charles Bonnet découvre, en observant des pucerons, le plus étonnant des phénomènes : ils se reproduisent sans l'intervention du mâle par parthénogénèse. O monde prodigieux des plantes! Voici qu'Abraham Trembley découvre en observant des tiges aquatiques, qu'elles s'allongent, déplacent des cornes ou des bras, se contractent et même se déplacent : seraient-ce des animaux? Il coupe ces polypes en plusieurs morceaux, et chacun de ces morceaux donne un autre polype : ce sont des plantes, elles se reproduisent par boutures. Mais non, ce ne sont pas des plantes : les polypes saisissent des petits vers, les introduisent par leur bouche dans la cavité de leur corps, les digèrent : ce sont des animaux. Ce sont des animaux plantes;

les deux à la fois [1]... Réaumur reprend quelques-unes des expériences de Tremblay : « J'avoue que lorsque je vis pour la première fois deux polypes se former peu à peu de celui que j'avais coupé en deux, j'eus peine à en croire mes yeux; et c'est un fait que je ne m'accoutume point à le voir, après l'avoir vu et revu cent et cent fois. » Là-dessus, on coupait en morceaux des vers d'eau douce appelés naïades, voire même des vers de terre, et chaque fois ils se régénéraient d'eux-mêmes. Spallanzani coupait les cornes, coupait la tête de limaçons à coquille : les cornes repoussaient, la tête se reformait. S'attaquant alors aux salamandres d'eau, animaux à sang rouge, il leur tranchait les pattes, et ces pattes repoussaient! On en était revenu au temps des miracles, mais des miracles naturels. Les plantes respiraient; l'air n'était plus un des quatre éléments simples, il se composait de gaz qu'on arrivait à dissocier; de Philadelphie, dans le Nouveau Monde, on signalait qu'un homme, Benjamin Franklin, avait capté la foudre, avait pris possession du fluide céleste, comme on disait; il l'avait enlevé aux dieux. « Je suis las de raconter des prodiges [2]. »

Déjà la récompense était venue : du savoir naissait le pouvoir; on dominait la nature en la connaissant. La matière était asservie. Comme on avait bien fait d'abandonner la recherche vaine des premiers principes, des essences et des substances! Peu importaient les causes premières, du moment où on trouvait le moyen de leur faire produire d'une manière sûre les effets dont on avait besoin : de ce changement résultait une abondance de ses biens. Biens réels, auxquels aboutissent les sciences en apparence les plus désintéressées : « Les découvertes des savants sont les conquêtes du genre humain [3]. » *Man is no weak* [4] : il n'était plus vrai que l'homme fût faible, sa force irait croissant de jour en jour.

Par la science, la vie deviendrait bonne et belle. Alors apparaissait, entouré d'une auréole nouvelle, celui qui possédait

1. Abraham Trembley, *Mémoire pour servir à l'histoire d'un genre de Polypes d'eau douce...*, 1744.

2. Charles Bonnet, *Considérations sur les corps organisés*, 1762. Chapitre XI.

3. Joseph Landon, *Réflexions de Mademoiselle X, comédienne française*, 1750. Page 54.

4. S. Johnson, *Rasselas*, 1759. Chapitre XII. « Man is no weak answered his companion (Imlac); Knowledge is more than equivalent to Force. »

la science, celui qui corrigeait la nature lorsqu'elle s'égarait, celui-ci guérissait les maux de la vie : le médecin. Le théâtre continuait à rire de Diafoirus, par habitude; mais Boerhave de Leyde, Tronchin de Genève, Bordeu de Paris, illustres dans toute l'Europe, incarnaient la puissance nouvelle. Le public assistait au long débat sur l'inoculation : et pour finir, la petite vérole était vaincue. « Tout cède au grand art de guérir », s'écriait La Mettrie, qui du coup oubliait ses diatribes contre ses collègues; « le médecin est le seul philosophe qui mérite de sa patrie... Il paraît comme les frères d'Hélène dans les tempêtes de la vie. Quelle magie, quel enchantement! Sa vue seule calme le sang, rend la paix à une âme agitée et fait renaître la douce espérance au cœur des malheureux mortels. Il annonce la vie et la mort, comme un astronome prédit une éclipse [1]... » Le seul philosophe, en vérité; le seul qui parle au nom de l'expérience; car « c'est lui seul qui a vu les phénomènes, la machine tranquille ou furieuse, saine ou brisée, délirante ou réglée, successivement imbécile, éclairée, stupide, bruyante, léthargique, agissante, vivante, et morte [2]. »

Le 14 février 1750, Buffon enregistrait lui-même le succès de son *Histoire naturelle,* dont trois volumes avaient été publiés l'année précédente : la première édition, quoique tirée en grand nombre, a été épuisée au bout de six semaines; on en a fait, déjà, une seconde et une troisième, qui vont paraître; l'ouvrage est traduit en allemand, en anglais, en hollandais... — Buffon n'est peut-être pas le plus grand génie scientifique de son époque, mais il est le plus représentatif.

On lui devait un nouveau Discours de la méthode, *De la manière de traiter l'histoire naturelle.* Là, il avait déclassé les mathématiques, avait proclamé que les esprits, plutôt qu'une évidence géométrique, demandaient maintenant une certitude de fait. Une révolution s'indiquait dans ces lignes :

Il y a plusieurs espèces de vérités, et on a coutume de mettre dans le premier ordre les vérités mathématiques : ce ne sont pourtant que des vérités de définitions; ces définitions portent sur des suppositions simples, mais abstraites; et toutes vérités en ce genre ne sont

1. La Mettrie, Dédicace de *L'Homme Machine,* 1748.
2. Diderot, *Encyclopédie,* article *Locke.*

que des conséquences composées, mais toujours abstraites, de ces définitions. Nous avons fait des suppositions, nous les avons combinées de toutes les façons; ce corps de combinaisons est la science mathématique : il n'y a donc rien dans cette science que ce que nous y avons mis... Les vérités physiques, au contraire, ne sont nullement arbitraires, et ne dépendent point de nous; au lieu d'être fondées sur des suppositions que nous avons faites, elles ne sont appuyées que sur des faits... En mathématique, on suppose; en physique on pose et on établit. Là ce sont des définitions, ici ce sont des faits. On va de définitions en définitions dans les sciences abstraites; on marche d'observations en observations dans les sciences réelles. Dans les premières on arrive à l'évidence, dans les dernières à la certitude.

Il poussait jusqu'au paradoxe la volonté de mettre l'homme au centre de l'univers. Il n'aimait pas la classification des plantes qu'avait proposée M. Linnæus : sa propre classification, qui ne se bornerait pas aux plantes, mais qui s'en prendrait à la création tout entière, partirait d'un autre principe. Un individu s'éveille comme s'il avait tout oublié; il est dans une campagne où les animaux, les oiseaux, les poissons, les pierres, se présentent à ses yeux neufs. D'abord il sera perdu, ne distinguant rien, confondant tout. Mais bientôt il percevra une différence entre la matière inanimée et la matière animée; dans cette dernière, il ne tardera pas à percevoir une différence entre les animaux et les plantes : d'où cette première grande division, règne minéral, règne végétal, règne animal. Regardant les animaux, ce même individu en viendra en peu de temps à se former une idée particulière de ceux qui habitent la terre, ou l'eau, ou l'air; d'où la division en quadrupèdes, en oiseaux, en poissons. Il rangera les quadrupèdes suivant les rapports qu'ils auront avec lui-même : les plus utiles à sa vie tiendront le premier rang, le cheval, le chien, le bœuf. La liste de ces animaux familiers une fois épuisée, il s'occupera de ceux qui ne laissent pas d'habiter les mêmes lieux, comme seraient à dire les lièvres, les cerfs et autres animaux sauvages. A la fin seulement, sa curiosité le portera vers ceux qui habitent les climats étrangers : les éléphants, les dromadaires, etc. Mettre ensemble les choses qui se ressemblent, séparer celles qui diffèrent, en organisant ressemblances et différences par rapport à l'homme;

offrir à l'homme un portrait de la nature, obtenu par le moyen d'une description complète : telle était son ambition.

Son *Histoire de la Terre* et *Les Époques de la Nature* ont servi à substituer une conception évolutive à la conception statique de la science. Il a montré qu'on ne pouvait connaître ce réel dont il avait l'ambition de saisir la masse et le détail, que si on le voyait se former dans son existence antérieure, et dans les vicissitudes de son passé. Il était parti de l'aspect chaotique de la terre — hauteurs, abîmes, plaines, mers, marais, fleuves, cavernes, gouffres, volcans, montagnes affaissées, rochers fendus et brisés, contrées englouties — pour pénétrer grâce à la géologie dans ses profondeurs. Par l'action millénaire du feu, des grandes eaux, il avait expliqué cette énigme; il avait, comme il disait dans son langage sonore, fouillé les archives du monde et placé des pierres numéraires sur la route éternelle du temps.

Tout semblait faire de lui un symbole, et même ses erreurs. Car il s'était trompé quelquefois; il avait mal regardé, quand il avait mis l'œil au microscope que lui avait prêté M. Needham, et qui était pourtant meilleur que les siens; il avait mal fait ses préparations, mal vérifié ses résultats; il lui était arrivé de considérer comme une besogne inférieure les occupations menues, indignes de lui. Cet ennemi des systèmes s'était engagé à fond dans la théorie des matrices et des moules, qu'il avait longtemps soutenue, et ardemment. Mais s'il avait péché, c'était contre sa propre sagesse, contre la loi à laquelle il revenait toujours : de sorte qu'étant faillible, il n'en léguait pas moins à ceux qui viendraient après lui la méthode qui permettrait de le réfuter.

Il symbolisait le labeur, et la longue patience qui devient génie. Le temps, le précieux temps que les autres gaspillent en futilités, en plaisirs, voire en occupations extérieures à leur tâche, il le réservait à son œuvre, le Jardin du Roi, l'Histoire naturelle. Il avait résisté aux tentations de l'aisance, de la vie sociale, des voyages, n'ayant passé que quelques mois en Italie, ayant séjourné en Angleterre juste assez pour y faire son apprentissage scientifique; et maître de sa vie, ayant discipliné son tempérament, son caractère, sa force, il donnait calmement le maximum de son effort. L'heure du lever, du repas, de la promenade, il l'avait fixée d'une façon immuable : comme celui qui ne se repose jamais, parce qu'il sait qu'il n'a jamais fini.

Il a symbolisé la moralité de la science, la conscience de sa dure loi. Il a symbolisé les espoirs que donne la science : « Amassons toujours des expériences, et éloignons-nous, s'il est possible, de tout esprit de système, du moins jusqu'à ce que nous soyons instruits; nous trouverons aisément, un jour, à placer ces matériaux; et quand même nous ne serions pas assez heureux pour en bâtir l'édifice tout entier, ils nous serviront certainement à le fonder, et peut-être à l'avancer au delà même de nos espérances [1]. »

Le soir ne tombait pas pour lui; vieillissant, il entrait dans une apothéose. Ses défauts, un certain côté matériel de son caractère, son habileté à se faire aider par des collaborateurs choisis, son goût des amours rapides et faciles, toutes ses imperfections s'estompaient dans une fumée d'encens. L'un des quarante de l'Académie française, trésorier perpétuel de l'Académie des Sciences, membre des Académies de Londres, Edimbourg, Berlin, Saint-Pétersbourg, Florence, Philadelphie, Boston, couronné, adulé, gâté, il a pu voir dans ses jardins le monument que son fils avait fait élever à sa gloire, et sa propre statue dans son très cher Jardin du Roi. Montbard devenait un lieu de pèlerinage, rival de Ferney; le prince Henri de Prusse venait rendre visite à l'homme très illustre, auquel il envoyait ensuite un service en porcelaine représentant des cygnes; Jean-Jacques Rousseau se mettait à genoux pour embrasser le seuil de sa porte. On lui adressait des vers, où on le célébrait comme l'esprit créateur et le génie sublime; Mme Necker l'appelait l'homme de tous les siècles; Catherine de Russie, dans une lettre autographe, lui écrivait que Newton ayant fait le premier pas, il avait fait le second. Quand on avait accompli le tour des treize terrasses, qu'on avait contemplé le cabinet de travail, austère et nu, où s'était élaboré le chef-d'œuvre, et qu'on reportait les yeux sur son auteur, on voyait un port majestueux, une belle et calme figure, fraîche encore à soixante-dix-huit ans. Houdon avait pu rendre, dans le buste qu'il avait fait de lui, sa gravité, sa noblesse; mais non pas l'éclat de ses yeux, la couleur de ses

1. Buffon, Préface à la traduction de La statique des végétaux, de Hales, 1735.

sourcils noirs en contraste avec ses beaux cheveux blancs.
Il ressemblait à l'homme tel qu'il l'avait représenté : l'homme
se soutient droit et élevé; son attitude est celle du commandement; sa tête regarde le ciel et présente une face auguste sur
laquelle est imprimé le caractère de sa dignité.

Tout ce travail, toute cette peine, tous ces débats, pour
mettre en valeur cette vérité si simple qu'en matière de science,
il faut partir de l'observation scrupuleuse du fait? — Assurément. Elle avait été affirmée, déjà, et à plusieurs reprises;
elle devra l'être encore dans l'avenir; Claude Bernard ne fera
que revenir à Bacon. Tout se passe comme si les marées recouvraient, de siècle en siècle, de génération en génération, les
îles découvertes; et comme s'il fallait, chaque fois, les indiquer
de nouveau, à grande dépense de labeur et de génie.

CHAPITRE III

Le droit.

A l'œuvre, pour exploiter les conquêtes de Grotius, de Pufendorf, de Cumberland, de Leibniz, de Gravina; pour que toute l'Europe, et toute la terre comprennent enfin qu'il n'existe qu'un seul droit dont tous les autres dérivent, le droit naturel.

A l'œuvre, pour réfuter ceux qui osent l'attaquer encore, pour atteindre jusque dans le passé le méchant Hobbes, qui a voulu faire de la force le seul principe des relations humaines. A l'œuvre, pour définir, développer aussi, pour transformer en science des acquisitions encore confuses, pour passer de la théorie à la pratique, s'il est possible. L'enseignement du droit naturel se multiplie dans toute l'Europe; une chaire de droit naturel sera fondée au Collège royal en 1771. L'âge des inventeurs est clos, celui des professeurs est venu.

Et ce seront des Essais, des Recherches, de longues explications verbeuses; en apparence, un morne jeu de spécialistes. Et ce sera, en réalité, un puissant effort, qui se place au cœur même de la vie; un effort qui concorde avec tous ceux qui furent alors tentés, et qui souvent les domine : un effort pour enlever à la divinité la Loi, organisatrice du monde; la divinité ne regardera le droit dans ses attributs que dans la mesure où elle ne sera plus autre chose que la raison.

1730. Johann Gottlieb Heinecke, *Elementa juris naturae et gentium.*

C'est un très savant homme que Johann Gottlieb Heinecke, en latin Heineccius, qui ne quitte l'Université de Halle que pour y revenir, tant il s'y trouve à sa place; un juriste du premier rang; un classique. Il veut procurer un manuel aux étudiants, qui scellera l'union du droit naturel et de la jurisprudence. Car la jurisprudence serait vaine si elle n'était animée de l'esprit de ce droit; au fond, la jurisprudence est-elle autre chose que le droit naturel appliqué aux faits humains? Définition : « Le droit naturel est l'ensemble des lois que Dieu a promulguées au genre humain par la droite raison. Que si on veut le considérer en tant que science, la jurisprudence naturelle sera la manière pratique de connaître la volonté du législateur suprême telle qu'elle s'exprime par la droite raison, et de l'appliquer à tous les cas d'espèce qui peuvent se présenter. »

1740-1748. Johann Christian Wolff, *Jus naturae methodo scientifica pertractatum.*

Johann Christian Wolff se met de la partie, il ne s'arrêtera plus. A lui de faire du droit naturel une logique, et de l'insérer dans le grand tableau systématique qui représente la vérité avec la vie.

L'homme est composé d'une âme et d'un corps; de même que l'ensemble de nos organes tend à la conservation de notre corps, de même la raison tend à mener l'âme vers sa perfection. Dès lors, nos actions prennent un caractère de bonté ou de malice intrinsèque : est bon ce qui contribue à cette perfection, mauvais ce qui la contrarie. Ainsi le veut la loi naturelle qui a sa raison suffisante dans l'essence des hommes et des choses. « Comme la nature, toujours intimement unie à la vérité, ne souffre pas la contradiction, ennemie éternelle de la vérité, la seule direction des actions humaines qui lui convienne, c'est qu'elles soient déterminées par les mêmes raisons finales que les naturelles, et qu'ainsi elles tendent ensemble au même but. » Ceci posé, venons-en au droit. Pour que nous puissions remplir ces obligations naturelles, nous devons avoir la faculté de faire ce sans quoi nous ne saurions les remplir : et de là vient un droit, soit à user des choses, soit à accomplir certains actes. L'organisation en société a fait naître d'autres devoirs que ceux qui s'imposent à l'individu; donc elle a fait naître d'autres droits qu'on appelle le droit privé, le droit public, le droit des gens. Et

Wolff accomplit ce tour de force de faire dériver tous les cas particuliers de ces prémisses. Il descend dans le détail, parle du domaine, des droits qui en résultent, des obligations qui s'y trouvent attachées; des donations, des contrats, des quasi-contrats, des devoirs et des droits domestiques qui se rapportent aux sociétés conjugales, paternelle et hérile; du droit des États, du droit des gens. Devant la logique de sa démonstration, l'un de ses admirateurs, Formey, s'émerveille : « La nature veut que l'homme soit aussi sain de corps et d'esprit qu'il peut l'être, la raison le veut aussi; supposez un homme où la nature et la raison agissent toujours de concert, vous aurez un homme parfait. Voilà le grand principe sur lequel reposent toutes les démonstrations de M. Wolff, et aucun philosophe n'en avait encore employé d'aussi lumineux et d'aussi féconds. » A vrai dire il manque encore quelque chose à la jurisprudence; mais M. Wolff a si bien travaillé qu'il ne l'a pas portée très loin de son achèvement. Elle est maintenant comme une machine à laquelle il ne manque que d'ajuster les parties pour pouvoir être employée. Un autre viendra qui, profitant des lumières de M. Wolff, corrigera ce qui lui est échappé de moins exact; il viendra peut-être un temps où ce système, développé dans toute son étendue, s'établira sur les ruines des autres et servira de guide à tous les jurisconsultes.

1740. Fr. H. Strube de Piermont, *Recherches nouvelles de l'origine et des fondements du droit de la nature.*

Dès 1732, constatant que ni les auteurs ni les professeurs ne s'entendaient sur la définition des lois naturelles, et consultant ses propres lumières, Frédéric Henri Strube de Piermont a fait paraître sa *Recherche de l'origine et des fondements du droit de la nature.* Maintenant, il croit tenir le grand secret.

Les plus anciens philosophes désignaient par lois naturelles l'ordre éternel et immuable de toutes les choses créées; les jurisconsultes romains voyaient en elles des instructions données par la nature à tous les animaux; la plupart des moralistes les ont prises pour des règles édictées par la raison, et les ont bornées à l'homme seul. En réalité, elles sont autre chose. Tout être créé ne peut avoir été fait que pour sa conservation; une certaine identité de raison l'oblige aussi à penser à la conservation des autres. Donc tout homme doit se conserver lui-même, conserver les autres qui sont unis avec lui, et, en un mot, faire durer le genre humain. Voilà le premier, l'unique et le grand principe des lois, ou du droit de la Nature.

Seulement la raison, qui se borne à considérer les rapports qui se présentent entre les idées, n'est pas en état de nous faire découvrir ce dont il faut que les lois nous instruisent. Une autre de nos facultés, la volonté, en est également incapable. La passion, au contraire, est le principe agissant de l'âme; elle est accompagnée d'une force qui assure l'exécution. C'est elle qui nous engage à l'application du droit naturel.

1742. François Richer d'Aube, *Essai sur les principes du droit et de la morale*.

C'est le tour de M. d'Aube, maître des requêtes de son état, et par sa famille neveu de Fontenelle : la loi naturelle qui a un caractère d'éternité et d'universalité, qui ne peut être abrogée et qui n'a point besoin d'interprète, est gravée dans tous les cœurs. L'homme est un être matériel, donc il tend à sa conservation; un être spirituel, donc il tend à son bonheur. La nature, garantie par Dieu, souverain maître de l'Univers, est l'inspiratrice de cette loi, qui se confond avec le bien de la société.

1748. J.-J. Burlamaqui, *Principes du droit naturel*.

Intrépide, bavard, géométrique et analytique, dogmatique plus qu'il ne le pense, Jean-Jacques Burlamaqui, professeur en droit naturel et civil à Genève, définit sans relâche : il définit l'homme, puisque l'idée du droit, et plus encore celle du droit naturel, sont relatives à la nature de l'homme; il définit le bonheur auquel l'homme aspire naturellement; l'entendement qui est naturellement juste, qui possède en lui-même la force suffisante pour reconnaître la vérité et pour la distinguer de l'erreur; il définit l'évidence contre laquelle les passions humaines ne sauraient prévaloir; la raison qui emporte toujours une idée de perfection, et la vertu. Ainsi largement muni, il aborde la notion de loi :

L'on entend par Loi naturelle une Loi que Dieu impose à tous les hommes, et qu'ils peuvent découvrir et connaître par les seules lumières de la raison, en considérant avec attention leur nature et leur état.

Le Droit Naturel est le système, l'assemblage ou le corps de ces mêmes Lois.

Enfin, la jurisprudence naturelle sera l'art de parvenir à la connaissance des lois de la nature, de les développer et de les appliquer aux actions humaines.

La loi naturelle est encore :

Tout ce que la raison reconnaît certainement comme un moyen sûr et abrégé de parvenir au bonheur, et qu'elle approuve comme tel.

« *Une loi que Dieu impose à tous les hommes* » : Burlamaqui garderait-il quelque vestige du droit divin ? Entendons-nous : Dieu étant l'auteur de la nature des choses et de notre constitution, si par une suite de cette nature et de cette constitution nous sommes raisonnablement déterminés à juger d'une certaine manière, et à agir en conformité, l'intention du Créateur est assez manifeste, et nous ne pouvons plus ignorer quelle est sa volonté. Le langage de la raison est donc le langage de Dieu même. Dieu étant raison, et la raison étant la raison humaine, l'obligation ne vient pas de Dieu, en ce sens qu'on ne peut obéir à l'ordre d'un supérieur que par une adhésion préalable à un principe qui inspire cet ordre. En somme, Dieu se résorbe dans la raison, la raison dans la nature, et l'ancien droit divin devient un droit naturel et rationnel. Du droit divin, il faut qu'aucune trace ne demeure ; il faut qu'on en arrive à la définition de l'*Encyclopédie*, article *Loi* :

La loi, en général, est la raison humaine, en tant qu'elle gouverne tous les peuples de la terre ; et les lois politiques et civiles de chaque nation ne doivent être que les divers cas particuliers où s'applique cette raison humaine.

1757. Martin Hubner, *Essai sur l'histoire du droit naturel.* Comme on aurait voulu montrer que le droit naturel était inscrit dans le cœur de tous les hommes, jusqu'aux confins de la terre, et depuis l'origine du temps ! Comme il eût été bon de remonter à l'état de nature, et d'appuyer ainsi, sur des données expérimentales, la théorie de ce même droit! Quelle émotion excita la nouvelle qu'on avait trouvé une fille sauvage dans les bois de Champagne, un homme sauvage dans les orêts de Hanovre! On allait pouvoir les interroger, et noter es réponses de la nature, au naturel! Le théâtre, le roman, suppléèrent par l'imagination à ce que ces personnages avaient de décevant. Dans la comédie intitulée *La Dispute,* Marivaux cherche de qui est venue l'inconstance initiale; de l'homme, ou de la femme? Le Prince qu'il met en scène en décidera. « Le monde et ses premières amours vont reparaître à nos yeux tels qu'ils étaient, ou du moins tels qu'ils ont dû être... » Le père du Prince, qui était philosophe, a fait transporter dans un lieu solitaire, hors de tout contact avec la société, quatre enfants encore au berceau. Ces deux garçons et ces deux filles, élevés à part, et qui ne se sont jamais vus, ont grandi; le temps est venu où on leur laissera la liberté de sortir de leur enceinte et de se rencontrer : « On peut regarder le commerce qu'ils vont avoir ensemble comme le premier âge du monde. » Mais Marivaux ne se décide pas, et nous ne saurons jamais de qui l'inconstance est venue, car la conclusion est que les deux sexes n'ont rien à se reprocher, et que vice et vertu leur appartiennent également. Dans son roman, *l'Élève de la Nature* (1766), Beaurieu est plus hardi. Un mari avait obtenu de sa femme cette concession, que s'ils avaient plus de six enfants, le surcroît serait consacré à interroger la nature. Comme ils en eurent sept, le septième et dernier fut enfermé dans une cage, sans contact avec personne; on lui passait sa nourriture au moyen d'un tour. La cage fut transportée dans une île déserte : c'est seulement à l'âge de vingt ans que le héros du roman commença de prendre contact avec les autres hommes. Or il fut bon, il fut raisonnable, il créa une famille qui devint ensuite une société parfaite.

Littérature ne fait pas compte. Mais ce qu'on pouvait esquisser du moins, et pour la première fois, c'était une histoire du droit naturel : un Danois, Martin Hubner, tenta l'entreprise. Joie, chez lui, de répéter les formules enivrantes : j'ai raisonné comme un homme qui n'a d'autre guide que les lumières de la raison, j'appelle droit naturel le système ou l'assemblage des règles obligatoires que la seule raison nous prescrit pour nous conduire sûrement à la félicité; l'idée de loi naturelle est incontestablement relative à la nature de l'homme, c'est-à-dire qu'elle se rapporte à son essence; l'homme veut être heureux, l'homme n'agit qu'en vue de son bonheur, mais pour satisfaire à ce désir qui l'aiguillonne sans cesse, et pour parvenir au but qu'il se propose avec tant de constance, il faut qu'il chérisse nécessairement les moyens propres à l'y conduire; de là suit que l'homme a besoin de quelques règles, et ce sont les règles de direction de notre conduite, les moyens de la félicité humaine, que nous appelons lois naturelles; la nature même de l'homme a été, pour ainsi dire, le premier docteur du droit naturel... Alors il exhumait du fond des âges les grands hommes qui avaient tour à tour incarné ce docteur; l'écrivain respectable de qui nous tenons l'histoire du temps qui a précédé le·Déluge, qui a donné un abrégé très succinct des lois naturelles : et c'était Moïse; les Chinois; les Grecs; le Montesquieu de l'antiquité, par lequel le droit naturel a été formellement reconnu : et c'était Socrate. Les Romains, malgré des présomptions politiques qui tinrent du fanatisme : et c'étaient Cicéron, Sénèque. Et puis Epictète, et puis Marc-Aurèle. Un fléchissement s'était produit au Moyen Age, comme on devait s'y attendre, l'époque étant gothique et barbare. Mais la Renaissance avait enseigné à bien penser : Bacon avait surgi. On atteignait ainsi Grotius, Pufendorf, Cumberland, Wolff, Barbeyrac, Burlamaqui. Au droit naturel, les Anglais et les Danois étaient conquis; en Allemagne, le succès était presque trop vif : ce vaste empire aux multiples provinces regorge pour ainsi dire d'Universités, et dans chacune existe communément une chaire établie pour le droit naturel; les Essais, les Abrégés et les Systèmes s'y trouvent multipliés à un tel point qu'on en a perdu le fil depuis longtemps. On pourrait en composer toute une bibliothèque, si c'était la peine de les ramasser et d'en faire les frais. Les gens même qui sont le moins propres à réfléchir se replient souvent, dans ce pays-là, sur cette matière quand ils ne savent laquelle choisir pour exercer l'activité de leur plume. Le droit naturel avait rencontré, certes, des adversaires; des incrédules, comme Spinoza; des hérétiques, comme Bayle et Mandeville et Bolingbroke. Mais leurs écrits ne pouvaient plus rien, ou si peu de chose, contre des vérités reconnues...

1783-1788. Gaetano Filangieri, *Della Scienza della Legislazione.*

Gœthe a fait de Gaetano Filangieri, qu'il a rencontré à Naples, et qui lui a fait connaître un vieil auteur nommé J.-B. Vico, un éloge mémorable : « Il fait partie de ces jeunes gens dignes d'estime qui ne perdent pas de vue le bonheur des hommes et une liberté bien comprise. A ses manières on peut reconnaître le soldat, le chevalier et l'homme du monde; cet air aristocratique est toutefois tempéré par l'expression d'un sentiment moral délicat qui, répandu sur sa personne, rayonne avec beaucoup de charme de ses paroles et de tout son être. » Benedetto Croce l'appelle un apôtre du nouvel Évangile, l'Évangile de la raison.

Avec la *Science de la Législation*, le droit achève de perdre son caractère de fait historique pour devenir une idéologie qui, dès qu'elle entrera dans la pratique, réformera la vie. La connaissance historique ne pourra donner, en effet, que le spectacle d'une désolante confusion; l'expérience nous montre un amas de lois émanées de divers législateurs, dans diverses nations, à divers moments. Au contraire, réduisons les faits à une science systématique : alors tout deviendra facile et tout deviendra bon. « Simple et infaillible nature, plus j'observe ton plan et plus j'abhorre celui des hommes; plus je cherche à suivre le tien, et plus je suis content de m'éloigner du leur... » Partons de définitions assurées; et par une chaîne de principes, nous saurons quel doit être le droit criminel, civil, politique, religieux; quelles doivent être l'éducation, la famille, la propriété. Dans l'obscure forêt où se complaisaient « nos pères barbares », « le sage législateur » pratiquera de droites avenues, qui nous conduiront à la justice et au bonheur. Les princes écouteront sa voix et suivront ses conseils : « aux ministres de la vérité, aux philosophes pacifiques, appartient ce sacré ministère ». L'amour de l'humanité remplacera les égoïsmes, le sens de l'équité abolira les abus; on déchirera les vieux parchemins, les commentaires et les gloses; on n'invoquera plus les précédents; plaideurs, avocats, juges, deviendront les disciples de la pure loi naturelle, et le monde sera

sauvé. Ainsi parlant, Gaetano Filangieri s'émeut; il se sent
animé d'une passion véhémente; il prêche, il catéchise; quand
il considère les erreurs anciennes, il souffre, et il le dit; il
s'exalte, quand il entrevoit les progrès de l'avenir; ce n'est pas
seulement sa raison qui parle, mais son cœur.

Tout de même, pourquoi ce grand désordre dans les lois?
ce fouillis? ce chaos? La trahison des législateurs, imbéciles
ou intéressés, de toute manière, gardiens infidèles d'un dépôt
sacré : soit. Mais on sentait bien que c'était trop vite dit.

Montesquieu est grand, parce qu'il a eu cette volonté
d'explication : pour arriver au point culminant où l'ordre apparaît dans le désordre, il a fait de sa vie une montée vers les
plus hautes cimes. Il est beau de le voir s'installer dans sa
fortune terrienne, et ne s'en contenter pas; conquérir une
réputation provinciale, et ne s'en contenter pas; arriver à la
gloire littéraire par le succès européen des *Lettres persanes*, et
ne s'en contenter pas; loin de se reposer, il repart, il n'a
d'ambition que pour le plus ardu. Il a travaillé : comme il a
travaillé! Il a lu : que de livres il a lus, les plus riches de
substance et les plus ingrats, ceux qu'il aimait et ceux qui lui
paraissaient « froids, secs, insipides, et durs », qu'il avalait
« comme la fable a dit que Saturne dévorait des pierres ». Le
moment venu, il est sorti de son cabinet de travail; et abandonnant sa très chère Guyenne, sa charge, sa patrie, il est
parti, pour voir de près le jeu des constitutions et la vie des
hommes. Il est rentré en France, à La Brède, et il a recommencé
à travailler, à lire, à méditer pour dominer la masse des
connaissances acquises. Toutes connaissances dominées et
toutes pensées mûries, il a commencé à voir de plus haut ce
que les autres avaient mal vu. Tant de savoir, et tant
d'intelligence; une si prodigieuse dépense de clarté; une
conscience si nette du sujet à choisir, de la manière de le
traiter, du style même; une modération qui lui a permis de
ne jamais se laisser emporter au-delà de la vérité; un égoïsme
sacré, qui l'a défendu contre tout ce qui détourne du but,
les passions, les affections même, l'amour des faux biens, la
douceur du loisir ; et pour finir la récompense : C'est ici qu'il
faut se donner le spectacle des choses humaines... »

1748. Montesquieu. *L'Esprit des lois.*

Les lois, dans la signification la plus étendue, sont les rapports nécessaires qui dérivent de la nature des choses.

L'inquiétude de son temps, il l'a éprouvée. Lois des Romains et lois des Francs; lois de l'Afrique et de l'Asie, lois du Nouveau Monde; lois qui régissaient, il y a des milliers d'années, la vie des hommes encore sauvages, lois qui dictent aujourd'hui les arrêts de la Cour de Londres ou du Parlement de Paris : on ne peut considérer leur multiplicité et leur incohérence sans une manière de désespoir.

Puis une première clarté s'est manifestée à son observation. Une loi, si capricieuse qu'elle paraisse, suppose toujours un rapport. Une loi est relative au peuple pour lequel elle a été faite, à un gouvernement, au physique d'un pays, au climat, à la qualité du terrain, au genre de vie, à la religion des habitants, à leurs richesses, à leur nombre, à leur commerce, à leurs mœurs, à leurs manières. Les lois ont des relations entre elles, elles en ont avec leurs origines, avec l'objet du législateur.

Comment s'établit ce rapport? Il est la conséquence de la nature d'un être; il va d'un être donné aux manifestations de son existence. Étant donné le monde matériel, existent les lois qui conviennent à sa nature matérielle; étant donné un ange, existent les lois qui conviennent à sa nature angélique; étant donné une bête, existent les lois qui conviennent à sa nature animale. La divinité même a ses lois; Dieu a du rapport avec l'univers comme créateur et comme conservateur; les lois selon lesquelles il a créé sont celles selon lesquelles il conserve; il agit selon ces règles, parce qu'il les connaît; il les connaît parce qu'il les a faites; il les a faites parce qu'elles ont du rapport avec sa sagesse et sa puissance.

Ce rapport n'est pas arbitraire, mais logique : il est rationnel. Il est commandé par une raison primitive, qui préexistait aux choses. Avant qu'il y eût des êtres intelligents, ils étaient possibles; ils avaient donc des rapports de justice possibles. En passant du possible au réel, ces rapports de justice se sont conformés à la raison qui les présupposait. Dire qu'il n'y a rien de juste ni d'injuste que ce qu'ordonnent ou défendent les lois positives, c'est dire qu'avant qu'on eût tracé ce cercle, tous les rayons n'étaient pas égaux. Il en va de même de toutes les lois.

Considérons celles qui concernent le cas humain. L'homme

est un être physique; et par conséquent il est, comme tel, soumis aux lois de la nature. Mais il est aussi un être intelligent; il aura donc des lois qui conviennent à la nature de cette intelligence, qui est bornée, et qui, en outre, est souvent déviée par les passions, sujette à l'ignorance et à l'erreur. Ces lois seront celles de la religion, qui le rappelleront à son Créateur quand il se sera détourné de lui; les lois de la morale qui le rappelleront à lui-même quand il se sera méconnu; les lois politiques et civiles, qui le rappelleront à ses devoirs envers la société.

L'origine divine de la loi, Montesquieu ne veut pas la considérer; il n'est pas théologien, il est écrivain politique, il n'examine les diverses religions du monde que par rapport au bien que l'on en tire dans l'État civil, soit qu'il parle de celle qui a sa racine dans le ciel, ou bien de celles qui ont la leur dans la terre; il sait qu'il y a dans son livre des choses qui ne seraient entièrement vraies que dans une façon de penser humaine. Mais cette exclusion même, et cette explication, et cette précaution qu'il a soin de prendre, comme aussi bien le soin qu'il a, dans le corps de l'ouvrage, de montrer les résultats fâcheux qui se sont produits au cours de l'histoire, chaque fois que les représentants du pouvoir divin ont voulu empiéter sur le domaine temporel, révèlent le fond de sa pensée. Il sanctionne le divorce entre le droit naturel et le droit divin.

Il pose la plume; son mouvement est achevé, ses observations l'ont élevé jusqu'à un principe unique; de ce principe, essence de la loi, dérivent toutes les lois du monde.

Dans la pratique, c'était une autre affaire. Quand La Chalotais prononça son réquisitoire contre les Jésuites devant le Parlement de Bretagne, il déclara qu'il allait confronter soixante et une institutions et les règles des ordres religieux avec les principes de la loi naturelle et ensuite avec les lois positives divines et humaines, en particulier avec celles du royaume de France; mais des premières il ne parla plus, tout au long de son discours. Quand Morelly donna son *Code de la Nature,* pour répondre à ce qu'il annonçait, au désir de toute l'Europe, qui depuis longtemps demandait un traité élémentaire de droit naturel, l'Europe n'eut qu'une dissertation de plus. Il eût été à souhaiter que de tous les livres composés sur la théorie du droit, il eût résulté quelque loi utile, adoptée, dans tous les tribunaux de l'Europe, soit sur les successions, soit sur les contrats, les finances, les délits, etc. Mais ni les citations de Grotius, ni celles de Pufendorf, ni celles de l'*Esprit des lois,* n'ont jamais produit une sentence du Châtelet de Paris, ou de l'Old Bailey de Londres [1].

Pourtant, sous la fermentation d'idées qui en apparence ne changeaient rien, une volonté de justice se renforçait. La Cité, estimant que les pouvoirs temporels abusaient de leur force, cherchait à définir une valeur inaliénable qui appartînt en propre à chacun de ses individus, et qui d'elle-même protégeât leurs droits; elle la voulait agissante. Le fait est qu'elle agissait sur le réel; les idées modifiaient la vie. Il y avait encore des pays en Europe où l'Inquisition jetait encore ses flammes. Si elles se sont éteintes, qui contestera aux philosophes leur part de ce bienfait?

L'esclavage, que certains expliquaient par le fait de la conquête, par les nécessités de la colonisation, par les avantages du commerce, par l'usage établi, ne pouvait se justifier ni par la nature qui confère une égale dignité à tous ses fils, ni par la raison, qui n'admet pas qu'une différence de couleur dans le pigment de la peau entraîne une condamnation au malheur et à l'infamie. Il se produisait donc un mouvement de pensée qui, lentement, travaillait à son abolition; une littérature anti-esclavagiste s'élaborait qui agissait sur l'opinion publique, et par elle sur le pouvoir. Ils survivent dans nos mémoires, les passages du chapitre cinq du quinzième livre de *L'Esprit des Lois.* « Ceux dont il s'agit sont noirs depuis les pieds jusqu'à la tête, et ils ont le nez si écrasé qu'il est presque impossible de les plaindre. On ne peut se mettre dans l'esprit que Dieu, qui est un être très sage, ait mis une âme bonne dans un corps tout noir. » Continuant, Montesquieu appelait à son secours la charité chrétienne : « Il est impossible que nous pensions que ces gens-là sont des hommes; parce que, si nous les supposions des hommes, on commencerait à croire que nous ne sommes pas nous-mêmes chrétiens. » Toujours sur le même ton, où la raillerie n'est qu'indignation contenue : « De petits esprits exagèrent l'injustice qu'on fait

1. Voltaire, *Questions sur l'Encyclopédie,* article *Lois, Esprit des Lois.*

aux Africains : car si elle était telle qu'ils le disent, ne serait-il pas venu dans la tête des princes d'Europe, qui font entre eux tant de conventions inutiles, d'en faire une générale en faveur de la miséricorde et de la pitié ? » Ce que disant, il n'empêchait pas les trafiquants de vendre les esclaves sur le marché de Tripoli : mais il préparait le jour où le marché serait clos, les trafiquants poursuivis et les esclaves libérés.

Un vaillant groupe s'était formé à Milan, de jeunes hommes, bourgeois et nobles, qui avaient pris le parti de combattre les goûts rétrogrades de leurs pères, ainsi qu'il arrive à chaque changement de génération, mais qui avaient entrepris quelque chose de plus qu'une simple fronde. Pour marquer leur humeur batailleuse, ils avaient pris un nom provoquant, la Société *dei Pugni*, la Société des Coups de poing. Ils publiaient une revue qui s'intitulait *Il Caffè,* parce que leurs rédacteurs étaient censés se réunir dans un café idéal, centre de leurs discussions. L'animateur en était Pietro Verri, qui traînait à sa suite, entre autres, un lourd garçon appelé Beccaria. Cesare Beccaria avait du loisir, il était le fils d'un patricien de la ville; il semblait, plus encore qu'il n'était, apathique et paresseux; conditions qui l'auraient amené à passer une vie inutile, n'eut été son entourage, n'eût été l'esprit du temps. Vaguement désireux de s'employer à quelque grande entreprise, il se cultivait, il lisait de préférence les auteurs qui donnent de l'aiguillon à la pensée, les philosophes français; et sous leur influence, s'ajoutant à celle de ses amis, à celle d'une ville dont l'activité est la loi, il s'éveillait de sa somnolence. D'abord il écrivit sur les monnaies, cherchant sa voie; enfin il se trouva : entre l'indolence de sa jeunesse et le vide de son âge mûr, il produisit un chef-d'œuvre, le livre *Dei Delitti e delle Pene,* en 1764.

Il payait son tribut aux illusions du temps : qu'il est bien malheureux que les lois n'aient pas été, dès leur naissance, l'œuvre de la raison; qu'on vivait, à tort, sous les lois d'un antique peuple de conquérants, c'est-à-dire sous les lois romaines; que celles-ci ayant été complétées par l'arbitraire d'un prince qui, au XIIᵉ siècle, vivait à Constantinople, un autre fatras s'y était ajouté, produit de l'obscurantisme du Moyen Age; et qu'ainsi, elles étaient toutes à refaire, en les modelant sur la loi naturelle.

Mais après cela, Beccaria avait la sagesse de se cantonner dans un domaine qui lui était plus particulièrement connu, parce qu'il avait été visiteur des prisons milanaises, parlait aux accusés, écoutait les criminels, et que sa sensibilité avait été frappée par les injustices dont il avait été le témoin. L'irrégularité de la procédure, la fantaisie des juges, la cruauté des lois pénales, n'avaient pas encore été signalées dans un acte d'accusation : cet acte, il le rédigerait. Sociales, voilà ce qu'étaient les lois; sociales, voilà ce qu'elles devaient rester, dans leur application aussi bien que dans leur essence. Quelle que fût leur origine, elles n'étaient rien d'autre que le soutien de la société. Dès lors, il convenait de juger, de punir, non suivant quelque principe extérieur au bien de la société, mais suivant l'importance sociale du délit. De sorte que toute la hiérarchie des châtiments s'en trouvait bouleversée.

En vertu de la même donnée, il convenait encore de prévenir les fautes, plutôt que de condamner les coupables après que le mal était devenu irréparable. Aberration, que de traiter l'accusé, lui-même membre du corps social, comme un criminel a priori : c'était un homme à qui le corps social demandait de s'expliquer devant ses délégués, lesquels devaient lui fournir toutes garanties de sa liberté morale. Aberration, que de proportionner les peines aux intentions, et non pas au dommage réel, qui avait été porté. Aberration, que de confondre la dureté, la férocité avec la justice. Dureté, férocité n'obtenaient jamais, à l'épreuve, que des résultats contraires au bien général. Un moyen d'inquisition était inique entre tous, la torture. Restant secrète, elle n'avait pas la vertu d'exemple qui est peut-être la raison essentielle des châtiments; permettant aux scélérats robustes d'échapper au verdict, et forçant les innocents incapables de résister au supplice à avouer des fautes qu'ils n'avaient pas commises, elle était le comble de la déraison; abominable, et elle-même criminelle, elle devait disparaître de tout État qui se prétendait civilisé.

Par la vertu du *Traité des Délits et des Peines,* Beccaria n'abolissait pas immédiatement la torture, mais par elle la torture devait disparaître peu à peu des codes de justice criminelle. Il n'était peut-être pas une ligne de son livre qui, agissant sur l'esprit des législateurs, n'agît à son tour sur la loi.

CHAPITRE IV.

La morale.

C'était ici la grande épreuve, franchement acceptée. Comme on reconnaît l'arbre à ses fruits, la valeur d'une philosophie se mesure à la bienfaisance de son action. La morale chrétienne étant une fois pour toutes écartée, il en fallait une qui fût plus haute et plus pure. Sinon, l'œuvre totale était manquée.

De la morale stoïcienne nous ne voulons plus. Nous avons une certaine estime pour Zénon, mais nous préférons Épicure; nous admirons Sénèque, l'ennemi du despotisme, mais ce serait un conseiller trop austère pour nous guider vers la joie. — De la morale mondaine nous ne voulons plus. Dans les préceptes que Mme de Lambert adressait à son fils et à sa fille, dans ceux que Lord Chesterfield adressait à Chesterfield le jeune, et dans tant d'autres lettres, avis, traités, nous ne trouvons jamais qu'un relent du XVIIe siècle. Nous ne voulons plus que l'honnête homme soit notre guide, il est attardé; ses qualités s'acquièrent à trop vil prix pour que nous en soyons jaloux; beaucoup de suffisance, une fortune aisée, des vices applaudis, constituaient son patrimoine; la vertu n'y entrait pour rien, et tous les honnêtes gens du monde ne valent pas un homme vertueux.

Du héros nous ne voulons plus, on l'a trop loué, il nous agace et nous irrite. Prenons-le pour cible et criblons-le, jamais nous n'aurons assez de flèches pour l'abattre. Car il s'est insinué dans le cœur des hommes, qui gardent encore pour lui une vieille révérence, que nous détruirons, ce sera l'une de nos tâches les plus pressantes. Ce héros trop vanté n'est qu'un orgueilleux, un téméraire, un destructeur, un infâme voleur, un illustre scélérat. Il faut toujours à ce vaniteux un théâtre et des spectateurs; il brille, il s'auréole de gloire, mais dès qu'on le regarde de près, on voit son ambition, fléau du genre humain. Que les anciens le prônent, s'ils le veulent : nous, nous l'avons en horreur, et nous inspirerons la même horreur à nos enfants, pour les siècles des siècles. Cessons d'appeler grands hommes les monarques incommodes et turbulents qui ravagent la terre; réservons ce beau nom à « ceux qui ont excellé dans l'utile et dans l'agréable; les saccageurs de province ne sont que des héros [1] ». Démolissons leurs statues; mettons à leur place celles des princes qui, obligés de prendre la tête de leurs armées pour repousser un agresseur, sont partis à regret, ont remporté une rapide victoire, ont déposé leurs lauriers, et se sont hâtés de redevenir philosophes — tel le Séthos de l'abbé Terrasson. Destiné au trône d'Égypte, persécuté, banni, Séthos « emploie le temps d'un long exil à chercher des peuples inconnus qu'il délivre des persécutions les plus cruelles et dont il devient le législateur; dans son retour, il sauve par son courage une puissante république d'un ennemi qui était à ses portes, et il n'exige d'elle pour sa récompense que le salut du peuple vaincu dont le roi ou le tyran l'avait attaqué; rentré enfin dans sa patrie, il se rend le bienfaiteur de ceux qu'il avait sujet de regarder comme ses ennemis ou ses rivaux [2]... » Séthos et ses semblables représentent non pas le faux, mais le véritable héroïsme, l'héroïsme pacifique dont l'exemple convient seul à des âmes éclairées.

A aucune époque sans doute, il n'y eut un tel affairement de moralistes; non pas de ceux qui étudient le cœur humain : le cœur humain, on croyait savoir comment il était fait, toujours le même, partout le même, on n'y pouvait rien découvrir. Il s'agissait des théoriciens de la morale, non pas des psychologues; de ceux qui veulent donner des principes à notre conduite, d'abord. Il s'agissait de refaire une morale qui fût éclairée par les lumières.

1. Voltaire à Thiériot, 15 juillet 1735.
2. Abbé Terrasson, *Séthos,* 1731. Préface, XV-XVI.

Le débat, Diderot l'a résumé en un court passage avec son habituelle vigueur. « Voulez-vous savoir l'histoire abrégée de notre misère? La voici. Il existait un homme naturel; on a introduit au dedans de cet homme un homme artificiel, et il s'est élevé dans la caverne une guerre continuelle qui dure toute la vie. Tantôt l'homme naturel est le plus fort, tantôt il est terrassé par l'homme moral et artificiel; et dans l'un et dans l'autre cas le triste monstre est tiraillé, tenaillé, tourmenté, étendu sur la roue, sans cesse malheureux[1]... » Ou plus simplement encore en une seule ligne : « On entend par moral ce qui, auprès d'un homme de bien, équivaut au naturel[2]. »

« Suivons, en effet, la nature dans ses opérations premières : nos sensations sont agréables ou désagréables, elles nous apportent plaisir ou douleur. De l'expérience nous passons à la notion abstraite d'injure et de bienfait; les traces imprimées de bonne heure dans l'âme se rendent ineffaçables, tourmentent le méchant au dedans de lui-même, consolent l'homme vertueux, et servent d'exemple au législateur[3]. » Que si nous suivons la nature dans ses volontés manifestes, nous verrons que celle-ci est bonne, qu'elle tend au bonheur de l'homme; et c'est en ceci encore qu'il faut obéir à sa loi. On a commis une erreur initiale, on a cru que l'homme naissait vicieux et méchant, ou du moins qu'il l'était devenu, aussitôt après sa faute originelle. D'où une morale atrabilaire, qui ne tendait qu'à l'opprimer. Favorisons, au contraire, l'instinct qui nous porte à être heureux, et la raison qui nous fournit les moyens de le devenir. *Moral, oder Sittenlehre, oder Anweisung zur Glückseligkeit* : Morale ou science des mœurs, ou vademecum du bonheur, écrira K. Fr. Bahrdt[4], et dans ces mots, toute une révolution sera consommée.

Les passions sont un fait naturel, donc ce serait une erreur que de vouloir les supprimer : une erreur et une impossibilité. Les passions sont comme la sève des plantes, elles nous font vivre; elles sont nécessaires à la vie de notre âme, comme les appétits sont indispensables à la vie de notre corps : nierons-

1. Diderot, *Supplément au voyage de Bougainville*, 1772.
2. *Encyclopédie*, article *Leibnizianisme*.
3. Diderot, *Apologie de l'Abbé de Prades*. Œuvres, I, p. 470.
4. Carl Friedrich Bahrdt, *Handbuch der Moral für die Bürgerstana*. Halle, 1790, p. 81.

nous la faim et la soif? Les passions sont utiles : et pour le prouver, on répétait une métaphore qu'on se léguait de livre en livre, chaque auteur ajoutant au thème quelques variations : de même que les pilotes craignent les calmes plats, et appellent les vents qui poussent leur vaisseau, dussent ces vents amener quelquefois des orages : de même les passions nous animent, elles risquent de nous submerger si nous n'y prenons garde, mais sans elles nous ne pourrions naviguer. La morale, dirigeant les passions, sera le gouvernail, le compas, et la carte qui permettront à l'homme de suivre la route que la nature lui indique vers la félicité. — Bien plus! le plaisir lui-même doit être réhabilité. Il est un don que l'Être suprême a fait à ses créatures; dans l'ordre des sensations, il est celle que nous recherchons spontanément, celle qui nous indique les biens que nous devons désirer et les maux que nous devons fuir; sous sa forme la plus vive, la volupté, il est lié à la reproduction de notre espèce; de sorte qu'il est loin d'être incompatible avec la philosophie. « Je suis », dit Voltaire, « je suis un philosophe très voluptueux. »

D'autre part, la nature, étant raison, a établi entre toutes choses créées des rapports rationnels. Le bien est la conscience de ces rapports, l'obéissance logique à ces rapports; le mal est l'ignorance de ces rapports, la désobéissance à ces rapports : au fond, le crime est toujours un faux jugement. Les logiciens n'hésitent pas à tirer de ce principe des conséquences extrêmes : si un homme vole un cheval, c'est qu'il a commis une erreur au sujet de ce cheval, n'ayant pas compris que le cheval était la propriété d'un autre homme. Il lui suffisait de mieux comprendre pour ne pas voler.

La raison est la grande loi du monde, l'Être suprême lui-même est soumis à la Vérité qui, dans l'ordre théorique, reste le fondement de la moralité; de sorte que cette dernière ne vient pas de lui, mais d'une puissance qui est au-dessus de lui, de la Raison éternelle. Ne faut-il pas, pour concevoir l'exercice d'un pouvoir infini, qu'il y ait des possibles indépendants de ce pouvoir? Ne faut-il pas, pour concevoir la manifestation d'une volonté divine, qu'il y ait des volontés indépendantes de cette volonté? Autrement, la volonté divine se serait créée elle-même, ce qui est impossible à supposer. Pareillement, s'il n'y avait pas une moralité indépendante de la divinité, il ne saurait y avoir d'attributs moraux de cette divinité.

Nature empirique ou nature rationnelle : la morale devait être naturelle, ou n'être pas.

Les conséquences de ces principes iront divergeant. Mais si nous voulons marquer ici les volontés communes, nous constatons que deux données au moins furent admises comme certaines par la plupart des moralistes du temps.

La première : légitimité de l'amour-propre. « Il n'est point d'amour désintéressé. » — « Cette forte affection que la pure nature nous inspire pour nous-mêmes, nous dicte nos devoirs envers notre corps et envers notre âme [1]. » — « L'amour du bien-être, plus fort que celui de l'existence même, devrait être à la morale ce que la pesanteur est à la mécanique [2]. » Ou pour le dire plus prosaïquement, comme Mme d'Épinay à l'abbé Galiani, dans une lettre du 29 septembre 1769 : « La première loi est d'avoir soin de soi, n'est-ce pas ? »

Tel est le fait d'observation, indéniable; il offre en outre l'avantage d'être à la portée de tout le monde. Ni le christianisme, ni la philosophie n'ont amené la vertu sur la terre; sans doute parce qu'on s'est trompé sur les motifs qu'on invoquait pour recommander la vertu. Il faut, pour recommencer la tâche, invoquer auprès du vulgaire un principe plus général et plus simple que l'amour divin, que l'amour de la pure sagesse : ce sera l'amour-propre [3].

Entendons-nous bien : il ne saurait être question d'un déchaînement de l'égoïsme, sans frein. La raison doit diriger la complaisance qui nous porte à poursuivre notre intérêt; elle choisit, elle montre que notre bonheur n'est ni celui des brutes, dont nous nous séparons par les plus hauts de nos attributs, ni celui des anges, inaccessible; elle distingue entre la qualité des plaisirs, elle les hiérarchise suivant une loi de modération, elle conseille de les abandonner dès qu'ils menacent de devenir tyrannie : bref elle reste dominatrice. « Qu'est-ce que le vice et qu'est-ce que la vertu ? Le vice, je pense,

1. Toussaint, *Les Mœurs*, 1748, I, 1.
2. *Il Caffè*, 1764, semestre primo : *La fortuna dei libri*.
3. Frédéric II, *Essai sur l'amour-propre envisagé comme principe de morale*, 1770.

n'est autre chose que l'excès, l'abus, la mauvaise application des appétits, des désirs, des passions, qui sont naturels et innocents, voire même utiles et nécessaires. La vertu consiste dans la modération et dans le gouvernement, dans l'usage et dans l'application de ces appétits, de ces désirs, de ces passions, en conformité avec les règles de la raison, et donc en opposition, souvent, à leurs impulsions aveugles [1]. »

A ce point apparaît la seconde affirmation, qui marque la limite de la première; la recherche de notre intérêt doit ne pas nuire à l'intérêt d'autrui; et aussi bien, n'y a-t-il pas de bonheur individuel sans bonheur collectif.

Le Sage

Quels sont, à votre avis, les devoirs de l'homme ?

Le Prosélyte

De se rendre heureux. D'où dérive la nécessité de contribuer au bonheur des autres, ou, en d'autres termes, d'être vertueux [2].

Vertu égale sociabilité. Le baron d'Holbach a défini cette sociabilité vertueuse : « La sociabilité est dans l'homme un sentiment naturel, fortifié par l'habitude et cultivé par la raison. La nature en faisant l'homme sensible lui inspira l'amour du plaisir et la crainte de la douleur. La société est l'ouvrage de la nature, puisque c'est la nature qui place l'homme dans la Société... L'homme est sociable, parce qu'il aime le bien-être et se plaît dans un état de sécurité. Ces sentiments sont naturels, c'est-à-dire découlent de l'essence ou de la nature d'un être qui cherche à se conserver, qui s'aime lui-même, qui veut rendre son existence heureuse et qui saisit avec ardeur les moyens d'y parvenir. Tout prouve à l'homme que la vie sociale lui est avantageuse; l'habitude l'y attache et il se trouve malheureux dès qu'il est privé de l'assistance de ses semblables. Voilà le vrai principe de la sociabilité [3]. » Mais c'est d'Alembert, peut-être, qui a le mieux marqué la liaison, quand il a prononcé, au chapitre IV de ses *Éléments*

---

1. Bolingbroke, *Letters on the Study and Use of History,* 1752. Lettre III.
2. Diderot, *Introduction aux grands principes.* Œuvres, tome II, p. 85.
3. D'Holbach, *De la politique naturelle,* 1772. Discours I, *De la sociabilité.*

de philosophie : « La morale est peut-être la plus complète de toutes les sciences, quant aux vérités qui en sont les principes, et quant à l'enchaînement de ces vérités. Tout y est établi sur une seule vérité de fait, mais incontestable sur le besoin mutuel que les hommes ont les uns des autres, et sur les devoirs réciproques que ce besoin leur impose. Cette vérité supposée, toutes les règles de la morale en dérivent par un enchaînement nécessaire... Toutes ces questions qui tiennent à la morale ont dans notre propre cœur une solution toujours prête, que les passions nous empêchent quelquefois de suivre, mais qu'elles ne détruisent jamais; et la solution de toutes les questions aboutit toujours par plus ou moins de branches à un tronc commun, à notre intérêt bien entendu, principe de toutes les obligations morales. »

L'intérêt de l'individu et l'intérêt du groupe ne s'opposent-ils donc jamais? — Jamais. En apparence, le second semble exiger renoncements, abandons, sacrifices : mais ceux-ci tournent toujours au profit de qui les consent. L'égoïste intégral se punirait lui-même en s'isolant. La réciprocité est absolue : en travaillant pour autrui on travaille pour soi-même; l'obligation de chacun est celle de tous.

Mais les voyages et l'histoire ne rapportent-ils pas d'étranges variations de la morale, suivant les sols, suivant le ciel? On rencontrait au bout du monde des sauvages qui mangeaient les vieillards de la tribu; les Lacédémoniens honoraient le vol, pour lequel on condamnait aux mines chez les Athéniens; il était défendu à un homme d'épouser sa sœur dans la Rome antique; mais il était permis d'épouser la sœur de son père, chez les Égyptiens... A quoi l'on répondait que l'on variait, en effet, sur l'interprétation de certaines valeurs, mais non pas sur l'idée du permis et du défendu. Quelques cas isolés prévalaient-ils contre la loi de l'intérêt général, présente à tous les esprits, inscrite dans tous les cœurs?

B — Qu'est-ce que la loi naturelle ?
A — L'instinct qui nous fait sentir la justice.
B — Qu'appelez-vous juste et injuste ?
A — Ce qui paraît tel à l'univers entier [1].

1. Voltaire, *Dialogues philosophiques, l'A. B. C.* 1768. *Quatrième entretien De la loi naturelle et de la curiosité.*

De sorte qu'ici encore, et non sans quelque peine, l'universalité de fait rejoignait l'universalité de raison. En somme, la morale s'organisait comme une « science expérimentale », comme une « psychologie naturelle ». Dès lors, tout devenait simple et tout devenait clair. Il n'y avait plus qu'à suivre quelques formules élémentaires : ne fais pas à autrui ce que tu ne voudrais pas qu'on te fît; fais à autrui ce que tu voudrais qu'on te fît; aime Dieu; sois juste : alors les méchants disparaîtraient, ou à peu près; seuls feraient encore le mal quelques obstinés, quelques incorrigibles; comme on récompenserait les sages, comme on les célébrerait dans des fêtes publiques, leur nombre s'augmenterait de jour en jour, par contagion; et bientôt tout le monde serait heureux.

Il s'agissait de conquérir le public à la mode nouvelle. On agirait par les journaux moralisants, qui de jour en jour étendaient leur clientèle; par des livres qui ne seraient pas austères, et qui plairaient au grand public. Aux confins de la Chine s'étend le vaste pays du Thibet, placé sous l'autorité spirituelle du Grand Lama. Au Grand Lama l'Empereur de Chine a envoyé en messager un illustre docteur; celui-ci est rentré à Pékin après un séjour de six mois, rapportant curiosités et trésors de toute espèce; entre autres, un manuscrit de la plus haute antiquité, un traité de morale qui n'avait jamais été traduit parce qu'il était écrit dans la langue des anciens Gymnosophistes ou Bramins. Le docteur l'a mis en chinois; du chinois on l'a mis en anglais, pour le plus grand profit de l'Europe où il se répand, en effet, de proche en proche [1]. Sagesse pratique; pour commencer, exacte connaissance de la nature de l'homme et mesure de ses pouvoirs; en conséquence, recherche des vertus personnelles qui peuvent donner le vrai bonheur, recherche des vertus sociales qui tendent au même but. Par une merveilleuse coïncidence, et sauf une certaine chaleur orientale dans le tour des phrases, les conseils que donnaient les Gymnosophistes ou Bramins, bien avant que le christianisme n'apparût sur la terre, ressemblent à ceux des philosophes du XVIIIᵉ siècle, trait pour trait.

1. Dodsley, *The Œconomy of human life, translated from an Indian Manuscript, written by an Ancient Bramin,* Dublin, 1741.

Des catéchismes; pourquoi n'écrirait-on pas des catéchismes philosophiques, afin d'atteindre les enfants même? Il n'est pas mauvais d'imiter la tactique de l'ennemi; et qui ne conquiert pas la génération qui s'apprête, ne conquiert rien. On vit donc paraître de petits catéchismes, fondés sur l'Expérience et sur la Raison, non plus sur la Foi. D'Alembert en souhaitait un, qui eût enseigné au jeune âge les principes de sa philosophie. Grimm ne se contentait pas toujours de donner à ses clients princiers des nouvelles de la République des Lettres; il avait quelquefois des idées et il se plaisait à les développer dans sa *Correspondance littéraire*, les abandonnant, puis les reprenant pour les caresser. Il réfléchissait : l'homme se distingue des animaux par sa perfectibilité : les chevaux et les ours ne valent ni plus ni moins qu'ils ne valaient il y a trois mille ans. Pourtant ce même homme n'avance guère sur la route du progrès, parce que bien des fois il se laisse entraîner loin de la nature; quand il revient à elle, c'est après de fâcheuses expériences, le meilleur de ses forces étant perdu. On voit bien d'où viennent ses erreurs : et par exemple, il est absolument contraire à la droite raison d'apprendre aux enfants les premiers principes de la religion chrétienne : il est certain que c'est dans cet usage universellement établi sur la terre qu'il faut chercher la source de l'empire que les opinions les plus absurdes et souvent les plus dangereuses prennent sur l'esprit humain. Des nations entières se familiarisent ainsi avec des sottises. Le catéchisme de l'humanité et celui de la société devraient précéder celui de la religion, car enfin il faut être homme, et ensuite citoyen, avant que d'être chrétien. Le premier de ces catéchismes apprendrait à la jeunesse les droits et les devoirs de l'humanité, le second ferait connaître à nos enfants les droits et les devoirs de la société et les lois du gouvernement des pays où ils sont nés. Montesquieu aurait été digne de faire le second, Socrate n'aurait pas été trop bon pour faire le premier. Ce qu'ayant dit, Grimm tente personnellement l'aventure; quinze courts paragraphes lui paraissent suffisants pour son *Essai d'un caté-chisme pour les enfants* (1755).

Saint-Lambert, plus tard [1], tenta l'aventure, et réussit mieux que Grimm : car son *Catéchisme universel* à l'usage des

---

1. *Principe des Mœurs, ou Catéchisme Universel*, an VI.

enfants de douze à treize ans, contient comme dans une essence les principes de la morale du siècle :

DEMANDE : *Qu'est-ce que l'homme ?*
RÉPONSE : *Un être sensible et raisonnable.*
D : *Comme sensible et raisonnable, que doit-il faire ?*
R : *Chercher le plaisir, éviter la douleur.*
D : *Ce désir de chercher le plaisir et d'éviter la douleur, n'est-il pas dans l'homme ce qu'on appelle l'amour-propre ?*
R : *Il en est l'effet nécessaire.*
D : *Tous les hommes ont-ils également l'amour-propre ?*
R : *Oui, car tous les hommes ont le désir de se conserver et d'obtenir le bonheur.*
D : *Qu'entendez-vous par bonheur ?*
R : *Un état durable dans lequel on éprouve plus de plaisir que de peine.*
D : *Que faut-il faire pour obtenir cet état ?*
R : *Avoir de la raison et se conduire par elle.*
D : *Qu'est-ce que la raison ?*
R : *La connaissance des vérités utiles à notre bonheur.*
D : *L'amour-propre ne nous engage-t-il pas toujours à chercher ces vérités et à les suivre ?*
R : *Non, parce que tous les hommes ne savent pas s'aimer.*
D : *Qu'entendez-vous par là ?*
R : *Je veux dire que les uns s'aiment bien, et que les autres s'aiment mal.*
D : *Quels sont ceux qui s'aiment bien ?*
R : *Ceux qui cherchent à se connaître et qui ne séparent pas leur bonheur de celui des autres...*

A morale nouvelle il fallait des vertus nouvelles : il y en eut trois.

La tolérance. — Elle n'avait été d'abord qu'une règle de commerce, qu'une pratique de marchands : l'argent des Turcs ou des Arabes n'a pas d'odeur; ni celui des chrétiens. Puis elle avait été une revendication du protestantisme : ce dernier régnait sur des millions d'âmes, et il avait ses nations à lui, il fallait bien que le catholicisme le tolérât. Bossuet la repoussait encore, faiblesse, renonciation à sauver des âmes tombées dans l'erreur, lâcheté spirituelle, poison qui se répandait dans la chrétienté. Mais Locke, en 1689, avait donné à la tolérance ses lettres de noblesse. Maintenant, elle s'élargissait, s'enrichissait, se nuançait; elle était justice; elle était intelligence, puisqu'elle supposait un esprit capable d'entrer dans les raisons d'autrui; elle était sentiment de notre misère : nous sommes tous faibles, nous sommes tous sujets à l'erreur, sachons nous pardonner. Elle était valeur sociale, sans la tolérance les hommes redeviendraient des loups. Elle était un commencement d'amour, et elle inspirait des prières. Elle éprouvait même, dans sa qualité intrinsèque, un changement profond. Car au lieu d'être condescendance, elle devenait conscience de la multiplicité des éléments qui entrent dans la formation d'une pensée ou dans les motifs d'un acte, et reconnaissance de la part de vérité, de la part de justice, qu'enferme un avis qu'on ne partage point, qu'enferme une pratique que l'on désapprouve; elle comparait non pour trouver le défaut, mais pour faire ressortir le bien [1]. Elle gagnait de proche en proche, on pouvait suivre ses progrès; bientôt elle serait universelle, du moins on l'espérait. « Mes amis, quand nous avons prêché la tolérance en prose, en vers, dans quelques chaires et dans toutes nos sociétés..., nous avons servi la nature, nous avons rétabli l'humanité dans ses droits, et il n'y a pas aujourd'hui un ex-Jésuite, un ex-Janséniste qui ose dire : je suis intolérant [2]. » Elle remportait des victoires, après de grandes peines et de longs efforts; elle corrigeait quelques-unes des iniquités de la vie; en 1781, Joseph II allait donner son Édit de Tolérance en faveur des luthériens; en 1787, Louis XVI allait rendre aux Calvinistes leurs droits civils.

La bienfaisance. — Celle-là était plus nouvelle encore; c'est l'abbé de Saint-Pierre qui l'a baptisée, en 1725; il trouvait qu'on avait souillé la charité, le mot ne valait plus, il en voulait un autre : donc il l'a créé. « Depuis que j'ai vu que parmi les chrétiens on abusait du terme de charité dans la persécution que l'on faisait à ses ennemis, et que les hérétiques disent qu'ils pratiquent la charité chrétienne en persécutant d'autres hérétiques, ou les catholiques mêmes... j'ai cherché un terme

---

1. Lessing, *Nathan der Weise*, 1779.
2. Voltaire, article *Tolérance*, dans le *Dictionnaire philosophique* et les *Questions sur l'Encyclopédie*.

qui nous rappelât précisément l'idée de faire du bien aux autres, et je n'en ai pas trouvé de plus propre pour me faire entendre que le terme de bienfaisance. S'en servira qui voudra, mais il me fait entendre et il n'est pas équivoque [1]. »

L'humanité. — Vertu nouvelle parce qu'elle a pris la plénitude de son sens ; vertu par excellence pour les moralistes du XVIIIe siècle puisqu'elle leur rappelait cette condition d'homme dont ils pensaient qu'il fallait toujours partir, à laquelle il fallait toujours revenir, et qui, en conséquence, contenait le tout.

1. Sur l'histoire du mot, voir le *Dictionnaire de Trévoux*, 1772, article *Bienfaisance*.

CHAPITRE V

Le gouvernement.

Où Machiavel avait-il pris que nous fussions faits de cette mauvaise pâte ? Haro sur Machiavel, qu'on brûle *Le Prince !* Ouvrage funeste, animé tout entier par cette fausse maxime que la raison d'État doit être le principe du gouvernement : chacun de ses chapitres est du poison. Si l'Europe ne se guérissait tous les jours du machiavélisme, maladie mentale, ce serait à désespérer.

Mais le secrétaire florentin, ce misérable, n'a pas été le seul à se tromper. Parmi les incohérences qui se sont accumulées au cours des siècles, les principes de la politique passée sont particulièrement absurdes. « La terre entière, mon cher Aristias, n'offre qu'un vaste tableau des erreurs de la politique [1]... » Ceux qui avaient quelque participation au pouvoir, et surtout ceux qui n'en avaient aucune; les nobles, qui auraient voulu retrouver leur raison d'être; les parlementaires de France, les juristes espagnols, les théoriciens d'Italie, les gens des cafés en Angleterre; les graves discuteurs du Club de l'Entresol; les ecclésiastiques, ayant à défendre ou à attaquer la conduite de Rome à l'égard du temporel; les écrivains, les historiens qui songeaient à demain quand ils regardaient l'autrefois, les romanciers, les essayistes, et les philosophes, au premier rang; même le petit peuple de certaines villes, s'il faut en croire Holberg [2] et la caricature qu'il nous a laissée de ce potier d'étain qui, avec ses camarades, le teinturier, le perru-

---

1. Mably, *Entretiens de Phocion,* 1763. *Troisième Entretien.*
2. J. Holberg, *Den Politiske Kandestöber.* Dans les *Comédies,* tome I, 1, Copenhague, 1824. Trad. fr. dans le *Théâtre Européen, Théâtre danois et suédois,* 1835 et 1891.

quier et le maître d'école, fonde un club qui doit réformer l'état de l'Europe après celui de Hambourg : tous se lancèrent dans la politique théorique; tant et tant que les princes eux-mêmes, atteints par la contagion, finirent par opérer des réformes, quand ce n'eût été que pour mieux préserver la racine de leur pouvoir.

La politique se distinguerait à peine de la pure morale. La vertu serait son principe et sa fin. Rien de secret; tout à ciel ouvert. La bonne foi réglerait les rapports entre les sujets et le prince, entre la nation et l'étranger. Il n'y aurait pas deux codes, l'un pour les gouvernants, l'autre pour les gouvernés, mais un seul, qui imposerait à tous le respect du bien. La prospérité serait la récompense certaine des mérites d'une république, et l'adversité, le châtiment infaillible de ses vices. « Si votre voisin acquiert une ville ou une province, dit encore Phocion à Aristias, acquérez une nouvelle vertu, et vous serez plus puissant que lui... » Le chaos, ici aussi, se transformerait en science. De la loi naturelle, antérieure à toute convention particulière, dériveraient quelques maximes simples, dont la logique s'imposerait aux faits.

Ardeur, candeur, naïveté; magnifique ignorance des nécessités qui s'imposent à l'homme d'État. Exaltation oratoire; surenchère d'affirmations gratuites, rien du réel. Revanche de longs refoulements, et confidences faites au papier. Et aussi, un zèle d'apôtres, une conviction contagieuse; un gain continu, un passage progressif des principes abstraits à la pratique; et pour finir, une nouvelle impulsion donnée au gouvernement des hommes.

L'idée d'un contrat initial se nuança sans s'abolir : un jour, las de supporter les maux du désordre, l'individu avait sacrifié le minimum de ses droits pour instituer un pouvoir qui n'était jamais qu'un dépôt, révocable si celui qui l'avait reçu venait à manquer à ses devoirs.

Contrat qui d'abord avait été tacite, peut-être; contrat qui, peut-être, avait été mis par écrit dès que la civilisation en avait fourni le moyen; contrat idéal, peut-être, étant difficile d'imaginer que des hommes, conscients de leur faiblesse et de leurs besoins, s'étaient un jour réunis dans quelque vaste plaine, et avaient désigné comme chef le plus robuste d'entre eux : mais de toute manière, contrat. Telle était l'opinion de la majorité. « Quoique l'origine des sociétés ne provienne pas formellement de conventions d'individus déterminés par le besoin et par la crainte, c'est néanmoins le sentiment de leur faiblesse et de leur imperfection qui retient les hommes en société, qui leur démontre la nécessité de cette union, et qui est par conséquent le fondement solide et naturel, ainsi que le ciment de la société civile. Et c'est ce que nous entendons par le contrat primitif social [1]. »

Mais à mesure que le concept de Nature prenait plus d'étendue et plus de force, ce qui s'accroissait jusqu'à devenir une des dominantes de l'époque, c'était l'attachement à la liberté politique. Personne n'ayant reçu de la nature le droit de commander aux autres, la liberté était un bien inaliénable, un titre inscrit dans tous les cœurs. On pensait avec délectation que cette liberté était totale et qu'elle était souveraine; même les restrictions imposées par la vie sociale, même l'obéissance aux lois, même la contrainte légère que demandait l'État, n'étaient jamais que volontaires et consenties, si bien qu'elles restaient dans leur principe la manifestation d'une indépendance qui se réglait elle-même; la nation des Féliciens était souverainement libre, sous l'empire absolu de ses lois [2]. « Chaque siècle a son esprit qui le caractérise; l'esprit du nôtre semble être celui de la liberté [3]. »

L'idée d'égalité cherchait à prendre son cours grossie d'affluents très divers. Elle avait pour elle un sentiment de révolte, vieux comme le monde, contre l'injustice des privilèges. Elle était prônée par les rêveurs qui plaçaient son règne aux temps heureux de l'âge d'or, ou dans le domaine des Utopies, ou dans ces pays que seuls les voyageurs imaginaires pouvaient atteindre; certains croyaient la voir renaître dans le Nouveau Monde, au Paraguay, félicitant les Jésuites d'avoir établi, là-bas, le champ que tous les Indiens du *pueblo* cultivaient et moissonnaient, champ collectif. Elle était invoquée pour justifier la place croissante que la femme prenait dans la

---

1. W. Blackstone, *Commentaries on the Laws of England,* 1765-1769.
2. *L'heureuse nation,* ou *Relation du gouvernement des Féliciens, peuple souverainement libre sous l'Empire absolu de ses lois,* 1792. [Par Lemercier de la Rivière.]
3. Diderot à la Princesse Dashoff, 3 avril 1771.

société; pour les deux sexes, égalité des droits et des devoirs. Du concept de nature on pouvait la tirer aussi, si l'on voulait : c'est ce que faisait Helvétius, quand il essayait de montrer, à grand scandale, qu'au moment de la naissance, il n'y avait pas de différence entre l'homme et l'homme, et que l'éducation seule mettait une empreinte inégale sur les représentants de l'espèce, à l'origine tous égaux. Plus profondément, l'idée d'égalité jaillissait encore d'une source plus profonde, et de la volonté même du siècle, quand Bentham, après plusieurs autres, la captait dans une formule célèbre : « *The greatest happiness for the greatest number* » : le bonheur, et du coup la direction des affaires publiques, dont il dépendait pour une grande part, ne devait plus être réservé à un choix d'élus; le bonheur devenait le droit de tous : le plus grand bonheur possible pour le plus grand nombre possible.

Toutefois cette idée était moins pure, utilisée par les gouvernements, qui se plaisaient à l'admettre quand il s'agissait de l'égalité devant l'impôt, par eux perçu; de l'égalité du clergé et de la noblesse devant les rois, quand il s'agissait de faire respecter ou d'accroître la force du pouvoir royal; de l'égalité des fonctionnaires, nobles ou manants, quand il s'agissait pour les chefs d'être mieux servis, mais qui la reniaient et qui la combattaient, dès qu'elle tendait à s'en prendre à leur autorité.

Cette idée était moins puissante, parce qu'elle rencontrait aussitôt une limitation. Égalité politique, oui; égalité sociale, halte-là! On expliquait, à grand renfort d'arguments, que cette dernière n'était pas réalisable dans la pratique, et, défaut plus grave, qu'elle n'était pas logique. L'égalité géométrique ne pouvait exister entre les hommes; et dès lors, que nous dictaient à la fois notre intérêt et notre raison? Que pour nous rendre mutuellement heureux, nous devions nous contenter de cette espèce d'égalité morale qui consiste à maintenir chacun dans ses droits, dans un état héréditaire ou acquis, dans sa terre, dans sa maison. Grande sottise, selon d'Alembert, que d'accuser les philosophes, au moins ceux qui méritent ce nom, de prêcher l'égalité, car elle est une chimère. La nature selon le baron d'Holbach, établit une inégalité nécessaire et légitime entre ses membres; cette inégalité se fonde sur le but invariable de la Société, à savoir sa conservation et son bonheur. La sécurité, selon Filangieri, était intimement unie à la félicité; *conservazione e tranquillità* sont les mots qu'il inscrit conjointement dans son programme idéal. Bref, l'homme vertueux ne sera jamais égal au coquin, l'homme d'esprit à l'imbécile, l'homme courageux au pusillanime; il y a des inégalités morales entre les hommes, de même qu'il y en a de physiques entre le jeune et le vieux, entre l'athlète et l'infirme. Il serait stupide de vouloir égaliser les classes : suffit que les hommes soient égaux devant la loi et que la naissance ne confère aucun privilège : en cela seulement consiste l'égalité [1].

Un certain conservatisme social se sentait en danger dès qu'il ne s'agissait plus de Salente, mais de Paris ou de Berlin; il produisait un réflexe de sécurité. De même qu'en matière de science, on voyait l'univers s'organiser suivant les degrés de la grande échelle des êtres, chaque animal, chaque plante et chaque pierre étant à sa juste et immuable place, et qu'il fallait un immense effort révolutionnaire pour concevoir un transformisme : de même, on croyait que la fixité des classes pouvait seule assurer ce qu'on appelait la permanence de la société. Les classes, ici, représentaient les degrés de l'échelle et les cases du damier. Elles maintenaient l'ordre; qui aurait voulu les bouleverser, aurait du même coup bravé la volonté du ciel et compromis le bonheur des hommes. Suivons le raisonnement de Voltaire, à l'article *Égalité* du *Dictionnaire philosophique*. Oui, tous les hommes jouissant des facultés attachées à leur nature sont égaux; ils le sont quand ils s'acquittent des fonctions animales et quand ils exercent leur entendement. Mais ils ont des besoins; pour les satisfaire, une certaine organisation est nécessaire, donc ils se subordonnent les uns aux autres. « Il est impossible dans notre malheureux globe que les hommes vivant en société ne soient pas divisés en deux classes : l'une, de riches qui commandent; l'autre, de pauvres qui servent; et ces deux se subdivisent en mille; et ces mille ont encore des nuances différentes. »

L'infranchissable barrière est celle de la propriété : *la loi*

---

1. D'Alembert à Frédéric II, 8 *juin* 1770; Baron d'Holbach, *La politique naturelle*, 1773, paragraphe XXXII; Pietro Verri, *Modo di terminare le dispute*, définition du mot *Aquaglianza;* Gaetano Filangieri; *La scienza della Legislazione*, 1783, Livre I.

de propriété se trouve nécessairement exclusive de l'égalité [1]. Il est vrai que quelques audacieux, enfants perdus, s'étonnent du caractère sacro-saint qu'on lui conserve, s'indignent de ce qu'on propose de changer l'état politique sans changer l'état social, et prédisent qu'il en résultera « une révolution terrible et inutile [2] ». Il est vrai qu'en 1755, Morelly donne son *Code de la Nature,* où l'on trouve les principes et le programme détaillé de cette révolution sociale : l'impitoyable propriété est la mère de tous les crimes qui inondent le monde, il faut la supprimer. En conséquence : « I. — Rien dans la Société n'appartiendra singulièrement ni en propriété à personne, que les choses dont il fera un usage actuel, soit pour ses besoins, ses plaisirs ou son travail journalier. II. — Tout citoyen sera homme public, sustenté, ou entretenu et occupé aux dépens du public. III. — Tout citoyen contribuera pour sa part à l'utilité publique, selon ses forces, ses talents et son âge, c'est sur cela que seront réglés ses besoins, conformément aux lois distributives... » Alors c'en sera fait du géant monstrueux auquel la terre a dressé partout des autels; ses pieds semblent descendre dans l'ombre du néant, et s'appuient sur un tas d'ossements et de cadavres; il a mille têtes et une multitude de bras, dont les mains sont remplies les unes de vases fragiles, pleins de sables ou de vapeurs, et les autres de sceptres et de couronnes; sur sa poitrine est écrit ce mot plusieurs fois répété : *Encore* [3]. Il mourra, ce géant infâme, car l'humanité, revenant à la nature, comprendra qu'il n'y a qu'une seule loi : la sociabilité; un seul vice, la cupidité; une seule institution néfaste, la propriété.

Il est encore vrai qu'un peu plus tard, en 1776, dans son traité *de la Législation,* Mably conseille d'en venir à « cette heureuse communauté des biens » qui remédiera aux maux, sortis de la boîte de Pandore. L'égalité doit être la base de la vie privée comme de la vie sociale. Or elle cesse de subsister, dès que la propriété s'affirme : « Je ne balance point à regarder

---

1. Lemercier de la Rivière, *L'ordre naturel et essentiel des sociétés politiques,* 1767.
2. Dom Deschamps, *Le vrai Système, ou le mot de l'énigme,* publié par Jean Thomas et F. Venturi, 1939.
3. *Naufrage des Iles flottantes, ou Basiliade du célèbre Pilpaï, poème héroïque traduit de l'indien par Mr. M... 1753.* (Attribué à Morelly).

cette malheureuse propriété comme la première cause de l'inégalité des fortunes et des conditions, et par conséquent de tous les maux. » — « Savez-vous quelle est la principale source de tous les malheurs qui affligent l'humanité ? C'est la propriété. »

Il est vrai qu'en Angleterre aussi, quelques velléités de même espèce se sont produites. En 1775, un agité du nom de Thomas Spence, bouquiniste de son état, lut à la Philosophical Society une communication intitulée : *The Real Rights of Man*, les véritables droits de l'homme : début d'une carrière aventureuse de révolutionnaire, qu'il mena jusqu'en 1814; il voulait réorganiser la société, en faisant de chaque paroisse une manière de cellule égalitaire. En 1780, un professeur de latin et de grec, humaniste, numismate, William Ogilvie, a publié *An Essay on the Right of Property in Land*, Essai sur le droit de propriété foncière, où il exposait les principes philosophiques d'une loi agraire qui aurait donné à chaque individu la possession d'une partie du sol. Mais à ces exceptions près, qui sont peu nombreuses, qui sont velléitaires, dont le contenu reste vague, et qui n'évoquent que de très loin le communisme futur, le XVIIIᵉ siècle a généralement et fermement affirmé le caractère légitime que la propriété conservait à ses yeux. Dans l'état de nature, l'homme est nécessaire à l'homme; celui-ci a toujours besoin d'associés; entre la société et lui se conclut un pacte; la société lui assure le bonheur, il assure la permanence de la Société. Cette permanence exige l'inégalité, qui règne et qui régnera entre les hommes. « Ne réclamons jamais contre cette inégalité qui fut toujours nécessaire, et qui est la condition même de notre félicité [1]. » Voilà pour la propriété en général; et voici pour la propriété foncière en particulier, telle que la conçoivent les physiocrates. Au commencement, il y avait une société universelle. Mais les hommes continuant à se multiplier, les productions gratuites et spontanées de la terre leur sont devenues insuffisantes et ils ont été forcés de se faire cultivateurs. De l'obligation de la culture est venue l'obligation du partage des terres, et c'est ainsi que la propriété s'est fondée justement [2].

1. D'Holbach, *ouvrage cité*.
2. Lemercier de la Rivière, *ouvrage cité*.

Elle s'est fondée justement, gardons-nous d'y toucher, qu'il s'agisse du capital, des biens mobiliers ou du sol; acceptons l'inégalité qui en résulte, n'ébranlons pas les fondements de l'édifice qui nous abrite, il s'écroulerait sur nous. Laissons aux chimériques leur rêve d'égalité; chérissons la liberté, seule accessible, d'une ardeur d'autant plus vive que tout notre effort pourra se mieux concentrer pour l'obtenir.

On serait libre de penser, suivant sa raison, et d'exprimer sa pensée, par la parole et par l'écrit; libre de choisir sa religion, suivant sa conscience, catholiques, protestants, bouddhistes ou musulmans si l'on voulait. On serait libre de sa personne, les juges ne feraient point de différence entre les coupables, qu'ils fussent nobles ou roturiers, riches ou pauvres; les mêmes garanties défendraient partout la dignité de l'homme. On serait libre de ses mouvements, on resterait dans son pays, on en franchirait les frontières sans empêchements et sans entraves. Liberté de la navigation, du commerce, de l'industrie. Toutes ces libertés se fondaient et s'harmonisaient en une seule image, celle de l'État libéral.

Honte au despotisme! Faute de pouvoir l'attaquer directement, on se rattrapait sur l'antiquité; Thomas Gordon, le violent, dans ses *Discours historiques, critiques et politiques sur Tacite* (1728), donnait l'exemple en lançant ses foudres contre César, contre Auguste, contre les mauvais empereurs romains, contre les criminels qui avaient violé ce droit sacré des peuples, la liberté. Mieux encore, on flétrissait dans le despotisme oriental le gouvernement arbitraire, absolu et néfaste, des tyrans de Turquie, du Mogol, du Japon et de Perse. De ce despotisme asiatique on pouvait dire tout le mal qu'on voulait, sans courir aucun risque : on n'y voyait ni honneur, ni grandeur, ni gloire, ni même une étincelle de magnanimité, son ressort n'était que la crainte. Le savoir y était dangereux et l'émulation, funeste; les talents y étaient accablés. Le prince, premier prisonnier de son palais, devenait tous les jours plus imbécile dans son sérail et déléguait son pouvoir à son vizir, afin de se livrer à l'excès de ses passions stupides. Perdu par les vices triomphants, le pays se changeait en désert. Le despotisme équivalait à la mort.

Quelle forme adopter à sa place ? La république, l'aristocratie, la monarchie ? Malgré les apparences, le choix n'était
pas très important. Chacune avait ses avantages, et chacune
ses désavantages ; la meilleure république était celle qui,
par la stabilité des lois et l'uniformité du gouvernement,
ressemblait le mieux à une bonne monarchie ; la meilleure
monarchie était celle où le pouvoir n'était pas plus arbitraire
que sous une république. L'Agathon de Wieland, après des
expériences successives dans les diverses nations dont se
composait la Grèce, n'aimait ni la démocratie qui n'était
qu'une tyrannie déguisée ; ni l'aristocratie qui ne pouvait
s'établir sur une base durable que par la complète oppression
du peuple ; ni une constitution mêlée, une sorte de chimie
politique, qui prétendait tirer d'éléments contradictoires un
composé excellent. Il préférait, somme toute, une monarchie,
une suite constante de mauvais rois étant peu probable, et
un seul bon roi suffisant à réparer le mal que ses prédécesseurs
avaient fait. Tel était le sentiment général : on faisait une
révérence à la république, en ajoutant que son climat naturel
avait été l'antiquité, et qu'elle était plus spécialement adaptée
aux petits États ; après quoi on penchait pour la monarchie,
à laquelle les cœurs restaient fidèles.

L'essentiel était que le gouvernement fût constitué de telle
sorte, qu'aucun des éléments qui le composaient ne pût
dominer les autres. La forme politique était indifférente,
pourvu qu'un équilibre savant contînt également les chefs,
pour les empêcher d'abuser du pouvoir, et les sujets, pour
éviter l'anarchie. Machine si bien réglée, qu'elle devait se
freiner d'elle-même, dès qu'un de ses rouages menaçait de
l'emporter ; forces et contreforces, les contreforces se déclen-
chant au moindre signal d'alarme. On prêtait un peu d'autorité à ceux qui n'en avaient jamais eu, les sujets ; on en retirait
beaucoup à ceux qui avaient l'habitude d'en avoir, les rois ;
c'est de ceux-là surtout qu'on se méfiait, toujours prêts aux
empiétements, aux abus, aux violences ; aussi ne leur laissait-
on que l'ombre de leur ancien pouvoir : on les réduisait au
rôle de surveillants ; on pensait qu'ils rempliraient leur devoir,
si, au lieu de gouverner, ils agissaient en sorte qu'on eût le
moins besoin possible de leur gouvernement. Arbitres entre
les différents corps de l'État, arbitrés aussi s'ils venaient à

entrer en conflit avec l'un de ces corps, ils perdaient la balance et la hache; ils ne gardaient plus que le sceptre que leurs concitoyens avaient bien voulu leur laisser, dernière faveur.

Il y avait au monde un État libéral qui existait, qui prospérait, qui avait atteint, tout ensemble, la puissance et le bonheur. Et donc on se tournait vers l'Angleterre comme vers un idéal. Que sa constitution fût admirable, parce qu'elle avait établi la séparation des pouvoirs, exécutif, législatif, judiciaire, c'était l'avis de l'Angleterre elle-même : un mécène fondait à Oxford une chaire de droit constitutionnel, pour qu'un savant juriste, William Blackstone, justifiât par l'histoire et par la raison l'excellence de son gouvernement. Ce n'était pas moins l'avis de l'Europe; ceux qui avaient visité l'île heureuse revenaient disant ses mérites politiques, Béat de Muralt, l'abbé Prévost, l'abbé Leblanc, Voltaire; et cet avocat de Genève, M. de Lorme, qui fit tout un livre pour que l'Europe connût mieux cette constitution sans rivale : la liberté, rêvée plutôt que réalisée sur le continent, s'était réfugiée dans l'Océan Atlantique, où elle avait sa citadelle. Même la gloire des premiers temps de Rome pâlissait devant elle; sur Rome, Londres l'emportait; grâce à l'Angleterre, la liberté avait révélé son secret au genre humain.

Montesquieu a fixé pour toujours ce moment de l'histoire des idées. Tout le monde connaît les chapitres de l'*Esprit des Lois* où il a montré comment le meilleur des États était celui qui assurait le maximum d'indépendance avec le maximum de sécurité, celui où le pouvoir arrêtait le pouvoir; comment l'Angleterre était cet État modèle, où la liberté apparaissait comme dans un miroir; comment la merveilleuse vertu de la Constitution anglaise agissant en retour sur le peuple qui l'avait créée, produisait des caractères marqués, des volontés tendues, des êtres attentifs, inquiets, vigilants, passionnés, indomptables, qui acquéraient la suprématie des mers, la royauté du commerce, l'originalité de l'esprit, la mâle perfection des lettres et des arts.

Un État est une personne morale; et de même que l'individu rencontre d'autres individus, qu'il doit non seulement supporter comme ayant des droits égaux aux siens, mais considérer comme lui étant nécessaires, de même l'État trouve autour de lui d'autres États, et doit établir ses rapports avec eux suivant une application judicieuse de la loi naturelle. Les usages qui réglaient dans le passé et qui voudraient encore régler dans le présent la politique extérieure, sont périmés; aucune idée religieuse, comme celle de la chrétienté; aucune tradition, comme celle d'un Empire qui réunirait sous son étendard une partie des nations de l'Europe; aucune combinaison, comme la rivalité de deux grandes maisons régnantes dont chacune a sa clientèle; aucun rêve, comme celui d'une monarchie universelle, ne sauraient se substituer aux principes enfin mis au jour. « Les Nations étant composées d'hommes naturellement libres et indépendants, et qui, avant l'établissement des Sociétés civiles, vivaient ensemble dans l'état de nature, les nations, ou les États souverains, doivent être considérées comme autant de personnes libres, qui vivent entre elles dans l'état de nature [1]. »

La loi naturelle implique donc l'existence d'une Société des nations, plus vaste que les sociétés particulières, mais qui ne diffère point d'elles en qualité. Cette Société est fondée sur un même pacte; ses membres se sont unis en vue de leur avantage et de leur intérêt; ils se sont obligés, en conséquence, à maintenir leur traité primitif : s'ils le déchiraient, ils n'aboutiraient qu'à leur propre malheur. Les citoyens d'un village, d'une ville, d'une province, ont des droits et des devoirs à l'égard de leurs proches : ils n'en ont pas moins à l'égard des autres habitants de l'Europe et du monde. Car « la Société universelle du genre humain étant une institution de la nature elle-même, c'est-à-dire une conséquence nécessaire de la nature de l'homme, tous les hommes, en quelque état qu'ils soient, sont obligés de la cultiver et d'en remplir les devoirs. Ils ne peuvent s'en dispenser par aucune association particulière. Lors donc qu'ils s'unissent en société civile pour former un État, une nation à part, ils peuvent bien prendre des engagements particuliers envers ceux avec qui ils s'associent, mais ils demeurent toujours chargés de leurs devoirs envers le genre humain [2]. »

1. Emmerich de Vattel, *Le Droit des gens, ou Principes de la loi naturelle appliquée aux affaires des nations et des souverains*, 1768, Préliminaires.
2. Emmerich de Vattel, *ibid.*

Certes, l'existence des nations, créant des intérêts nouveaux, avait produit des conflits d'intérêts, autrement graves que ceux qui opposaient les individus aux individus; elle avait produit la guerre. Guerres éternelles; un ruisseau de sang coulait à travers l'histoire. Et plus la collectivité devenait puissante et résolue, plus volontiers elle recourait aux armes pour imposer sa loi; guerres de religion, qui avaient jeté les unes contre les autres toutes les nations de l'Europe, ensemble ou tour à tour; guerres de conquêtes, qui avaient opposé l'Europe à l'Asie, à l'Afrique. Quand on faisait le compte de ces massacres continus, on éprouvait un sentiment de tristesse, de dégoût, de désespoir.

Pourtant ce n'était pas un mal incurable; et précisément il appartiendrait au siècle des lumières de l'atténuer, de le réduire, de le faire disparaître de la surface du monde. Il n'était, comme tous les maux, que le résultat d'une erreur; l'erreur dissipée, il cesserait de lui-même, ou peu s'en faut. Les nations, elles aussi, comprendraient mieux leur intérêt véritable puisqu'elles s'éclairaient, qu'elles remontaient des effets aux causes, qu'elles découvraient la cause de leur longue inimitié; elles ne se laisseraient plus tromper par les préjugés qui avaient armé des mains fraternelles. Bientôt allait luire l'aube de la grande paix.

Leibniz était vieux, Leibniz était las, lorsqu'il lut le *Projet pour rendre la paix perpétuelle en Europe,* de l'abbé de Saint Pierre[1]. Faire régner la paix en Europe, voilà ce qu'il avait tenté, voilà ce qui était demeuré l'un de ses rêves vains. Le projet de l'abbé n'était pas tout à fait hors de ses objets, puisqu'il s'était appliqué dès sa jeunesse au droit, et particulièrement à celui des gens. Mais quoi? La volonté manquait aux hommes pour se délivrer d'une infinité de maux. Quel prince, ou seulement quel ministre, avait voulu l'entendre? L'espérance de faire passer la monarchie d'Espagne dans la maison de France avait été la source de cinquante ans de guerre, et il était à craindre que l'espérance de l'en faire ressortir ne troublât l'Europe pendant cinquante autres années. Toutes les tentatives antérieures avaient échoué, la sienne aussi. Un

1. *Œuvres* de Leibniz, Edition Foucher de Careil, 1862. Tome IV : *Observations sur le projet d'une paix perpétuelle de M. l'abbé de Saint Pierre, revu d'après le manuscrit de la bibliothèque royale de Hanovre.*

droit des gens s'était établi entre les chrétiens latins, et les jurisconsultes avaient raisonné sur ce pied-là, jadis ; les Papes passaient pour les chefs spirituels, et les Empereurs pour les chefs temporels de la Société chrétienne ; mais la grande Réforme dans l'Occident avait changé entièrement l'état des choses ; il s'était fait une scission irréparable ; et d'autre part le défaut d'union dans l'Empire ne venait pas de ce que l'Empereur y eût trop de pouvoir, mais de ce qu'il n'en n'avait pas assez. Et Leibniz, près de mourir, pensait qu'il y avait des fatalités qui empêchent les hommes d'être heureux.

Mais l'abbé de Saint Pierre ne se décourageait pas ; jusqu'à sa mort, l'année 1743, il poursuivit son grand dessein [1]. Faisant réflexion sur les cruautés, les meurtres, les incendies, les violences que cause la guerre, affligé des ravages dont les nations de l'Europe étaient accablées, il s'était mis à chercher s'il était entièrement impossible de rendre la paix durable. Une convention qui ne serait que la forme moderne du pacte éternel, rendrait la paix inaltérable, aux conditions suivantes : il y aura de ce jour à l'avenir une Union perpétuelle entre tous les souverains d'Europe, y compris le Tzar, le Grand Seigneur et les Souverains de la côte de Barbarie. Le principal emploi de l'Union est de conserver toutes choses en repos ; et chaque État gardera ses droits souverains, l'Union empêchera seulement les troubles qui pourraient naître entre eux. Aucun territoire ne pourra être démembré à l'intérieur de l'Union ; aucun prince ne pourra être souverain de deux États. Les souverains, tant ceux qui, par leurs plénipotentiaires, vont signer l'Union, que ceux qui la signeront dans la suite, sont censés par cette signature s'être volontairement désistés, pour eux et pour leurs successeurs, de toutes les prétentions qu'ils peuvent avoir les uns contre les autres. Nuls membres de l'Union ne signeront désormais aucun traité entre eux, que de son consentement aux trois quarts des voix, et seulement dans la ville de la Paix ; et alors l'Union demeurera garante de l'exécution des promesses réciproques, ceux qui en useront autrement seront déclarés ses ennemis. La ville de la paix sera libre et neutre ; elle pourra s'installer

---

1. Abbé de Saint Pierre, *Mémoire pour rendre la paix perpétuelle en Europe*, Cologne, 1712. *Projet pour rendre la paix perpétuelle en Europe.* Utrecht, 1713. *Projet de paix perpétuelle entre les Souverains chrétiens.* Utrecht, 1717.

à Utrecht, ou à Genève, ou à Cologne, ou à Aix-la-Chapelle. Les ennemis de l'Union, s'il en reste après médiations, concilia- tions et jugements arbitraux, seront combattus par une force composée de troupes de différentes nations, commandée par un chef qui sera désigné à la pluralité des voix. Aucun État n'entretiendra plus de troupes qu'un autre; on fixera le nombre de soldats auquel chaque État aura droit. Et l'abbé de Saint- Pierre continue, prévoyant tout, même les détails d'exécution : le choix et l'envoi des plénipotentiaires, le règlement de l'Assemblée et des bureaux, le chiffre de la contribution à fournir par les membres de la future Union.

Il était fini, le temps des lentes approches, des savantes lettres qu'on écrit avec circonspection, des tâtonnements, des prudences; le temps où on laissait agir le temps. Elle était abandonnée, la méthode qu'avait suivie Leibniz, tant pour la paix perpétuelle que pour la réconciliation des Églises, abandonnée comme l'était Leibniz lui-même; tout au plus conseillait-il à l'abbé de Saint Pierre de recourir aux exemples et à l'histoire. Mais l'abbé de Saint Pierre fièrement s'avançait, sans s'alourdir de tant de précautions. Le principe était trouvé, la nature voulait le bonheur des hommes, le droit interna- tional traduisait cette volonté de la nature, la paix devait résulter du droit international compris dans sa véritable essence; il suffisait d'un peu de logique pour indiquer les infaillibles moyens de l'assurer éternellement.

Parce qu'elles étaient le résultat d'une longue maturation, arrivée à son terme; parce qu'elles revêtaient un caractère de simplicité qui transformait la politique en logique; parce qu'elles répondaient à quelques-unes des volontés profondes de notre être, ces idées ont dominé la conscience de l'Europe; après avoir conquis la partie pensante de l'Ancien Monde, elles ont donné au Nouveau Monde sa liberté.

Deux cents ans après que l'abbé de Saint Pierre avait fait campagne pour son *Projet*, son projet a été repris. Fédération des nations, assemblée des délégués, ville de la paix, sont sorties du rêve pour devenir action. La différence est qu'on n'a pas institué la force qu'il avait voulu mettre au service de la grande cause pacifique.

A l'intérieur des États, ces mêmes idées changeaient les données du problème politique. La relation n'était plus de l'autorité du Prince à des autorités supérieures, l'Église, l'Empire : mais des gouvernants aux gouvernés.

Elles changeaient la notion du sujet : et à vrai dire, il n'y avait plus de sujets; il y avait des citoyens.

Elles changeaient la notion de souverain. L'Angleterre elle-même éprouvait le besoin de préciser la nature des liens qui assujétissaient non pas la nation au roi, mais le roi à la nation. C'est ce que faisait Bolingbroke, tout conservateur, tout chef qu'il était du parti tory, lorsqu'il publiait en 1749 ses *Letters on the spirit of patriotism*. Pour vivifier son parti, et pour sauvegarder le caractère héréditaire de la monarchie anglaise, il renforce la doctrine du libéralisme. Il explique que l'institution des rois est fondée sur le droit commun et sur l'intérêt général; elle procède de deux lois instituées par le Créateur, la loi universelle de la raison, la loi particulière à laquelle chaque État s'est volontairement soumis; c'est pour ne pas violer impunément cette seconde loi, à grand risque de troubles et de désordres, que le pouvoir se transmet de père en fils; la monarchie héréditaire ne se soutient que parce qu'elle est la meilleure des monarchies. Encore celui qui l'exerce ne reste-t-il digne de cette faveur légitimée qu'en méritant l'estime, la confiance et l'affection de ceux qu'il gouverne; « don gratuit de la liberté qui y trouve sa propre sécurité ». Il ne pouvait plus y avoir d'autres rois que « patriotes », que s'identifiant avec les intérêts de la patrie, qu'acceptant les conditions que leur faisait la patrie.

Dans les pays où ces idées, encore, rencontraient des résistances obstinées, elles amenaient des Révolutions. Révolution d'Amérique : une colonie où la métropole refusait d'appliquer les principes qu'elle avait elle-même répandus, devenait les États-Unis. Lorsqu'en 1774 Boston se souleva, et qu'ainsi commença la guerre de libération; lorsque, le 4 juillet 1776, les treize colonies se proclamèrent indépendantes; lorsque fut rédigée la Déclaration qui affirmait que les gouvernements ne pouvaient provenir que de la juste autorité émanant des gouvernés; lorsque l'Angleterre dut céder, et que fut signé le traité de Versailles; lorsque la Convention de Philadelphie prépara la Constitution qui fut votée le 17 septembre 1787, un fait capital s'enregistrait, à la fois dans l'histoire des idées et dans l'histoire politique du monde. Attachée au vieux continent par la race et par le souvenir des vaillants qui avaient fondé, de l'autre côté de l'Océan, une Nouvelle Angleterre; par son langage et par sa culture; par sa religion; par les doctrines qu'elle avait directement empruntées à Locke et à Montesquieu pour former sa constitution : la République au drapeau étoilé, tout à la fois continuait à faire partie de l'Europe, et se séparait d'elle. Elle continuait à vivre de sa vie ancienne, dans une vie à part; elle était la même et elle était autre. Fière de son indépendance, et prête à l'affirmer en toute occasion, il y avait pourtant un lien qu'elle ne se décidait jamais à rompre : un lien moral. Elle revenait à l'Europe, quand elle sentait menacé le bien dont l'Europe du XVIIIe siècle lui avait enseigné le prix : la liberté.

Révolution de France, de cette France où les théories s'étaient exprimées avec le plus de force, et où la pratique ne voulait rien céder à l'esprit nouveau. Ordonnance de lit de justice, rendue par Louis XV en décembre 1770 : « Nous ne tenons notre couronne que de Dieu, et le droit de faire des lois nous appartient sans partage ni dépendance. » Déclaration des droits de l'homme et du citoyen, votée au mois d'août 1789, et mise en tête de la Constitution de 1791 : « Les hommes naissent libres et égaux en droits. — Les distinctions sociales ne peuvent être fondées que sur l'utilité commune. — Le but de toute association politique est la conservation des droits naturels et imprescriptibles de l'homme; ces droits sont la liberté, la propriété et la résistance à l'oppression. — La loi est l'expression de la volonté générale. — Nul homme ne peut être accusé, arrêté, ni retenu, que dans les cas déterminés par la loi et sous les formes qu'elle a prescrites. — La libre communication des pensées et des opinions est un des droits les plus précieux de l'homme; tout citoyen peut donc parler, écrire, imprimer librement. — Toute société dans laquelle la garantie des droits n'est pas assurée, ni la séparation des pouvoirs déterminée, n'a pas de constitution. » Idées qui ne font que prendre ici leur forme arrêtée, à l'aboutissement du travail des philosophes.

CHAPITRE VI

L'éducation.

Avant l'*Émile* (1762), on remarque d'abord une offensive du passé. Puis s'opère un mouvement qui commence avec lenteur, et s'accélère aux environs de 1750. Vers 1760, « il paraît que par rapport aux vues d'éducation, il y a dans le public de l'Europe une espèce de fermentation [1]... » Les philosophes demandent aux pédagogues leur compte, et, le trouvant mal fait, le recommencent; ils s'aident de Montaigne, de Fénelon et de Locke, dont l'influence est particulièrement forte, cas particulier d'une action générale. Tous auront à examiner si les idées du Sage — l'éducation destinée non plus à former des honnêtes gens, ornement de la Société, mais des citoyens actifs; l'éducation destinée à produire des corps vigoureux en même temps que des âmes droites; l'éducation destinée à favoriser les puissances spontanées de l'être plutôt qu'elle ne doit les contraindre — doivent être rejetées ou retenues en vue d'un proche avenir.

Voici Charles Rollin. Il est du métier : professeur, principal du Collège de Beauvais, et même Recteur magnifique. Austère, il est fortement teinté de jansénisme; savant, il enseigne au Collège Royal; aussi est-il auréolé d'une gloire pédagogique. Son *Traité des Études,* qui paraît de 1726 à 1728, et qui ne comprend pas moins de quatre volumes, est salué avec honneur par ceux qui aiment les lettres classiques et la tradition de bon goût.

[1]. La Chalotais, *Essai d'éducation nationale,* 1763, p. 34.

L'éducation a trois objets : elle cultive l'esprit des jeunes gens et elle l'orne par toutes les connaissances dont ils sont capables; elle s'applique à mettre pour ainsi dire le comble à son ouvrage en formant en eux le chrétien. Le latin, avec un peu de grec, doit en rester l'élément principal. S'il avait écrit son traité en latin, comme Charles Rollin se serait senti plus à l'aise! Sans se vanter, il écrit mieux en latin qu'en français. Mais enfin, il a bien fallu qu'il songeât à ceux des élèves qui ne veulent pas devenir professeurs, et qui ne feront plus de discours cicéroniens : aussi s'est-il déterminé à choisir le français, à donner des exemples tirés des auteurs français. Il est amoureux de la bonne vieille rhétorique qu'on apprend par les préceptes et par les modèles des Anciens; des belles compositions oratoires, que l'on compose en recourant à des procédés connus, qu'il énumère : les parallèles et les lieux communs, par exemple, y sont d'un grand secours. Quand il conseille la lecture et l'explication des auteurs, il ne songe ni aux découvertes possibles, ni aux aventures excitantes de l'esprit, il se réjouit seulement de montrer des modèles qu'on n'aura plus qu'à imiter dans tous les genres, du tempéré au sublime. Le maître, à leur occasion, fera remarquer aux élèves comment dans l'exorde on se rend les auditeurs favorables; quelle clarté règne dans la narration, quelle brièveté, quel air de sincérité, quel dessein caché, et quel artifice; car le secret de l'art n'est guère connu que des maîtres de l'art. Les idées importent beaucoup moins que la forme et ingénument la pensée est limitée à un exercice verbal : « *Pensée* est un mot fort vague et fort général, qui a plusieurs significations fort différentes, aussi bien que le mot latin *sententia*. On voit assez que ce que nous examinons ici, sont les pensées qui entrent dans les ouvrages de l'esprit, et qui en sont les principales beautés. » De même pour la poésie : chez Virgile ou chez Ovide, que d'images à cueillir! que de passages sublimes à retenir par cœur! Sans doute, ces trésors se trouvent chez les auteurs profanes, dont quelques pédagogues trop rigides ont interdit la fréquentation. Mais serons-nous plus sévères que les Pères de l'Église, qui n'ont pas craint d'aller chercher chez eux les éléments du style? De même que la pensée n'était qu'une parure du discours, de même la lecture des poèmes sert à montrer comment on emploie les épithètes, comment on amène une répétition, comment on conduit une harangue; du sentiment poétique il n'est jamais question.

Charles Rollin n'est pas aride, voire il pourrait l'être un peu plus sans inconvénient; il n'est pas impérieux, il est aimablement doctoral. A l'entendre, toute matière qu'il traite est si importante qu'elle mérite de retenir spécialement l'attention. A propos du raisonnement et de la preuve : « C'est ici la partie de l'art oratoire la plus nécessaire, la plus indispensable qui en est même comme le fondement, et à laquelle on peut dire que toutes les autres se rapportent. » A propos de la fable : « Il n'y a guère de matière, dans ce qui regarde l'étude des belles-lettres, qui soit ni d'un plus grand usage que celle dont je parle ici, ni plus susceptible d'une profonde étude, ni plus embarrassée d'épines et de difficultés. » Il est si sincèrement convaincu qu'il persuade son lecteur, c'est là son fort; on ne saurait trouver avocat plus disert. Mais son attitude n'en est pas moins celle de l'autorité; et pour défendre un passé glorieux, ce n'en est pas moins la pente du siècle qu'il prétend remonter. Comme contenu, les humanités classiques, à peu près exclusivement; comme esprit, le désir de transmettre un dépôt intangible. La personnalité des élèves n'est jamais en jeu; leur collaboration est toute de passivité, leur effort, tout d'imitation; il n'y aura dans leur intelligence, dans leur cœur, dans leur âme, que les valeurs traditionnelles que le maître y aura versées.

Non pas qu'il laisse la classe tout à fait comme il l'a trouvée. De temps à autre, il entrouvre une fenêtre, il entrebâille une porte; il a de l'estime pour Locke, bien que ce dernier « ait des sentiments particuliers qu'on ne saurait toujours adopter, et qu'il semble insuffisamment versé dans l'étude de la langue grecque comme dans l'étude des belles-lettres, dont il ne fait pas assez de cas ». En disant son mot contre les héros guerriers et contre les despotes, Charles Rollin donne des gages à la philosophie. Il insiste sur le fait que si les élèves ont des devoirs envers leurs professeurs, les professeurs aussi ont des devoirs envers les élèves, et il insiste sur cette obligation. Mais quand on se rappelle la date de la publication de son traité, tant de revendications journellement exprimées, tant de violences et tant de révoltes, rien ne prévaut contre l'impression qu'il s'adresse aux honnêtes gens d'autrefois, à un XVIIe siècle qui ne fait plus que se prolonger à contre-courant.

Le présent exige autre chose; les contemporains soulignent les défauts de l'éducation qu'ils ont reçue et de celle qu'ils voient encore donner à leurs fils. Ils disent qu'au sortir du Collège un enfant ne sait rien, ou presque rien. Il ânonne un peu de latin, et à peine quelques mots de grec. Il sait par cœur les quatrains de Pibrac, la fables de La Fontaine qu'il entend mal, le catéchisme qu'il n'entend pas; rien de plus. Là-dessus, on le met dans une Académie; on lui donne un maître d'équitation, de danse, d'escrime, de musique; il ne dépasse pas la connaissance des premiers éléments de la géométrie, et il fait mal une soustraction. Il complète son éducation dans le monde de la façon la plus superficielle et souvent la plus sotte... Si, au lieu de fréquenter les collèges il est mis entre les mains d'un précepteur, mi-cuistre et ni-laquais, son ignorance n'en devient que plus profonde, sa moralité que plus douteuse. Ce précepteur l'habitue à l'envie et à la malice, sous le nom d'émulation et de vivacité; l'élève dans la croyance que l'argent est de toutes les choses du monde la plus précieuse; le persuade de la supériorité d'un fripon qui a du bien sur un homme de mérite qui n'a rien. Étrange façon de faire travailler un élève : « On dicte un long thème à un enfant, il emploie deux ou trois heures pour le mettre en latin, voilà du bon temps pour le maître. Il ne se plaint point de la longueur de sa tâche, surtout si on a la prudence de ne le gronder point pour les fautes dont il l'a rempli, car il compose tout à son aise deux lignes, se repose, en fait deux ou trois autres, puis badine; il retourne encore à son thème, mange quelques fruits, va causer avec un domestique, revient, joue, se bat avec son camarade et arrive enfin par ces intervalles jusques au dernier mot. Lorsque par hasard il rencontre dans quelques lignes, on va crier miracle au père, les endroits où il a extravagué font rire, le nombre des corrections sert de preuve à l'attention du Précepteur, et quand tout le thème est mis au point, le père le regarde comme l'unique effet de la main qui l'a écrit; et en voyant ainsi passer son enfant par où il a passé lui-même, il se sent renaître et rajeunir avec plaisir dans cette chère image [1].

S'il ne va pas dans une Académie, puis dans le monde, l'adolescent entre à l'Université : nouvelles infortunes. Car il ne fait qu'écrire sous la dictée, sans rien comprendre. On lui enseigne la scolastique, qui n'exerce jamais le jugement et charge la mémoire. On lui pose des questions à la manière gothique : Perroquet mignon, *quotuplex causa?* Perroquet mignon, *quotuplex idea* [2]? De cent réponses possibles, le professeur considère qu'une seule est la bonne, celle dont il impose non seulement le sens, mais la forme. C'est déclarer ouvertement la guerre au bon sens. On ne peut pas, sérieusement, en plein XVIIIe siècle, appeler maître ès arts un homme qui ne sait que la grammaire latine et les règles du syllogisme *in baroco*. S'il est vrai que la somme des lumières a augmenté depuis deux cents ans, et que « nous nous sommes éclairés au-delà des espoirs et des imaginations des époques précédentes [3] », il est vrai aussi que nous devons bouleverser la routine des collèges, des Académies, des Universités. Ce raisonnement prend tous les jours plus de force et aboutit à quelques exigences positives.

Il faut que la substance de l'enseignement soit changée. Mettons-nous bien dans l'esprit que les matières à étudier ont été choisies quand elles n'intéressaient que les futurs clercs; elles se sont étendues, telles quelles, à ceux qui devaient entrer dans le professorat, lequel se confondait avec la cléricature : aujourd'hui ce public-là n'est plus qu'une minorité. Elles se sont conservées pour une bonne part à l'usage des futurs gentilshommes, riches et oisifs; l'humanité ne comporte-t-elle pas d'autre classes? Même les enfants de noblesse et de haute bourgeoisie, aujourd'hui, devraient apprendre un métier : cela les mettrait à l'abri de bien des vices, de l'orgueil, de la paresse, de la dissipation. En tout cas, la grande majorité des hommes est obligée de gagner son pain; que dès sa

---

1. J.-P. de Crousaz, *Nouvelles Maximes sur l'éducation des enfants*, 1718.

2. J.-P. de Crousaz, *Traité de l'éducation des enfants*, Lausanne, 1722.

3. Un âge « enlighten'd beyond the hopes and imaginations of former times ». Dans William Worthington, *An Essay on the Scheme and Conduct, Procedure and Extent of Man's Redemption*, 1743.

jeunesse, elle se tourne vers ce que Joseph Priestley appelle le *business of active life* [1].

Dès lors, on réduira considérablement la part du latin : à quoi sert, dans l'existence, d'être un bon latiniste ? Peut-être ne faut-il pas supprimer entièrement cette discipline, bien qu'en fait le goût du latin se perde. Si on la garde, qu'on trouve au moins des méthodes plus expéditives, qu'on ne perde plus sept années qui, pour la plupart des enfants, ne représentent que peines et que souffrances, à apprendre une langue morte ! Le temps ainsi gagné, on le consacrera beaucoup plus avantageusement à la langue du pays où l'on vit. L'histoire aussi demande sa place, et moins l'histoire ancienne que l'histoire politique de l'Europe, qu'ignorent, quand ils arrivent aux affaires, ceux qui auront à s'occuper du gouvernement. L'étude de l'histoire entraînera celle de la géographie. Bien entendu, on ne saurait négliger les sciences, et surtout les sciences naturelles à côté des mathématiques et de la physique. Sur les langues étrangères, on montre plus d'hésitation. Certains conseillent d'introduire la morale naturelle, . en commençant par Grotius et par Pufendorf; et le droit naturel. Il en est qui poussent le souci d'une préparation pratique jusqu'à proposer l'apprentissage des arts mécaniques : il sera plus précieux à un jeune homme de savoir comment se font les souliers qu'il porte, que de répéter Aristote. Pourquoi n'y aurait-il pas dans l'enceinte du collège des outils de différentes sortes ? et autour du collège, des boutiques d'ouvriers ? Un exprès ferait mouvoir les machines à mesure qu'il les montrerait aux enfants, tisseranderie, imprimerie, horlogerie, et autres métiers.

Il faut que l'esprit de l'enseignement soit changé. *Methodus erudiendae juventutis naturalis,* écrit en 1752 Basedow, qui prélude à sa carrière de réformateur [2]. Étant entendu, une fois de plus, qu'il n'y a rien d'inné dans l'âme et que celle-ci

---

1. Joseph Priestley, *An Essay on a course of liberal education, or civil and active life.* Composé antérieurement, publié pour la première fois en 1764. Grimm, *Correspondance littéraire,* mai 1762. Œuvres, t. V, p. 81.

2. *Pro summis in Philosophia honoribus rite consequendis inusitatam eamdemque optimam honestioris juventutis erudiendae methodum... publice predicandam dabit Joahannes Bernardus Basedow.* Kiliae, 1752. *Caput II : Methodus erudiendae Juventutis naturalis.*

se développe par l'apport des sensations qui, peu à peu, se transforment en idées abstraites : l'éducation doit se conformer à la loi de la vie psychologique; elle doit être progressive. Au lieu de s'appliquer du dehors, et avec une rigueur plus ou moins déguisée, sur une âme en formation, elle suivra de l'intérieur les mouvements de cette âme. Les conséquences de ce principe sont incalculables.

La créature sera digne d'intérêt dès son berceau. Le père et la mère, au lieu de l'abandonner aux domestiques et de la négliger sous prétexte qu'elle n'a pas encore l'âge de raison, se pencheront sur elle pour diriger son développement. Le père lui enseignera les bonnes mœurs par son exemple; avant que l'enfant sache même ce que c'est que la vertu, il lui confiera les germes de sagesse que l'avenir fera lever. Le rôle de la mère ne sera pas moins considérable; il lui appartiendra de montrer combien cette même vertu est aimable et douce. Tous deux réunis joueront le rôle d'éducateurs avant que ne commence l'éducation.

L'enfant aura un corps. La façon dont on l'habille, dont on le couche, aura son importance; on surveillera particulièrement sa nourriture. Car nous connaissons trop de ces petites filles qu'on laisse se bourrer de sucreries, de ces jeunes seigneurs qui assaisonnent de pickles tous leurs repas, qui prennent de bonne heure l'habitude de l'ivrognerie; nous avons été souvent les témoins des indigestions qu'on guérit par des médecines qui sont quelquefois pires que le mal. Ils boiront tant qu'ils voudront aux repas, mais entre les repas ils ne boiront jamais : ils mangeront des viandes communes qui les feront robustes; ils éviteront les mets dont sortent des sucs qui imbibent les glandes du cerveau; ils se mettront à table avec leurs parents, sauf quand ceux-ci régaleront quelque compagnie. Ce corps, dont on suivra la croissance, gagnera souplesse et vigueur par des exercices physiques. Il n'y aura plus de petits impotents, ne sachant que faire de leurs mains et de leurs pieds. En élevant leurs fils à la dure, les pères les verront se fortifier de jour en jour. Tous moyens préconisés par Locke, et qui, venus d'Angleterre gagnent les autres pays. « Un savant anglais, M. Locke, est entré sur toutes ces particularités dans un détail que je me garde d'adopter en tout. Notre délicatesse française et nos usages ne s'accommoderaient ni de tous ses régimes, ni de tous ses conseils. Il dit cependant de si bonnes choses, qu'au moins je me crois obligé de les indiquer en gros quand l'occasion se présentera [1]. »

Le choix du précepteur ne sera pas livré à l'aventure. Beaucoup de qualités seront exigées de lui. Une vocation. De la science et de la moralité. De la fermeté et de la discrétion. Il y faut les vertus d'un sage.

Le cours même de l'éducation suivra celui de la nature. Il suffit, pour lui obéir, d'observer comment les connaissances entrent dans l'esprit des enfants et comment les hommes faits en acquièrent eux-mêmes. « La première sensation est la première connaissance... » Donc, « le principe fondamental ‹de toute bonne méthode est de commencer par ce qui est sensible pour s'élever par degré à ce qui est intellectuel; par ce qui est simple, pour parvenir à ce qui est composé; de s'assurer des faits avant de rechercher les causes [2]. »

Les maîtres anciens, qui n'étaient pas si sots, savaient bien qu'on n'enseigne pas à un enfant de six ans ce qui convient à un jeune homme de seize, de dix-huit ou de vingt. Mais la tendance de leur esprit était normative : ce qu'ils imposaient à tous les âges, c'était la règle. Les maîtres de l'avenir suivront pas à pas, s'ils en croient les philosophes, la démarche d'un esprit en formation. Ils observeront l'éveil des facultés puériles; ils satisferont celles qui se manifestent d'abord, la curiosité, l'esprit d'imitation, la mémoire; s'il s'agit d'histoire naturelle, ils montreront d'abord les arbres et les fruits, les oiseaux et les insectes; s'il s'agit de cosmographie, ils parleront du jour et de la nuit, de la lune et des étoiles; s'il s'agit de physique, ils commenceront par des expériences amusantes; s'il s'agit de latin, ils ne commenceront pas par la syntaxe. Lentement, prudemment, ils accéderont aux connaissances abstraites.

L'éducation nouvelle s'accompagnera d'amour. Les observations grincheuses, les réprimandes continuelles, la sévérité, en même temps que l'ennui, leur compagnon, dégoûtent les jeunes âmes. Le plaisir d'apprendre, l'estime et l'affection que sauront gagner parents et professeurs, seront les adjuvants, naturels eux aussi, d'une éducation bien conduite. Les châti-

---

1. Le Père Poncelet, *Principes généraux pour servir à l'éducation des enfants...* 1763. Livre III, Première époque.
2. La Chalotais. *Essai d'éducation nationale*, 1763.

ments corporels, qu'on appliquait jadis si volontiers, seront abandonnés; à peine serviront-ils encore pour quelques cas extrêmes. On ne fait pas entrer le savoir à coups de férule; la violence ne produit jamais que rancune ou révolte.

Il faut que l'éducation devienne civique.

Autre chose l'instruction, autre chose l'éducation; celle-ci est de beaucoup la plus importante, parce que si elle est bien menée, elle produira des citoyens. Cette idée aussi s'exprime parmi tant d'idées effervescentes : l'école doit prendre un caractère national. « L'art de former les hommes est, en tout pays, si étroitement lié à la forme du gouvernement, qu'il n'est pas possible de faire aucun changement considérable dans l'éducation publique, sans en faire dans la constitution même des États [1]. » Tel gouvernement, telle éducation; pas d'éducation possible dans un gouvernement despotique; l'éducation doit devenir une partie intégrale de la politique, à double titre : elle la forme et elle est par elle formée.

L'État aurait volontiers mis la main sur l'éducation. L'abbé de Saint Pierre proposait la création d'un Bureau perpétuel pour la diriger, sous l'autorité du Ministre qui aurait dans son département la police générale de l'État : en langage moderne, un Secrétariat d'État à l'Éducation nationale, rattaché au ministère de l'Intérieur. Il est permis de voir autre chose qu'une coïncidence dans le fait que le même La Chalotais, qui prononça contre les Jésuites le réquisitoire que l'on sait, demandant qu'avant toute chose ils fussent dépossédés de leurs écoles, publia, l'année 1763, un *Essai d'éducation nationale*. L'État doit pourvoir aux nécessités de la Nation; l'État ne doit pas abandonner l'éducation à des gens qui ont des intérêts différents de ceux de la patrie; l'école doit préparer des citoyens pour l'État, donc elle doit être relative à sa constitution et à ses lois; elle est dirigée par des notions mystiques, je demande qu'elle soit dirigée par des notions civiles; il ne s'agit pas de peupler le pays de séminaires et de cloîtres, mais de former des citoyens; le bien public, l'honneur de la Nation, veulent qu'on prépare chaque génération naissante à remplir avec succès les différentes professions de l'État. Dans son traité pédagogique comme dans son

1. Helvétius, *De l'Esprit*, 1758. *Discours IV,* chapitre XVII.

réquisitoire, La Chalotais visait ce qu'il appelait « le vice de la monasticité [1] ». Vers le même temps, les princes réformateurs, sans se soucier tellement des théories, faisaient ce que l'État libéral se proposait de faire : ils faisaient de l'école une province de leur administration.

En somme, il n'est pas un des modernistes qui n'ait appelé de ses vœux l'éducation progressive ; la question de l'allaitement des nourrissons par les mères, celle de savoir s'il fallait ou non les emmailloter, celle de savoir s'il fallait préférer un précepteur privé au système de la vie en commun dans les écoles, celle de savoir comment il fallait choisir ce maître responsable si on se décidait en sa faveur, celle d'un métier manuel à apprendre, celle de la primauté de l'éducation sur l'instruction, tous ces problèmes avaient été abordés et maintes fois traités. De même, on avait traité de l'éducation des filles. Idées qui attendaient, invitaient, provoquaient un génie, près de les vivifier.

1. La Chalotais, *ouvrage cité.*

CHAPITRE VII

L'Encyclopédie.

Un critique écrivait jadis que l'*Encyclopédie* avait été la grande affaire du temps, le but où tendait tout ce qui l'avait précédée, le vrai centre d'une histoire des idées au xviii.e siècle. Du point de vue européen, cette affirmation est excessive, mais il est certain que née d'un modèle anglais, ayant reçu à Paris sa forme définitive, invitée à émigrer en Suisse, en Prusse, rayonnant sur les pays les plus divers, reproduite et imitée, l'*Encyclopédie* est une des forces représentatives de l'Europe.

Science et vulgarisation, voilà ce qu'elle veut être à la fois, et voilà ce que nous n'admettons plus aujourd'hui. Elle représente donc d'abord le mouvement de diffusion qui est conforme à la volonté de l'époque des lumières. De même que celle-ci, en matière de pensée, ne craint pas d'associer la notion de philosophie à la notion de peuple — la *Populärphilosophie* —, de même en matière de connaissance, loin d'écarter les profanes, elle les appelle. Le réservé, le difficile, le secret, ne sont pas de son goût; et cette route encore conduit de l'aristocratie des esprits à la bourgeoisie éclairée qui, plutôt que de vouloir pénétrer le secret des choses, s'empare du monde. « L'œuvre encyclopédique est la prise de possession par les philosophes du xviiie siècle d'un monde qui en lui-même restera inconnu, et qu'ils acceptent comme tel, renonçant à saisir sa réalité profonde. Ils se borneront sagement à amasser des faits, pour les ranger ensuite dans un ordre encyclopédique.

« Et une fois qu'ils auront ordonné ce dont ils se sont saisis, ils verront l'univers des objets se transformer en quelque chose de connu, en un ensemble de données scientifiques, de faits dûment constatés, en quelque chose que l'homme tient et qui est à lui[1]... »

« On aime à être savant, mais on cherche à le devenir à peu de frais : tel est particulièrement le génie de notre siècle », remarquait un des rédacteurs des *Mémoires de Trévoux,* au mois d'août 1715. L'observation était juste. Voulait-on « apprendre la géométrie sans se donner beaucoup de peine? » les sciences en peu de temps, sans le secours d'aucun maître? le latin en se divertissant? la grammaire avec rapidité et d'une façon agréable? Chaque fois on était servi, et un livre nouvellement paru faisait ces propositions alléchantes. *Mathematics made easy; Système nouveau, par lequel on peut devenir savant sans maître, sans étude, et sans peine...* L'intention ne variait pas, les termes ne changeaient guère : à trente-quatre ans de distance, le *Journal des Savants* faisait écho aux *Mémoires de Trévoux :* « On aime à savoir, mais on veut apprendre sans peine et en peu de temps, c'est sans doute la cause des différentes méthodes que l'on présente tous les jours, et la raison pour laquelle nous voyons tant d'abrégés. » (Novembre 1749.)

On voyait des *Abrégés* de toute espèce, en effet. Et des *Pensées*, détachées de l'œuvre, trop copieuse, de leurs auteurs. Et l'*Analyse de Bayle* et le *Génie de Montesquieu.* Et je ne sais combien d'*Esprits.* « M. de Blainville, jeune musicien qui donne des espérances, vient de faire imprimer l'*Esprit de l'art musical.* Ce titre est à la mode; nous avons l'*Esprit des Nations,* l'*Esprit des Beaux-Arts,* l'*Esprit de Montaigne, de Fontenelle,* etc. : nous venons de voir l'*Esprit du jour,* et je n'ose pas parler de l'*Esprit des lois.* Il semble qu'on veuille tout quintessencier, tout passer au creuset : on veut extraire l'esprit de tout[2]. »

Et des *Bréviaires* et des *Compendia;* et des *Bibliothèques* et des *Dictionnaires.* Si on faisait l'histoire de ces derniers, il faudrait marquer le changement progressif de leur contenu : à la Renaissance, des dictionnaires des langues anciennes, pour les humanistes; au XVIIe siècle, des dictionnaires des langues nationales, à l'usage des honnêtes gens; ensuite des diction-

1. B. Groethuysen, *L'Encyclopédie.* Dans le *Tableau de la littérature française,* XVIIe et XVIIIe siècles, 1939.
2. Grimm, *Corresp. litt.,* 24 sept. 1754. Tome II, pp. 187-188.

naires historiques et critiques. Mais on en demandait d'une autre espèce, substantiels : dictionnaires des arts, du commerce, de la géographie; et on en désirait un qui contînt tous les autres, capable de satisfaire la gourmandise de savoir qui excitait les esprits. Universel et portatif, c'eût été l'idéal. Et si c'était impossible, qu'il fût lourd et massif, soit : mais qu'il fût universel. Ephraïm Chambers, plus heureux que ses prédécesseurs, avait emprisonné les connaissances universelles dans deux volumes in-folio, dans sa *Cyclopaedia, or Universal Dictionary of Arts and Sciences :* ce qui lui avait valu réputation, profit, et la gloire posthume de reposer à côté des grands Anglais qui avaient bien mérité de leur patrie, à Westminster.

Grimm, chargé de rendre compte de toutes ces productions, grognait comme d'ordinaire; c'était une chose vraiment effrayante que de voir à quel point les chimistes littéraires se multipliaient : chenilles qui rongeaient l'arbre de la littérature, et qui le mangeraient ainsi jusqu'aux racines. Il grognait, sans comprendre le changement intellectuel qui s'opérait sous ses yeux. Le temps n'était plus où quelque métaphysicien, se concentrant sur lui-même et dans l'obscur de sa chambre, essayait de pénétrer le secret de l'être : cette opération-là, plus difficile à mener à bien que la découverte de la pierre philosophale, était abandonnée, ou remise à des rêveurs désespérés. Maintenant, on partait à la découverte du monde des apparences, des apparences qui étaient devenues le seul réel. Comme si les marins de jadis avaient perdu follement leur peine à vouloir connaître les profondeurs de l'Océan; comme si les marins d'aujourd'hui, plus sages, se contentaient de dresser la carte utile des vents, des écueils, des routes et des ports. Que chacun prît part à la grande aventure nouvelle! Que chacun, du moins, en ressentît le bienfait! Chacun aurait la science à la portée de la main, sur des rayons, A, B, C, D; l'*Encyclopédie* était demandée et commandée par l'esprit même du siècle.

C'est ce que comprenait d'Alembert; et mieux encore Diderot, qui comprenait toutes choses. Ils reconnaissaient que les méthodes, les éléments, les abrégés, les bibliothèques, pullulaient; que les dictionnaires abondaient au point qu'on était dans le cas de les justifier plutôt que d'en faire l'éloge; phénomène qu'ils expliquaient par son « utilité sensible ».

Acceptant l'évolution commencée, ils la porteraient à son terme. Les courtisans, les officiers, les gentilshommes, les femmes aussi, qui demandaient à s'instruire, ils les accueilleraient; ils appelleraient à eux ces lecteurs avides. Ils traiteraient des sciences et des arts de manière qu'on n'en supposât aucune connaissance préliminaire; ils exposeraient ce qu'il importait de savoir sur chaque matière, pas davantage; ils supprimeraient les difficultés de la nomenclature pour qu'elle n'embarrassât nulle part; ils traduiraient les citations, qui cesseraient d'être des hiéroglyphes; ils donneraient un ouvrage qui pût tenir lieu de bibliothèque, dans tous les genres à un homme du monde, et dans tous les genres, excepté le sien, à un savant de profession. Un geste, quelques secondes, le temps de chercher un mot, et les plus ignorants deviendraient les plus instruits. On connaît l'anecdote imaginée par Voltaire, en guise d'illustration. Comme Louis XV soupait à Trianon en petite compagnie, on parla de chasse, puis de poudre à tirer : on s'aperçut que personne ne savait au juste de quoi était composée cette poudre. Mme de Pompadour ne savait ni d'où venait le rouge qu'elle se mettait sur les joues, ni comment on fabriquait les bas de soie dont elle se chaussait. Or cette ignorance a son remède : on fait un signe, et les valets apportent les tomes de l'*Encyclopédie*. On se renseigne sur la poudre, sur le rouge et sur les métiers à tisser les bas; bientôt chacun se jette sur les volumes comme les filles de Lycomède sur les bijoux d'Ulysse, et rencontre à l'instant ce qu'il cherchait. Les plaideurs y trouvent la décision de leurs procès, le roi y lit les droits de sa couronne. Tandis qu'on continue à feuilleter, le Comte de C*** dit tout haut : — « Sire, vous êtes trop heureux qu'il se soit trouvé sous votre règne des hommes capables de connaître tous les arts et de les transmettre à la postérité. Tout est ici, depuis la manière de faire une épingle jusqu'à celle de fondre et de pointer vos canons, depuis l'infiniment petit jusqu'à l'infiniment grand... »

L'Europe ouvrirait un nouveau livre de comptes : *Sancti Thomae Aquinatis Summa theologica, in qua Ecclesiae catholicae doctrina universa explicatur*, pour les philosophes c'était le passé, ce serait l'oubli; *Encyclopédie*, ou *Dictionnaire raisonné des sciences, des arts et des métiers, par une société de gens de lettres,* c'était l'aube et le jour. Il fallait — cette expression encore revenait sous leur plume, impérieuse — il fallait faire l'inventaire du connu, et, pour cela, tout examiner, tout remuer sans exception et sans ménagement; fouler aux pieds les vieilles puérilités, renverser les idoles que désapprouvait la raison; et au contraire, mettre un signe glorieux sur les valeurs modernes.

Les enfants du siècle voulaient être libres; et ainsi leur œuvre ne serait pas le fait du prince, ne ressemblerait pas à ces entreprises officielles qui se traînent si lentement qu'elles sont en retard sur l'évolution des croyances; la leur ne devrait rien à un gouvernement donné. Elle se passerait des concours de toute Académie, une Académie n'étant jamais qu'un groupe étroit; seuls, un sentiment de bienveillance réciproque et l'intérêt général uniraient les collaborateurs. Les enfants du siècle ne voulaient pas être des amuseurs, des dilettantes : aussi l'*Encyclopédie* ne contiendrait-elle rien de superflu, rien de suranné; tout y serait en action, et vivant; on ne se contenterait même pas d'expliquer et de décrire, des gravures et des planches montreraient les formes concrètes du travail incessant qui crée la civilisation. Les enfants du siècle voulaient être des constructeurs; ils ne se laisseraient pas détourner de leur but en s'attardant dans le passé, voire même en dénonçant une à une les erreurs historiques, comme avait fait Bayle; bien plutôt travailleraient-ils à l'assemblage des matériaux nécessaires à la Cité. Les enfants du siècle seraient fidèles à leurs dieux, la raison, la nature : « Aujourd'hui que la philosophie s'avance à grands pas, qu'elle soumet à son empire tous les objets de son ressort, que son ton est le ton dominant, et que l'on commence à secouer le joug de l'autorité et de l'exemple pour s'en tenir aux lois de la raison, il n'y a presque pas un ouvrage élémentaire et dogmatique dont on soit entièrement satisfait. On trouve ces productions calquées sur celles des hommes, et non sur les vérités de la nature. On ose proposer des doutes à Aristote et à Platon, et le temps est arrivé où les ouvrages qui jouissent encore de la plus haute réputation en perdront une partie, ou même tomberont entièrement dans l'oubli... Tel est l'effet du progrès de la raison. » Les résultats seraient grands. Car personne ne pourrait contester, d'une

part, que le Dictionnaire universel ne fût au niveau du temps ;
et de l'autre, si tous les livres venaient à disparaître dans
quelque cataclysme et qu'il restât, rien ne serait perdu, le
savoir humain serait sauvé.

Avant cette claire notion de leur idéal ; rassemblant les
connaissances éparses sur la surface de la terre, pour en exposer
le système général à leurs contemporains, le transmettre à
ceux qui les suivraient, de façon que leurs petits-neveux,
devenant plus instruits, devinssent plus vertueux et plus heureux : loin d'être effrayés par l'ampleur de la besogne, ils
s'enivraient à l'idée de cette vendange infinie. D'où l'enthousiasme des débuts, les proclamations hardies, les promesses,
l'appel lancé à ceux qui comptaient dans la république des
lettres et des sciences ; ce n'est pas l'amour de l'argent qui
anime Diderot et d'Alembert qu'il s'associe, quand ils se
mettent à la tête de l'entreprise : bien plutôt dirigent-ils une
croisade, la croisade de la philosophie. D'où cette grande
attente et ce frémissement, lors de la publication du prospectus,
au mois d'octobre 1750 ; et du premier volume, le 1er juillet 1751. D'où la contre-ligue des adversaires qui signalent
aussitôt le danger. D'où l'émotion se propageant, quand la
publication est une première fois, puis une deuxième fois
arrêtée. D'où les péripéties dont le détail est si connu que nous
n'avons pas à y revenir, et ce jour douloureux où Diderot
s'aperçoit que le libraire Le Breton mutile secrètement ses
articles : « Je suis blessé jusqu'au tombeau... » Enfin, au mois
de janvier 1766, Samuel Fauche, de Neuchâtel, par un subterfuge que le public européen feignit d'accepter, annonça que
les volumes à partir du tome huit avaient été imprimés en
Suisse et qu'il les tenait à la disposition des souscripteurs.

— Peut-être, si tout s'était passé paisiblement, s'il n'y avait pas
eu ces difficultés, ces combats et cette victoire finale qui ne
fut telle qu'à condition de ne le paraître pas, peut-être l'*Encyclopédie* aurait-elle eu moins d'importance. Une qualité dramatique reste attachée à son histoire. Elle a lutté contre l'ancien,
pensées et forces ; *incipit vita nova...*

Un Dictionnaire qui serait systématique, qui exposerait
l'ordre et l'enchaînement des connaissances humaines, c'eût

été un paradoxe, en tout autre temps qu'au XVIIIe siècle. Car comment concilier l'analyse désordonnée que l'ordre alphabétique impose, et la synthèse dont ce temps voulut rêver? Chambers avait essayé; l'*Encyclopédie* française mit sa gloire à mieux réussir.

Quel principe devait organiser cet ordre et forger cet enchaînement? Fallait-il faire un décalque de la pensée divine? — Non pas. Dans le classement des sciences, la théologie n'obtint qu'une maigre place et cet espace réduit fut lui-même partagé. Car on la divisa en deux : la théologie naturelle, qui n'a de connaissance de Dieu que celle que produit la raison, aussi n'est-elle pas d'une grande étendue; et la théologie révélée : mais cette dernière n'est autre chose que la raison appliquée aux faits révélés; on peut dire qu'elle tient à l'histoire par les dogmes qu'elle enseigne, et à la philosophie par les conséquences qu'elle tire de ces dogmes. En d'autres termes, dépendant de la raison, ou n'étant plus qu'historique ou philosophique, la théologie prenait figure de reine dépossédée. Les sciences ne s'ordonneraient pas selon leurs rapports avec la science de Dieu.

Dominera, au contraire, le fait humain, toute transcendance étant exclue; s'affirmera la primauté de l'homme; les sciences s'ordonneront selon leur rapport avec le développement de sa psychologie. Les sensations nous apprennent notre existence et celle des autres hommes semblables à nous. Une société, une morale, une religion, peu à peu s'élaborent; il est évident que les notions purement intellectuelles du vice et de la vertu, le principe et la nécessité des lois, la spiritualité de l'âme, l'existence de Dieu et nos devoirs envers lui, en un mot les vérités dont nous avons besoin, sont le fruit des idées réfléchies que nos sensations occasionnent. D'autre part, le soin d'éviter la douleur et de rechercher le plaisir, la nécessité de conserver notre corps, nous obligent à prévenir les maux qui nous menacent ou à remédier à ceux dont nous sommes atteints, nous invitent à des découvertes particulières ou collectives; sont nées d'abord l'agriculture, la médecine, enfin tous les arts les plus absolument nécessaires. Qu'il s'agisse donc de la théorie ou de la pratique, l'homme a organisé lui-même son savoir et sa vie. Dès lors on tient le principe de l'enchaînement dont il suffira d'exposer le détail :

Il résulte de tout ce que nous avons dit jusqu'ici que les différentes manières dont notre esprit opère sur les objets, et les différents usages qu'il tire de ces objets même, sont le premier moyen qui se présente à nous pour discerner en général nos connaissances les unes des autres. Tout s'y rapporte à nos besoins, soit de nécessité absolue, soit de convenance et d'agrément, soit même d'usage et de caprice.

D'Alembert, dont nous reprenons ici les propres termes, ne prend pas seulement, devant l'ensemble du savoir, la même attitude que Buffon prend devant la nature; il rejoint Pope, *The proper study of mankind, is man* [1]; il rejoint Lessing, le plus noble sujet d'étude pour l'homme est l'homme [2].

Serait-il possible, toutefois, de trouver un autre principe de liaison, qui serait encore plus humain, si l'on peut dire? Le développement progressif de nos sensations et de nos réflexions laisse intervenir des circonstances étrangères à nous-mêmes. Car l'histoire des acquisitions que nos besoins ont commandées ne se présente pas suivant une ligne continue Elle peut être traversée par des obstacles et suspendue par des arrêts; plutôt qu'à une droite, elle ressemble à un chemin tortueux, à un labyrinthe; quelquefois l'humanité tourne en cercle et quelquefois elle revient en arrière. Les sciences empiètent les unes sur les autres; celle-ci est en avance et celle-là est en retard; il en résulte un certain désordre et une grande complication. Il faudrait un guide plus clair et plus expéditif : celui-ci. Hier comme demain, chez les Parisiens comme chez les Hottentots, on constate dans l'homme la présence de trois facultés maîtresses : la mémoire, l'imagination, la raison. Ce seront là les trois divisions de l'ordre encyclopédique. La mémoire crée l'histoire; la raison, la philosophie; l'imagination, les beaux-arts; histoire, philosophie, beaux-arts, se subdivisant à leur tour. C'est à cette seconde vue que l'*Encyclopédie* se conformera décidément, parce que le fait qu'elle perçoit est plus simple que ne l'était le développement progressif de notre âme. Des rappels, inscrits après chaque mot du dictionnaire, permettront de rattacher la feuille au rameau, le rameau à la branche, et la branche au tronc central, qui reste le fait humain le plus dépouillé, à savoir

1. Pope, *Essay on Man, Epistle II.*
2. Lessing, *Œuvres*, Ed. Hempel, XVIII, p. 25.

l'existence des facultés de l'homme. Ainsi les deux grands maîtres, l'un de la pensée, l'autre de la science européennes, Locke et Bacon, ont imprimé leur direction à la pensée ordonnatrice de l'*Encyclopédie*.

Eh quoi! s'écria-t-on, dès qu'on prit connaissance de ce *Discours préliminaire,* la connaissance ne vient plus de Dieu! la loi de Dieu n'est plus la règle de la morale! Encore d'Alembert avait-il accordé quelques lignes à l'Être suprême : l'union de l'âme et du corps, jointe aux réflexions que nous sommes forcés de faire sur les deux principes, l'esprit et la matière, éternels problèmes, nous portent à l'idée d'une Intelligence toute-puissante. Même il avait parlé de la nécessité d'une religion révélée, qui servît de supplément à la religion naturelle. Bien que cette expression, un supplément, donnât un caractère d'irrévérence à son propos; bien qu'il eût l'air de dire que les vérités communiquées par cette religion révélée fussent à l'usage du peuple et non des sages, du moins gardait-il quelques ménagements, ou prenait-il quelques précautions. Diderot se montrera plus franc, lorsqu'il en arrivera à l'article *Encyclopédie* du Dictionnaire. Il prendra la défense du plan directeur de l'ouvrage, et résolument il mettra l'homme au centre de l'Univers :

> *Si l'on bannit l'homme et l'être pensant et contemplateur de dessus la surface de la terre, ce spectacle pathétique et sublime de la nature n'est plus qu'une scène triste et muette; l'univers se tait, le silence et l'ennui s'en emparent. Tout se change en une vaste solitude où les phénomènes inobservés se passent d'une manière obscure et sourde. C'est la présence de l'homme qui rend l'existence des êtres intéressante : et que peut-on se proposer de mieux dans l'histoire de ces êtres que de se soumettre à cette considération? Pourquoi n'introduirions-nous pas l'homme dans notre ouvrage comme il est placé dans l'univers? Pourquoi n'en ferions-nous pas un centre commun?*

Au commencement, Dieu créa le ciel et la terre, disait la Bible; et quand il eut créé le ciel et la terre, il forma l'homme. Or quand il en vint à définir l'homme, Diderot oublia la Bible et omit Dieu :

> HOMME. s. m. *C'est un être sentant, réfléchissant, pensant, qui se promène librement sur la surface de la terre, qui paraît être*

*à la tête de tous les autres animaux sur lesquels il domine, qui
vit en société, qui a inventé des sciences et des arts, qui a une bonté
et une méchanceté qui lui est propre, qui s'est donné des maîtres,
qui s'est fait des lois, etc...*

On a considéré quelquefois comme une nouveauté intrinsèque la grande place que l'*Encyclopédie* a faite aux arts et aux
métiers, promettant de donner sur chaque science et sur
chaque art soit libéral, soit mécanique, les principes généraux
qui en sont la base, et les détails les plus essentiels qui en font
le corps et la substance. Elle fournirait, en même temps que
l'exposé méthodique de nos connaissances, un guide de la
pratique : c'était sa seconde ambition.

S'étonner de ce souci, ce serait ignorer l'une des tendances
contemporaines qui engagèrent le plus directement l'avenir;
ce serait oublier les précurseurs; Descartes, dont les conseils
allaient à faire bâtir dans le Collège Royal, ou dans tous autres
lieux qu'on aurait destinés au public, diverses grandes salles
pour les artisans, et à joindre à chaque salle un cabinet rempli
de tous les instruments mécaniques nécessaires ou utiles aux
arts qu'on y devait enseigner; Leibniz, qui projetait une
manière d'exposition universelle où il y aurait eu des divertissements et des jeux, des danseurs de corde, des acrobates,
un homme qui mange du feu, des ballets de chevaux, des
girandoles et autres curiosités destinées à attirer la foule :
laquelle aurait appris, en même temps, à connaître les instruments du progrès des sciences, collections d'histoire naturelle,
théâtre anatomique, camera obscura, expériences sur l'eau,
sur l'air, et sur le vide, inventions, machines. Déjà l'*Essay
concerning human Understanding* avait fait une place à la mécanique : « C'est de la mécanique, toute idiote et méprisée qu'elle
est (car ce nom est disgracié dans le monde), c'est de la mécanique, dis-je, exercée par des gens sans lettres, que nous
viennent les arts si utiles à la vie, et qu'on perfectionne tous
les jours. » Déjà des dictionnaires avaient annoncé par leur
titre qu'ils s'occuperaient des sciences et des arts, voire même
qu'ils seraient techniques. Déjà d'habiles mécaniciens cons-
truisaient des automates, déjà Vaucanson avait présenté à
l'Académie des Sciences son Joueur de flûte, qui devait avoir

comme successeur l'Homme qui parlait, fabriqué par un Hongrois, Kempelen Farkas.

Des machines, comme on en inventait alors de merveilleuses! Des machines à tisser, qui allaient si vite que les filatures n'arrivaient plus à leur fournir assez de fil; puis des machines à filer qui fabriquaient tant de fil que les machines à tisser n'arrivaient plus à l'utiliser. Des machines qui se servaient de la houille pour la fusion du minerai. Et le prodige des prodiges, la machine à vapeur. En effet, l'année 1733, John Kay inventait la navette; l'année 1738, John Wyatt et Lewis Paul prenaient le brevet de la machine à tisser; l'année 1761, James Watt commençait ses expériences; l'année 1767, il avait trouvé; l'année 1768, il prenait sa patente à son tour. Dans l'Europe du XVIIIe siècle, les machines commençaient à remplacer communément les hommes; dans l'histoire de notre espèce, aucun fait plus lourd de conséquences ne s'était produit.

L'*Encyclopédie* s'insérait donc dans un mouvement général, qu'elle exaltait et qu'elle dignifiait. Elle les ferait connaître à tous ses lecteurs, ces arts mécaniques que les purs penseurs ignoraient ou dédaignaient, du temps où la seule métaphysique leur paraissait digne de leur méditation. Ses collaborateurs entreraient dans les boutiques où se vendaient les objets usuels; mieux encore, ils iraient dans les ateliers, ils verraient comment un relieur habille ses volumes, un charpentier bâtit ses caisses, un verrier souffle ses bouteilles, un mineur attaque son charbon. Le fils du coutelier de Langres se chargerait tout particulièrement de regarder, d'interroger; il emmènerait avec lui des dessinateurs, qui copieraient les pièces les plus simples pour aboutir aux machines les plus compliquées.

Cette modification de la pensée, se tournant vers la technique, ne pouvait pas ne pas s'accompagner d'un changement social; en relevant le prix des arts mécaniques, on devait, logiquement, estimer plus haut la condition de ceux qui les exerçaient. L'*Encyclopédie* nous fait assister à ce reclassement des valeurs. Car elle disait encore : Vous ne mépriserez plus les artisans, ce sont nos égaux, voire nos supérieurs. D'où venait votre dédain? Peut-être d'une vague et inconsciente rancune; l'inégalité première était basée sur la force, on lui a substitué une inégalité de convention, basée sur la supériorité des esprits : les esprits se vengent du triomphe ancien de la vigueur corporelle. Votre dédain venait d'une idée fausse : on pensait qu'en pratiquant ou même en étudiant les arts mécaniques, on dérogeait, on s'abaissait « à des choses dont la recherche est laborieuse, la méditation ignoble, l'exposition difficile, le commerce déshonorant, le nombre inépuisable et la valeur minutielle » : « Préjugé qui tendait à remplir les villes d'orgueilleux raisonneurs et de contemplateurs inutiles, et les campagnes de petits tyrans ignorants, oisifs, et dédaigneux. » S'il est vrai que les arts libéraux l'emportent sur les arts mécaniques par le travail intellectuel que les premiers exigent, et par la difficulté d'y exceller, il est vrai aussi que les seconds l'emportent par leur utilité. Ceux à qui nous devons la fusée des montres, l'échappement et la répétition, ne sont pas moins estimables que ceux qui ont perfectionné l'algèbre. Ou bien avec encore plus de vigueur : « Mettez dans un des côtés de la balance les avantages réels des sciences les plus sublimes et des arts les plus honorés, et dans l'autre côté ceux des arts mécaniques, et vous trouverez que l'estime qu'on a faite des uns, et celle qu'on a faite des autres, n'ont pas été distribuées dans le juste rapport de ces avantages, et qu'on a bien plus loué les hommes occupés à faire croire que nous étions heureux, que les hommes occupés à faire que nous l'étions en effet. »

La volonté d'être heureux, et d'être heureux tout de suite, revenait donc sous cette forme, elle revenait toujours. Honneur à ceux qui contribuaient à la félicité terrestre! L'instrument du bonheur serait le progrès matériel. L'empirisme exigeait le transfert de dignité qui allait de la spéculation à la pratique, de la pensée à l'action, du cerveau à la main. Diderot, en prenant le parti des arts mécaniques, était fidèle à sa doctrine, aux idées qu'il partageait avec ses frères, à l'esprit de la philosophie du siècle.

L'*Encyclopédie* a de nombreux défauts, qu'on voit mieux de jour en jour. Dès le début, ses adversaires l'accusaient d'avoir fait de vastes emprunts, inavoués, aux compilations antérieures, aux livres qu'elle traitait à coups de ciseaux, aux périodiques : et c'était vrai; on l'accusait d'avoir laissé passer beaucoup d'erreurs et quelques sottises; et ce n'était pas faux. Les collaborateurs étaient de toute espèce, quelques hommes de génie, qui avaient plus volontiers promis leur concours qu'ils n'avaient tenu leurs engagements; beaucoup de manœuvres obscurs, qui donnaient ce qu'ils pouvaient et qui ne pouvaient pas grand-chose; d'où une disparate éclatante dans la qualité des articles. Disparate aussi dans la doctrine, souvent contradictoire. Diderot, inspirateur admirable, n'a pas toujours bien fait son métier de secrétaire de la rédaction; il y fallait une trop longue patience; il a laissé passer des répétitions, il n'a pas constaté les lacunes; et aussi bien, à mesure que le travail s'avançait, n'était-ce plus lui qui en soutenait le poids, c'était Elie de Jaucourt. D'assurer une unité de doctrine, Jaucourt se souciait moins que de pousser l'œuvre à travers vents et marées, que de fournir de la copie à l'imprimeur qui réclame et au prote qui attend.

Mais abrégeant la liste des imperfections, allons à l'essentiel, et jugeons les Encyclopédistes. Un bon dictionnaire doit changer la façon commune de penser. L'ont-ils changée?

Tel ou tel article est parfaitement orthodoxe; et on serait tenté de dire, l'ayant lu, ce qu'un abbé italien, Ziorzi, écrivait en 1779 : « Pour moi, je suis bien loin de l'opinion de ceux qui... tiennent les Encyclopédistes pour une congrégation d'incrédules. Et même je leur conseillerais de lire l'article *Christianisme* et quelques autres du même genre, dans lesquels ils trouveraient la religion non seulement respectée, mais robustement défendue. » Pour peu qu'on approfondisse l'examen, on change d'opinion. Oui, les articles que l'autorité ecclésiastique était en droit de suspecter sont inoffensifs; mais parmi les autres, il n'en est guère où, d'une façon ou d'une autre, par un court développement, voire par une prétérition, ne se manifeste un esprit d'hostilité aux doctrines reçues, à l'autorité, aux dogmes. Au lieu d'accepter et d'enregistrer, ce dictionnaire propose une foule de doutes et de rébellions; c'est le premier changement.

Le second est capital : ce dictionnaire est bien celui qui convient à la Cité des hommes. Au sens du divin, il a contribué pour sa part à substituer le sens du social. Non pas que les sciences sociales, qui cherchaient alors leurs formes, y aient trouvé leur plein développement. L'idée avérée que pour étudier l'humanité, il faut partir non pas de l'individu, mais du groupe, ne lui revient pas. En 1767 seulement, dans *An Essay on the history of Civil Society,* Adam Ferguson prononcera que tous les témoignages que nous possédons, des plus anciens aux plus modernes, rassemblés de toutes les parties de la terre, ne représentant jamais l'humanité que sous forme de troupes et de compagnie, c'est de ce fait qu'on doit procéder; de sorte que Ferguson pourra être considéré comme le fondateur de la sociologie moderne. Du moins l'Encyclopédie a-t-elle fait le bilan des sciences sociales en devenir; elle a dégagé leur esprit; elle les a ébauchées; la science de l'homme, au sens moderne du mot, ne s'y est pas achevée, mais elle s'y est préparée.

Faut-il ajouter une influence plus secrète?. L'*Encyclopédie* a-t-elle été une entreprise maçonnique? Que la franc-maçonnerie ait eu le dessein de publier un Dictionnaire de tous les arts libéraux et de toutes les sciences utiles, voilà qui est certain; Ramsay, grand maître de l'ordre, l'a dit expressément dans un discours qu'il a prononcé le 31 mars 1737. « On a déjà commencé l'ouvrage à Londres [1], mais par la réunion de nos confrères on pourra le porter à sa perfection dans peu d'années. On y expliquera non seulement le mot technique et son étymologie, mais on donnera encore l'histoire de la science et de l'art, ses grands principes et la manière d'y travailler. De cette façon on réunira les lumières de toutes les nations dans un seul ouvrage... » Un précepteur du comte de Reuss, nommé Gensau, rapporte aussi qu'en 1741, Ramsay lui a parlé du plan d'une souscription à dix louis par tête offerte à tous les francs-maçons de l'Europe, et dont le produit eût été d'abord employé à l'impression d'un dictionnaire universel en français, qui devait comprendre les quatre arts libéraux, ainsi que les sciences historiques. Mais le témoignage précis qui nous permettrait de changer ces possibilités en certitude nous manque encore.

L'*Encyclopédie* agissait. Combattue par de nombreux publicistes, elle devait être proscrite par l'Église qui a condamné sous toutes ses formes, et où qu'il pût paraître, le *spissum opus*

---

1. La *Cyclopaedia* d'Ephraïm Chambers date de 1728, et Chambers était franc-maçon.

in plures tomos cujus est titulus Encyclopédie, parce qu'il contenait une doctrine et des propositions fausses, pernicieuses et
scandaleuses, conduisant à l'incrédulité et au mépris de la
religion. En Toscane on la reproduisait deux fois, d'abord à
Lucques, et ensuite à Livourne, où elle obtenait le patronage
du grand-duc Pierre Léopold : excellentes affaires de librairie,
si fructueuses, qu'elles faisaient naître d'autres projets, excitaient une « fermentation typographique ». On la reproduisait
à Genève; puis, sous une forme plus maniable, à Genève
encore, à Berne, à Lausanne et à Yverdon. A partir de 1782,
Panckoucke la remaniait, sous le nom d'*Encyclopédie méthodique.* Elle irradiait à travers l'Europe.

CHAPITRE VIII

Les idées et les lettres.

Le plus grand changement que la littérature ait subi, nous l'avons vu : elle est devenue le champ de bataille des idées. Mais la Cité des hommes a voulu être belle, aussi : de quelle espèce fut la beauté qu'elle aima?

Le pseudo-classicisme.

On n'est jamais aussi nouveau qu'on voudrait l'être; c'est une vérité que le xviiie siècle n'a pas reconnue, mais dont il a subi l'effet. En se comparant à son aîné le xviie, il a éprouvé un sentiment complexe, une pointe de jalousie, une nuance de respect. Il se disait plus grand et redressait la taille, plus grand dans la pensée, plus grand dans les sciences : mais pour ce qui est des lettres et des arts, il avouait qu'il n'avait pas réussi à l'égaler. Il exposait toutes les raisons qu'il avait de détester Louis XIV : et quand il avait fini, il avouait que la statue de Louis XIV restait sur son piédestal, entourée d'une foule d'autres statues, celles des génies.

Il a donc traîné un lourd poids d'imitation. Il a obéi aux règles, les discutant et les subissant; il s'est contenu dans les genres établis, il aurait bien voulu en trouver d'autres et n'en trouvait pas. C'était à qui composerait des fables, comme La Fontaine : Iriarte et Samaniego, Gay et Gellert. A qui ferait dialoguer les morts, comme Fontenelle et comme Fénelon : Gozzi, Frédéric II, et tant d'autres. A qui mettrait dans les odes un enthousiasme bien calculé, comme Boileau : c'est ce que Gottsched recommandait aux poètes allemands. A qui conquerrait enfin la gloire du poème épique, la *Henri-*

queida de Xavier de Meneses, *La toma de Granada* de Moratin,
l'*Hermann* ou l'*Heinrich der Vögler* d'Otto Von Schönaich,
et tant d'autres en tous pays. M. de Voltaire avait donné
le ton, dans *La Ligue* ou *Henri le Grand*, dès 1723 :

> Je chante les combats, et ce Roi généreux
> Qui força les Français à devenir heureux,
> Qui dissipa la Ligue et fit trembler l'Ibère,
> Qui fut de ses sujets le vainqueur et le père,
> Dans Paris subjugué fit adorer ses lois,
> Et fut l'amour du monde et l'exemple des rois.

> Muse, raconte-moi quelle haine obstinée
> Arma contre Henry la France mutinée,
> Et comment nos ayeux à leur perte courants
> Au plus juste des rois préféraient des tyrans...

On l'avait applaudi : le Poème épique, longtemps silencieux,
avait retrouvé la voix par le mérite de ce Français dont on
était fier [1].

Combien d'auteurs comiques cherchèrent à rivaliser avec
Molière, ou si l'entreprise était trop dangereuse, combien
se contentèrent de l'imiter! *Le Glorieux* de Destouches, *le
Méchant* de Gresset, descendent du *Misanthrope* et de *l'Avare*,
pères de pâles héritiers; Holberg avait devant les yeux assez
de types locaux, et en soi-même assez de verve pour composer
des comédies originales; elles l'auraient été davantage encore
s'il n'avait regardé du côté de Plaute et de Molière, et s'il
n'avait eu peur de violer la règle des unités. Des cimetières
où allèrent dormir pour toujours tant de morts, le plus peuplé
fut celui où reposèrent les tragédies, celles qui furent célèbres,
comme la *Zaïre* de M. de Voltaire, celles qui tinrent bon
pendant quelques soirées, celles qui obtinrent en une seule
fois les honneurs du sifflet et la couronne du martyre. Elles
n'ont plus sur leurs tombes que des noms oubliés : ci-gît
Cosroès, ci-gît *Aristomène*, ci-gît *Briseis*, ci-gît *Eudoxe*, et
ci-gît *Zarucma*. Tant et tant de tragédies et de tragi-comédies,
qu'en 1761 on eut assez de titres pour en composer un dictionnaire, encore un. Le concours général de tragédie que l'Europe
avait organisé en proposant *Caton* comme sujet, recommença
avec *Mérope* : et cette fois un Italien obtint le premier prix;

---

1. *Journal des Savants*, 1724, p. 246.

du moins ce fut ainsi que ses compatriotes en jugèrent, lorsque la pièce fut représentée à Modène, le 11 juin 1713, fiers d'avoir enfin, dans la personne de Scipione Maffei, un dramaturge parfaitement classique. Cependant son compatriote Luigi Riccoboni offrait ce paradoxe vivant, d'être le chef réputé d'une troupe de comédiens dell'arte, caprices, rires, lazzi, et de se lamenter, en même temps, parce que le théâtre italien n'était pas suffisamment réformé, jamais assez. Hors de France, on poussait ce cri naïf : Corneille, Racine sont dépassés; en France : les Anciens sont dépassés. Mais le croyait-on ?

On continuait. On acceptait les conditions du jeu, telles qu'elles avaient été formulées, en s'imaginant que quelques modifications légères — un peu moins d'amour, un peu plus de couleur dans la tragédie, des sujets empruntés à toutes les époques de l'histoire — permettraient d'atteindre la perfection. Comme on ne se contentait plus de mûrir longuement quelques œuvres de choix, comme la plume courait sur le papier avec une vitesse auparavant inconnue, comme on imprimait tome sur tome, comme une fièvre avait remplacé le grand calme d'autrefois, naissaient et périssaient des centaines de livres, qui ne valaient même pas le prix de la reliure dont on les avait embellis. De sorte qu'on est tenté de n'enregistrer, en constatant cette prolongation du passé, qu'une longue erreur et qu'un immense déchet. Hardiesse en toutes choses; et, dès qu'on aborde les lettres pures, timidité.

Pourtant on aurait tort, si on s'arrêtait à ce point. La persistance du classicisme, devenant pseudo-classicisme, ne vient pas seulement de la force fatale des illustres modèles, de l'éclat des auréoles, de la paresse des hommes qui tendent à recommencer ce qui a une fois réussi; elle implique une logique, une complicité, un consentement. Elle est une résultante de l'ordre que la raison découvrait dans tout le créé.

Zu Ordnung ward, was ist, eh etwas war, erlesen [1] : il devait y avoir un esprit rationnel de la littérature, comme il y avait un esprit des lois. Le classicisme représentait les rapports nécessaires qui dérivent de la nature des genres; les genres étaient, à leur manière, la hiérarchie imposée par la grande

---

1. Uz, *Die Glückseligkeit,* ouvrage cité.

chaîne des êtres. La philosophie restait, sur ce point, fidèle au classicisme, l'une et l'autre ennemis de la déraison.

En outre, s'il est vrai que la doctrine classique, ayant donné en France le meilleur de ses fruits, ceux qu'elle produisait encore étaient sans saveur, il n'en allait pas de même dans les autres champs de l'Europe. L'impressionnante liste des Arts poétiques à retardement qui, avec des variantes qui ne sont pas sans importance, répètent l'essentiel de l'*Art poétique* de Boileau, se justifierait mal si on ne lui supposait quelque utilité.

1711 : L'*Essay on Criticism*.

Les règles *are Nature still, but Nature methodiz'd*, les règles « sont encore la nature, mais la nature devenue méthode » : que la formule n'ait pas été stérile, c'est ce que l'œuvre de Pope lui-même vient prouver.

1729. *Versuch einer Kritischen Dichtkunst*, par Johann Christoph Gottsched.

Gottsched est un moindre seigneur, et on peut difficilement le défendre par le mérite intrinsèque de ses écrits. Mais pédant tant qu'on voudra, fier de porter des œillères, s'obstinant à proposer à l'Allemagne les modèles du théâtre français qui n'était pas fait pour elle, dangereux si on l'avait suivi jusqu'au bout, Gottsched n'en a pas moins répondu à un besoin du moment : il a demandé une discipline; et sa contrainte a préparé l'épanouissement.

1737. La *Poetica* d'Ignazio de Luzan.

Encore la Grèce et Rome, encore l'Italie classique, encore la France de Boileau, encore les règles; mais aussi, lutte contre les défauts d'une littérature devenue toute verbale, contre le mauvais goût, l'enflure, le gongorisme; refonte nécessaire pour débarrasser le génie espagnol de ses scories.

Le Portugal avait conscience de son retard sur le mouvement général de la pensée; comme remède aux déficiences dont il souffrait, il ne trouvait qu'à suivre sa propre tradition, épuisée; ou à imiter l'Arcadie italienne : laquelle, née du désir de vivifier la poésie, et de la transférer en plein air pour l'arracher aux boudoirs, avait bientôt dégénéré en bergerie bêlante. Or, en 1746, paraît le *Verdadeiro Metodo de Estudar*, de Luis Antonio Verney, qui propose à ses compatriotes une méthode pour mieux étudier, pour mieux penser;

en 1748 paraît un *Art poétique*, celui de Francisco Jose Freire;
la vertu du classicisme n'est pas encore épuisée au Portugal.

Ce serait se montrer bien expéditif que de voir dans cet
effort continu un simple cas de contagion mentale. Au
contraire, on croit entendre un appel, qui vient successivement des pays où le classicisme n'avait pas encore opéré,
et qui demandent son intervention. Peu à peu sa présence
tend à devenir totale et exclusive; il cesse d'être un principe
de libération intellectuelle pour devenir préjugé. Tout se
passe alors comme s'il avait poussé trop loin sa conquête,
comme s'il avait préparé des revanches par l'excès de sa
domination, comme s'il les avait rendues nécessaires à leur
tour, comme s'il n'avait plus laissé aux esprits d'autre ressource
qu'une évolution littéraire, comme si l'Aufklärung avait
proposé le Sturm und Drang.

Époque où il n'y eut pas de capitale, et même de grande
ville de province, qui ne voulût avoir son Académie : l'Angleterre elle-même pensa quelquefois qu'elle devrait bien installer,
sous une coupole, quarante fauteuils. Époque où l'on opéra
la révision de la langue, de la grammaire, de l'orthographe,
pour les moderniser. Époque où, à côté de la critique philosophique, se manifesta une critique littéraire qui devint
une des puissances du jour. Souvent on protestait contre
ses rigueurs : le premier sot venu, le premier fat, le premier
poète manqué, s'arrogeait le droit de parler haut, de porter
des jugements injustes, d'attaquer les auteurs célèbres! le
moins capable était le plus acrimonieux! Mais ces plaintes
ne tendaient qu'à demander une dignité plus grande pour
la critique, qu'à lui conférer un caractère d'art qui ne fût pas
inférieur à celui de la création : par elle, bien exercée, on
pouvait devenir aussi célèbre que l'Orateur, le Poète, le
Dramaturge. Se produisirent alors quelques-uns des plus
grands critiques qui furent jamais, Pope, Voltaire, Lessing.
Et si ces derniers s'acquirent d'autres titres à la survie, il y
eut à côté d'eux les critiques purs, les écrivains, qui exercèrent
leur magistrature de telle sorte qu'ils sont passés à l'immortalité.

Giuseppe Baretti a choisi pour pseudonyme Aristarco
Scannabue, Aristarque Egorgebœuf; et pour titre de sa feuille
critique, *La Frusta letteraria* [1], le Fouet littéraire. Son fouet,

---

1. *La Frusta letteraria*, octobre 1763-juillet 1765.

comme il l'a fait claquer sur le dos des mauvais écrivains, lorsque après son long séjour en Angleterre il est revenu en Italie! Il a déclaré la guerre à l'Arcadie, aux « antiquari » qui ne s'intéressaient qu'aux morts, aux vaniteux qui, croyant faire mieux passer leurs livres insipides, les ornaient d'une pompeuse dédicace, aux auteurs de grands poèmes sur de petits sujets, aux faiseurs de sonnets; pour ce qu'ils avaient à dire, quatorze vers étaient encore de trop. Le naturel, le spontané, voilà ce qu'il voulait, dans la pensée comme dans le style; le bon sens, voilà quel était le principe de ses jugements. Assez des pédants à la vieille mode, assez des épigones qui dans la tradition ne choisissaient jamais que le mauvais. Ardent, aimant le bruit de la bataille, se souciant peu de recevoir des coups pourvu qu'il en donnât, il figurait le Critique sans merci. S'il s'était contenté de faire nombre parmi les fournisseurs de l'Opéra de Londres, de donner des leçons d'italien à Milady, et même d'écrire ce dictionnaire italien-anglais qui demeura longtemps en usage, il aurait tenu une place modeste parmi les auteurs qui tentaient l'ascension du Parnasse, suivant une image qui fut particulièrement chère à son temps. Mais en brandissant son fouet, il perça la foule et se fit une place de choix près d'Apollon.

Le peintre Reynolds a fait le portrait de Samuel Johnson, pour la postérité : « La carrure large, le cou enfoncé entre les épaules, la face épaisse, avec un menton lourd, un front étroit, plissé, des lèvres charnues; le regard interrogateur et renfrogné; une expression de sérieux, concentré, un peu amer [1]... » Samuel Johnson se met à son établi, il va étudier Milton, quelle sera sa méthode? Il commence par une biographie très attentive que suit un examen très scrupuleux des diverses productions de l'auteur. Puis il se recueille : un plus grand ouvrage demande un plus grand soin; je vais examiner maintenant le *Paradis perdu* : qui, considéré par rapport à son dessein, peut réclamer le premier rang; et par rapport à l'exécution, le second, parmi les chefs-d'œuvre de l'esprit. Par un consentement général, le poète épique est celui qui mérite la plus brillante gloire; en effet, la poésie est l'art d'unir le plaisir à la

---

1. Louis Cazamian, *Histoire de la littérature anglaise,* Livre VIII, chapitre 1 : *le Classicisme doctrinal : Johnson.*

vérité; et précisément, la poésie épique entreprend d'enseigner les vérités les plus importantes, par les moyens les plus plaisants. Je dois donc, en conscience, proportionner l'importance de ma critique à la haute importance du *Paradis perdu*. — Le P. Le Bossu a bien raison, qui dit que la moralité compte d'abord; la fable doit ensuite l'illustrer. Milton triomphe ici : chez les autres, la moralité n'est jamais qu'un incident ou qu'une conséquence; chez lui, la moralité est un principe animateur, puisque son dessein a été de montrer comment Dieu a agi envers l'homme, comment le caractère de la religion chrétienne est d'être raisonnable, et comment nous devons obéir à la divine loi. Son affabulation a engagé l'existence du monde, elle n'a pas concerné seulement la destruction d'une ville, l'établissement d'une colonie, l'histoire d'un empire. Les personnages des épopées les plus fameuses pâlissent devant les siens. Ses caractères sont admirables : les bons et les mauvais anges, l'homme avant et après la chute. Du vraisemblable et du merveilleux, il y a peu à dire : chez Milton, le vraisemblable est merveilleux, et le merveilleux est vraisemblable. De même, il y a peu à dire des machines, puisque toute chose s'opère par l'intervention immédiate du ciel. Samuel Johnson adopte les points de vue de la critique traditionnelle, tant qu'ils sont, et prononce suivant ses perspectives : les parties composantes; les passions; la diction; et il conclut cette première partie de son travail en proclamant la supériorité de Milton. Cependant une critique impartiale a le devoir d'indiquer aussi les lacunes et les imperfections; alors il établit la seconde partie du bilan. Le plan du *Paradis perdu* offre l'inconvénient de ne comprendre ni les actions, ni les mœurs humaines : aussi ne sent-on jamais, même dans les plus grands effets dont dispose le poète, à savoir le plaisir et la terreur, la présence d'un intérêt humain. Le thème exigeait la description de ce qui est impossible à décrire. L'allégorie du Péché et la Mort est mal venue : « Cette allégorie maladroite me semble être un des défauts les plus marqués du poème. » On peut faire aussi quelques reproches à la conduite de la narration. Milton est inégal, ainsi qu'Addison l'a fait remarquer : après tout, il fallait bien qu'il revînt quelquefois du ciel sur la terre. Il a trop imité les Italiens, et son désir de suivre l'Arioste l'a conduit à insérer dans son œuvre un épisode déplacé, le Paradis des Fous. Il n'a évité ni les jeux de mots, ni les équivoques. Voilà les défauts qu'on peut mettre en balance avec des perfections admirables : celui qui jugerait que la balance est égale serait à plaindre...

C'est bien une méthode; c'est une démarche, paisible et sûre, sur un chemin une fois pour toutes tracé. Samuel Johnson juge tout écrivain vivant, défunt, à la même mesure. Son sérieux est pontifical. Il suit des principes dictés par la raison; un code qui contient les règles classiques; une jurisprudence, constituée par les arrêts des critiques des prédécesseurs. S'il lui arrive de se sentir moins étroitement lié aux dogmes, il dira pourquoi; c'est encore la raison qui lui conseille tel ou tel écart, une raison plus indépendante et moins déductive, mais qui se défie toujours des folles du logis, des rêves et des chaleurs; son devoir, qui comporte une moralité exemplaire, est d'écarter ces puissances ennemies : d'ailleurs il ne les connaît que par leurs effets, il ne les porte pas en lui-même, par elles il ne s'est jamais senti troublé.

Lorsqu'il aborde Shakespeare, il arrive à l'essence même du classicisme, au souci de la vérité éternelle et universelle que celui-ci a voulu capter. La durée d'une œuvre est fondée sur l'estime éprouvée qu'on a d'elle : c'est le cas, désormais, du théâtre de Shakespeare; il a vaincu le temps. A quelles qualités doit-il cette estime? Shakespeare a su, mieux que personne, refléter les traits permanents de la nature humaine : son drame est le miroir parfait de la vie. On a dit que ses Romains n'étaient pas des Romains, que ses rois n'étaient pas de vrais rois : si c'est vrai, ce n'est pas un défaut, mais un mérite, car il a préféré le général à l'accidentel. Un autre reproche demande plus de considération : Shakespeare a mélangé le comique et le tragique. Mais n'était-ce pas pour mieux rendre, ici encore, la vie telle qu'elle est? Il a des défauts, il semble écrire sans but moral, sa composition est négligée, il ne se soucie pas de la façon dont ses pièces se terminent, il n'évite ni la préciosité, ni les plaisanteries grossières, ses gentlemen ne se distinguent pas toujours de ses clowns par leurs manières; mais il y a un point sur lequel Samuel Johnson ne se décidera pas à passer condamnation : les manquements à la règle des trois unités. Car cette règle a été faite pour rapprocher le théâtre de la vie : si, sans elle, Shakespeare a rendu la réalité de la vie, de quel droit pourrait-on le chicaner?

Déjà, en Angleterre, le théâtre offrait aux spectateurs un pathétique nouveau; déjà le roman faisait verser des larmes, des larmes qui n'en finissaient plus; déjà la poésie provoquait les émois du cœur et organisait la fête des regards. C'en était fait des pâles vers monotones, des églogues et des idylles qui se déroulaient dans des décors en toile peinte, de la *Busiris* de Young, de la *Marianne* de Fenton, de la foule des tragédies régulières; elles étaient mortes, mortes au milieu des applaudissements. Dans le rythme de succession qui nous fait passer au dégoût de ce que nous avons aimé, et au désir d'un bien inconnu, un autre temps déjà se marquait; déjà commençait la révolte contre le classicisme. Mais Samuel Johnson résistait, parce qu'il représentait des principes qui jamais ne sont entièrement abolis. Accordons-lui le genre de grandeur qui convient au chef d'une citadelle assiégée, qui sait se défendre et qui ne se rendra point. Accordons-lui, dans le plan général, le genre d'utilité qu'ont les obstacles, quand ils obligent les assaillants à mieux s'assurer de leurs forces. Accordons-lui, surtout, le mérite d'avoir maintenu pour sa part les droits de la raison éternelle. Il a affirmé ce qu'on redira toujours : que pour bien écrire, il faut un vocabulaire précis, une grammaire solide; qu'il ne faut pas s'asservir aux grands modèles, mais comprendre ce qui a fait cette grandeur; que la confusion, l'incohérence, ne sont pas les marques nécessaires du talent; que le style, l'esprit et l'âme, veulent une discipline.

Sa nation, toute tournée qu'elle fût vers d'autres dieux, l'a compris. On lui était reconnaissant d'avoir bâti pierre sur pierre, de 1747 à 1755, le grand *Dictionnaire* qui signifiait la probité, la lucidité, la stabilité du langage, par lui fixé; d'avoir donné aux auteurs anglais, par lui examinés, leurs titres définitifs de noblesse. Dans la taverne de l'Old Cheshire Cheese, buvant sa pinte d'ale ou son verre de port, il rendait les oracles que recueillait pieusement le fidèle Boswell. Il disait qu'il n'avait pas vécu en vain, puisque, quelle que dût être la sentence finale de l'humanité à son sujet, il avait tout au moins cherché à mériter sa bienveillance, puisqu'il avait travaillé à raffiner l'anglais jusqu'à sa pureté, et même ajouté quelque chose à l'élégance de sa construction et à l'harmonie de sa cadence; puisqu'il avait donné l'exemple de la droiture et de l'honnêteté. Ses contemporains ont ratifié son jugement sur lui-même; ses successeurs ne l'ont pas démenti; au XIXᵉ siècle, Carlyle a placé Samuel Johnson parmi les héros représentatifs de l'Angleterre; aujourd'hui encore nous le comptons, pour reprendre ses propres termes, « au nombre des écrivains qui ont donné de l'ardeur à la vertu, et de la confiance à la vérité ».

La littérature de l'intelligence.

L'intelligence connut alors un moment exquis. Pas d'obstacle à ses libertés : ni tradition, ni respect, ni mystère. Pour toute une famille humaine, le cœur était une faculté dont on se dépouillait faute d'exercice, l'imagination n'était qu'un enthousiasme fou : restait l'intelligence, pur diamant; la grande joie de penser, et de penser vite; la fête qu'on donne aux autres et qu'on se donne à soi-même, quand ils comprennent et quand on comprend tout. Avant, on prétendait à un certain équilibre, dont l'intelligence n'était qu'un élément; après, on cessa d'être intelligent, puisqu'on devint lyrique; entre les deux, on dépensa sans compter, à larges mains, la monnaie brillante de la raison. Entre le ciel dont on n'essaya plus de percer la voûte, et les profondeurs de l'inconscient qu'on refusa de sonder, on s'installa dans un pays sans mystère où l'on se sentit parfaitement à l'aise, et qu'on illumina pour le rendre plus beau.

L'intelligence fut à la cour, c'est par elle que les maîtresses des rois se maintirent après qu'elles eurent charmé; elle fut à la ville, les bourgeois eux-mêmes s'engouèrent d'elle; elle courut les rues. Elle pénétra le goût, bien qu'il gardât encore un « je ne sais quoi » qui embarrassait. Elle pénétra l'art et la littérature, dont elle devint l'âme légère.

Malgré la différence des individus et des nations, on trouve à quelques-uns de ses représentants un air de cousinage; même clarté, même aisance, même finesse. L'ancêtre était le vieux Fontenelle, qui vivait toujours; un des premiers de la nouvelle famille fut Marivaux, qui chercha de tous côtés, du côté du journalisme et du roman, du côté du picaresque et du sentimental, et qui ne trouva la formule de son génie qu'au théâtre, au théâtre intelligent. Il choisit la marge étroite qui va de l'inclination naissante à l'aveu décidé, de l'amour qui tarde à se connaître ou qui cherche à se nier, à l'amour consenti; et cette marge lui suffit, s'il est vrai qu'entre l'un et l'autre de ses bords il multiplia les détours, pour le plaisir de retrouver le fil après avoir feint de le perdre. De même que le naturaliste étudie les lentes préparations des métamorphoses, il découvrit les mouvements subtils qui paraissent éloigner les personnages de leur destin, alors qu'ils ne font que les y conduire. Curieuses comédies que les siennes, où les surprises ne surprennent pas, puisqu'elles ne comptent que par l'ingéniosité avec laquelle on sait bien qu'elles seront expliquées; sans événements et presque sans intrigues; point d'appel aux yeux, point de décor; des chevaliers ou des marquises qui n'ont même pas de nom propre, des valets et des soubrettes qui ont pris le leur au répertoire de la vieille comédie, Frontin ou Lisette. Ainsi débarrassé de toutes lourdeurs, il court avec succès cette aventure unique de mettre de l'intelligence dans l'amour. Jeunes filles, jeunes premiers, pères indulgents, laquais et servantes, tous sont intelligents : même quelques rustres, qui font semblant d'être sots pour mettre de la diversité parmi tant d'esprits subtils; même Arlequin, qui se livre aux farces de son emploi, mais qui, dans le temps qu'il lâche une balourdise, sait montrer qu'il n'en est pas la dupe, et qu'il fait un grand sacrifice pour avoir l'air d'être benêt. Quand il n'y a plus de doute ni de subterfuge possible, quand les sentiments sont devenus de l'évidence, le rideau se baisse et la pièce est finie.

Les artifices du théâtre, au contraire, Goldoni les accepte, les vieux et les neufs, les bons, les médiocres et les mauvais. Auteur qui suit sa troupe vagabonde, sans laquelle il ne pourrait pas vivre et qui ne pourrait pas vivre sans lui, sa tâche est lourde : il faut qu'il fournisse comédie après comédie, seize comédies pour un seul carnaval; il faut qu'il ait sans cesse la plume à la main, l'actrice attend son rôle, pour demain, pour ce soir. Il peine et il est pauvre; chaque soir il risque les sifflets, tant pis si la pièce tombe, une autre réussira mieux une autre fois. Toutes conditions différentes, la hâte, l'improvisation; non plus la Comédie italienne bien installée sur une scène de Paris, non plus le Théâtre français, mais le vieux char de Thespis qui s'en va de ville en ville; et pour finir, l'exil et la vieillesse miséreuse... Il n'en est pas moins de la parenté des clairvoyants; il a reçu du ciel, et de son temps, ce regard rapide et sûr, qui ne va pas jusqu'au tréfonds des cœurs, qui n'y distingue pas les violences capables tout d'un coup d'éclater au milieu des rires, mais qui dégage et saisit ce qui apparaît en surface; et c'est encore de l'humain. Il se promène sur la Piazzetta, bavarde avec un vieux sénateur, entre dans un café, va faire une visite; c'en est assez, il enregistre le trait familier, le caractère, la manie; il transporte son acquisition d'un instant dans sa comédie, la met à sa juste place, lui donne la valeur exacte qui lui convient, la fait ressortir par des procédés élémentaires : jamais le résultat n'est indifférent; et souvent naît un chef-d'œuvre.

Ramon de la Cruz est comme son cousin espagnol; même finesse et même simplicité, avec une pointe de satire plus piquante; dans les grands tableaux il réussit mal, dans les petits il excelle; c'est le maître du *género chico*. Il observe les mœurs du menu peuple de Madrid, dans les rues, sur les places, au Marché du Rostro, les jours de fête, les jours qui ressemblent aux autres jours; et il les peint en disant : « J'écris, et la vente dicte. »

Wieland n'est-il pas le virtuose de l'intelligence? Il en a trop, il ne s'attache pas assez, il distingue si clairement le mérite et le défaut de chaque objet qu'il en devient sceptique. Il prend à tous les grands auteurs, sans rien retenir d'une prise certaine; il subit toutes les influences, mais dans chacune de ses prédilections passagères, on trouve un regret pour ce qu'il aurait pu choisir et qu'il n'a pas choisi. Ce n'est pas la cohésion des idées qui l'intéresse, mais leur examen; dès qu'il connaît la manière dont elles sont faites, elles n'ont plus d'intérêt, il les laisse tomber. Même son ironie est légère, elle ne se prend pas tout à fait au sérieux : elle supposerait, si elle devenait colère, l'incompréhension de ce qu'il raille; or l'incompréhension serait pour lui un défaut capital, le vice des sots. Si ses romans sont interminables, c'est qu'il est le promeneur qui n'a pas de but, arrivant le plus tard possible à son gîte pour multiplier les plaisirs que lui offrent les possibilités du chemin. Si ses vers ne sont qu'une prose charmante, c'est qu'ils ne sont pour lui-même qu'un aimable jeu. Sa patrie n'est pas la Grèce, pas même de l'Anthologie; elle est, bien plutôt, cette communauté européenne qui a eu l'intelligence comme signe de ralliement. Ce n'est pas en vain qu'il a chanté les Grâces [1] : elles l'ont exaucé et presque trop.

L'esprit, fleur de ce temps. Essence subtile, qui s'est concentrée dans les épigrammes et répandue dans les satires, qui s'est glissée dans les romans, qu'on respira partout. A lui seul, et quand il n'eût été accompagné d'aucun autre don, il suffisait à assurer la renommée et presque la gloire. L'abbé Galiani, le minuscule secrétaire de l'ambassadeur de Naples, entre chez Mme d'Épinay ou chez le baron d'Holbach; on attend sa venue. Il s'enfonce dans un fauteuil, enlève sa perruque qui le gêne et la met sur son poing, commence à parler, s'agite, gesticule, et se démène. Il dit que le poète Dorat, qui vient de publier une édition illustrée de ses œuvres, s'est sauvé du naufrage de planche en planche; qu'il a lu les pensées sur la tactique de M. de Silva, lequel veut qu'on allonge les baïonnettes et qu'on raccourcisse les fusils pour mieux attaquer : tout comme les Jésuites, qui ont allongé le Credo et raccourci le Décalogue. Il dit qu'il faudrait mettre l'Opéra français à la barrière de Sèvres, vis-à-vis le spectacle du combat de taureaux, parce que les grands bruits doivent être hors de la ville; que la chanteuse Sophie Arnould a le plus bel asthme qu'il ait entendu de sa vie. Il dit de la salle de l'Opéra, qu'on regrettait d'avoir transféré du Palais Royal à la salle des Tuileries, parce que cette salle était sourde : « Qu'elle est heureuse! » Il dit que son ambassadeur est bête et paresseux : et tant mieux, car s'il était bête et actif, quel danger! Quand on lui reproche ses paradoxes, il dit qu'il est tellement habitué à se trouver dans son tort qu'il s'y sent comme un poisson dans l'eau. Saurin sortit, écrit Diderot, et l'abbé Galiani entra, et avec le gentil abbé, la gaieté, l'imagination, l'esprit, la folie, la plaisanterie, et tout ce qui fait oublier les peines de la vie.

Mais le plus illustre représentant de l'espèce est Voltaire, si merveilleusement intelligent que lorsqu'il ne comprend pas, c'est qu'il veut ne pas comprendre; si spontanément

1. *Musarion, oder die Philosophie der Grazien,* 1768.

spirituel qu'il semble avoir ajouté à l'esprit sa qualité la plus rare, le naturel. Ce qu'était cet esprit dont il était inépuisablement riche, il l'a dit lui-même :

Ce qu'on appelle esprit est tantôt une comparaison nouvelle, tantôt une allusion fine ; ici l'abus d'un mot qu'on présente dans un sens, et qu'on laisse entendre dans un autre ; là, un rapport délicat entre deux idées peu communes ; c'est une métaphore singulière, c'est une recherche de ce que l'objet ne présente pas d'abord, mais de ce qui est en effet dans lui ; c'est l'art ou de réunir deux choses éloignées, ou de diviser deux choses qui paraissent se joindre, ou de les opposer l'une à l'autre ; c'est celui de ne dire qu'à moitié sa pensée, pour la laisser deviner. Enfin je vous parlerais de toutes les différentes façons de montrer de l'esprit, si j'en avais davantage.

Le sens poétique n'était pas le fort de cette littérature-là. En vérité, elle exigeait la prose; et en fait, elle créait une prose nouvelle. Brisant la phrase à l'ancienne, qu'elle trouvait lourde même chez les prédécesseurs qui avaient su la manier en maîtres; écartant les comparaisons, les images, les métaphores comme pour dépouiller les idées de tout ce qui n'était pas elles-mêmes; débarrassant le vocabulaire des mots incertains, inexacts, douteux, elle inaugurait une forme immédiatement reconnaissable à sa simplicité idéale, une manière alerte, toujours directe, toujours rapide, qui excluait les contresens dus à l'ambiguïté des termes, aux surcharges du style. Elle allait à son but, rapide, supprimant quelquefois les liaisons superflues, les coordinations trop lentes, voire les termes intermédiaires qui ne sont utiles qu'aux lourdauds. Elle était si dépouillée, qu'en l'admirant on avait peine à trouver les motifs de cette admiration, et qu'on devait se contenter de répéter qu'elle était parfaite. Servante docile d'une pensée claire; intermédiaire qui ne trahissait point; à peine un intermédiaire, tant elle était exactement conforme à l'esprit d'analyse qu'appliquait à toute chose « le siècle fortuné de la philosophie ». En France, la prose devenait la limpidité même; et trop limpide peut-être, ç'eût été son défaut si elle en avait comporté un, elle commençait à manquer de couleurs. En Allemagne s'accomplissait le travail qui devait aboutir à la densité et à la vigueur du style de Lessing.

En Italie c'était la guerre : des novateurs ne craignaient pas
de transformer leurs phrases à la mode de Paris, de charger
leur vocabulaire de gallicismes : les puristes appelaient le
châtiment du ciel sur ces impies. Et ces impies exagéraient,
assurément; et les puristes exagéraient de leur côté; par leur
effort contradictoire et conjugué, en Italie comme dans toute
l'Europe, naissait la prose moderne.

La littérature du plaisir social.

D'autres époques s'intéresseront à l'individu en ce qu'il
a d'incommunicable; celle-ci s'intéresse à ce qu'il a de commun
avec ses frères. Elle croit que les ressemblances entre les
hommes viennent de la nature, que les différences viennent
de la coutume, et que la supériorité de la nature sur la coutume
éclate par ce seul droit d'antériorité. Elle s'attache donc à
étudier ce qui unit, non pas ce qui distingue; elle souligne
les traits par lesquels les Égyptiens et les Perses entraient déjà
dans notre collectivité, non pas ceux qui les tenaient à l'écart
d'elle; les traits par lesquels les Hottentots ont une psychologie comme la nôtre, et non pas les marques singulières qui
les rendent spécifiquement des Hottentots. Resserrer le lien
social, c'est une des fonctions de la littérature. Amélie, duchesse
de Weimar, disait de Wieland : « Autant il fait voir par ses écrits
qu'il connaît le cœur humain en général, aussi peu connaît-il
le détail du cœur humain, et les individus. » Le mot pourrait
valoir pour beaucoup d'autres, qui eurent l'ambition de créer
sinon un cœur unanime, du moins un esprit général.

Jamais le terme « correspondre » ne prit un sens aussi profond. Les lettres, prolongement de la conversation, gardent
son agilité; leurs auteurs croient parler encore, loin du salon
où leur nostalgie les reporte; en voici une qui vient d'arriver,
on forme le cercle et on la lit. « Votre lettre est charmante,
mon cher chevalier; elle a fait l'admiration de tous ceux à
qui je l'ai lue; je vous retrouve tel que vous étiez dans vos
plus beaux jours. » — « J'ai fait lire votre lettre par d'Alembert
à Mme du Châtelet et à Mme de Mirepoix. On l'a fait recommencer deux ou trois fois de suite; on ne pouvait s'en lasser;
en effet, c'est un chef-d'œuvre [1]. » Elles traitent tous les sujets,

---

1. Mme du Deffand au Chevalier d'Aydie, 14 juillet 1755.

ces lettres dont la simplicité est toujours admirable; jamais elles ne haussent le ton, car si elles portaient la moindre trace de rhétorique, elles manqueraient leur effet et feraient sourire. Elles racontent les menus événements du jour, la dernière représentation à l'Opéra, la nouvelle tragédie, les arrivées et les départs; Mme de Pompadour est bien malade, on dit qu'elle va mourir; le roi embarrassé dans ses finances, ce n'est pas la première fois. Elles jugent les livres qui paraissent, l'*Apologie de l'abbé de Prades* ou les volumes de l'*Encyclopédie,* les pamphlets de Voltaire ou les romans de Richardson, *Paméla, Clarisse, Grandison,* qu'elles appellent des peintures du grand monde tel qu'un libraire peut les concevoir, des histoires d'amour telles que peut les écrire un prédicant méthodiste. Elles commentent la politique, elles discutent des choses de la religion. Sauf exception, celui qui tient la plume ne fait pas de confidences sur ses peines et sur ses désespoirs, sur l'extraordinaire de sa psychologie, sur l'exceptionnel de son âme; il ne dit pas comment il est le plus malheureux des hommes, né sous le signe de la plus sombre fatalité; comment personne ne le comprend, comment il est isolé au milieu des siens, comment il habite une île inabordable où le sort le condamne à demeurer toujours. Au contraire, un mimétisme le porte à s'accorder avec le destinataire, à prendre sa couleur et son humeur, à le renseigner en évitant les indiscrétions du moi.

Elles partent de Paris, de Londres, de Berlin, de Milan ou de Rome; et de ces centres jusqu'aux villes lointaines qui sont à la circonférence de l'Europe, elles établissent un réseau de fils par lesquels passe la circulation des idées, aller et retour. Lettres de Mme du Deffand, qui portent jusqu'au fond de la Russie l'esprit de son salon; lettres de la moindre femmelette, Mme de Graffigny, Mme de Staal, il y a désormais de par le monde une foule de Sévigné plus simples; lettres de Fanny Burney; lettres de Mrs. Montagu, qui envoient des nouvelles de Constantinople et de l'Orient. Lettres de l'abbé Galiani, rentré à Naples, et qui multiplie les signaux vers Paris; lettres d'Horace Walpole; lettres de Frédéric II, les plus vives et les plus fortes, s'il n'y avait les lettres de Voltaire. On peut dire sans exagération que tout écrivain a laissé, à côté de son œuvre, une correspondance qui souvent est égale et quelquefois supérieure à elle. Le roman par lettres nous paraît artificiel, aujourd'hui; il était naturel au temps où les lettres n'étaient pas la corvée, mais les délices de chaque jour.

Encyclopédie, Article *Hebdomadaire.* « De la semaine. Ainsi, des nouvelles hebdomadaires, des gazettes hebdomadaires, ce sont des nouvelles, des gazettes, qui se distribuent toutes les semaines. Tous ces papiers sont la pâture des ignorants, la ressource de ceux qui veulent parler et juger sans lire, et le fléau et le dégoût de ceux qui travaillent. Ils n'ont jamais fait produire une bonne ligne à un bon esprit, ni empêché un mauvais auteur de faire un mauvais ouvrage. » — Vaines aigreurs. Comment arrêter l'invasion, si elle était appelée par un besoin croissant de liaison? Les successeurs de Steele et d'Addison avaient fait fortune dans leur propre pays : plus de cent cinquante périodiques s'offraient à la curiosité du public anglais, lorsqu'en 1750, Samuel Johnson fit paraître son *Rambler.* D'Angleterre, les journaux moralisants avaient essaimé partout, et jusque dans les pays qui accédaient plus tardivement au mouvement général, la Hongrie, la Pologne; nulle part ils n'avaient rencontré climat plus favorable qu'en Allemagne. Depuis l'année 1713, où parut à Hambourg le premier de la série, qui s'intitulait *Der Vernünftige,* Le Raisonnable, jusqu'à l'année 1761, on a compté cent quatre-vingt-deux revues du même genre. Or c'était encore un genre de correspondance, entre l'éditeur et les lecteurs; un lien entre les membres d'une même classe, qui tous ensemble s'éduquaient, tous ensemble s'initiaient aux nouveautés intellectuelles, tous ensemble se délectaient des lieux communs sur le mépris des richesses, sur la valeur de la vertu, sur la façon certaine d'atteindre le bonheur. Et comme si toutes ces revues nationales n'eussent pas suffi, d'autres, internationales, activaient le mouvement d'une pensée dont l'échange devenait l'ambition et la loi.

Peu à peu les petits genres se substituaient aux grands. Faute de réussir dans l'épopée, on se contentait du madrigal; de courtes pièces de vers sur des sujets galants remplaçaient les longs poèmes; les mondains, las de jouer comédies et tragédies, en venaient aux proverbes; l'opéra s'amoindrissait en opéra-comique, et la canzone devenait canzonetta. De même

qu'en architecture on préférait aux vastes châteaux flanqués
de leurs majestueuses ailes des pavillons légers, qu'en peinture
les menus tableaux succédaient aux fresques, que, dans le
mobilier, les fauteuils moelleux prenaient la place des vastes
cathèdres, que dans l'aménagement de la vie le joli se substituait au grand : de même en littérature, le goût n'allait plus aux
constructions solennelles : on continuait à chérir la pensée,
mais on mettait une coquetterie à se donner l'air de ne point
penser gravement. Les écrivains, eux aussi, abandonnaient
la fresque pour le pastel ou la miniature. Même au temps de
la grande effervescence, au temps de l'*Essay on Man* et de
l'*Encyclopédie*, apparaissait cette contradiction; ou pour mieux
dire ce n'était pas une contradiction, c'était un étrange alliage,
dont le secret s'est perdu. On aurait dit qu'il y avait, chez tel
ou tel auteur, deux hommes, l'un guindé et emphatique, l'autre
tout sourire et toute facilité; deux Gresset, par exemple, l'un
qui composait son Ode sur l'*Ingratitude* :

Quelle Furie au teint livide
Souffle en ces lieux un noir venin?
Sa main tient ce fer parricide
Qui d'Agrippine ouvrit le sein;
L'Insensible oubli, l'Insolence,
Les sourdes haines, en silence,
Entourent ce monstre effronté,
Et tour à tour leur main barbare
Va remplir sa coupe au Tartare
Des froides ondes du Léthé.

et le Gresset qui composait *Ver-Vert* ou la *Chartreuse* :

Vainqueur du chagrin léthargique,
Par un heureux tour de penser,
Je sais me faire un jeu comique
Des peines que je vais tracer.
Ainsi l'aimable poésie
Qui dans le reste de la vie
Porte assez peu d'utilité,
De l'objet le moins agréable
Vient adoucir l'austérité
Et nous sauve au moins par la fable
Des ennuis de la vérité.

Les génies eux-mêmes suivaient la mode ; il y avait deux
Montesquieu, dont l'un écrivait l'*Esprit des lois,* et dont
l'autre faisait de l'esprit sur les lois.

On assistait à des spectacles paradoxaux. L'Allemagne morcelée prenait conscience d'elle-même; elle voulait avoir une littérature, à l'égal des autres nations; et de l'Université de Halle, une des citadelles de sa pensée, sortaient trois étudiants amis, Johann Ludwig Wilhelm Gleim, Johann Peter Uz, Johann Nikolaus Götz, qui furent les fondateurs du lyrisme. Et quel lyrisme? Celui d'Anacréon. Anacréon était leur maître; ils chantaient Bacchus barbouillé de lie, le vin et les festins, les belles et l'amour. — Carl Wilhelm Ramler était l'incarnation du classicisme rationalisant. Quel était son modèle? Horace; rien ne lui causait un plaisir plus sensible que d'être appelé l'Horace allemand. — Plus surprenant encore est le cas de Friedrich von Hagedorn. Celui-ci conduit le classicisme jusqu'à ses plus hautes possibilités; il travaille à épurer la langue et le style; pour lui, la création poétique n'est pas l'effort de l'âme qui se révèle à l'univers, ou qui capte l'univers pour l'enfermer en elle, mais le rapport raisonnable des parties à l'ensemble. Il se met à l'école de la France, puis à celle de l'Angleterre, et sait profiter de cette double leçon, car il acquiert le sens du clair, du simple et de l'intelligible. Mais il y a un sens qu'il n'acquiert pas, celui de la profondeur; la frivolité ne lui paraît pas incompatible avec sa gravité, et il a pour la première une tendresse qu'il avoue. Il écrit à Christian Ludwig Liscow, le 28 décembre 1739 : « Les lumières de la volupté sont les seules qui vous manquent. Avec elles, vous seriez un homme parfait. »

Il y a une Italie sérieuse et volontaire, qui avec l'aide de ses penseurs élabore une réforme économique, une réforme rurale. Et en même temps, tout un petit peuple s'occupe à fabriquer des vers de pacotille, à confectionner des riens. Noces, naissances, baptêmes, une prise de voile, un examen heureusement subi, une guérison, un anniversaire, sont les minces sujets qui le provoquent à écrire; le pays est inondé d'élégies et de cantates, d'odes et de sonnets; une facilité désolante porte les oisifs à prendre la plume et à laisser couler des poèmes; ils s'amusent à composer des quatrains ou des octaves, comme on s'amuse en France à parfiler ou à jouer au bilboquet.

A M. le Marquis Pier Maria della Rosa, qui, bien que l'automne fût venu, continuait à vivre à la campagne. — Pour une épingle qui fermait un voile sur la poitrine de Nérée, et que Filinde a enlevée. — A une aimable Nymphe, qui s'habillait d'une jupe rose et d'un corsage bleu. — Sur le très beau canari de Crinatée. — En envoyant une jolie petite chienne à sa Dame... Beaux sujets! On offrait une petite ode, composée le matin, comme on offrait une prise de tabac ou une dragée; on échangeait des vers, comme des compliments ou des révérences : gestes rituels d'une société dont les membres ressemblaient à des acteurs de théâtre, avec leur poudre et leur fard, avec leurs entrées et leurs sorties à moments fixés, avec leurs répliques, avec leurs rôles. Poètes en titre, et qui tiraient leur subsistance incertaine de leur métier de courtisan; poètes amateurs, qui pour rien au monde n'auraient cédé leur petite place dans le cortège qui tentait l'ascension du Parnasse; poètesses : tout le monde rimait. On se faisait imprimer sur du beau papier, du vélin, sur de la soie couleur de rose : on réunissait ces chefs-d'œuvre, en souriant : *Lagrime in morte di un gatto, Larmes sur la mort d'un chat.* Les Anacréons et les Horaces posthumes ne foisonnaient pas moins qu'en Allemagne; seulement, ils se faisaient moins d'illusion. « Que suis-je ? » se demandait Frugoni, qui était un des représentants de ces éphémères. « Un versificateur, et rien de plus; non pas un poète. » Il savait bien que quand il mourrait, ses vers mourraient avec lui, dans l'oubli :

> i versi miei
> Tutti col mio morire
> Sconosciuti morranno.

C'est qu'il fallait jouir, du moins, de cette vie terrestre; c'est qu'un agrément, si fragile qu'on le supposât, n'était pas à dédaigner puisqu'il rendait l'existence plus douce; c'est que des accords fugitifs entraient pour leur part dans la symphonie heureuse qui devait s'élever de la terre. C'est qu'Anacréon, comme dit Gleim, chassait les soucis et les alarmes; c'est qu'Horace, comme dit Hagedorn, était un philosophe aimable, Aristippe et non pas Diogène, ami de l'humanité; c'est qu'il représentait la mollesse et la volupté, comme dit Voltaire en s'adressant familièrement à lui :

> Je t'écris aujourd'hui, voluptueux Horace,
> A toi qui respiras la mollesse et la grâce,
> Qui, facile en tes vers et gai dans tes discours,
> Chantas les doux loisirs, les vins et les amours.

C'est encore que les sens, enorgueillis, réclamaient leur place. C'est enfin que quelques-unes des idées maîtresses du siècle, formulées par ses guides, descendaient jusqu'à la foule qui suivait : l'idée que le bonheur devait être saisi sous toutes ses formes; l'idée que le plaisir était l'élément essentiel du bonheur. En ce temps-là, « la littérature est une décoration de la vie, elle est une des jouissances dont se compose le bonheur, fin de notre nature : le plaisir est la suprême loi [1]. »

La littérature du plaisir pouvait être aussi bien les poèmes érotiques, les contes grivois, les romans obscènes. Mais quelquefois, elle arrivait à saisir la grâce, et c'était alors sa suprême réussite. Non pas une grâce spontanée, et comme innocente, ignorante de son charme; mais toute savante qu'elle était, sa qualité restait si délicate et si fine que le secret s'en est perdu. Instant de musique ailée, rapide vision d'une arabesque qui se déroule, agile reflet sur un miroir d'eau. Elle arrivait à jaillir d'immenses machines, comme il fallait un appareil compliqué pour produire les éclairs et les fulgurations. C'était, en effet, une immense machine que l'opéra, tel que Métastase l'avait porté à son point de perfection. Supposons le genre le plus factice du monde, le livret; rappelons-nous, comme l'a fait remarquer Baretti, qu'il est asservi d'abord à toutes les exigences du musicien; ensuite aux caprices des chanteurs; ensuite aux règles strictes qui demandent que dans un acte donné, il y ait place pour un duo, pour un solo, pour un récitatif; ensuite aux étroitesses d'un vocabulaire qui ne peut souffrir un mot inhabituel, ou trop violemment pittoresque, ou manquant d'harmonie. Ajoutons d'autres difficultés venues de Métastase lui-même; il veut que son livret ressemble à une tragédie, il le défend au nom d'Aristote, les légères libertés qu'il a pu prendre sont toutes fondées en raison. Toutes conditions de gêne. Et pourtant, la grâce sauvera cet ensemble ingrat; par moments même, elle deviendra si belle et si prenante qu'elle suscitera l'émotion et les larmes. Stendhal l'a dit : « Le génie tendre de Métastase l'a porté à fuir tout ce qui pouvait donner la moindre peine, même éloignée, à son spectateur. Il a reculé de ses yeux ce qu'ont de trop poignant les peines du sentiment; jamais de

---

1. Gustave Lanson, *Voltaire*, 1910. Chapitre v, *Le goût de Voltaire*.

dénouement malheureux; jamais les tristes réalités de la vie; jamais ces froids soupçons qui viennent empoisonner les passions les plus tendres. Il n'a pris des passions que ce qu'il fallait pour intéresser, rien d'âcre et de farouche; il ennoblit la volupté. »

Ou par une autre expérience : imaginez un instrument menu, le vers octosyllabe; une âme sèche, celle de Voltaire; le thème le plus banal, la fuite du temps, la vieillesse qui approche, la mort qui arrive, pour réclamer son dû. Et tout cela sera sauvé par la vertu d'une grâce inimitable :

> Si vous voulez que j'aime encore,
> Rendez-moi l'âge des amours...

Comme Wieland, l'auteur de *Musarion, ou la Philosophie des Grâces* (1768) : ils avaient, les gens de ce temps-là, les grâces dans le cœur et l'amour de Coypel devant les yeux [1].

La littérature du fait : l'histoire.

Ici se place une de leurs plus difficiles entreprises, la poursuite du fait dans le passé fuyant. Ils ont dû la tenter pour compléter leur conception du monde; nous allons voir s'opérer, les regardant, ce qu'on n'a pas craint d'appeler une révolution dans la pensée de l'Occident [2].

Ceux qui voulaient recréer l'histoire n'auraient pas eu de peine, s'ils n'avaient eu affaire qu'aux ennemis extérieurs. Nombreux, mais peu consistants : c'étaient les rhéteurs pour qui l'histoire n'était qu'une suite d'événements merveilleux, les actions nouvelles et étranges, les drames de toute espèce, guerres, rébellions, émeutes, procès, amours; ceux-là pénétraient dans le cabinet des défunts rois, rapportaient leurs délibérations, répétaient leurs discours, retraçaient leurs portraits : l'histoire-tragédie. Ensuite les compilateurs, comme Rollin, qui avouait que pour embellir et enrichir son *Histoire ancienne,* il ne s'était pas fait scrupule de piller partout, souvent même sans citer les auteurs qu'il copiait, puisque aussi bien il se donnait la liberté de changer leur

---

1. Heinse en parlant de Wieland. Cité par Victor Michel, *C. H. Wieland,* 1938.
2. Friedrich Meinecke, *Die Entstehung des Historismus,* Berlin, 1936.

texte à l'occasion. Ensuite les effrontés, ou peut-être les ingénus, qui abordaient sans sourciller l'Histoire générale, civile, naturelle, politique et religieuse de tous les peuples du monde. Ceux qui, par un excès contraire, mettaient l'histoire en pilules : le Père Buffier, qui avait vanté la pratique de la mémoire artificielle; avec le seul mot *Rabismaf,* on se rappelait la succession de tous les rois d'Aragon, voire même les établissements et les conquêtes : car les initiales étant ainsi données, les noms venaient d'eux-mêmes : Ramir, Alphonse, Barcelone 1138, Jacque, Sicile 1276, Martin, Alphonse V, Ferdinand V le Catholique. Des imitateurs du Père Buffier, qui, comme lui, mettaient l'histoire de France en vers :

> Pharamond, du début de l'empire romain,
> Fonda l'État des Francs vers l'an quatre-cent-vingt.
> Roi payen mais connu pour législateur sage,
> Il établit les lois, il en montra l'usage.
> Dans les Gaules jamais ce fondateur n'entra;
> De succéder aux rois les femmes il priva,
> Par la salique loi, qui fut toujours suivie...

D'autres pédagogues, avec leurs manuels rédigés par demandes et par réponses comme ceci :

DEMANDE : Quel fut le caractère de Louis XI ?

RÉPONSE : Il était politique, maître de ses passions, courageux, modéré dans ses plaisirs, et pieux en apparence, mais soupçonneux, vindicatif et très dissimulé. Ce fut un Roi puissant et absolu que la postérité a mis au nombre des méchants princes... » Enfin les auteurs de nomenclatures et d'abrégés chronologiques, qui mettaient bout à bout, sans les vérifier, des événements controuvés et des dates incertaines. D'historiens véritables, il n'y en avait pas.

Mais c'est en eux-mêmes que les novateurs trouvaient leurs vrais ennemis. Ils savaient bien qu'une longue patience leur était nécessaire, et ils étaient pressés; qu'ils ne pouvaient s'appuyer que sur l'érudition, et ils n'aimaient pas l'érudition. Lire, rechercher, s'informer, d'accord; mais aller fouiller dans les archives, accumuler les documents, forcer les portes des dépôts lorsqu'elles ne s'ouvraient pas d'elles-mêmes, leur paraissait une besogne de pédants : ils haïssaient les Baldus, les Scioppius, les Lexicocrassus, les Scriblerus, qu'ils avaient tendance à confondre avec les savants véritables. « Nous ne sommes plus dans le siècle des Vossius, des Huets, des Borchardts et des Kirchers. L'érudition, les recherches épineuses, nous fatiguent, et nous aimons mieux courir légèrement sur des surfaces que de nous enfermer pesamment dans des profondeurs [1]. » Le Président de Brosses raconte que, se trouvant à Modène, il dispose d'une heure et la donne à la bibliothèque et à Muratori, le savant illustre qui a tiré de l'ombre les monuments du Moyen Age italien. « Nous trouvâmes ce bon vieillard avec ses quatre cheveux blancs et sa tête chauve, travaillant, malgré le froid extrême, sans feu et nu-tête dans cette galerie glaciale, au milieu d'un tas d'antiquités, de vieilleries italiennes; car je ne puis me résoudre à donner ce nom d'antiquité à tout ce qui concerne ces vilains siècles d'ignorance. Je ne m'imagine pas qu'hormis la théologie polémique, il y ait rien d'aussi rebutant que cette étude [2]. » Le Président de Brosses consent que les Du Cange et les Muratori, se dévouant comme Curtius, se précipitent dans ce gouffre, mais il n'est pas curieux de les imiter.

Ce dévouement-là s'acquiert avec le temps, on en prend l'habitude. Mais dépouiller le fait, l'épurer, le débarrasser de tout mélange, c'est une opération délicate. Il y avait une qualité qui ne lui appartenait pas, et qu'on lui avait si étroitement unie qu'elle semblait être de son essence : l'élément moral. L'histoire ne doit pas être indifférente aux actions humaines, il faut qu'elle montre la défaite du vice et le triomphe de la vertu, les bons toujours récompensés, les méchants toujours punis : voilà ce qu'avaient répété les pères et les pères grands, et la génération d'après 1715 n'avait pas renié l'héritage; elle le modifiait seulement, en ajoutant que la morale ainsi enseignée devait être philosophique : de sorte que son préjugé se substituait au préjugé ancien, et qu'elle n'arrivait point à obtenir le résidu objectif qu'elle désirait cependant. Au lieu d'adresser sa leçon aux sujets, l'histoire l'adresserait à ces mortels infortunés qu'on appelle des princes, condamnés à ne voir jamais les hommes que sous le masque. Elle l'adresserait, bien entendu, à l'Église; elle serait anticléricale, anti-papiste; et comme il y avait une présence continuée

1. Abbé Coyer, *Dissertations pour être lues,* 1755.
2. Ch. de Brosses, *Lettres familières sur l'Italie.* Lettre LIII, *Séjour à Modène,* 1740.

qui les tourmentait, les historiens nouveaux seraient des anti-Bossuets dans toute la mesure de leurs forces. Ils ne chercheraient pas à saisir le Moyen Age en tant que fait historique à comprendre, mais en tant qu'erreur à réfuter; quand ils auraient à raconter le fait mahométan, ils auraient à le venger des calomnies des chrétiens; quand ils parleraient des Croisades, ils les traiteraient comme un accès de folie furieuse; ils exalteraient la Renaissance, moins pour ses mérites intrinsèques que parce qu'elle avait ouvert l'âge de la raison. « L'histoire est la philosophie nous enseignant par des exemples comment nous devons nous conduire dans toutes les circonstances de la vie publique et privée; en conséquence, nous devons nous adresser à elle dans un esprit philosophique [1]. »

Mais l'habitude la plus difficile à vaincre était celle qui consistait à projeter le présent sur le passé et à condamner les hommes d'autrefois parce qu'ils avaient commis la faute d'être de leur temps. Comme disait un naïf abbé : « Plaçons-nous au premier âge du monde; examinons en observateurs attentifs... » Il ne doutait pas que les premiers âges du monde ne dussent être jugés suivant les normes du XVIIIᵉ siècle, puisque ces normes valaient éternellement. Sans souffrir comme d'un contresens, les rationaux « transformaient les questions d'origine en questions de logique »; l'abstraction les guettait, dans le temps où c'est le concret qu'ils voulaient atteindre. Pour acquérir le sens historique, il ne leur fallait rien de moins qu'un changement radical dans l'idée qu'ils se faisaient de la vérité, qu'un renversement dans la conduite de leur esprit. « La preuve physique et mathématique doit passer avant la preuve morale, comme celle-ci doit l'emporter sur la preuve historique [2] », telle était leur conviction profonde. Allaient-ils réussir à bouleverser cette hiérarchie, contre eux-mêmes, et à rendre à la preuve historique sa dignité?

De leurs volontés positives, la première fut celle-ci : l'histoire ne serait plus une fable, mais une science. *Divorcio de la Historia y de la Fabula.* Ceux qui l'avaient pratiquée jadis n'en avaient fait qu'un miroir terni; ils n'avaient pas conçu ce qu'elle comporte de contradictions dès qu'elle ne s'établit

---

1. Bolingbroke, *Letters on the Study and use of History*, 1752, Lettre III.
2. Diderot, Introduction aux grands principes. *Le Prosélyte répondant par lui-même.* Œuvres, II, p. 81.

pas sur des bases solides; elle était toute remplie d'un esprit de mensonge, d'un *lying spirit* qui l'avait rendue moins recevable que les contes de nourrice à l'usage des petits enfants. Pour remédier à cette erreur, il importait d'instituer d'abord la critique du témoignage. Aussi les méthodes se multiplièrent-elles, revenant toutes aux mêmes affirmations. « Qui dit histoire, dit un narré fidèle, un récit exact et sincère des événements, appuyé sur le témoignage de ses propres yeux, sur des actes certains et indubitables, ou sur le rapport de personnes dignes de foi. » — « Tout fait historique doit être regardé comme vrai et certain, quand il est attesté par plusieurs écrivains du temps, ou qu'il a été tiré des écrits d'auteurs contemporains, gens instruits et dignes de foi, dont le témoignage n'est pas détruit par des écrivains d'égale autorité. » Ainsi Lenglet du Fresnoy, dans *l'Histoire justifiée contre les romans* (1735). Le mieux eût été sans doute de ne raconter les faits que si on les avait vus, directement, que si on les avait vécus, allait jusqu'à dire Frédéric II, pensant que les conducteurs des nations et les chefs des armées étaient seuls bien placés pour connaître et par conséquent pour écrire le récit des événements qu'ils avaient dirigés. Faute d'avoir vu, on était bien obligé de s'en rapporter au témoignage; mais à condition de le traiter comme un suspect, de ne le croire que s'il avait fourni ses titres authentiques. Hartley et, après lui, Priestley, proposèrent des formules mathématiques pour établir le plus ou le moins de crédit que méritait une affirmation, obéissant ainsi, sans s'en rendre compte, à leur démon géométrique, qui prenait sa revanche; et ce même démon la prenait encore, quand il conseillait de s'en tenir au vraisemblable comme seul critérium du vrai. Du moins essayait-on de ne plus se tromper. Quels étaient les témoins ? Que valaient-ils ? Étaient-ils éclairés ? Avaient-ils vécu, par exemple, dans une grande ville et sous les yeux de leurs voisins, qui auraient pu les démentir s'ils avaient rapporté le faux ? Étaient-ils contemporains des actes qu'ils avaient enregistrés ? Gardons-nous de croire les petits faits obscurs et romanesques écrits par des inconnus dans le fond de quelque province ignorante et barbare ! Conservons, bien plutôt, les faits indubitables, les faits éclatants que nul homme de bon sens ne saurait mettre en doute, comme la bataille de

Pharsale ou la prise de Constantinople par les Turcs... Ils allaient si loin, ces assoiffés de vérité, que dans leur zèle ils auraient volontiers sacrifié l'histoire ancienne. Lévesque de Pouilly avait paru scandaleux, quand, en 1723, il avait lu devant l'Académie des Inscriptions son mémoire sur l'incertitude des premiers siècles de Rome : « La disette des monuments, l'ignorance ou la mauvaise foi des annalistes nous oblige à dire que nous ne savons rien de sûr au sujet de Romulus, des premiers rois, de la défaite des Gaulois, de faits héroïques comme celui de Régulus. » Il avait pourtant émis une opinion qui, bientôt, allait être généralement suivie. Le doute gagnait : incertitude des temps primitifs; incertitude du Moyen Age; l'histoire ne devrait commencer qu'au xv⁰ siècle; tout ce que nous savons bien certainement, c'est que nous ne savons rien... Mais à ce point, on s'arrêtait, car on se sentait menacé par un autre danger, le pyrrhonisme. Nous ne savons rien, excepté ce qui nous est confirmé par un témoignage éprouvé; et nous mettrons notre effort à nous procurer cette sécurité.

Secondement, on se bornerait. Les œuvres qui comptèrent furent celles qui ne voulurent plus se lancer dans les espaces infinis et les temps illimités. Un monument solide, les *Institutionum historiae ecclesiasticae libri quatuor* de Johann Lorenz von Mosheim, dont la première édition est de 1720. Des monographies : l'*Histoire de Charles XII*, l'*Histoire du Siècle de Louis XIV*, par Voltaire; l'*History of the reign of the Emperor Charles V*, par William Robertson. L'histoire d'un peuple, l'*Histoire de la grandeur des Romains et de leur décadence*, par Montesquieu; à un seul moment, *The Decline and Fall of Roman Empire*, par Edward Gibbon (1776-1781). Des histoires nationales : *History of Great Britain*, *History of England under the House of Tudor*, de David Hume (1754-1778); *History of Scotland*, de William Robertson (1759). Voire même une histoire locale, l'*Osnabrückische Geschichte*, de Justus Möser (1768).

Troisièmement : on renoncerait au merveilleux; et dans le merveilleux, on comprenait le surnaturel. Pas un Grec, pas un Latin qui n'ait rapporté des oracles, des prodiges, des prophéties, des miracles; beaucoup de graves écrivains les ont attestés avec un sérieux imperturbable, et ils ont été crus dans leur temps par la populace; et pourtant, aucune de ces superstitions ne peut être acceptée comme ayant un caractère raisonnable; elles ont été forgées par l'opportunité, puis elles ont été embellies et sont devenues un objet de foi : croyances absurdes qui seront rejetées en bloc. La Bible elle-même figurerait sur la liste de proscriptions.

« A présent », écrivait Burke à Gibbon, « la grande carte de l'humanité est déroulée. » Telle fut encore, en effet, l'une de leurs exigences : l'histoire cesserait d'être exclusivement remplie par la description des batailles, l'analyse des manœuvres de la diplomatie, les hymnes aux individus accédant à la catégorie des héros. Son objet principal serait l'étude de la civilisation. *Man is the subject of every history,* dit Bolingbroke. « Si l'histoire que j'écris n'est ni militaire, ni politique, ni économique,... on me demandera quelle est donc celle que je me propose d'écrire. C'est l'histoire des hommes et des mœurs », dit Duclos. « Ce n'est point ici une simple relation de campagnes, mais plutôt une histoire des mœurs et des hommes », dit Voltaire. Ces affirmations répétées sont saisissantes et le changement qu'elles expriment est capital. Il ne se montre nulle part avec plus de force que dans l'*Essai sur les mœurs*. Faussé par le dessein arrêté de prendre le contre-pied de Bossuet, et tombant dès lors dans les défauts qu'il condamne, — la hâte, l'information de deuxième ou de troisième main, la compilation, — il n'en reste pas moins un des monuments du siècle, que l'avenir retiendra parce qu'il porte sur son fronton cette devise : « Je voudrais découvrir quelle était la société des hommes, comment on vivait dans l'intérieur des familles, quels arts étaient cultivés, plutôt que de répéter tant de malheurs et tant de combats, funestes objets de l'histoire, et lieux communs de la méchanceté humaine. »

Après cela, leur « enthousiasme historique [1] » leur a-t-il permis de mener jusqu'au bout, sans défaillance, leur projet de constituer définitivement l'histoire? A leur croyance à la stabilité et à l'identité, ont-ils été capables de substituer l'idée d'évolution? Montesquieu, dans ses notes intimes, a été frappé par une théorie de Vico, celle des *corsi e ricorsi* : D'abord

1. Joh Chr. Adelungs. *Pragmatische Staatsgeschichte Europens.* Gotha, 1762. Page 11.

les nations sont barbares; elles conquièrent, et elles deviennent des nations policées; cette police les agrandit, et elles
deviennent des nations polies; la politesse les affaiblit; elles
sont conquises et redeviennent barbares; et presque toutes
les nations du monde roulent dans ce cercle... Dans ses *Considérations sur les causes de la grandeur et de la décadence des Romains,*
le même Montesquieu s'en est tenu à l'idée de naissance, de
progrès et de chute : le passage de la grandeur à la décadence
a frappé le siècle au point qu'il n'y a guère eu d'historien qui
n'ait admis cette idée : c'est une des traces les plus visibles de
l'influence multiple de ce grand esprit. — Voltaire, avec une
anxiété qui rend pathétique plus d'une page de son œuvre
historique, a cru discerner une évolution qui menait au
progrès; progrès très lent, très difficile, sans cesse menacé,
et qui pourtant, à de certaines époques privilégiées de la
civilisation, se faisait jour. Que de trouble et que de misère,
que de sang répandu! Un esprit de guerre, de meurtre et de
destruction a toujours dominé la terre. Pourtant, au milieu
de ces saccagements, apparaît un amour de l'ordre qui anime
en secret le genre humain, et qui empêche sa ruine totale.
« C'est un des ressorts de la Nature qui reprend toujours sa
force; c'est lui qui a formé le code des nations; c'est par lui
qu'on revère la loi et les ministres de la loi dans le Tunquin
et dans l'île de Formose, comme à Rome. » Voltaire respire,
reprend courage et se sent joyeux, quand il arrive à l'un des
grands siècles qui ressemblent à des habitations dans les
déserts sauvages, celui d'Alexandre, d'Auguste, de Léon X,
de Louis XIV; il est reconnaissant à ces grands hommes qui
lui permettent l'espoir. Pour Lessing [1], l'éducation du genre
humain n'est qu'un lent devenir; la raison, même quand elle
se projette de l'extérieur, est absorbée par la raison intérieure qui jamais ne subit de défaite totale et qui continue
obstinément sa marche progressive jusqu'au jour où la vérité
divine et la vérité humaine se répandront et ne formeront plus
que la vérité unique. Après Lessing peut paraître Herder.

Ont-ils atteint ce concret dont ils étaient si loin à leur
point de départ? Pas tout à fait; l'histoire n'a pas encore été

---

1. Voir, pour un plus ample développement de cette idée, *Troisième partie,*
p. 214-217.

une résurrection. Soit par un goût du dramatique qu'ils n'ont pas réussi à abolir en eux ; soit, chez quelques-uns, par sécheresse ; soit, chez d'autres, par éloquence, ils n'ont pas restitué la simplicité vivante du réel. Les choses ne se sont pas présentées à eux dans leur substance charnelle. Solidement appuyé sur le sol de sa petite patrie ; comprenant que celui qui décompose les sons d'une symphonie ne jouit plus de l'impression totale ; sachant qu'il entre de la lâcheté dans la bravoure et de l'égoïsme dans l'altruisme : celui qui s'est approché de la *Realgeschichte* est Justus Möser. Il a eu, et de plus en plus à mesure qu'il s'avançait dans la rédaction de son *Osnabrückische Geschichte,* le sens du complexe. Mais il est resté le moins européen de tous, en ce sens que sa renommée, grande en Allemagne, ne s'est pas étendue, et qu'il est demeuré un inconnu en comparaison des Montesquieu et des Voltaires, des Robertson et des Gibbon.

Ont-ils renoncé, autant qu'ils l'avaient décidé, aux explications par des lois générales, risquant de retomber ainsi dans la métaphysique qu'ils avaient bannie ? Ils n'y ont pas renoncé. La loi de l'histoire était peut-être l'intérêt, le *self love ;* peut-être le dieu commerce, comme le voulait l'abbé Raynal, dans l'*Histoire philosophique et politique des établissements européens dans les deux Indes ;* peut-être un certain « esprit du temps » ; peut-être une concomitance d'effets : « Trois choses influent sans cesse sur l'esprit des hommes, le climat, le gouvernement et la religion. C'est la seule manière d'expliquer l'énigme de ce monde [1] » ; peut-être une fatalité, qui se manifestait par une éclatante disproportion entre des causes, si menues qu'elles étaient à peine perceptibles, et des effets presque incommensurables... Ils voulaient rendre compte des phénomènes, sans remonter aux causes premières ; et ceci dit, c'était la cause première qu'ils s'obstinaient à chercher.

En conséquence, ils n'ont pas écrit l'histoire parfaite : l'histoire parfaite, qui l'écrira jamais ? Mais ils ont bien rempli leur tâche, à grande difficulté et à grand honneur. Ils n'aimaient l'érudition que lorsqu'elle était un peu égayée : et pourtant, ils ont compris la valeur du témoignage, et c'est sur des documents authentiques qu'ils ont essayé de bâtir. Élaguant,

---

1. *Essai sur les Mœurs*, chap. CXCVII.

déblayant, dénonçant le mensonge, ils ont préparé les voies de l'avenir. Combattus entre leur philosophie, qui voulait être empiriste et qui n'admettait que le fait, et leur tendance naturelle, qui les portait vers l'abstraction, vers l'a priori, vers les grands systèmes auxquels il faut que le réel se soumette, bon gré mal gré — ils n'ont pas toujours, mais ils ont souvent sacrifié leur préférence intime à la méthode historique qu'ils avaient su dégager. Ils ont laissé des chefs-d'œuvre. Juste prix de l'intelligence qui a donné sa marque à toute la littérature du siècle.

CHAPITRE IX.

Les idées et les mœurs.

L'aventurier.

Personne alors n'a tenu en place. Montesquieu est allé à la recherche des constitutions; Diderot, après avoir longtemps résisté, a pourtant fait le voyage de Russie. Un beau jour, le jeune Goldsmith a décidé qu'il partirait pour le continent; et il est parti, en effet, sans argent, sans protection, sans itinéraire fixe, jouant de la flûte aux portes des chaumières, pour obtenir des paysans une écuelle de soupe, une place dans la grange. Holberg quitte le Danemark, prend la route, comptant sur sa belle voix comme Goldsmith comptait sur sa flûte; le voici qui passe de pays en pays; à Paris, il apprend le français, à Oxford il l'enseigne, il n'est pas gêné pour si peu. Ils sont la mobilité même, ces curieux que rien ne rassasie, et qui jamais n'ont assez vu. L'exil ne leur est pas amer, ils ne souffrent pas à gravir les escaliers d'autrui, le pain de l'étranger n'a pas un goût de sel; jetés hors de leur patrie, ils profitent de l'occasion pour se faire une âme nouvelle. Voltaire n'est pas tellement malheureux à Londres; il connaîtra la langue, la littérature, les mœurs de l'Angleterre, autant de gagné. L'abbé Prévost n'est pas tellement malheureux en Hollande où il jette décidément sa gourme; encore moins dans l'île heureuse qu'il ne quitte qu'à regret, en chantant un hymne à sa grandeur. Bolingbroke devient sans peine une manière de grand seigneur français : il a son château, ses jardins, il se fait une clientèle, il règne. Winckelmann trouve en Italie sa vraie patrie. Combien de philosophes persécutés ne prirent-ils pas plaisir à se grouper autour de Frédéric II, à Berlin?

L'image tragique du Refuge tend à s'effacer; il n'y a plus de bannis, il y a des *cosmopolites*.

Le mot était apparu au xvie siècle; mais il n'avait pas fait fortune, et au xviie, il s'était presque éclipsé. Au xviiie, il entre dans l'usage courant; le dictionnaire de Trévoux le définit en 1721, sous sa forme *cosmopolitain*. Il comporte alors deux nuances, dont la première est péjorative, un homme qui n'a pas de demeure fixe; et la seconde élogieuse, un homme qui nulle part n'est étranger. Celle-ci l'emporte; en 1755, J.-J. Rousseau parle des « grandes âmes cosmopolites qui franchissent les barrières imaginaires qui séparent les peuples, et qui, à l'exemple de l'État Souverain qui les a créées, embrassent tout le genre humain dans leur bienveillance ». Le cosmopolite, du mépris ancien où on l'avait tenu parce qu'il n'avait pas de patrie, passe à l'estime où on le tient parce qu'il en a plusieurs.

Nous ne sommes pas surpris, dès lors, de constater que l'aventure éternelle prit la couleur du temps. Il ne fut plus question d'aller conquérir le tombeau du Christ, en chassant les Turcs des Lieux Saints; même les expéditions sur les mers lointaines se disciplinèrent, routes du commerce, découvertes organisées. L'héroïque n'avait plus qu'à se tenir dans les genres littéraires qui lui étaient assignés, dernier refuge. L'aventure devint un métier, nuancé de plaisir et de grâces; l'aventurier, petite épée, soie et dentelles, devint un personnage qui prit figure dans la société.

Il peut être de famille honorable, mais en général il juge plus sûr de se fabriquer lui-même des titres de noblesse. Sorti du ghetto, Lorenzo da Ponte prend le nom de l'évêque qui l'a baptisé et qui l'a fait entrer au séminaire. Le père de Casanova était acteur d'occasion, sa mère était fille d'un cordonnier. Giuseppe Balsamo, né en Sicile de parents médiocres, et dont la jeunesse est celle d'un mauvais garçon, échange son nom roturier contre une appellation sonore, Cagliostro : car enfin, c'est un bien commun à tout le monde que les lettres de l'alphabet.

Le lieu de ses exploits n'est pas la savane ou l'océan, mais les capitales où les aigrefins trouvent toujours à se tirer d'affaire; à moins qu'il ne préfère les petites cours, où l'on s'ennuie, où sa présence est antiléthargique. Oublieux de ses débuts

ingrats, léger de scrupules, paré de tous ses prestiges, un soir
il arrive, venant on ne sait d'où; au bout de quelques jours,
il est parti, laissant à ses hôtes le soin de payer les comptes
et de réparer les dommages. Son séjour n'est jamais long;
il parcourt l'Europe; il va jusqu'en Égypte, jusqu'en Orient,
comme le marquis de Bonneval, croisé à rebours, qui devint
pacha; jusqu'au Nouveau Monde, comme Lorenzo da Ponte,
qui devint professeur d'italien à New York.

D'où vient sa fortune passagère? Au fond il n'est rien; son
carrosse n'est pas à lui; s'il a un valet, c'est son complice;
ses habits même ne sont pas payés; il n'a aucun répondant,
les informations qu'on prendrait sur son passé seraient si
mauvaises qu'on le chasserait aussitôt. Mais les dehors sont
brillants. Il a un vernis de culture, il dit qu'il sait le latin et
les langues étrangères, il possède le français, ce passe-partout.
Comme sa mémoire est prodigieuse, il a pris et retenu au
passage des lambeaux de connaissances, dont il pare son discours avec dextérité; quelquefois il est poète, il est même capable de composer des livrets d'opéra. Il connaît la musique et
la danse; il est spirituel; il entretient les conversations en rapportant les grandes nouvelles et les menus ragots. Ajoutons
l'effronterie, l'audace et la force d'une personnalité qui ne
craint ni les hommes ni les dieux.

L'aventurier exploite les vices d'un monde qui se décompose; la hiérarchie n'est plus assurée, les vieux principes sont
raillés, l'austérité est passée de mode, et l'on préfère à une vertu
morose un homme qui sait amuser. Il prend naturellement
sa place à la table de jeu, la partie est engagée quand il s'installe;
s'il triche, il n'est pas le seul; on ne se fâchera que si on le
prend à faire passer sans discrétion une carte dans sa manche :
or il n'est pas maladroit. On dépense sans compter, et l'aventurier n'est pas mesquin : au contraire, il donne à propos un
diamant, un collier de perles; d'un geste ostentatoire, il jette
aux domestiques du prince une bourse pleine; il ne prend pas
un air maussade sous prétexte qu'il a contre lui une veine que
demain, il saura corriger. Il passe de belle en belle et de
conquête en conquête, comme tout le monde; à peine change-
t-il plus souvent que ses amis de rencontre, le jeune officier
qui est fier de ses bonnes fortunes, ou le vieux roué qui ne
les compte plus. Il est la mobilité dans le plaisir; à un aventu-

rier du xviiie siècle, à Casanova, revient d'avoir été une nouvelle incarnation de Don Juan, le Don Juan érotique. A un autre revient d'avoir entretenu toute sa vie cette équivoque, était-ce un homme, était-ce une femme que le chevalier d'Eon ?

On ne dédaigne pas de les prendre, quelquefois, comme agents secrets de la politique internationale. Souvent ils font partie des sociétés secrètes : on a pu voir, en ce temps-là, un aventurier religieux, Ramsay, qui fut l'un des maîtres de la maçonnerie. Bien plus ! Ces êtres qui ont en soi quelque chose de mystérieux, ayant étudié dans toutes les Universités, à ce qu'ils disent, guerroyé dans toutes les armées, connu familièrement tous les grands de la terre; ces êtres qui semblent appartenir à la catégorie des apparitions, qui tout d'un coup se manifestent et tout d'un coup s'éclipsent, météores, sont les maîtres des puissances surnaturelles. Ils exploitent, ici encore; ils exploitent un fond de crédulité superstitieuse, que la raison n'abolit pas, et qui à mesure que le siècle s'avance, prend sa revanche sur la raison. Sorciers, cabalistes, occultistes, magnétiseurs, prophètes et mages, ils découvrent des trésors, prédisent l'avenir, composent des philtres qui rajeuniront les douairières et leur rendront leur beauté de seize ans; ils guérissent les malades; il s'en faut de peu qu'ils ne ressuscitent les morts. Celui-ci possède la panacée, cet autre a trouvé la pierre philosophale; cet autre encore a vaincu le temps. Il demande à son famulus : « Te rappelles-tu le jour où le Christ fut crucifié ? » Et l'autre répond : « Monsieur oublie que je suis à son service depuis quinze cents ans seulement. » Cagliostro, Grand Copte, tandis que sa femme est la Reine de Saba, a bu l'élixir dont il avait trouvé le secret, l'élixir d'immortalité.

Cela ne l'empêchera pas de mourir dans un cachot, devenu fou ou simulant la folie. Car lui-même et ses pareils ne mènent pas jusqu'à la fin leur comédie, et le dénouement est triste. Ils sont pauvres après avoir gaspillé, emprisonnés après avoir été la liberté même, abandonnés le lendemain du jour où on leur faisait fête. Ils n'ont pas même, pour retrouver une conscience morale, le remords : ils n'ont que le regret. Quelquefois, l'ironie du sort veut qu'ils traînent une longue vieillesse, pleine de grogneries et d'aigreurs. Enfin punis, ils le sont cruellement.

La société reprend ses droits, apercevant en eux des dissolvants, qu'elle condamne. Elle ne leur en a pas moins offert un milieu favorable, hors duquel ils n'auraient pu prospérer. Ils ont poussé jusqu'à l'excès, jusqu'au paradoxe, et jusqu'au vice, quelques-unes des idées du temps. *The Glittering century,* le siècle qui brille : ils ont été ses paillettes. Le siècle de l'intelligence : ils n'ont pas pillé les diligences, volé à main armée; ils se sont servis de leur subtilité, de leur esprit, de leur psychologie, voire avec un certain mépris pour les benêts qui se laissaient prendre; c'est un fonds excellent de revenu pour les petits, disait le Chevalier des Grieux, que la sottise des riches et des grands. Ils ont été les artistes de leur propre vie [1].

La littérature exploite ce type humain. Dans le roman, le picaro tend à devenir l'aventurier. Au théâtre, Goldoni est à l'affût de sujets : de même qu'un jour il prend pour matière les prodigieux effets de la *Madre Natura,* et qu'un autre jour il met en scène *Il filosofo inglese,* disciple de Locke et de Newton, de même il donne, l'année 1751, *L'avventuriere onorato,* l'honorable aventurier. Mais la littérature reste pâle, et ses réussites sont douteuses, par comparaison avec l'aventurier vivant. Car des jours qui lui ont été donnés, celui-ci a fait un chef-d'œuvre. Il les a employés comme il le voulait, pour les fins qu'il voulait, en sculptant amoureusement sa propre statue. Il y a des monuments de toute espèce; c'en est un que l'*Esprit des Lois,* c'en est un que l'*Essai sur les Mœurs;* c'en est un autre, et toujours portant la marque du XVIIIe siècle que les *Mémoires* de Casanova.

La femme.

Le Temple de Gnide; Le Voyage à Paphos; mieux encore *Il Congresso di Citera,* d'Algarotti (1745). Amour a disparu du monde, il s'est retiré dans son île, et a convoqué son conseil au sujet d'une contestation qui s'est récemment élevée : les différentes nations se disputent sur la manière d'aimer. Aussi délèguent-elles chacune une ambassadrice devant le conseil d'Amour; Mme de Jasy représente la France; Lady Gravely, l'Angleterre; Béatrice, l'Italie; le rôle de rapporteur sera

---

1. Nous avons utilisé, dans ces pages, l'essai sur Casanova de Stéphane Zweig, dans *Trois poètes de leur vie.* Trad. française, 1937.

confié à la Volupté. Il est bien entendu qu'un point restera hors de conteste : la suprématie du plaisir, dont la nature a versé le sentiment dans les cœurs. Lady Gravely est amère : ses compatriotes dédaignent les femmes, et ils les ennuient. Mme de Jasy vante l'amour volage; fi de la passion gothique, mieux vaut un caprice assaisonné d'élégance et d'esprit : *piacere senza pena*. Béatrice vante le culte de la beauté idéale. Aucune ne défend la bonne cause : la Volupté résume le débat et communique la volonté du Dieu. Il n'est pas au pouvoir de l'homme de choisir celle qu'il aime, il est conduit vers elle par une fatalité. Que son unique tâche soit donc de lui plaire, en la louant, en critiquant les défauts de ses rivales, la voix de Chloé, les dents de Lesbie; en s'efforçant de ne pas la contrarier, car on devient le maître en feignant d'être esclave; en la divertissant; en usant de petits moyens de conquête, les lettres habiles, la complicité de la femme de chambre, les promenades, les fêtes; en choisissant son moment : qu'il se garde de faire sa déclaration le jour où sa belle vient de voir sur sa rivale une robe d'une façon nouvelle!

C'est bien cela; on eut l'illusion, on se donna l'air de croire qu'on pouvait avoir le plaisir sans avoir la peine, *piacere senza pena*. Le plaisir ne fut plus humiliant, secrètement toléré par quelque compromis, racheté par le repentir : il devint glorieux en même temps que facile. S'il comporte quelque idée étrangère à lui-même, ce fut celle d'une ostentation : liberté dans les mœurs; les sens protestèrent pour leur part contre les rigueurs d'autrefois. Écartés, dans la mesure du possible, les hypothèses fâcheuses, la prédestination, le mal originel; étant admis que tout ce qui était dans la nature était bon, que le plaisir était dans la nature et que le plus grand des plaisirs était la volupté : non pas toutes les femmes, mais les femmes à la mode, se conformèrent au nouvel art d'aimer.

Divinités frivoles, poudre et rouge et mouches, failles, satins, brocarts, dentelles, bijoux, de leur pas léger elles s'avancèrent au premier rang. Le luxe s'organisa pour elles; autour d'elles se fit comme un remous d'argent. Bals, dîners, soupers, furent les moments de leur grande fête continue. On s'empressa de satisfaire leurs désirs, à condition qu'elles ne fussent plus que caprice. La passion insensée? La foi donnée? Le respect du mariage? Ce n'était pas dans la règle du jeu. Usbek constatait qu'il n'y avait pas de pays au monde où les maris jaloux fussent en plus petit nombre que chez les Français : non qu'ils eussent confiance dans la vertu des femmes, au contraire : ils étaient si fiers de leur infortune qu'ils n'avaient plus qu'à en prendre leur parti. Le prince Angola fait son éducation : son ami Almaïr lui recommande le seul remède contre l'ennui, c'est-à-dire le changement; le prince regarde bientôt les jolies femmes comme des effets qui sont dans le commerce, et qui passent de main en main. « Nous nous sommes pris par convenance, nous nous sommes gardés par convention, et j'imagine que nous nous quitterons sans peine [1]. » — Œglé s'est trouvée mal au théâtre; elle a commis une faute si grave qu'elle se sent perdue, elle n'a plus qu'à entrer dans la retraite ou à se réfugier dans la dévotion. En effet, son mari est venu lui parler dans sa loge, elle s'est oubliée au point de le regarder tendrement, de lui sourire et de lui serrer la main [2]. Bref, « l'amour délicat et fidèle ne subsiste plus que dans les vieux romans [3] ».

Le fait est que les maîtresses étaient devenues une manière d'institution d'État. Maîtresses des rois : parmi toutes celles de Louis XV, Mme de Pompadour. Maîtresses des grands : eh! quoi, s'écriait l'avocat Barbier, sur vingt seigneurs de la cour, il y en a quinze qui vivent avec une autre que leur femme : dès lors, qu'a-t-on à redire à la conduite du Roi? Maîtresses des philosophes, de tous les philosophes, Voltaire, d'Alembert, Diderot, Helvétius, le baron d'Holbach; innombrables maîtresses du marquis d'Argens, qui, avant la lettre, joue les Faublas. Comme disait Mlle Quinault : la pudeur n'était qu'une habitude artificielle condamnée par la nature, inventée sans doute par quelque petit nain, bossu, maigre, et contrefait; car on ne songe pas à se cacher quand on est bien.

Sans doute la société parisienne était-elle plus avancée, dans tous les sens du mot. Pourtant nous ne voyons pas que les correspondances et les mémoires nous fournissent des témoignages différents, sur ce qui se passait dans les autres pays. Personne ne soutiendra que les mœurs de Berlin et de

---

1. Angola, *Histoire indienne*. A Agra avec privilège du Grand Mogol, 1749.
2. *Les usages*, par M. Tr. D. V., *citoyen de Bordeaux*. Genève, 1762.
3. *Mad. de Puisieux ou la nécessité d'être inconstant*, A Cologne; et se vend à Paris, 1762.

Potsdam fussent pures; les princes des cours d'Allemagne prenaient à leur tour des maîtresses, quelquefois à contre-cœur : mais il ne fallait pas se singulariser. Il y avait plus de brutalité en Angleterre, plus de grossièreté, plus d'ivrognerie, une corruption plus franchement avouée puisqu'elle était devenue un moyen de gouvernement; Bolingbroke craint même que les vices qu'il partage et dont il a donné l'exemple ne finissent par altérer la Constitution. Mais la différence n'était que dans le plus ou le moins de raffinement. On raconte que la reine Caroline, à son lit de mort, pressait George II de se remarier quand elle ne serait plus. Non! répondait le roi en sanglotant, j'aurai des maîtresses. — Cela n'empêche pas! disait la mourante. — L'Italie entonnait le même refrain, vantait l'amant sans passion, l'amant sans illusions :

> Fu già caro un solo amante,
> Or quel tempo non è più.

« Autrefois on choisissait un seul amant; mais ce temps-là n'est plus. » Ou bien : « Ne sais-tu pas que les femmes regardent leurs amants comme des cartes à jouer? Elles s'en servent quelque temps; quand elles ont gagné, elles les jettent, elles en demandent d'autres... » Les voyageurs notent la place que les sigisbées ont prise dans les ménages. Le sigisbée s'installe à côté du mari, à la place du mari; il assiste à la toilette de la femme, demeure à poste fixe dans son salon, fait des visites avec elle, l'accompagne au théâtre. Il lui verse le chocolat, tient sa boîte à poudre et son éventail, s'assied dans son carrosse, entre librement dans sa chambre, donne des ordres dans la maison. A côté de ce cavalier servant, il peut y en avoir d'autres, des prétendants, des suppléants, des provisoires. Les moralistes tonnent, les poètes se moquent, le peuple s'indigne ou se gausse : le sigisbée tient bon.

Tout de suite, en même temps s'il était possible, pour ne pas trahir le vrai, il faut dire que ce n'est pas seulement par une liberté qui devenait licence, par une coquetterie qui deve-nait provocation, qu'un changement s'est opéré dans la condi-tion des femmes. Parmi les traits contrastés qui forment le tableau d'une époque, d'autres apparaissent, et d'autres cou-leurs; la perspective varie avec d'autres éclairages. Les femmes s'associèrent au mouvement des esprits, quelquefois même elles le dirigèrent; elles prirent une place d'égalité à côté des écrivains et à côté des savants; elles furent moins pédantes; puisque intelligence il y avait, elles furent plus naturellement intelligentes. Souvent, elles sortaient fort ignorantes de leur couvent : elles s'instruisaient plus tard; avides d'apprendre; ce n'est pas à aimer, c'est à connaître qu'elles mettaient leur ardeur. Telle Mme du Châtelet, dont Voltaire fit sa compagne. Tous deux retirés du monde, et vivant dans ce qu'on appelait la solitude effroyable de Cirey, ils étendaient jusqu'aux limites du possible le cercle de leurs connaissances, qu'ils trouvaient toujours trop étroit. Ils lisaient du latin, du grec, de l'anglais, de l'italien; elle appelait un savant allemand, Samuel König, pour approfondir les mathématiques et pour continuer les leçons qu'elle avait prises de Maupertuis et de Clairaut; tandis que Voltaire s'occupait de physique et prenait part au concours de l'Académie des Sciences, sur la nature du feu, elle concourait de son côté, devenue à proprement parler sa rivale. Elle s'initiait à la philosophie; il l'attirait vers Locke, elle l'attirait vers Leibniz, et elle ne cédait pas. Étrange couple, qui passait ses soirées avec des binômes et des trinômes; vignette qui illustre un aspect du siècle aussi sûrement que deux amants, rêvant et pleurant au clair de lune, illustreront le romantisme.

Non moins sûrement l'illustrerait celle qui représenterait un salon, celui de Mrs. Montagu à Londres, de Caterina Doffin Tron à Venise, de Mme N... à Stockholm, et entre tous les salons de l'Europe, un salon français; et entre tous les salons français, qui se succédèrent comme une dynastie jusqu'à la Révolution, le salon de Mme du Deffand, faubourg Saint-Germain. On y verrait, non pas immense et solennelle, mais intime, la pièce tendue de moire d'or, avec ses rideaux de même nuance, ornés de rubans couleur de feu; par une porte, on donnerait un coup d'œil à la chambre voisine, tentures bleues, étagères, porcelaines fines; c'est là que se tient, frileuse, au coin du feu, installée dans un fauteuil arrondi qu'elle nomme son tonneau, celle qui a régné sur l'Europe intellectuelle qu'elle a su appeler à ses rendez-vous. Son esprit et sa verve, la variété de sa culture et la pénétration de sa psychologie, le caractère d'une assemblée cosmopolite où se brassaient les idées, le charme d'une conversation devenue à la fois un jeu et un art, étaient connus jusqu'aux confins du monde cultivé. Quand elle sut que sa lectrice, Julie de Lespinasse, avait fondé sous son propre toit un salon rival, où les meilleurs de ses amis se réunissaient avant de passer chez elle, son désespoir ne vint pas seulement d'une jalousie de femme, de la rancune d'une ingratitude, de l'amertume d'une trahison : ce qu'on lui volait, c'était sa raison d'être. Une autre assortissait les âmes, une autre lui enlevait le privilège de diriger la symphonie des esprits.

« Chaque âge humain, chaque siècle apparaît à la postérité dominé, comme la vie des individus, par un caractère, par une loi intime, supérieure, unique et rigoureuse, dérivant des mœurs, commandant aux faits, et d'où il semble à distance que l'histoire découle. L'étude à première vue distingue dans le xviiie siècle ce caractère général, constant, essentiel, cette loi suprême d'une société qui en est le couronnement, la physionomie et le secret : l'âme de ce temps, le centre du monde, le point d'où tout rayonne, le sommet d'où tout descend, l'image sur laquelle tout se modèle, c'est la femme [1]. »

L'homme de lettres.

De l'homme de lettres, nous nous ferons une haute idée. Ce serait blasphémer que de dire qu'il n'est pas plus utile à l'État qu'un joueur de quilles; au contraire, il est devenue constate l'abbé Raynal, « un citoyen important ».

Il vit de son métier : voilà le changement. Le livre est devenu un objet de rapport; on ne le donne plus au libraire, on le vend; entre le libraire et l'auteur un contrat s'établit, fructueux pour le premier, mais non pas improductif pour le second. En 1697, Dryden a touché la somme de quatorze cents livres pour sa traduction de Virgile. Addison a tiré du public une partie de sa subsistance; Pope s'est procuré l'aisance; à elles seules, ses traductions, celle de *l'Iliade*, puis celle de *l'Odyssée,* lui ont rapporté une somme d'environ neuf mille livres sterling. Sa villa à Twickenham, son jardin et sa grotte en rocaille, il les doit à son talent. Goldsmith ne mène pas une existence dorée; il a pourtant conscience des progrès de sa condition, et il proclame sa reconnaissanc,

1. Edmond et Jules de Goncourt, *La femme au XVIIIe siècle,* 1862. Chapitre IX.

envers ses bons et généreux amis, les lecteurs : chaque membre
éclairé de la société, en achetant ce qu'écrit l'homme de lettres,
contribue à le rémunérer; la mode de parler plaisamment des
auteurs, comme miséreux et faméliques, pouvait être spirituelle, naguère : elle a cessé de l'être parce que la chose n'est
plus vraie; un auteur refuse maintenant une invitation à
dîner sans avoir à craindre ou le mécontentement de son
protecteur, ou l'inconvénient de jeûner en rentrant chez soi;
et même, s'il ne peut se vanter d'être riche, il peut revendiquer
la dignité de l'indépendance... Lesage est le premier Français,
nous dit-on, qui ait tiré sa subsistance de ses romans, de son
théâtre; Marivaux, ruiné par le système de Law, s'est tiré
d'affaire par son travail; Voltaire est un homme de lettres
grand seigneur. Il est vrai qu'il a été financier, aussi; mais en
cela même, il a pensé qu'il fallait dissocier les deux notions,
celle d'écrivain et celle de besogneux.

Les choses sont allées plus lentement en Allemagne, mais
là aussi, le théâtre, les traductions, et cette ressource devenue
générale, les journaux, ont permis aux écrivains de se dégager
de leurs liens; Nicolaï l'éditeur a fourni un centre aux représ-
sentants de l'Aufklärung. En Italie : Écrivains du *Caffè*[1],
répondez à cette question : pourquoi donc les hommes de
lettres étaient-ils honorés dans le temps passé, et ne le sont-ils
plus aujourd'hui ? — Question mal posée, car les hommes
de lettres n'ont pas à se plaindre du présent. Le goût de la
lecture s'est largement répandu, et ils en ont profité. On a su
rendre justice à Scipione Maffei, à Ludovico Antonio Muratori, à Francesco Algarotti; la cour de Vienne a donné distinctions et richesses à Métastase. En somme, pour peu qu'on
soit initié à ce qui regarde l'état des lettres en Europe, on doit
reconnaître que jamais on n'a fait tant d'honneur aux hommes
qui ont contribué à éclairer le public et à répandre les vérités
utiles...

Ce changement n'est pas sans conséquences pour le contenu
et pour la forme même de la littérature. Quand on publiait
pour son plaisir ou pour sa gloire, on avait tout son temps;
quand on publie pour payer son boulanger et son propriétaire, il faut produire beaucoup et vite. Dès qu'on a livré un

---

1. Il Caffè, *Degli onori resi ai Letterati.* Semestre secondo, 1765.

manuscrit, on songe à celui qu'on livrera; les périodiques sont dévorateurs de copie. On n'a plus le temps de laisser une œuvre se composer comme d'elle-même après une lente maturation. D'autre part, on est en contact plus direct avec les lecteurs, on participe de plus près à leur vie. Et surtout, on s'imagine plus libre : l'essentiel est là. Dure condition que celle d'un auteur qui n'a plus de Mécène! C'est le jour de fête, l'infante fait son entrée, les habitants sont dans les rues, afin de voir passer son cortège; seul un cordonnier reste dans son échoppe. Au journaliste qui entre chez lui et qui s'étonne, il explique qu'il faut bien qu'il peine, qu'il a des souliers à rendre, qu'il doit gagner son pain. Ainsi du journaliste lui-même, ainsi de l'homme de lettres qui tend à devenir publiciste : il ne cesse pas de travailler, même quand les autres se reposent [1]. Mais ce sort plus difficile, il l'accepte parce qu'il le trouve plus noble; il en voit, avec les inconvénients, la grandeur. Telle quelle, il aime sa tâche sous son aspect nouveau. Gray est un plaisant homme, dit Samuel Johnson; Gray a la prétention de ne faire des vers que lorsqu'il se sent en veine! Pour sa part, Johnson abat régulièrement sa besogne, heureux de penser que la littérature est devenue une profession, que c'en est fait du patronat.

« Être auteur, c'est un état aujourd'hui, comme d'être militaire, magistrat, ecclésiastique ou financier [2]. « Un travail d'idées s'opère autour de cette phrase : on fait brièvement l'histoire de l'homme de lettres à travers les âges, on cherche à lui trouver une définition, et ce n'est pas le plus facile; on établit son statut moral. Et l'on revient toujours à dire que la république des lettres se composait autrefois de dilettantes qui s'occupaient d'objets indifférents au bien général, tandis que ses membres, à présent, remplissent une fonction.

Donc ils ne seront plus au service des grands. Telle que la voyaient les philosophes, la situation était celle-ci : les puissants de ce monde étaient à la fois des alliés de l'homme de lettres, en ce sens qu'ils le nourrissaient, le protégeaient, le pensionnaient; et ses ennemis, en ce sens qu'ils dirigeaient sa plume. Les écrivains n'entendent pas que la rupture soit complète,

---

1. Marivaux, *Le Spectateur français*, 1722-1723, feuille 5.
2. *Almanach des auteurs*, 1755.

ils ne refusent pas faveurs et bénéfices ; mais ils ne veulent plus que le rapport soit de maître à serviteur. Ils pensent que la fréquentation des riches et des nobles a son utilité, puisqu'elle permet d'observer une partie importante du manège humain ; à condition qu'à aucun degré elle ne soit esclavage. Un auteur n'est-il pas l'égal de ceux qui l'ont si longtemps dominé ? A certains égards ne leur est-il pas supérieur ? N'est-ce pas lui qui distribue — vieil argument, qui ne semble pas usé — les lauriers qui empêchent les hommes de mourir ? N'est-il pas le représentant du pouvoir nouveau qui s'appelle la science ? N'est-il pas un prince de l'esprit ? Qu'il change donc les termes de son ancienne alliance, qu'il tienne les grands seigneurs pour ce qu'ils sont le plus souvent : des ignorants, des mauvais juges, qui n'ont pas le triste honneur d'être injustes en connaissance de cause. A ce prix seulement, il prendra conscience de sa propre valeur.

Race criailleuse, tant qu'on voudra ; race vaniteuse, qui se repaît de la fumée de l'encens ; race divisée contre elle-même, et dont les enfants, au lieu de s'unir se mordront ; race bâtarde, qui contient à la fois ce qu'il y a de plus grand et ce qu'il y a de plus vil. Pourtant, une dignité sans pareille était promise à cette race, pourvu qu'elle se corrigeât de ses défauts. Il lui appartient d'être l'éducatrice du goût, l'interprète de la pensée, et même la maîtresse de l'action.

Quesnay le physiocrate se trouvant chez Mme de Pompadour dont il était le médecin, entendit un homme en place qui proposait des moyens violents pour calmer les querelles religieuses : « C'est la hallebarde qui mène un royaume. » Quesnay demanda qui menait la hallebarde, et comme on attendait, il donna lui-même la réponse : « C'est l'opinion ; et c'est donc sur l'opinion qu'il faut travailler. » De l'opinion les écrivains sont les maîtres, puisque c'est justement leur affaire que d'influer tous les jours sur elle. Leur puissance vient de là ; et les grands seigneurs méchants hommes commencent à le savoir, qui les craignent comme les voleurs craignent les réverbères ; quelque fort qu'on soit ou qu'on s'imagine être, il ne faut jamais se faire des ennemis qui, jouissant de l'avantage d'être lus d'un bout de l'Europe à l'autre, peuvent exercer d'un trait de plume une vengeance éclatante et durable. Aussi les princes, au lieu de les traiter dédaigneusement, devraient-ils les prendre pour guides. Sur le destin des générations futures, les hommes de lettres se voyaient plus d'influence que n'en ont les monarques eux-mêmes sur les vivants.

Le bourgeois.

C'est un fait communément admis, que le XVIII⁰ siècle a consacré la puissance d'une classe nouvelle, la bourgeoisie. Ce fait, il ne nous appartient pas de l'examiner du point de vue économique, par des chiffres, par l'étude du transfert de la fortune, de la baisse ou de la hausse des prix, de la variation des bilans. Mais il nous appartient de voir en quoi il concorde avec l'histoire des idées.

Apparaît d'abord, brillante et fastueuse, une aristocratie qui prétend demeurer le premier corps de l'État. Titres, honneurs, prérogatives, elle ne veut rien céder. Mais en même temps qu'elle gaspille les richesses qui lui permettaient de tenir son rang, elle perd ce rang dans la révision qui met en cause toutes les valeurs morales. Ceux qui mènent l'intelligence lui contestent sa raison d'être; quelquefois elle ne tient pas compte de leur effort, et le tient obstinément pour nul et non avenu; quelquefois, elle le favorise, en s'alliant aux philosophes : une partie de l'aristocratie a toujours aimé à travailler à sa propre perte. De toute manière, elle se défend mal; elle ne répond pas, elle répond de travers aux critiques idéologiques qui tous les jours tendent à la déposséder de sa primauté, et qui ne se bornent plus au thème rebattu par les moralistes : à savoir que la noblesse de naissance ne prévaut pas contre la noblesse de cœur, et qu'il faut faire plus d'état d'un crocheteur qui serait honnête homme, que d'un gentilhomme qui vivrait sans vertu. Un raisonnement qui n'est plus un lieu commun, et qui est autrement efficace parce qu'il est directement approprié à la conception moderne de l'État et de la Société, s'établit et se propage contre l'idée d'une caste éternellement privilégiée : l'État a le droit de ne récompenser que des mérites présents, la société n'est reconnaissante qu'à ceux qui travaillent directement à sa prospérité. Si les distinctions que l'un et l'autre accordent se transmettaient avec le sang, elles seraient contraires à la loi de justice qui seule doit régler les rapports entre les citoyens. Celui-là seul est vraiment noble, qui mérite bien de sa nation et de l'humanité; non pas celui dont les ancêtres ont bien mérité jadis d'une collectivité qui, elle-même, n'était pas réglée suivant des principes rationnels. Le pouvoir appartient à tous, il n'est qu'une délégation que l'on veut confier à des représentants donnés, lesquels n'ont jamais qu'une autorité provisoire et révocable.

Dès lors, il n'y a plus de faveurs héréditaires. On consent à conserver une race de bons chiens de chasse quand ceux-ci continuent à être bons; mais quand ils dérogent, on les noie : « Des titres, des parchemins surannés, conservés dans des châteaux gothiques, donnent-ils à ceux qui en ont hérité le droit d'aspirer aux places les plus distinguées de l'Église, de la Cour, de la robe ou de l'épée, sans avoir d'ailleurs aucun des talents nécessaires pour les remplir dignement? Parce que des nobles guerriers ont pu jadis contribuer, au péril de leur vie, à conquérir un royaume ou à piller des provinces, faut-il que leurs descendants se croient, encore après tant de siècles, en droit de maltraiter leurs vassaux [1]? » Du moment où la raison d'être du gouvernement féodal n'est même plus comprise historiquement, et où on ne le considère plus que comme un « brigandage systématique »; du moment où, dans la théorie comme dans la pratique, l'Europe travaille à effacer ses dernières traces, le rôle de la noblesse est terminé.

Nous voyons, d'autre part, une classe qu'on ne considère pas encore comme capable de remplir le vide ainsi laissé, parce qu'elle ne participe pas suffisamment aux lumières. Les conservateurs estiment, pour mille raisons, que le petit peuple est fort bien là où il est; si on l'élevait, leur sécurité même serait en question. Le libéralisme ne considère ce petit peuple que comme un instrument : il faut bien qu'il y ait des gens pour travailler, dussent-ils souffrir. Les philosophes hésitent en le regardant. Certes, il y a une masse de pauvres dans les rues de Londres, dans une partie des campagnes françaises et des campagnes italiennes; certes, il y a des révoltes de paysans en Autriche, en Bohême, en Hongrie; et de cette souffrance, ceux qui ont entrepris de réformer le monde ne laissent pas d'avoir pitié. C'est une grande question, disent-ils, de savoir jusqu'à quel degré le peuple doit être traité comme

1. D'Holbach, *Éthocratie*, 1776, chapitre x.

des singes; la partie trompante n'a jamais bien examiné ce problème délicat; et de peur de se méprendre au calcul, elle a accumulé le plus de visions qu'elle a pu dans les têtes de la partie trompée. Mais après tout, la partie trompante n'agit-elle que par fraude? Un homme est susceptible de progrès dans la mesure où il est éclairé; et il y a beaucoup d'hommes qui ne sont pas éclairés, qu'on ne saurait éclairer que très lentement, qui peut-être ne sont pas dignes d'être éclairés, qui ne le seront jamais. La bienveillance va volontiers jusqu'au troisième état, les artisans; elle ne va pas jusqu'au quatrième état; elle distingue, dans ce qu'on appelle peuple, les professions qui exigent une éducation honnête, et celles qui ne demandent que le travail des bras et une fatigue de tous les jours. Les gens qui appartiennent à cette seconde catégorie, pour tout délassement et pour tout plaisir, n'iront jamais qu'à la grand-messe et au cabaret, parce qu'on y chante, et qu'ils y chantent eux-mêmes; tandis que les artisans plus relevés, qui sont amenés par leur métier même à réfléchir, sont susceptibles de s'instruire et, en fait, commencent à s'instruire dans tous les pays. Les honnêtes gens, dignes de tout intérêt, sont ceux qu'on peut entraîner à une certaine révolution de l'esprit; mais « la canaille » restera toujours canaille.

Nous entendons bien quelques protestations, au nom du bonheur : vous dites que le bonheur doit être universellement partagé, le petit peuple est-il heureux? Vous savez bien que non. Le serf de la glèbe ou le mercenaire libre n'a pour lot que la peine, la misère, la maladie; l'ouvrier subit la loi de chefs oisifs et avides, qui ont reçu le pouvoir de le faire travailler pour rien. Vous traitez le petit peuple comme s'il n'avait ni raison, ni vertu, et seulement des instincts; pour vous, il est semblable aux bêtes; sa figure humaine n'est qu'une illusion. Protestations qui ne viennent que de voix isolées. Ce sera un des griefs de Robespierre contre les Encyclopédistes, que d'être restés « au-dessous des droits du peuple [1] ».

1. Abbé Coyer, *Dissertations pour être lues... La seconde, sur la nature du peuple.* La Haye, 1755. Abbé Raynal, *Histoire philosophique et politique des établissements et du commerce européens,* 1770. Livre XVII, chap. XXXI.
Robespierre : Discours du 18 Floréal an II. Dans la *Gazette Nationale*

Entre la noblesse dont on demande la déchéance et la
canaille qu'on ne se décide pas à promouvoir, s'installe une
classe qui n'avait pas attendu le XVIIIe siècle pour se hausser,
mais qui achève de trouver ses titres dans quelques-unes
des idées du jour : la manière d'être et la doctrine se sont
réunies. Quelques-unes au moins des pensées qui sont subjac-
centes au fait, se manifestent clairement : la bourgeoisie
n'a été tout à fait elle-même que quand ces idées sont arrivées
au temps de leur force, et qu'elles sont devenues irrésistibles.
C'était l'idée qu'il fallait abandonner le transcendant pour
le positif, les spéculations sur le monde pour la possession
du monde. Joubert, réfléchissant sur les hommes qui avaient
immédiatement précédé sa génération, l'a dit en termes
inoubliables : « Dieu s'était retiré en lui et caché dans le sein de
sa propre essence, comme notre soleil pour nous lorsqu'il
s'offusque d'un nuage. Ce soleil des esprits n'était plus visible
pour eux... Dans cette absence de l'extase et dans cette vacance
de la haute contemplation, ne pouvant plus regarder l'être
ils s'occupaient du monde [1]. » C'était encore l'idée de liberté,
dont nous avons vu la puissance. C'était l'idée que la propriété faisait le citoyen : que la propriété fût commerciale,
terrienne, industrielle, cette idée-là ne changeait pas; tout
homme qui possède dans l'État est intéressé au bien de l'État;
et quel que soit le rang que les circonstances particulières

au *Moniteur universel*, 19 Floréal an II, 8 mai 1794. « La plus importante
et plus illustre (secte) était celle qui fut connue sous le nom d'encyclopédiste;
elle renfermait quelques hommes estimables et un plus grand nombre de charla-
tans ambitieux; plusieurs de ses chefs étaient devenus des citoyens importants
dans l'État. Quiconque ignorerait son influence et sa politique n'aurait pas une
idée complète de la Préface de notre Révolution. Cette secte, en matière de
politique, resta toujours au-dessous des droits du peuple; en matière de morale,
elle alla beaucoup au-delà des préjugés religieux. Ses coryphées déclamaient
quelquefois contre le despotisme, et ils étaient pensionnés par les despotes;
ils faisaient tantôt des livres contre la cour, et tantôt des dédicaces aux rois,
des discours pour les courtisans et des madrigaux pour les courtisanes; ils
étaient fiers de leurs écrits et rampants dans les antichambres. Cette secte propa-
gea avec un grand zèle l'opinion du matérialisme qui prévalut contre les grands
et contre les beaux esprits. On lui doit en grande partie cette espèce de philosophie pratique qui, réduisant l'égoïsme en système, regarde la société humaine
comme une guerre de ruse, le succès comme la règle du juste et de l'injuste, la
probité comme une affaire de goût ou de bienséance, le monde comme le patrimoine des égoïstes adroits. »
   1. *Les cahiers de Joseph Joubert*, textes recueillis sur les manuscrits autographes
par André Beaunier, 1938, tome I, p. 102.

lui assignent, c'est toujours comme propriétaire, c'est en raison de ses possessions qu'il doit parler ou qu'il acquiert le droit de se faire représenter, affirmait l'*Encyclopédie*.

Aussi la plupart des tenants de l'esprit philosophique sont-ils de bourgeoisie. Aussi des formes nouvelles de la littérature s'adressent-elles à un public bourgeois. Aussi la littérature décrit-elle des ascensions rapides vers une classe dont les frontières ne sont pas délimitées, mais qui se caractérise par la richesse : *Le paysan parvenu*, *La paysanne parvenue*, *La nouvelle paysanne parvenue*, *Le soldat parvenu*. Aussi le théâtre, plus volontiers qu'il ne caricature le bourgeois gentilhomme, exalte-t-il *The London Merchant* : celui-ci, digne et sentencieux, a son code d'honneur commercial qui se superpose au code ordinaire; Lillo lui fait dire que, de même que le nom de marchand ne dégrade jamais celui de gentilhomme, de même un gentilhomme n'est pas nécessairement exclu de la dignité de marchand. Aussi le drame larmoyant, en même temps qu'il fait place à la sentimentalité, marque-t-il une évolution sociale : le bourgeois conquiert ses titres comme il a conquis la vie. L'avènement de la grande industrie ne se traduit pas encore en littérature : ce sera pour le XIXᵉ siècle.

Le franc-maçon.

Paradoxe : des gens qui ne veulent plus d'Église, fréquentent une chapelle obscure. Des gens qui ne veulent plus de rites ni de symboles, recourent aux symboles et aux rites : l'initiation; les colonnes, la toile peinte qui représente le temple de Salomon, l'étoile flamboyante; l'équerre, le compas, le niveau. Des gens qui ne veulent plus de mystère, plus de voiles, qui demandent que même les négociations extérieures se fassent à ciel ouvert, s'engagent au secret absolu : « Je promets et m'oblige devant le grand architecte de l'Univers et cette honorable compagnie de ne jamais révéler les secrets des maçons et de la maçonnerie, ni d'être la cause directe ni indirecte que ledit secret soit révélé, gravé ou imprimé en quelque langue ou caractères que ce soit. Je promets tout cela sous peine d'avoir la gorge coupée, la langue arrachée, le cœur déchiré; le tout pour être enseveli dans les profonds abîmes de la mer, mon corps brûlé et réduit en cendres, et jetées au vent, afin qu'il n'y ait plus mémoire de moi parmi les hommes et les maçons. » Des rationaux vont chercher au fond des âges les éléments d'un mysticisme qui, plus tard, et chez quelques-uns d'entre eux, se substituera à la raison. Des anti-sectaires fondent une secte.

Mais au-delà des apparences, c'est bien l'esprit du siècle qu'on retrouve chez eux. Ils se conforment à la nouvelle conception de l'existence, celle qui répudie les austérités, les tristesses, les désespoirs qui aboutissent à l'espoir de l'au-delà :

> Sur un chemin couvert de mille fleurs
> Le Franc-Maçon parcourt la vie
> En cherchant le plaisir, en fuyant les douleurs.
> De la morale d'Épicure
> Il suit toujours les douces lois...

Voilà pourquoi, dans leurs premières réunions, ils instituent des agapes et des banquets, ils font circuler les coupes, ils entonnent des refrains bachiques. Ils jettent la couronne d'épines et ceignent leur front de roses.

Ils veulent changer la société et ils n'ont pas le pouvoir : il leur faut donc une conjuration, une conjuration interna-tionale. Ils s'uniront, ils seront frères; le dévouement des associés les uns envers les autres sera l'une de leurs lois. L'adepte qui arrive dans une ville trouvera réconfort chez les autres adeptes; s'il est dans quelque détresse, il recevra secours; dans quelque difficulté, on le tirera d'affaire; qu'il fasse un signe et il sera reconnu. Les Vrais Amis, la Bonne Amitié, la Parfaite Amitié, sont des noms qui figurent souvent parmi ceux des loges. Si des différences locales surgissent, si chaque pays tend à donner une physionomie particulière à cette confédération générale, les chefs s'efforceront de rétablir l'unité, condition de leur pouvoir.

Personne, plus qu'eux, n'a soif de la liberté politique dont l'époque est avide :

> Le cri de la nature, ami, c'est Liberté!
> Ce droit si cher à l'homme est ici respecté.
> Égaux sans anarchie et libres sans licence,
> Obéir à nos lois fait notre indépendance.

Guerre aux tyrans et aux despotes; guerre aux privilèges. Guerre à toute autorité qui n'est point celle qu'ils reconnaissent. « Ce niveau que nous portons à la main nous apprend à apprécier les hommes pour honorer dans eux l'humanité, et n'être point éblouis par les honneurs. » — « Le franc-maçon est un homme libre, également ami du riche et du pauvre s'ils sont vertueux. »

Déiste, le franc-maçon l'est resté longtemps; il ne devait être ni « un libertin irréligieux », ni « un stupide athée ». Peut-être cette prescription première explique-t-elle que des ecclésiastiques aient pu, jusqu'à une date avancée de son évolution, rester à ses côtés. Pourtant il était antichrétien; il adhérait à « cette religion générale sur laquelle tous les hommes sont d'accord », c'est-à-dire à la religion naturelle. Et quand les athées sont venus à lui; quand les philosophes, comprenant qu'il était à l'avant-garde dans leur combat, ont eu dans sa personne le plus précieux des alliés; quand ils se sont présentés à sa loge : déistes ou athées, il les a reçus avec joie.

Ces similitudes d'idées, d'intentions, de volontés, et ce mutuel secours, ont assuré pour leur part la rapidité et l'étendue de la diffusion. Le 24 juin 1717, les membres des quatre loges qui se réunissaient dans les tavernes de l'Oie et du Gril, de la Couronne, du Pommier, du Romain et des Raisins, s'assemblèrent pour former la Grande Loge de Londres. En 1723, Anderson fournit à la société ses Constitutions. Dès lors, la Franc-Maçonnerie est devenue l'un des ferments de l'âge des lumières. Elle a essaimé sur le continent, et elle a gagné tous les pays d'Europe, l'un après l'autre. Si l'on peut dresser un jour la carte de cette marche progressive, on y verra les grandes villes commerciales, les ports de mer, les capitales; le tracé des routes dépendra quelquefois de l'aventure de la contagion, mais quelquefois aussi il se calquera sur les voies traditionnelles des marchés, des émigrations, des invasions. Les initiés qui circulaient, négociants, diplomates, marins, soldats, fondaient des loges dans les lieux de leur passage ou de leur séjour; même les prisonniers de guerre qu'on envoyait d'un camp dans un autre, même les troupes de comédiens errants. Le nom anglais a persisté quelque temps, *free masons*, fri-maçons, comme écrivaient quelquefois les Français; la première loge instituée à Rome, en 1735, par l'œuvre des partisans des Stuarts qui s'y étaient réfugiés, porte dans ses statuts que la connaissance de l'anglais est nécessaire pour postuler admission. Puis chaque langue nationale a traduit le mot, en l'adoptant. Les gouvernements l'ont proscrite, l'Église l'a condamnée. La loge de Florence, créée par les Anglais en 1733, est dénoncée au Saint-Office, et fermée; on sévit contre le poète Crudeli qui en faisait partie. La maçonnerie tout entière est mise au ban du monde chrétien par une bulle que lance Clément XII en 1738. En 1751, Benoît XIV renouvelle la condamnation. Mais la maçonnerie défie les gouvernements et l'Église. S'affilient aux loges, toujours plus nombreux, les notables, les bourgeois aisés, les membres des professions libérales; dès 1738, le dictionnaire de Chambers fait figurer le mot parmi ses articles et ajoute ce commentaire : les francs-maçons sont maintenant très dignes de considération, par leur nombre et par leur caractère. Ce mouvement est renforcé par l'adhésion de la noblesse : le marquis Joseph-François de Bellegarde, gentilhomme de chambre de Charles-Emmanuel III, installe la première loge de Chambéry, celle même dont Joseph de Maistre fera partie, plus tard, et qui sera la loge mère pour la Savoie et le Piémont; Raimondo di Sangro, prince de San Severo, devient Grand Maître de la loge de Naples; le duc d'Antin, le comte de Clermont, le duc de Chartres, sont les Grands Maîtres de la maçonnerie française. Plus haut encore : François de Lorraine, qui épousera Marie-Thérèse d'Autriche, impératrice d'Allemagne, s'est initié à la maçonnerie dans les Pays-Bas; Frédéric II s'est initié en 1738, quand il n'était encore que le prince héritier; en 1744, nous le voyons devenu grand maître de la Loge aux Trois Globes, à Berlin; la reine Marie-Caroline de Naples fut franc-maçonne. Au début, les femmes étaient exclues; n'étaient admis que « les gens de bien, loyaux, de bonne naissance, d'âge mûr et circonspect »; on ne voulait ni des esclaves, ni des femmes, ni des hommes sans moralité et de conduite scandaleuse. Les gens de rien continuèrent à trouver porte close; mais les femmes furent reçues dans des loges d'adoption.

Le 7 avril 1778, cette puissance fut marquée par une apothéose. C'est la date où Voltaire devint membre dans la Loge de Neuf Sœurs, fondée à Paris en 1776, animée par Helvétius, puis par Lalande. Dispensé des cérémonies d'initiation, introduit dans la salle par la commission de neuf délégués qui était allée le chercher, il fit son entrée en s'appuyant sur Franklin. Il répondit aux questions de morale et de philosophie qui lui furent posées par le Vénérable, aux cris d'admiration des assistants. Le rideau noir s'écarta, parut l'Orient brillamment illuminé; le prosélyte prêta le serment et fut reçu apprenti; on lui donna le tablier d'Helvétius. Ainsi entra dans la maçonnerie l'homme dont la Loge s'étonnait qu'ayant si longtemps travaillé avec elle, il ne lui eût pas encore appartenu.

Le philosophe.

Rien de commun avec le Docteur Atqui et le Docteur Ergo, gourmands de syllogisme et d'enthymêmes, se délectant du barbara et du baralipton; avec les Scolastiques qui, pareils aux avocats des causes perdues, mettaient leur art à embrouiller les données les plus simples, par de subtiles chicanes ou de pompeuses déclamations; avec les épouvantails vêtus d'une robe noire à larges manches et coiffés d'un bonnet huppé, qui hantaient les écoles pour enseigner à la jeunesse l'art de transformer l'hypothèse en évidence, et réciproquement. Ces philosophes-là appartenaient aux âges ténébreux : que le passé les garde et les enfouisse, qu'ils ne viennent pas jeter leur ombre sur les jours présents! Rien de commun avec les métaphysiciens, spécialistes en nuées. Rien de commun avec les égoïstes qui revendiquaient un nom pour eux trop honorable sous prétexte qu'ils prenaient avec indifférence, c'est-à-dire lâchement, toutes les choses de la vie. Afin que personne ne s'y méprît, au mot qu'il fallait bien conserver puisqu'il signifiait l'amour de la sagesse, on ajouta une épithète distinctive : les nouveaux philosophes : les philosophes pratiques.

Jadis, et tour à tour, le saint, le preux, le courtisan, l'honnête homme; et maintenant, un autre modèle d'humanité, le philosophe.

Nous ne manquons pas de définitions; arrêtons-nous seulement à la plus explicite, que nous demanderons à l'*Encyclopédie.*

Une vie obscure et retirée, quelques dehors de sagesse avec un peu de lecture, ne suffisent pas; ni même la renonciation à tout préjugé en matière de religion révélée; car vous prendriez, dans ce cas, une conséquence pour une cause. La cause est plus profonde : *Le philosophe est une machine humaine comme un autre homme ; mais c'est une machine qui, par sa constitution mécanique, réfléchit sur ses mouvements... C'est une horloge qui se monte pour ainsi dire quelquefois elle-même.* L'esprit d'examen est donc le caractère essentiel : pas d'opinion que l'on ne doive soumettre à cette épreuve initiale. L'esprit critique, qui manque à la plupart de nos semblables, agissant sans connaître les causes qui les font mouvoir, emportés par leurs passions à travers les ténèbres, appartient à la raison. Celle-ci est à *l'égard du philosophe ce que la grâce est au chrétien dans le système de saint Augustin.*

Répandez-vous comme des abeilles... vous reviendrez ensuite dans notre niche composer votre miel. Les principes, en effet, ne sauraient venir que de l'observation des faits; des faits se dégage la science, à la fois certaine et bornée. Certitudes quand on sent qu'on a reçu des objets une impression propre et précise que chaque jugement suppose; arrêt, quand la nature de l'objet ou la faiblesse de nos organes nous fait sentir une limite. De cette certitude le philosophe se réjouit; de cette limitation il ne s'afflige pas. Il ne peut rien affirmer en dehors des apports qu'il saisit dans son âme, il est obligé de garder le silence sur les réalités substantielles; tant pis ou tant mieux; il se prend tel qu'il est, et non pas tel qu'il semble à l'imagination qu'il pourrait être. Sans se prononcer définitivement sur un point qui le dépasse, il tend cependant à croire qu'il est composé non pas de deux éléments, la matière et l'esprit; mais d'un seul, la matière douée de pensée. L'air, à lui seul, est capable de produire des sons; le feu, à lui seul, excite la chaleur; les yeux, à eux seuls, voient; les oreilles, à elles seules, entendent; de même la substance du cerveau, à elle seule, est susceptible de penser.

Connaissant les erreurs de la fantaisie, de la hâte, des présomptions, sachant que la vérité ne s'atteint que par la méthode sûre qu'il a déterminée, *l'esprit philosophique est un esprit d'observation et de justesse qui rapporte tout à ses véritables principes.*

Mais s'il n'était que méditation, que joie solitaire d'avoir corrigé l'erreur intellectuelle qui s'était prolongée pendant des siècles, il fonctionnerait à vide. *Notre philosophe ne se croit pas en exil dans ce monde; il ne croit point être en pays ennemi;*

il veut jouir en sage économe des biens que la nature lui offre ; il veut trouver du plaisir avec les autres, et pour en trouver il faut en faire ; ainsi il cherche à convenir à ceux avec qui le hasard ou son choix le font vivre, et il trouve en même temps ce qui lui convient. C'est un honnête homme qui veut plaire et se rendre utile. Il sait se partager entre la retraite qui lui permet de réfléchir et le commerce des hommes qui lui permet de vivre ; il est plein d'humanité... La Société civile est pour ainsi dire la seule divinité qu'il reconnaisse sur la terre.

Tandis que le dévot agit ou bien par enthousiasme ou bien par intérêt, le philosophe agit par esprit d'ordre et par raison ; les motifs qui règlent sa conduite sont d'autant plus forts qu'ils sont désintéressés et naturels. *L'idée de malhonnête homme est autant opposée à l'idée de philosophe, que l'idée de stupidité.*

Il a l'ambition, toute légitime, d'étendre son pouvoir. Si c'était à lui qu'il appartenait de diriger la terre, la terre en irait mieux. La réflexion de l'empereur Antonin est parfaitement juste, que *les peuples seront heureux quand les rois seront philosophes ou quand les philosophes seront rois.* Le superstitieux remplit mal les hautes dignités parce qu'il se considère comme exilé sur la terre, son royaume n'est pas de ce monde. Au contraire, le sage, élevé aux grandes places, ne travaillera qu'au bien public.

Pas plus qu'il ne rougit de ses passions, pas plus il ne méprise les avantages matériels. *Il veut avoir les douces commodités de la vie. Il lui faut, outre le nécessaire précis, un superflu nécessaire à un honnête homme, et par lequel on est heureux ; c'est le fond des bienséances et des agréments.* A la vérité, nous ne l'estimerons pas moins s'il reste pauvre ; mais nous le bannirons de notre société s'il ne travaille à se débarrasser de son fardeau de misère. L'indigence, qui nous prive du bien-être personnel, nous exclut aussi de toutes les délicatesses sensibles, et nous éloigne du commerce des hommes civilisés. — En somme, *le philosophe est un honnête homme qui agit en tout par raison, et qui joint à son esprit de réflexion et de justesse les mœurs et les qualités sociales.* C'est ainsi qu'il s'est vu.

Près de la victoire.

Il y a eu de 1720 à 1750 une période d'hésitation, pendant laquelle le mot n'apparaît pas encore chargé de tout son sens.

Ensuite ce mot s'est cristallisé; il a appartenu à un parti guerrier, qui l'a inscrit sur ses drapeaux; Rousseau, le répudiant pour son compte, a répudié nettement une doctrine. Si quelque élément l'enrichit encore, c'est une nuance d'orgueil. Après 1760, l'Europe semble conquise, et la partie gagnée.

C'est ce qu'assurent et que répètent les philosophes eux-mêmes; ils vont disant que le tournant difficile est passé; qu'on est en vue de la terre promise; que la fermentation universelle n'a pas été perdue, et qu'elle a développé ses effets; que les temps de barbarie sont loin, que le siècle s'est éclairé, que la raison s'est épurée, qu'elle remplit la majorité des ouvrages. Quoi qu'en dise l'envie, notre temps est celui des êtres pensants; il nous promet un avenir meilleur, car la lumière progressive frappe tôt ou tard les yeux mêmes de ceux qui se croient intéressés à l'éteindre. Il est certain que les rois sont plus tolérants qu'on ne l'a jamais été; il s'élève une génération qui a le fanatisme en horreur; les premières places seront un jour occupées par les philosophes, notre règne se prépare, il ne tient qu'à nous d'avancer ces beaux jours. Et autres expressions analogues, qui manifestent le même sentiment d'un gain assuré, d'un espoir tout proche et d'une joie.

Ils tenaient l'Angleterre pour définitivement acquise, patrie de la libre pensée. En France, la plupart des points stratégiques, les salons, l'Académie, étaient gagnés; il y avait des fissures même dans la masse compacte de la Sorbonne; la mode elle-même se prononçait pour la philosophie. « La partie la plus opulente de la Suisse », Genève qui avait failli répudier Calvin, Lausanne, « donnaient bien de la satisfaction »; de même les sept Provinces Unies. Les pays latins paraissaient plus tardifs : Rome résistait et on la couvrait d'anathèmes; mais enfin, Milan et Naples formaient des centres lumineux; ni la Toscane, ni Parme n'étaient rebelles; il y avait des Italiens pour constater que chez eux aussi, la philosophie progressait de jour en jour. L'Espagne commençait à se débarrasser des préjugés qui l'avaient tenue en enfance malgré ses forces naturelles. Mais dans ce tour d'horizon, c'est sur les pays du Nord que les yeux s'arrêtaient avec le plus de complaisance :

C'est du Nord aujourd'hui que nous vient la lumière...

Car la Scandinavie était passée du côté de la raison; dans dix ans, la Pologne aurait entièrement secoué le joug; Frédéric II et Catherine de Russie prenaient la tête de la campagne philosophique; il fallait bien qu'à la fin, les derniers fanatiques du Midi fussent confondus. Victoire... « Presque toute l'Europe a changé de face depuis cinquante ans [1]... » — « Vous qui vivez, et surtout vous qui commencez à vivre au XVIIIe siècle, félicitez-vous [2]. »

1. Voltaire, *Traité de la Tolérance*, chapitre IV.
2. Chastellux, *De la Félicité publique*.

Désagrégation.

CHAPITRE I

Le devenir.

Nous allons assister, maintenant, à un autre spectacle, qui va nous montrer, à travers les desseins cohérents que nous venons d'étudier, les incohérences qui pour une part les altèrent. Nous avons à voir, en effet, comment s'est opéré l'un des passages qui font de l'histoire des idées un perpétuel changement; comment une doctrine s'est dissoute, non par l'intervention d'ennemis extérieurs, mais de l'intérieur même; comment des obscurités sont restées dans la théorie qui paraissait la plus claire, des contradictions dans le système qui paraissait le plus logique; comment une victoire proclamée n'était pourtant pas acquise; comment allait échouer, une fois de plus, un immense effort accompli pour atteindre le bonheur humain.

Étaient-ils sûrs que leurs plans ne comportaient aucune faute, ces constructeurs? Étaient-ils sûrs, ces philosophes, que leur philosophie avait enfin trouvé les vérités éternelles? Étaient-ils sûrs, pour commencer, qu'ils avaient enserré l'âme dans une définition si parfaite, qu'elle y devait rester prisonnière, pour toujours? Ce ne devait pas être l'avis du fils de cordonnier de Königsberg, qui, avant qu'ils eussent fini d'exposer leur doctrine, la ruinait à son tour. Emmanuel Kant repensait les théories de Locke, de Berkeley, de Hume; il était bien de leur avis, la métaphysique ne pouvait être autre chose que la science des limites de la raison humaine; seulement, il estimait qu'ils avaient négligé de déterminer la qualité spécifique et les attributs essentiels de la force que ces limites encerclaient; de sorte que tout était encore à faire, après eux. Commençant par rassembler le plus qu'il pouvait

du savoir humain, s'initiant aux sciences naturelles, à la
géométrie, à la mécanique, à l'astronomie, il finissait par
ramener tous les problèmes à un seul, celui qu'on avait considéré comme résolu, celui qui restait à résoudre : le problème
de la connaissance. Enfin prêt, il publiait en 1781 sa *Critique
de la raison pure*. Du coup, l'âme cessait d'être la chambre
noire dont la fonction se borne à enregistrer les rayons venus
du dehors; elle était un prisme réfractant les données d'un
univers qui ne devenait nôtre que par cette transformation.
La sensibilité percevait suivant des formes a priori; l'entendement liait suivant des catégories a priori; la connaissance
dépendait d'un élément a priori, qui l'organisait. Nous n'étions
plus les esclaves de la loi naturelle; en morale comme en
psychologie, c'est notre âme qui faisait la loi. Révolution
telle, que toute la philosophie antérieure semblait s'écrouler, et
qu'à la fin, on se mit à dédaigner celui qui avait été le sage
Locke, l'admirable Locke, le seul penseur qui avait compté
depuis Platon. Comment s'est préparé ce changement? de
quelle manière a commencé la désagrégation de la doctrine
empirique qui s'était crue, un moment, dominatrice de
l'Europe? Où étaient les fêlures? De quelles erreurs a profité
l'action du temps? Ne serait-ce pas d'une erreur initiale sur
l'idée de nature, toujours invoquée, jamais définie, et se prêtant à tous les sens?

Le cœur n'avait plus de place, c'était chose entendue;
il ne battait plus qu'au ralenti, on avait presque fait taire ce
gêneur.

1731. *Histoire du Chevalier des Grieux et de Manon Lescaut*,
par l'abbé Prévost.

Un moine défroqué, qui s'est réfugié en Hollande, puis en
Angleterre où il a eu maille à partir avec la justice, et où il a
failli être pendu, a su prêter à ses héros des sentiments si forts
et si tendres, a fait passer dans ses phrases une musique si
troublante, qu'on ne peut s'empêcher de pleurer quand on lit
son roman : la raison de Des Grieux se dissout par un sourire
de Manon.

1740. *Pamela, or the Virtue rewarded.*

Un imprimeur de Londres, qui a d'abord eu l'ambition d'être auteur en publiant un recueil de lettres pour toutes les circonstances de la vie, prête à une jeune paysanne une plume infatigable; Pamela décrit la longue persécution qu'un jeune lord a fait subir à sa vertu; l'Angleterre sanglote; bientôt les malheurs de Clarisse renchériront sur les infortunes de Pamela.

1761. *La Nouvelle Héloïse.*

« O Julie! que c'est un fatal présent du ciel qu'une âme sensible! » Un aventurier, un barbare venu de Suisse, un apprenti musicien qui n'a même pas pris la peine d'étudier les règles avant de se mettre à écrire; un paradoxe vivant, qui prend le contrepied de toutes les idées reçues, qui déclare que les lettres et les arts ont nui à l'humanité, qui proteste contre l'inégalité des conditions sociales, magnifie et dignifie la passion. La passion ne sera plus une plante domestiquée, elle sera la puissance sauvage dont rien ne peut arrêter la croissance démesurée; elle disloquera, elle minera l'édifice que l'intelligence avait conçu, et elle se plaira parmi ces ruines.

1774. *Die Leiden des jungen Werthers.*

« Je rentre en moi-même, et j'y trouve un monde! Mais plutôt un monde de pressentiments et de débris obscurs que d'images nettes. » En créant Werther, le jeune Gœthe propose un nouveau type humain; chez Werther, l'amour ne fera que s'ajouter au trouble intolérable d'un individu qu'irritera la société, qu'exaspérera la vie, et qui voudra se fondre, au-delà du tombeau, dans l'âme de l'univers.

1784. *Les Études de la Nature.*

Bernardin de Saint-Pierre, un égoïste, un aigri, un grincheux, mais si doux en apparence, si plein d'effusions, si habile à placer dans le décor des îles l'amour idéal qu'il n'a pas rencontré dans les terres civilisées : « Je combats ce principe prétendu de nos lumières, que nous appelons raison... » Tout cela, dans le temps même où se succèdent les œuvres qui établissent la suprématie de la raison; cette effervescence, cette luxuriance, cette violence, dans le temps même des grandes sécheresses. Ici encore se manifeste l'action d'un devenir qui altère ce qu'on croyait acquis. Par quelles nécessités psychologiques, par quelles opérations subtiles, et au début presque invisibles; et non seulement par quels divorces, mais par quelles aides, par quels compromis, par quels malentendus, le Philosophe a-t-il libéré l'Antiphilosophe, a-t-il déchaîné pour sa part l'homme de sentiment?

« De Locke à Frédéric II, de Newton à Joseph II, de d'Alembert et de Voltaire à Christian Wolff et à Justus Möser, la pensée doit parcourir une courbe presque infinie pour associer des hommes si différents. Et pourtant, il faut que nous considérions l'ensemble de ce groupe comme représentant une même tendance; car tous sont plus ou moins ennemis de l'ancien, ennemis de la période antérieure; tous dans une plus ou moins grande mesure estiment la raison; tous recherchent et favorisent les conditions susceptibles de rendre heureuse et facile la vie humaine [1]... » C'est vrai; ces hommes formaient un groupe, et presque une fraternité; ils avaient des volontés communes; ils croyaient marcher du même pas vers le même but; déjà ils étaient en vue de la terre promise, ils y touchaient déjà. — Mais il n'est pas de groupe qui ne se dissocie; plus fortes sont les individualités qui le composent, et moins volontiers elles s'accordent; chacune d'elles, voulant trouver une vérité plus vraie, se refuse à accepter la vérité du voisin. Dans l'espèce, les rapports entre l'homme et la divinité, d'où tout dépendait, et qui semblaient réglés une fois pour toutes, étaient sans cesse repris pour être examinés à nouveau; les conclusions étaient différentes; et du coup, c'était l'unité même de l'Aufklärung qui se trouvait menacée.

En 1802, les églises se rouvriront, les cloches sonneront comme si elles n'avaient jamais cessé de faire entendre leurs volées; un poète en prose invoquera « tous les enchantements de l'imagination et tous les intérêts du cœur » pour écrire le *Génie du Christianisme*. Chateaubriand, répudiant les lumières, montrera les richesses de l'ombre : « Il n'est rien de beau, de doux, de grand dans la vie, que les choses mystérieuses. Les

---

1. Gyula Szekfu, *Les lumières*. Dans l'*Histoire hongroise*, par Valentin Homan et Gyula Szekfu, tome V, livre VI. XVIIIe siècle, *Troisième Partie*.

sentiments les plus merveilleux sont ceux qui nous agitent un peu confusément : la pudeur, l'amour chaste, l'amitié vertueuse sont pleines de secrets. On dirait que les cœurs qui s'aiment s'entendent à demi-mot, et qu'ils ne sont que comme entrouverts. L'innocence à son tour, qui n'est qu'une sainte ignorance, n'est-elle pas le plus ineffable des mystères ? L'enfance n'est si heureuse que parce qu'elle ne sait rien, la vieillesse si misérable que parce qu'elle sait tout ; heureusement pour elle, quand les mystères de la vie finissent, ceux de la mort commencent... » Renaissait ainsi ce qu'avaient voulu détruire les philosophes. Mais cette revanche du sentiment, conduisant à la foi, aurait-elle été aussi éclatante, si le déisme avait suffi au besoin des consciences ? S'il avait offert la résistance d'une doctrine parfaitement cohérente avec elle-même, et offrant un caractère d'unité ? S'il n'avait pas été divisé contre lui-même ? S'il n'avait pas offert, suivant les individus, suivant les nations, une liberté de choix qui finissait par se traduire en anarchie spirituelle ? Si la valeur universelle qu'il prétendait posséder, au lieu de reconstituer une catholicité plus vaste, avait été autre chose qu'une dispersion ?

Il nous reste donc à étudier, en premier lieu, les antinomies qui sont contenues dans l'idée de nature, inspiratrice du siècle ; en second lieu, les origines philosophiques de l'homme de sentiment ; en troisième lieu, les déismes divergents qui sont contenus dans le déisme. Car c'est ainsi qu'historiquement s'est décomposée la philosophie des lumières.

CHAPITRE II

Nature et Raison.

C'était entendu, Nature et Raison étaient liées par un rapport constant ; et rien n'était plus simple, plus sûr, plus souvent répété par les sages : la nature était rationnelle, la raison était naturelle, parfait accord. Les notions psychologiques qui n'avaient aucun fondement dans la nature ressemblaient à ces forêts du Nord qui n'ont point de racines et que balaie un coup de vent : inébranlables, au contraire, celles qui étaient la projection de la nature dans l'âme humaine, et la traduction de ses lois. D'où venait, cependant, qu'un embarras se manifestait encore, dans le temps même où l'on croyait avoir trouvé l'équation qui donnait à la connaissance sa sécurité ?

La nature était trop riche dans son contenu, trop complexe dans son être, trop puissante dans ses effets, pour qu'on pût l'enfermer dans une formule : la formule éclatait sous son effort. Malgré tant de tentatives faites pour l'élucider par l'analyse, pour la posséder par la science, pour la réduire à n'être plus qu'un concept aisément intelligible, les mêmes sages qui auraient dû se reposer dans leur certitude continuaient à lui prêter des sens divers et même opposés : le sentant, ils retrouvaient en elle le mystère qu'ils voulaient bannir du monde : d'où leur gêne et leur irritation. Ils disaient, tantôt qu'elle était une mère appliquée à subvenir aux besoins de ses enfants, tantôt qu'elle avait un profond dédain pour les individus parce qu'elle ne se souciait que de l'espèce, tantôt qu'elle ne s'occupait de rien et suivait inexorablement son cours. Ils disaient qu'elle était secrète comme le joueur de gobelets qui ne nous montre que le résultat de ses tours ; et aussi bien, qu'elle se communiquait si facilement, qu'elle était si ouverte et si manifeste, qu'on la lisait dans les cœurs. Ils disaient qu'elle avait des volontés, des attentions, des scrupules, des subtilités, des délicatesses; et aussi bien qu'elle était parfaitement indifférente, ou qu'elle était hostile. A mettre bout à bout les sens opposés, on aboutissait à une série de contradictions et on se trouvait devant un catalogue qu'on ne pouvait feuilleter sans un sentiment d'ironie, ou de désespoir.

Souvent ce n'étaient là que des figures de style, que des habitudes familières du langage, que des métaphores. Pourtant on se contentait d'elles, comme d'une explication première, comme d'un argument décisif, comme d'une réponse suprême. Plus on répétait qu'on suivait la nature, qu'on obéissait à la nature, plus on était satisfait, et moins on était d'accord. Rien n'a troublé davantage la conscience occidentale, a noté fort justement un historien des idées [1], que ce recours habituel à un vocable unique, qui traduisait, suivant les temps, suivant les individus, des antinomies. Les philosophes des lumières, loin de dissiper cette confusion, l'ont accrue. Nature et bonté; politique naturelle, morale naturelle, douteuses alliances; et pour commencer, doutes sur l'affirmation qui préparait toutes les autres, nature égale raison.

Notre logique était-elle toujours la même que celle de la nature? Voltaire, le Grand Inquisiteur des idées obscures, appelait cette idée aussi devant son tribunal. Puisque nos bras exercent une force de près de cinquante livres pour lever un poids d'une seule livre; puisque le cœur en exerce une immense: pour exprimer une goutte de sang; puisqu'une carpe fait des milliers d'œufs pour produire une ou deux carpes; puisqu'un chêne donne une quantité innombrable de glands qui souvent ne font pas naître un seul chêne — cette force démesurée n'est pas du tout raisonnable, dans sa folle dépense et dans sa profusion. De même: la nature a empoisonné dans les trois quarts de la terre les plaisirs de l'amour par une maladie épouvantable à laquelle l'homme seul est sujet, et qui n'a pas été introduite par nos débauches et par nos excès, mais qui est née dans les îles où l'on vivait en pure innocence: allez dire, après cela, que cette nature incompréhensible ne méprise pas

1. *Prolegomena to the History of Primitivism*, par A. O. Lovejoy. Dans les *Contributions to the History of Primitivism. Primitivism and related ideas in Antiquity*, par A. O. Lovejoy, et G. Boas, Baltimore, 1935.

son ouvrage et qu'elle ne contredit pas son plan. Le philosophe — et c'était Voltaire lui-même — l'interrogeait, la suppliait : « Qui es-tu, Nature ? Je vis dans toi ; il y a cinquante ans que je te cherche, et je n'ai pu te trouver encore ! » — Mais la Nature répondait que les Égyptiens, antique race, lui avaient déjà fait le même reproche ; qu'ils l'appelaient Isis ; qu'ils lui avaient mis sur la tête un voile que personne n'avait levé.

Le Philosophe

Ma chère mère, dis-moi un peu pourquoi tu existes, pourquoi il y a quelque chose.

La Nature

Je te répondrai ce que je réponds depuis tant de siècles à ceux qui m'interrogent sur les premiers principes : « Je n'en sais rien[1]. »

La majorité du chœur persistait à chanter un hymne où l'on retrouvait les mêmes versets, la nature ne s'éloigne jamais de la vérité, la nature et la vérité sont les mêmes partout, et partout la raison les fait voir identiques ; jamais la nature ne dit une chose, et la sagesse une autre ; suivez la marche constante de la nature et vous ne vous tromperez pas. La majorité du chœur persistait à chanter un magnificat à la nature, qui avait eu le soin de créer des plantes de remplacement, là où manquaient le froment, le seigle et l'orge ; au point qu'en certains endroits de Norvège et d'Allemagne, fort démunis, elle avait enseigné le moyen de faire du pain avec une espèce de terre qui se conservait quarante ans sans se gâter : précautions admirables, par elle prises, pour remédier à la pénurie de ces terres infortunées. La majorité du chœur persistait à reprendre les vieux adages ; la nature n'avait plus horreur du vide, démodé, mais elle avait toujours horreur de quelque chose, cette fois c'était du plein ; la nature ne faisait rien en vain ; la nature agissait par les voies les plus courtes : toute une litanie.

Mais des voix détonnaient. Nous suivrons la nature, disaient-elles, dès que vous nous aurez montré ce qu'elle est au juste,

---

1. Voltaire, *Nature. Dialogue entre le Philosophe et la Nature*. Dans les *Questions sur l'Encyclopédie*, 1771.

et vous ne le montrez pas. Vous ne recourez qu'à un mot, et vous vous donnez une extrême licence en vous en servant sans connaître l'étendue de sa signification. Vous l'étalez pompeusement à la tête de vos écrits, et vous n'avez pas l'air de vous douter que vous employez pour votre compte le même jargon métaphysique que vous condamnez. Fuyons ceux qui, sous prétexte d'expliquer la nature, nous donnent pour vrais principes des choses les inintelligibles systèmes qu'ils ont bâtis dans leurs imaginations... Ces récalcitrants ajoutaient que chaque fois qu'ils se remettaient en présence du réel, ils éprouvaient une manière de vertige, en constatant le désordre dans l'ordre, en enregistrant les caprices d'une nature à la fois prodigue et avare, en se sentant débordés par une multiplicité infinie de phénomènes contradictoires, et tous naturels.

Peut-être les adorateurs de la nature se seraient-ils tirés d'affaire, si ce n'avait été de l'empirisme même que venait la pire difficulté.

Puisque celui-ci posait en principe qu'ils nous est radicalement impossible d'atteindre les substances, et que, par conséquent, il est absurde de porter à leur sujet quelque jugement que ce soit, comment oser prêter des qualités à ces mêmes substances? Les empiristes, pour être logiques, devaient s'en tenir à leur ignorance, si souvent et si volontiers proclamée; ils n'en sortaient que par le moins pardonnable des actes de foi. Bien plus! puisque leur connaissance se bornait aux sensations qu'ils percevaient dans leur âme, ils n'avaient pas le droit de supposer qu'en dehors de leur âme, un être, appelé du nom de nature ou de tout autre nom, existât.

Voici qu'il se trouvait un grand penseur pour donner forme à l'objection. Berkeley avait publié en 1713 ses *Dialogues between Hylas and Philonous* : traduits, ils avaient franchi le détroit, non sans quelque retard; et ils semblaient déconcertants. A l'aube, dans la lumière du soleil renaissant, Philonous, l'ami de l'esprit, promenait sa méditation; il rencontrait Hylas, l'ami de la matière, et tous deux discutaient. Était-il possible que de bonne foi, Philonous soutînt qu'il n'y avait pas de substance matérielle? La chose était possible, certes; et même irréfutable, à en croire Philonous qui, avec une incomparable habileté dialectique, fournissait ses preuves. Nous ne pouvons conclure de nos perceptions à l'existence d'objets extérieurs; car de ces perceptions seulement nous sommes certains. Une chaleur excessive nous brûle et nous fait souffrir : irons-nous dire que la souffrance est dans le corps dont le contact nous a brûlés? Nous trouvons que le sucre est doux, que l'absinthe est amère : irons-nous dire que la douceur est dans le sucre, et l'amertume dans l'absinthe? Ces sensations sont en nous-mêmes; elles changent lorsque nous tombons malades. De même pour les odeurs : de même pour les sons : irons-nous dire du mouvement de l'air frappant notre tympan qu'il est aigu ou qu'il est grave? De même pour les couleurs : nous savons bien que les objets n'ont pas la couleur que nous leur prêtons, jaunes quand nous avons la jaunisse.

En vain Hylas se rebellait, et cherchait des arguments capables de réduire son interlocuteur au silence. Être, c'est percevoir et être perçu; rien de plus. Un verbalisme, un vieil usage, des fantaisies déraisonnables, nous poussent à trouver un substratum aux qualités qui ne sont qu'en nous; avouons plutôt notre erreur. Nous avons reconnu, une fois pour toutes, que nous n'avons aucune idée, soit positive, soit relative, de la matière; nous ignorons, aussi bien ce qu'elle est en soi que les relations qu'elle peut avoir avec l'accident; dès lors ne sortons point des bornes que nous avons nous-mêmes fixées. Ou comme disait Hylas, à la fin convaincu : conservons à la rigueur l'expression à laquelle nous sommes accoutumés depuis si longtemps, la matière; mais en précisant ce qu'elle veut dire : il n'y a point de matière, si on entend par là une substance destituée de pensée et existant hors de l'esprit; il y a une matière, si on entend par ce mot quelque chose de sensible, dont l'existence consiste à être perçue.

Doucement obstiné, Berkeley l'idéaliste, après avoir essayé de fonder, dans le Nouveau Monde, un séminaire où jeunes Anglais et jeunes Américains voisineraient pour le plus grand bien de la religion chrétienne, après être revenu en Europe, après avoir été nommé évêque de Cloyne en Irlande, sa patrie, poursuivait sa démonstration. En 1740, dans *Siris, ou Réflexions et recherches philosophiques sur les vertus de l'eau de goudron et différents autres sujets connexes entre eux et naissant l'un de l'autre*, il s'élevait jusqu'aux plus hautes cimes, d'où il contemplait avec ravissement la beauté de l'Univers-Esprit. Il révélait la vertu de l'eau de goudron, dont il avait appris, là-bas, chez les sauvages, la merveilleuse puissance, et qui guérissait tous les maux, aussi bien la corruption du sang que l'ulcération des entrailles, aussi bien les toux consomptives que l'érésypèle, les affections cachectiques et hystériques, la gravelle et l'hydropisie, la gangrène et le scorbut, la petite vérole, la goutte et les fièvres; chez tous, enfants et vieillards, hommes et femmes, marins et sédentaires. Du goudron il passait aux sels volatils que celui-ci contient, des sels volatils à l'air, de l'air à l'éther, de l'éther à la Sagesse qui le distribue, feu pur, feu invisible : car on ne saurait faire un seul pas dans l'explication des phénomènes sans admettre la présence et l'action immédiate d'un agent immatériel qui enchaîne, meut et dispose toutes choses selon les règles et pour les fins qu'il trouve à propos. Les philosophes mécaniciens prenaient pour objet de leur recherche les règles et la manière de l'opération, non sa cause, rien de mécanique n'étant et ne pouvant être une cause. Seul un esprit peut être à proprement parler une cause. L'attraction newtonienne, Berkeley ne la niait pas; mais il l'interprétait. Quand on dit que tous les mouvements et tous les changements qui se produisent dans l'univers naissent de l'attraction; que l'élasticité de l'air, le mouvement de l'eau, la descente des corps graves, l'ascension des corps légers, s'attribuent au même principe; quand de l'insensible attraction des moindres particules aux plus petites distances, on déduit la cohésion, la dissolution, la coagulation, la sécrétion animale, la fermentation et toutes les opérations chimiques; quand on ajoute que sans de tels principes, il n'y aurait dans le monde aucun mouvement, et que s'ils cessaient d'agir, tout mouvement devrait cesser; quand on dit tout cela, on ne sait au fond, et on n'entend autre chose, si ce n'est que les corps se meuvent selon un certain ordre, et qu'ils ne se donnent point à eux-mêmes leur mouvement...

Berkeley agaçait les philosophes. Non point tant par la partie apologétique de son œuvre : grand ennemi du « menu fretin » des libres penseurs, il voulait que sa doctrine conduisît directement à une preuve nouvelle de l'existence de Dieu : les choses sensibles n'ayant d'existence que dans un esprit, il fallait admettre la réalité d'un Esprit, qui était Dieu. De cette argumentation-là, ses lecteurs incrédules faisaient bon marché; elle ne leur semblait être qu'un corollaire : mais ce Berkeley ne leur en paraissait pas moins un grand gêneur. Comment réfuter un homme qui ne différait d'eux qu'en ce qu'il poussait jusqu'au bout les conséquences de leur principe initial? Il était facile de le tourner en ridicule, et de dire, par exemple, que dix mille hommes tués par dix mille coups de canon n'étaient au fond que dix mille appréhensions de notre entendement; que quand un homme faisait un enfant à sa femme, ce n'était qu'une idée qui se logeait dans une autre idée, dont il naissait une troisième idée. Il était plus facile encore de s'indigner : jusqu'où iront les aberrations de l'esprit humain? Monstruosité, que de nier l'existence du monde extérieur. Après quoi on devait bien admettre que ni le ridicule ni l'indignation ne suffisaient, en l'espèce. En tête de la traduction française des dialogues d'Hylas et de Philonous, une gravure représentait un enfant qui, voyant sa figure dans un miroir, cherchait à la saisir; l'enfant riait de sa méprise. Mais la légende indiquait qu'il avait tort de rire. *Quid rides ? Fabula de te narratur.*

Avec quelle patience, pendant trois quarts de siècle, on a cherché un fait irréfutable qui permettrait de savoir si la sensation était purement subjective, ou si elle répondait à une réalité, hors de nous! Qui sait si un aveugle, recouvrant tout d'un coup la vue, percevait la distance en tant que réalité sensible? — Cette expérience, le savant M. Molineux l'avait imaginée d'abord, la suggérant à M. Locke, dans une lettre qu'il lui avait écrite en ces termes : Supposez un aveugle de naissance, qui soit présentement un homme fait, auquel on ait appris à distinguer par l'attouchement un cube et un globe du même métal, et à peu près de la même grosseur, en sorte que lorsqu'il touche l'un et l'autre, il puisse dire quel est le cube et quel est le globe. Supposez que le cube et le globe étant posés sur une table, cet aveugle vienne à jouir de la vue : on demande si, en les voyant sans les toucher, il pourrait les discerner, et dire quel est le globe et quel est le cube... Il ne le pourrait pas, répondait Molineux; il ne le pourrait pas, répondait Locke; il ne le pourrait pas, répondait Berkeley : un aveugle-né qui commencerait à voir, n'aurait point d'abord, par la vue, l'idée de la distance. Le soleil et les étoiles lui sembleraient être dans son œil, ou plutôt dans son âme.

Ce n'était encore qu'une hypothèse, et l'on ne savait pas comment se serait comporté un aveugle en chair et en os, lorsque la médecine expérimentale vint au secours de la philosophie. Le chirurgien Cheselden avait trouvé le moyen d'opérer de la cataracte; en 1728, il avait décrit cette opération, faite sur un jeune homme de treize à quatorze ans. Il lui avait ouvert un œil, pour commencer : or le jeune homme ne voyait pas les distances, il croyait que les objets touchaient ses yeux, comme les choses qu'il palpait touchaient sa peau. Deux mois se passèrent avant qu'il ne se convainquît que les tableaux représentaient des corps solides; apercevant le portrait de son père sur un boîtier de montre, il s'étonnait qu'un visage d'homme se contînt dans un si petit lieu. Il pensait qu'il n'y avait rien au-delà des limites de ce qu'il voyait. L'opération de l'autre œil avait eu lieu un an après la première, et avec ce deuxième œil, l'opéré voyait les objets beaucoup plus grands qu'avec le premier; une accommodation lui avait été nécessaire. Enfin des expériences analogues, faites sur des sujets différents, avaient donné les mêmes résultats. La notion de distance ne s'acquérait que par un long travail de l'esprit.

Des aveugles-nés qui recouvraient la vue, les plus grands esprits s'occupaient; épreuve qu'ils n'avaient ni le droit, ni la volonté d'esquiver. Diderot crut saisir une occasion propice : Réaumur avait pris sous sa protection un oculiste prussien, Hilmer, qui faisait, lui aussi, l'opération de la cataracte : Diderot avait obtenu d'être là, au moment solennel. Sa déception avait été grande, car il avait cru remarquer qu'il ne s'agissait que d'un truquage : déjà l'opération avait été faite, déjà l'aveugle avait vu; et pour ce qui était de l'observation philosophique, tout était à recommencer. Il aurait fallu, cependant, réfuter Berkeley pour trouver le défaut d'un « système qui, à la honte de l'esprit humain et de la philosophie, est le plus difficile à combattre, quoique le plus absurde de tous ». Mieux valait appeler à l'aide un spécialiste de l'esprit humain, qui pourrait ainsi découvrir le point exact où Philonous avait dévié [1]. Ce fut de cette manière que Condillac fut invité à venir au secours de la Nature en péril.

---

1. Diderot, *Lettre sur les aveugles, à l'usage de ceux qui voient*, 1749.

Il se mit à l'œuvre ; il réfuta Berkeley, ou du moins il essaya[1]. Toutes nos connaissances viennent des sens, voilà qui est acquis ; nos sensations ne sont que des manières d'être, voilà qui ne l'est pas moins. Dès lors, comment pouvons-nous affirmer l'existence d'objets qui sont hors de nous ? Nous ne percevons que des états de notre âme, modifiée différemment... Nous resterions dans notre embarras si nos sensations n'étaient que celles de l'odorat, de l'ouïe, du goût, de la vue ; nous nous croirions odeur, son, saveur, couleur. Le toucher même ne dissiperait pas notre ignorance au sujet de tout ce qui est extérieur, si nous restions immobiles : nous ne percevrions jamais que les sensations que l'air environnant peut faire sur nous ; nous aurions chaud ou froid, nous éprouverions du plaisir et de la douleur ; et ce seraient encore là des manières d'être dans lesquelles nous ne percevrions ni l'air environnant ni aucun autre corps ; nous ne sentirions que nous-mêmes. Seulement, nous nous mouvons ; quand nous portons la main sur nous et sur ce qui nous environne, alors nous éprouvons une sensation d'un genre particulier, nous sentons une résistance. C'est ici que la théorie de Berkeley doit s'écrouler : cette résistance ne peut nous être opposée que par des objets extérieurs à nous ; et donc, le monde extérieur existe.

Que le toucher possédât la vertu spécifique que Condillac lui prêtait, c'était discutable. Mais ce qui était sûr, ce qui allait à l'encontre du désir de Diderot, ce qui aggravait la gêne au lieu de la dissiper, c'est que, plus profondément Condillac creusait sa pensée, plus évidemment il se désintéressait d'Isis et de Physis pour reporter son attention sur l'âme, plus il se laissait conduire vers le spiritualisme par son empirisme initial. Il était disciple de Locke, et il avouait sa dette, sans estimer qu'elle fût assez lourde pour en être écrasé. De plusieurs façons il avait corrigé son maître, et notamment au sujet de l'ambiguïté qui demeurait chez celui-ci, lorsqu'il considérait les idées tantôt comme les images de réalités inconnaissables, et tantôt comme l'agencement intérieur de nos sensations, la vérité n'étant plus que dans la convenance de leurs rapports. Le philosophe français avait choisi ce second parti, et il s'y

---

1. Condillac, *Traité des Sensations*, 1754. Nous suivons ici le *Précis de la seconde partie*.

tenait d'une façon de plus en plus volontaire. Le prodigieux spectacle de l'intérieur de l'âme suffisait à l'occuper, il n'était pas curieux de ce qui se passait hors d'elle. La sensation, fait spirituel; la multiplicité des sensations qui n'ont pas à se hiérarchiser, mais à s'organiser; leur organisation par la vertu de signes qui leur prêtent un caractère général; la connaissance de ces signes, fournis par le langage; la logique de l'âme, l'algèbre de l'âme : telle était, suivant lui, la vraie science. La réfutation de Berkeley n'avait été, en somme, qu'un accident dans sa carrière; il abandonnait Berkeley, mais la voie qu'il choisissait comme étant la sienne propre l'éloignait des philosophes qui l'avaient appelé à leurs secours.

Intervient, dans l'explication de la nature, non pas un adversaire, comme Berkeley, non pas un ami incertain, comme Condillac; mais un ami authentique, mais un frère, qui de l'intérieur allait démolir la maison familiale; voici David Hume.

Philosophe des lumières, il l'était de multiples façons : et d'abord par un décret qu'il avait pris : ç'avait été un bel acte de courage, que d'abandonner à vingt-quatre ans son Écosse natale, le droit, le commerce, et que de venir s'installer en France, pour travailler librement à la culture de son esprit; en province, à La Flèche, il était resté de 1735 à 1737, rédigeant son *Treatise of human nature,* dont il devait publier les deux premiers livres en 1739, et le troisième en 1740. Il était philosophe par sa curiosité universelle, par son désir de trouver une solution à tous les problèmes qu'il voyait qu'on reprenait sans cesse autour de lui. Nul ne se disait plus attaché aux faits, aux seuls faits, loin des rêveries métaphysiques; et comme tant d'autres alors, il espérait dégager des faits le fait unique, le fait central, qui aurait donné l'explication universelle des choses, et fait de lui, David Hume, le Newton de la pensée. Il avait le ton du jour; il n'était pas pédant, ne faisait pas de citations des Anciens, n'abusait pas des mots techniques; et s'il était quelque peu pédant malgré tout, c'était à la cavalière. Sociable, mondain, il ne s'abstrayait pas des affaires publiques, et au contraire, se trouvait parfaitement capable de les diriger. Il était contre l'enthousiasme, contre le sentiment, contre la superstition, contre la foi aux miracles, contre la foi en général : une foule de contres. Sa façon de raisonner et d'écrire étaient la clarté même. Il aimait jongler avec les idées : il avait l'air de leur imprimer tous les mouvements qu'il voulait : mais cet amusement était redoutable. Après des débuts littéraires qui n'avaient pas répondu à son attente, persévérant il était arrivé à la gloire. Lorsqu'en 1763 il était revenu à Paris, cette fois comme secrétaire de l'ambassadeur d'Angleterre, on l'avait accueilli presque avec transport; invité, reçu, fêté, figure familière des salons, hôte assidu des dîners, David Hume était le philosophe triomphant. Et ce philosophe ruinait la philosophie.

Déjà il montrait aux déistes qu'ils avaient succombé à la tentation d'anthropomorphisme, pareils aux plus simplets des religionnaires. Hume commençait par abonder dans leur sens : ils avaient proclamé à bon droit la nécessité de la religion naturelle, pour se défendre du doute intégral : lequel est incompatible avec l'action. Le pyrrhonisme est basé sur cette erreur, que l'homme est d'une façon permanente dans l'état où il se trouve à de certains moments : état qui ne résiste pas à la durée : le plus pyrrhonien des hommes doit affirmer quelquefois, ou bien mourir. Opportunité, par conséquent, d'en venir à un Credo. Mais comment ces mêmes déistes avaient-ils imaginé leur Être suprême ? Ils reconnaissaient qu'ils n'avaient aucune expérience des attributs divins; que l'essence de cet Être, le mode de son existence, ses qualités, leur demeuraient inconnus; ils auraient dû en rester là : or ils avaient conçu l'intelligence de Dieu sur leur propre modèle. En contemplant le monde et les parties qui le composent, ils avaient vu que ce monde n'était rien d'autre qu'une immense machine, divisée en un nombre infini de machines moindres, lesquelles comportaient elles-mêmes des subdivisions incalculables. Ces machines variées leur avaient paru ajustées l'une à l'autre avec un soin qui ravissait d'admiration quiconque les avait jamais regardées. La curieuse adaptation des moyens aux fins, à travers toute la nature, ressemblait exactement, bien qu'à un degré beaucoup plus vaste, aux productions de l'ingéniosité humaine, du destin, de la pensée, de l'intelligence, de la sagesse des hommes. Puisque donc les effets se ressemblaient, les déistes avaient été conduits à inférer, par analogie, que les causes aussi se ressemblaient; et que l'auteur de la nature était en quelque façon semblable aux humains, bien qu'il possédât des facultés beaucoup plus puissantes, proportionnées à la grandeur de son travail. Par cet argument a posteriori, et par cet argument seul, les partisans de la religion naturelle avaient soutenu leur cause, sans s'apercevoir de sa faiblesse et de son ridicule.

De la même manière tranquille, constatant, expliquant — les choses étaient telles, elles n'étaient pas autrement, et voilà tout — Hume s'en prenait à notre raison. Nous tenons l'idée de causalité pour essentielle à notre entendement; la relation de cause à effet est le support de notre science et de notre philosophie. En fait, cette relation n'avait rien qui la justifiât. Regardons en effet dans notre âme; elle contient des sensations présentes; et des impressions-souvenirs, que nous appelons des idées. Notre pouvoir se borne à associer ces sensations et ces idées; les associant, nous supposons entre elles des rapports logiques dont rien ne nous garantit l'existence réelle. Nous transformons indûment en loi de causalité ce qui n'a jamais été, n'est jamais, ne sera jamais qu'une succession dans le temps. La cause est un objet tellement suivi d'un autre objet, que la présence du premier nous fait penser au second : entre les deux nous ne saurions affirmer une connexion nécessaire. Ces deux propositions sont possibles au même degré : le soleil se lèvera demain; le soleil ne se lèvera pas demain. Nous nous sommes accoutumés à unir les deux termes, sans être sûrs que l'union soit légitime. La métaphysique n'a rien de plus obscur que les notions de pouvoir, de force, d'énergie, de liaison. « Le monde que nous habitons est un grand théâtre dont les machines nous sont cachées; nous ne voyons point les premiers ressorts, nous ignorons les causes des événements; menacés sans cesse de mille maux, nous manquons toujours ou d'intelligence pour les prévoir, ou de puissance pour les écarter; nous sommes continuellement flottants entre la vie et la mort, entre la maladie et la santé, entre l'abondance et la disette. Des causes secrètes versent sur la race humaine ces biens et ces maux; elles agissent souvent lorsqu'on s'y attend le moins, et leur façon d'agir est un mystère. »

Dès lors il n'y a plus de science, mais seulement la répétition incertaine de cas particuliers. Il n'y a plus de philosophie, mais seulement des interprétations arbitraires de l'inconnaissable. Il n'y a plus de nature, mais seulement une grande inconnue. Il n'y a plus de lois de la nature, mais seulement des apparences que nous interprétons à tort. Il n'y a plus de raison, mais seulement un chaos de sensations. Il n'y a plus de jugements, mais seulement des impressions qui nous semblent plus vives, et que pour cela nous préférons à d'autres. Il n'y a plus de moi, mais seulement un papillotement de présences inexplicables. Ne parlons plus d'un univers réglé par une sagesse dont le reflet devient notre sagesse : parlons seulement d'une poussière de phénomènes...

Le célèbre Monsieur Hume était un sceptique absolu. Entré dans la partie, jouant le jeu, suivant les règles, il finissait par une ruine totale; et c'étaient ses partenaires qui perdaient le plus. Pourtant il n'était pas triste, pas même désappointé; aucune trace d'amertume. Ses raisonnements — si ce mot gardait quelque sens — semblaient ingénus; à peine distinguait-on, dans son air innocent, quelque malice; peu à peu on était entraîné vers les abîmes, sans trop voir qu'il était joyeux d'y conduire doucement. Dans la pratique il s'arrêtait à temps pour ne point faire révolution, pour ne pas laisser s'écrouler sur lui les dernières colonnes du temple; il conseillait une certaine sagesse modérée dont il donnait l'exemple. Était-ce prudence? Il savait qu'il était dangereux de fouiller dans les cloaques qui répandent l'infection autour d'eux, de tirer la peste des souterrains où elle est enfermée; il professait que les vérités pernicieuses à la société, s'il en est de telles, doivent céder à des erreurs bonnes et salutaires : autrement, les hommes vous persécutent; et s'ils ne peuvent vous réfuter, ils s'accordent à vous ensevelir dans un oubli éternel. Peut-être était-ce mépris; peut-être son scepticisme allait-il jusqu'à ne pas lui demeurer fidèle, l'illusion dont se bercent les hommes n'ayant pas tellement d'importance qu'on ne pût se résoudre à y participer.

Peu importaient les contradicteurs, les dissidents, les dissolvants; ils ne pouvaient rien, semblait-il, contre la persuasion inébranlable que la vérité, dégagée par la raison, possédait une valeur transcendantale. A l'évidence revenait ce privilège, qu'elle n'avait besoin ni de l'autorité des Anciens, ni de celle des Modernes, pour éclater : elle entraînait chez tous les individus une conviction intérieure qui était le plus haut degré de la certitude. Elle obligeait; qui l'apercevait devenait incapable de la nier : de même qu'il ne dépend pas de nous de dire qu'il fait nuit quand il fait jour, de même nous ne pouvons nous soustraire à sa force. A l'égard des choses évidentes notre liberté ne s'exerçait plus : nous n'avions qu'à leur céder, et à leur donner notre plein consentement. Or cette idée, si parfaitement incompatible avec l'empirisme, et pourtant si familière aux empiriques, d'où venait-elle, sinon de Descartes?

Nous avons dit que Locke était l'animateur du siècle, et nous n'en disconvenons pas; que son influence s'était exercée sur toutes les activités de l'esprit, et nous le répétons fermement. Nous reconnaissons que, dans bien des cas, Descartes est représenté comme un esclave attaché au char du vainqueur. De nombreux textes affirment la déchéance du vaincu : suivant la loi des choses humaines, qui veut que le nouveau remplace l'ancien, Descartes a dû céder son tour : il a foudroyé les saints de l'École, et maintenant il est abattu : il a fait son temps, qu'il disparaisse, traité comme il a traité les scolastiques. Il a écrit le roman de l'âme, non pas son histoire; il n'a connu ni l'origine ni la génération des idées; avec ses tourbillons, il a fait contresens sur la nature. Ces mêmes textes se moquent de René le visionnaire; ils le calomnient : il ne tenait pas à ses convictions; tandis qu'il s'apprêtait à bâtir un système il le fondait sur la doctrine du vide; un ami lui ayant fait remarquer que cette hypothèse n'était pas de mode à la cour, il changea son plan, et préféra le plein. Témoignages concordant à montrer que Descartes a été éclipsé, en physique par Newton, en philosophie par Locke; et que si l'on accepte les dates fixées par les contemporains eux-mêmes, c'est aux environs de 1730 que furent abandonnées, comme on disait, ses chimères.

Mais d'autres témoignages, non moins authentiques, nous font voir que sa présence est beaucoup plus efficace que la première impression ne permettrait de le croire; et aussi bien savons-nous de reste qu'on n'attaque plus ceux qui sont tout à fait morts. Le XVIIIᵉ siècle a été lockien et cartésien : s'il y a là quelque incohérence, elle ne dépend pas de nous, et nous devons l'enregistrer. Ne disons pas seulement que

Descartes persiste à travers Malebranche, dont l'influence reste considérable, et particulièrement sur la pensée française : car Malebranche, tout en procédant de Descartes, et tout en restant fidèle à quelques-unes de ses données premières, aboutit aussi bien à l'idéalisme de Berkeley, voire même au spinozisme dont nous allons avoir à tenir compte; Descartes reste présent en tant que Descartes, et de multiple façon.

Nous apercevons d'abord, pour défendre son esprit, la vieille garde : Fontenelle, qui n'a pas désarmé; l'abbé Terrasson, celui qui disait que quiconque ne pensait pas comme Descartes, non seulement en mathématiques, mais en littérature, n'était pas digne du temps présent; Mairan, qui, devant l'Académie des Sciences, soutint les idées cartésiennes jusqu'à sa mort. Venaient ensuite les spiritualistes et les matérialistes, pour des raisons divergentes, mais qui partaient également de sa doctrine. Les spiritualistes lui restaient reconnaissants d'avoir démontré l'existence de Dieu et l'immatérialité de l'âme, d'avoir mis en déroute le libertinage par son alliance avec la raison. Un abbé Genest mettait sa doctrine en vers, heureux de s'abriter derrière ce rempart de la foi :

> Je marche à la faveur d'une heureuse clarté,
>   Les mystères de la Nature
> Vont sortir devant moi de leur obscurité.
> Un homme parmi nous s'offre pour me conduire;
> Dès que par sa Méthode on commence à s'instruire,
> Un chemin plus connu mène à la vérité...

« Descartes parut! Armé de toutes les forces du génie, il osa lui seul lutter en faveur de la Philosophie et de la Raison contre l'univers assujetti au péripatétisme. Esprit vaste, sublime, profond, mais peut-être trop audacieux, Descartes aura éternellement la gloire d'avoir traîné le monde pensant à la découverte de la vérité, s'il n'eut pas toujours la gloire de l'atteindre lui-même. C'est à cet heureux génie que la philosophie doit son rétablissement et son immense progrès. » Ainsi parle un Jésuite, le P. Para du Phanjas; un autre Jésuite, le P. Paulian, publie un ouvrage en trois volumes, *Traité de paix entre Descartes et Newton*. Car les Jésuites, après avoir banni la philosophie cartésienne de leur enseignement, et longtemps résisté, mais non pas d'une façon telle que de-ci de-là un partisan obstiné ne se montrât chez eux, avaient

fini par la prendre comme alliée. Hors Malebranche et Descartes, en philosophie, point de salut, disait le P. André;
Descartes vint annoncer aux autres hommes, disait le
P. Antoine Guénard, que pour être Philosophe il ne suffisait
pas de croire, mais qu'il fallait penser. — Cependant l'irréligion se rappelait, de son côté, que Descartes avait récusé
l'autorité, avait établi les droits de la raison souveraine; le
matérialisme se rappelait que Descartes s'était fait fort de
construire un monde, pour peu qu'on lui eût fourni la matière
et le mouvement. Aussi La Mettrie prenait-il sa défense contre
de petits philosophes mauvais plaisants et singes de Locke,
contre M. Goudin qui s'était emporté en le critiquant, contre
M. Deslandes qui ne l'avait pas bien compris : en réalité on
devait voir en lui un adroit matérialiste qui n'avait pas été
libre de développer sa pensée, il n'avait parlé de l'âme que
parce qu'il y avait été obligé, dans un temps où son mérite
même était plus capable de nuire à sa fortune que de l'avancer.
Il était à l'origine de l'interminable discussion sur l'âme des
bêtes; de l'animal-machine à l'homme-machine, il n'y avait
pas si loin. — Tant il est vrai que, Descartes n'ayant point
mis d'enseigne à l'hostellerie de l'évidence, chacun était en
droit d'y loger son opinion.

De récentes études, soit qu'elles portent sur des œuvres
capitales comme l'*Esprit des Lois,* comme l'*Encyclopédie*; soit
qu'elles suivent les courants d'idées à travers différents pays
de l'Europe, révèlent une action persistante du « Great philosopher of France », de « Renato, genio grande e creatore »,
« sublime e benemerito genio »; elles montrent, de même,
l'effort qui fut fait pour ne sacrifier ni l'empirisme de Locke,
ni le rationalisme de Descartes. En 1765, à l'époque où le
premier semblait avoir décidément cause gagnée, on fit au
second une amende honorable qui ressembla fort à une apothéose. L'Académie française avait mis au concours l'éloge
de Descartes; un spécialiste du genre, Antoine-Léonard Thomas, obtint le prix. La lecture du discours eut « un succès
prodigieux ». En belles phrases oratoires, Thomas rappelait
qu'il y a cent ans, les cendres de Descartes avaient été rappor-
tées de Stockholm à Paris, et qu'alors il avait été défendu de
prononcer l'oraison funèbre du philosophe : mais qu'aujour-
d'hui était venu le temps de la réparation. Certes, bien des

idées par lui émises avaient été abandonnées : ce qui ne l'était pas, c'était la démarche de son esprit, qu'on avait fidèlement suivie. Descartes avait opéré une révolution dont les effets ne s'arrêtaient plus : entre Aristote et lui régnait un vide de deux mille ans. En conclusion, l'auteur du *Discours de la Méthode* était présent partout, à Londres, à Berlin, à Leipzig, à Florence; il pénétrait à Pétersbourg. — En 1771, S. M. le roi de Suède étant venu à Paris, et ayant été reçu par l'Académie, avait été régalé d'un Dialogue entre Descartes et Christine de Suède, aux champs Élysées.

Aux champs Élysées son ombre avait le droit de se réjouir. Car si on admettait volontiers qu'il s'était trompé sur certains points, on reconnaissait que les armes dont on se servait pour le combattre ne lui en appartenaient pas moins, et qu'on lui devait les clartés qui avaient été l'aube du siècle des lumières. Il avait enseigné le doute méthodique; la façon de conduire les pensées par ordre et l'analyse; la foi dans l'évidence, et la valeur transcendantale de la raison : immense restait la dette qu'on avait contractée envers lui... Les philosophes oubliaient seulement que la valeur transcendantale de la raison, il la fondait sur les attributs de Dieu; et qu'ils avaient si souvent déclaré que les attributs de Dieu leur étaient inconcevables, que la garantie cartésienne, logiquement, aurait dû tomber. Ils niaient le principe, gardaient la conséquence, ingénument.

Peut-être peut-on trouver, dans le fait que nous établissons, le moyen de terminer un débat encore ouvert. On sait avec quelle vigueur systématique Taine a vu, dans la pensée du XVIIIᵉ siècle, une pure abstraction. On sait aussi comment on a justement objecté à Taine que cette même pensée n'avait pas eu de souci plus cher que de partir des faits observés, que de revenir aux faits, que d'aboutir à une réforme pratique de la société. Ne serait-il pas juste de dire que cette pensée a été, contradictoirement, rationaliste et empirique, les deux à la fois ? Empirique, elle a professé qu'il n'y avait aucun a priori dans notre âme; et rationaliste, elle a cru à l'a priori de la raison. Empirique, elle a professé que la nature n'était que nos sensations enregistrées; et rationaliste, que la nature était raison.

Leibniz aussi, et Spinoza, revendiquent leur place.

Le refus de Leibniz s'est manifesté dans les mêmes conditions, et quelquefois dans des termes plus vifs, que pour Descartes. Extravagances, chimères d'un systématique; rêveries obscures d'un charlatan; et autres aménités.

Mais au positif, les choses se sont passées très différemment. Si on entreprend quelque jour une étude exhaustive de ce grand sujet, qu'on nous permette d'indiquer quelques-unes des directions qu'elle pourrait prendre. Elle rappellerait d'abord comment la position de Descartes et celle de Leibniz ne sont pas les mêmes dans le temps. Tandis que le premier représente un mouvement déjà ancien, sur lequel le mouvement initié par Locke est venu se superposer sans l'abolir, le point de départ du second se place à une époque où le xviiie siècle est déjà commencé; de sorte qu'il s'agit, pour l'un, de l'exploitation de richesses acquises, et pour l'autre de l'apparition de richesses récentes. Leibniz est mort en 1716; la *Théodicée* a paru en 1710, trois quarts de siècle après le *Discours de la Méthode,* vingt ans après l'*Essay on human Understanding;* la *Monadologie* a été publiée pour la première fois dans les *Acta Eruditorum* de Leipzig en 1721. Pour extraire les articles de Leibniz des publications savantes où ils étaient enfouis, pour faire connaître la substance de la pensée leibnizienne à un public plus vaste que celui de ses disciples immédiats, un effort s'est poursuivi très avant dans le siècle, par le travail d'éditeurs, de vulgarisateurs et de hérauts, Gottsched, Élie de Jaucourt, König, Dutens, Raspe, et autres. Ce qui ne veut pas dire que l'influence a été moins profonde, mais qu'elle a été moins immédiatement sensible; qu'elle est davantage à chercher; qu'on l'a quelquefois mésestimée, parce qu'on a eu quelque peine à la retrouver, au milieu de doctrines qui avaient atteint ou dépassé leur maturité.

La même enquête marquerait que, l'Europe voulant être une communauté, mais chaque nation gardant ses prédilections particulières, la France est restée comme malgré elle plus profondément acquise à Descartes, l'Angleterre plus fidèle à Locke, et l'Allemagne à Leibniz. A mesure que cette dernière a davantage fait rayonner sa pensée, sa conscience leibnizienne n'a pas manqué d'agir du même coup; Leibniz n'inspire pas seulement le lyrisme, l'ode de Gottsched qui lui est dédiée, la théodicée de Uz : il est dans l'âme germanique.

On noterait ensuite un sentiment complexe : celui de la présence d'un génie si exceptionnellement puissant, qu'on éprouvait comme un remords à l'idée qu'on ne l'avait pas assez bien compris pour lui rendre tout à fait justice. Le Père Castel s'étonnait de constater qu'un homme qui n'avait guère fait qu'exposer dans des journaux des idées passagères, des projets, des promesses, et qu'écrire une *Théodicée* qui n'était pas après tout si sublime, fût cependant si digne d'attention; d'Alembert, si loin de lui, ne pouvait lui refuser l'admiration que méritaient la grandeur de ses vues en tout genre, l'étendue prodigieuse de ses connaissances, et surtout l'esprit philosophique par lequel il avait su les éclairer; Diderot venait à résipiscence; on s'était plaint, et avec quelque raison peut-être, de ce qu'il n'avait pas rendu à ce philosophe un hommage mérité : or il réparait cette faute, et avec joie : il était trop jaloux de l'honneur de l'espèce humaine pour avoir jamais pensé à déprimer les grands hommes; aussi bien leurs ouvrages transmis à la postérité déposeraient en leur faveur : on ne les verrait pas moins grands, et on verrait bien petits ceux qui les avaient négligés. Il n'y avait guère que quatre ou cinq génies qui eussent fait honneur à l'humanité, disait Buffon, dont Hérault de Séchelles nous rapporte le témoignage : « Newton, Bacon, Leibniz, Montesquieu et moi. » A l'égard de Newton, il a découvert un grand principe; mais il a passé toute sa vie à faire des calculs pour le démontrer; et par rapport au style il ne peut pas être d'une grande utilité. Buffon faisait plus de cas de Leibniz que de Bacon lui-même; il prétendait que Leibniz emportait les choses à la pointe de son génie.

On montrerait encore que, si ses traces apparaissent, d'une façon souvent inattendue, chez les esprits les plus variés, chez le vieux Muratori, chez le jeune Turgot, c'est que souvent on a adopté ses vues particulières, sans se croire obligé de les rattacher à l'ensemble de son système. On tiendrait compte ici du recours qu'on lui a demandé contre l'action négatrice de Bayle, et de la façon dont on a fait ressortir la vertu conciliante de sa pensée; de la place qu'il occupe dans l'évolution de l'histoire; du rôle qu'il a joué dans la diffusion de l'optimisme, comme nous essaierons de le montrer au chapitre suivant; de la fréquence avec laquelle on a invoqué ses fameux principes : celui de la raison suffisante; celui de l'économie des forces; celui des indiscernables; et, plus que tous les autres peut-être, le principe de continuité, qui est venu affirmer la croyance à l'existence de la grande échelle des êtres. Dans un certain sens, Leibniz, mathématicien et physicien, mais non point naturaliste, a été l'animateur de l'histoire naturelle. Charles Bonnet : « La découverte de M. Trembley a beaucoup étendu nos connaissances sur le système organique. Elle a mis pour ainsi dire en évidence cette gradation admirable que quelques philosophes avaient aperçue dans les productions naturelles. Leibniz avait dit que la nature ne va point par sauts; et il est très remarquable que la métaphysique de ce grand homme l'ait conduit à soupçonner l'existence d'un être tel que le polype... Rarement la métaphysique est aussi heureuse à expliquer la nature [1]. »

Et l'on en viendrait ainsi, après tant d'approches qui rendraient indéniable son omniprésence, à son rôle essentiel. Leibniz a signifié la revanche de la métaphysique. Il était là pour rappeler que, toutes malédictions ayant été prononcées contre elle, on ne pouvait s'empêcher de la consulter sur le mystère de l'Être, et même de lui demander le dernier mot. Nous ne parlons pas seulement de ceux qui, sans trop se gêner, ayant adopté à la fois Descartes et Locke, adoptaient la solution leibnizienne par surcroît. Nous parlons de partisans décidés des lumières, qui à un moment donné devenaient hérétiques, parce que c'est en vain qu'ils expliquaient la matière par la matière, et le mouvement par le mouvement. C'est un cas bien curieux que celui de Mme du Châtelet qui, ayant commencé un ouvrage de pure physique, y glisse la métaphysique, et devient leibnizienne, mais plus curieux encore est le cas de Maupertuis, dont l'*Essai sur la formation des êtres organisés* (1754) part du matérialisme et a recours au spiritualisme leibnizien. Maupertuis, en effet, commence par dire qu'il va tenter à son tour d'expliquer la nature, puisque tant de tentatives précédentes n'ont pas réussi. La nature s'explique par l'existence d'éléments, c'est-à-dire des plus petites parties de la matière dans laquelle la division est possible,

---

1. Charles Bonnet, *Considérations sur les corps organisés*. Première partie, chapitre XII. Consulter sa *Vue du Leibnizianisme*, Œuvres, Éd. de 1783, tome VII.

et dont la combinaison forme les corps. Reste à savoir comment ces atomes s'organisent. On ne voit pas comment les particules grossières qu'ont imaginées Épicure et Lucrèce après lui fourniraient la solution du problème. Même les lois de la matière, comme l'attraction, permettraient mal de comprendre le phénomène de la vie. Il faut donc supposer « quelque principe d'intelligence, quelque chose de semblable à ce que nous appelons désir, aversion, mémoire... ». Ne nous y trompons pas : ce qui apparaît ici, c'est la monade. Aussi La Mettrie est-il fort en colère : les leibniziens avec leurs monades ont plutôt spiritualisé la matière que matérialisé l'âme; tout le monde connaît ces monades, depuis la brillante acquisition que les leibniziens ont faite de Mme du Châtelet; cette secte s'accroît tous les jours, et il faudra bientôt qu'un nouveau Descartes vienne purger la métaphysique des termes obscurs dont l'esprit se repaît trop souvent.

Spinoza.

Les mêmes gestes de dégoût, les mêmes cris d'opprobre, la même répulsion qui avaient accueilli le récit de sa vie, qui avaient suivi la première prise de contact avec le *Tractatus theologico-politicus,* avec l'*Éthique.* Les mêmes injures contre cet athée, ce criminel, ce chien crevé. Les mêmes dédains pour cette théorie d'une substance infinie qu'on ne pouvait que mépriser et abhorrer, pour ce système qui soustrait un infini d'un infini et aboutit à zéro, le plus absurde qui ait jamais été pensé depuis que la philosophie pense. La même façon de se défendre du moindre soupçon de spinozisme comme d'une maladie honteuse.

Ce n'étaient pas seulement les chrétiens, catholiques et protestants, qui redoutaient cette peste : la plupart des philosophes, se contentant de suivre Bayle, se détournaient de Spinoza. Ni Bolingbroke, ni Wolff, n'essayaient de franchir la barrière d'incompréhension. Pour Condillac, Spinoza n'avait nulle idée des choses qu'il avançait; ses définitions étaient vagues et ses axiomes peu exacts; ses proportions étaient l'ouvrage de sa fantaisie, et ne renfermaient rien qui fût capable de conduire à la connaissance des choses. Ceci dit, il s'arrêtait : « J'eusse été aussi peu raisonnable d'attaquer les fantômes qui en naissent, que l'étaient les chevaliers errants qui combattaient les spectres et les enchanteurs. » Comment un baron d'Holbach aurait-il mieux compris ? « Il y a tout lieu de croire que sans les persécutions et les mauvais traitements du chef de la synagogue, Spinoza n'eût peut-être jamais imaginé son système. » On voulait bien admettre, à la rigueur, qu'il n'avait pas été l'hypocrite qui couvrait merveilleusement bien l'impiété de ses dogmes par l'austérité de ses mœurs et par l'éclat trompeur d'une fausse vertu ; qu'au contraire, sa vie était pure. Mais sa philosophie encourait un reproche dont il était impossible de le laver : elle n'était pas claire, et donc elle n'était pas vraie. Elle était inintelligible et c'était fort heureux : intelligible, elle aurait fait des prosélytes ; confuse elle restait dans l'obscurité.

En même temps, des termites qui travaillaient. Des manuscrits clandestins qui circulaient, sans permettre de le lire d'un bout à l'autre, mais le résumant : nous savons aujourd'hui que sous des titres différents, nombre de ces manuscrits servaient de véhicule à ses idées. De prétendues réfutations, qui sous couleur de le réduire à néant, trouvaient le moyen de le faire connaître. *Réfutation des erreurs de Benoît de Spinoza, par M. de Fénelon..., par le P. Lami, bénédictin, et par M. le comte de Boulainvilliers,* Bruxelles, 1731. M. le comte de Boulainvilliers feignant de réfuter Spinoza, l'interprétait. Des enfants perdus, des révoltés, qui trouvaient en lui leur pâture. De petits groupes d'indépendants, ou pour mieux dire d'actives cellules. De temps en temps, à grand scandale, un provocateur, que la société honnissait parce qu'il s'était fait gloire d'être le disciple avéré du maudit, mais qui ne cédait pas.

Vers le milieu du siècle, un changement. Au lieu d'une mêlée qui offrait ce caractère, que ni ceux qui l'attaquaient, ni l'extrême minorité qui le défendait, n'étaient capables d'estimer exactement la puissance de sa doctrine, une manière de curiosité inquiète, qui fait qu'on se rapproche de ses œuvres pour en mieux connaître la substance. Des exégètes de la Bible, que les difficultés ne rebutent pas et qui ont l'habitude d'exprimer le suc des textes qu'ils étudient, arrivent à l'*Éthique* par la voie du *Tractatus,* et les deux livres deviennent l'objet de leurs méditations. Ils cessent de considérer Spinoza comme un athée, et le voient tel qu'il est, panthéiste.

Dans une atmosphère qui devient révolutionnaire, son ferment reprend force, et agit.

Il agit; il se glisse dans la pensée des Aufklärer, exégètes, publicistes, philosophes; il s'intègre dans l'explication de l'univers que finira par donner le plus grand de tous, Lessing. Rarement on a vu, dans l'histoire des idées, une telle résurrection.

Nature n'égale pas raison. C'est ce que nous disent, aujourd'hui, les penseurs et les savants; et, entre autres, un illustre biologiste, Charles Nicolle. « La nature n'est ni belle, ni bonne. Elle ne connaît pas l'illogisme, pas la raison. Elle est. » Parmi les faiblesses de la raison, « la plus répandue est d'attribuer sa propre qualité d'élément rationnel aux phénomènes qu'elle étudie ». Nous avons dépassé l'action malhabile d'une observation superficielle et d'une folle imagination; puis nous avons appliqué à toutes choses cette raison : follement; car nous avons prêté au réel des lois qui n'étaient que celles de notre esprit. « La rectitude du lien est une création de notre esprit, une nécessité où celui-ci se trouve de se représenter les faits sous une forme rationnelle. L'esprit humain fausse les phénomènes en les soumettant à la logique. » — « Pareil à l'homme des premiers âges qui projetait son âme grossière dans les objets et les êtres d'alentour, les philosophes ont mis, dans ce dernier débris des images divines surannées, la part d'eux-mêmes qu'ils tenaient pour la plus haute, qu'ils estimaient purement spirituelle, l'image de leur raison [1]. »

A l'intérieur même de la philosophie des lumières se place une désharmonie essentielle, car cette philosophie a fondu en une seule doctrine l'empirisme, le cartésianisme, le leibnizianisme, et le spinozisme par surcroît. Nous n'imaginons pas, à plaisir, une pensée que nous dirions être celle du siècle, et que nous chargerions de ces incohérences. Ce sont les philosophes eux-mêmes qui se sont vantés d'être des éclectiques; nous ne faisons qu'enregistrer leur aveu. « Mon ami », écrit Voltaire, « j'ai toujours été éclectique; j'ai pris dans toutes les sectes ce qui m'a paru le plus vraisemblable. »

1. Charles Nicolle, *La Nature. Conception et morale biologiques.* 1934.

Et l'*Encyclopédie* : « *Éclectisme*. — L'éclectique est un philosophe qui, foulant aux pieds le préjugé, la tradition, l'ancienneté, le consentement universel, l'autorité, en un mot tout ce qui subjugue la foule des esprits, ose penser de lui-même, remonter aux principes généraux les plus clairs, les examiner, les discuter, n'admettre rien que sur le témoignage de son expérience et de sa raison; et de toutes les philosophies qu'il a analysées sans égard et sans partialité, s'en faire une particulière et domestique qui lui appartienne... »

Voilà pourquoi l'Europe, pour mettre de l'ordre dans la théorie de la connaissance, avait besoin de Kant.

CHAPITRE III

Nature et bonté : l'optimisme.

Que la nature fût bonté, c'est ce que les philosophes crurent d'abord; ce fut aussi ce qu'ils cessèrent de croire, après y avoir mieux réfléchi.

Pourquoi y a-t-il tant de souffrance sur la terre? Pourquoi tant d'injustices et pourquoi tant de crimes? S'il existe un Dieu de sagesse et de bonté, pourquoi a-t-il toléré, a-t-il suscité le mal? Depuis Job, depuis Adam peut-être, cette même question s'était élevée vers le ciel.

La volonté de la faire passer du plan religieux au plan purement philosophique prit forme dès 1702. Si l'ouvrage de William King, *De Origine Mali*, obtint alors du succès et souleva de l'émoi, c'est qu'il traduisait d'une façon plus ferme des opinions encore vagues et dispersées; c'est qu'il se refusait de parler au nom du christianisme, dont l'auteur était cependant l'un des fermes défenseurs. Dans un latin encore scolastique, lourdement, puissamment, l'évêque anglican, faisant appel à l'intelligence de ses lecteurs et non pas à leur foi, prouvait que Dieu n'aurait été ni tout-puissant, ni infiniment bon, s'il n'avait toléré le mal. Car le mal n'est qu'une privation, n'est qu'une absence, privation et absence qui sont la condition même de l'existence des êtres créés. Du moment où Dieu, sous l'impulsion de sa bonté, avait décidé de créer, il ne pouvait pas créer la perfection, mais seulement l'imperfection, qui est du moins supérieure au néant.

Cependant Bayle, lisant l'analyse du livre de King par M. Bernard, accumulait les doutes. Peut-on dire que Dieu a créé le monde pour sa gloire? peut-on dire que le mal était

nécessaire, vraiment? N'y aurait-il pas deux principes qui se
contestent l'empire du monde, celui du bien, celui du mal?
Mais l'hypothèse même est-elle soutenable? Quel système
dans un tel embarras? L'origine du mal est obscure,
plus difficile à trouver que les sources du Nil; « elle est hors de
portée de notre raison ».

Continuant à réfléchir, et engageant avec le même M. Bernard une nouvelle discussion, il en venait bientôt à une autre
forme du même problème. Cette nature dont on commence à
nous rebattre les oreilles, cette nature dont on nous affirme
qu'elle est sage et qu'elle est bonne, il conviendrait pourtant
de l'examiner d'un peu plus près. Qu'on nous dise donc, d'une
part, « ce que c'est proprement qu'une chose qui émane de
la nature »; et de l'autre, « si, pour savoir qu'une chose est
bonne, il suffit de savoir que la nature nous l'apprend ». On
vient nous raconter que les enfants doivent honorer les pères,
parce que c'est dans la nature : or, « il n'y a guère de mot dont
on se serve d'une manière plus vague que celui de Nature; il
entre dans toute sorte de discours, tantôt en un sens, tantôt
en un autre, et l'on ne s'attache presque jamais à une idée
précise ». Comment discerner ce qui est naturel de ce qui est
acquis, chez les jeunes gens?

Mais surtout, la conséquence n'est point certaine, *cela vient
de la Nature, donc cela est bon et juste.* Nous voyons dans le genre
humain beaucoup de choses très mauvaises, quoiqu'on ne
puisse douter qu'elles ne soient le pur ouvrage de la nature.
Il n'y a rien de plus nécessaire à l'acquisition de la sagesse,
que de ne point suivre les instigations de la nature sur le
chapitre de la vengeance et de l'orgueil et de l'impudicité.
N'a-t-il pas fallu que les lois divines et humaines réfrénassent
la nature? Et que serait devenu sans cela le genre humain?
La nature est un état de maladie [1].

Comment, en effet, vaincre la résistance du plus intime de
notre être, et nier l'évidence même; diminuer l'horreur des
guerres et des massacres, faire croire aux malades qu'ils
souffrent moins qu'ils ne l'imaginent, et aux mères qu'elles ont
tort de pleurer leurs enfants morts dans leur berceau? Aussi,

---

1. *Réponse aux questions d'un provincial*, I, chap. LXXIV et suivants; *ibid.*,
chap. XCV et suivants.

pour passer de l'âpreté chrétienne à une sérénité rationnelle, Shaftesbury intervint-il à son tour.

Nous avons vu, en son lieu, comment il avait a.. tragique de la vie; comment il avait ramené le divin à l'hum.. et comment il avait écrit : *Nature has no malice*. Nous avons vu comment, dans un court espace d'années, de 1707 à 1711, il avait travaillé à changer les perspectives : tout n'était plus que liberté, familiarité, aisance — bonheur sur une terre que rassurait la beauté de l'arc-en-ciel.

Toutefois ce n'était pas assez d'un dilettante, si puissante que fut son action; Leibniz vint l'aider. De toutes les parties de sa doctrine, aucune ne séduisit plus ouvertement des esprits avides de se rassurer : c'était celle qui contenait les arguments qu'il avait élevés pour faire digue au scepticisme de Pierre Bayle, à son manichéisme aussi; celle qu'on trouvait dans ses écrits épars, dans ses articles, dans ses lettres, dans ses discussions, dans ses réponses; et plus particulièrement dans ses *Essais de Théodicée sur la bonté de Dieu, la liberté de l'homme, et l'origine du mal* (1710). D'abord il avait réduit la place des catastrophes naturelles et de l'encombrante souffrance, et, utilisant un vieux terme, il les avait appelées le mal physique; ce qui semblait déjà moins douloureux. Quant au mal métaphysique, ce que nous appelons un mal de notre point de vue particulier n'est pas tel dans l'ordre général des choses. Une ligne peut avoir des tours et des retours, des hauts et des bas, des points de rehaussement et des points d'inflexion, des interruptions et d'autres variétés; de telle sorte qu'on n'y voie ni rime ni raison, surtout en ne considérant qu'une partie de la ligne; et cependant, elle n'exclut pas une équation dans laquelle un géomètre trouverait la raison et la convenance de ces prétendues irrégularités. Il n'en va pas autrement pour ce qui nous paraît être des défauts scandaleux dans l'Univers. Pour juger de l'ensemble notre vue est trop courte; si nous nous plaignons de tel ou tel détail, c'est faute de distinguer le plan.

Restait le mal moral : il fallait justifier nos défauts, nos vices; nos lâchetés et nos crimes; cette affreuse complaisance, et même le goût maladif que nous avons pour le péché; la perversion qui vient corrompre nos intentions en apparence les plus pures; le travail du ver qui est en nous. Pour expliquer ce mal, Leibniz esquissait un tableau grandiose. Il évoquait l'infinité des mondes possibles, tels que Dieu avait pu se les représenter, avant d'en choisir un qui fût digne de passer du néant à l'être; et il montrait le choix même de ce Dieu, faisant surgir d'entre les futuritions celle qui lui paraissait la plus digne, celle qui contenait le moins d'imperfection. Dans cette marge dont la raison comprend la nécessité, puisqu'elle constitue la différence entre la créature et le créateur, se loge le mal qui doit être une des composantes du tout.

La suprême sagesse, jointe à une bonté qui n'est pas moins infinie qu'elle, n'a pu manquer de choisir le meilleur. Car, comme un moindre mal est une espèce de bien, de même un moindre bien est une espèce de mal, s'il fait obstacle à un bien plus grand; et il y aurait quelque chose à corriger dans les actions de Dieu, s'il y avait moyen de mieux faire...

Notre monde est donc le moins mauvais des mondes possibles; ou pour le dire au positif, le meilleur des mondes possibles. Il y avait, dans le temple de Memphis, une haute pyramide de globes placés les uns sur les autres; interrogé par un voyageur sur ces pyramides et sur ces globes, le prêtre préposé au temple répondit qu'il s'agissait là de tous les mondes possibles, et que le plus parfait était au sommet. Le voyageur, curieux de voir le plus parfait des mondes, monta tout en haut de la pyramide; et la première chose qui frappa ses yeux, ce fut Tarquin en train de violer Lucrèce. Nous nous exclamons, mais comprenons mieux le sens profond de ce symbole. Si Tarquin n'avait pas violé Lucrèce, la République romaine ne serait pas née; dès lors la civilisation romaine n'aurait pas pris sa forme et ne se serait pas étendue sur toute la terre; elle n'aurait pas prêté ses cadres au christianisme naissant. Ainsi ce crime affreux devait avoir sa place dans un monde qui est, par essence, imparfait; mais il devait être, en même temps, l'ingrédient d'un plus grand bien. — Cette application rationnelle du mal, on l'admettait, on la chérissait, comme une amie attendue. Jean Christian Wolff la mettait en formules, et la passait aux professeurs des Universités allemandes; tandis que les Français pouvaient lire : « Ce monde-ci est le meilleur des mondes possibles, celui où règne le plus de variété avec le plus d'ordre. Toutes les objections tirées des maux qu'on voit régner dans le monde s'évanouissent par ce principe [1]. »

Le mal était moins étendu, moins profond; le mal était intelligible : à ce point, un argument voisin, mais non pas tout à fait semblable, se présentait aux contemporains, pour agir dans le même sens : la grande chaîne des êtres qui graduait l'univers, impliquait l'idée de la permanence légitime et de la valeur logique de ce qui est. La philosophie devenait poésie, dans l'*Essay on Man* de Pope; elle devenait émotion. Insensé, qui ne vois pas que de tous les mondes possibles la Sagesse infinie a préféré le meilleur! que tu es à ton rang dans cette grande chaîne des êtres qui part du néant pour aboutir à Dieu! Tu demandes pourquoi celui-ci ne t'a pas fait plus grand : demande-toi, bien plutôt, pourquoi il ne t'a pas fait plus petit. Tu sais que tu es borné, que tu ne peux apercevoir qu'une minime partie de l'immensité des choses, et tu prétends juger la Justice! Des facultés plus délicates, si tu les obtenais, contribueraient peut-être à ton malheur. Tais-toi; accepte; dans le plan impeccable qui est la traduction de l'ordre voulu par la nature, tout changement aboutirait à détruire l'harmonie générale et conduirait au chaos. Il rappelait le lecteur à l'humilité qui convient à sa condition; il lui proposait un credo; il eût voulu graver, au plus profond de son cœur, la loi de sa croyance :

All Nature is but Art, unknown to thee;
All Chance, direction, which thou canst not see;
All discord, harmony not understood;
All partial evil, universal Good;
And, spite of Pride, in erring Reason's spite,
One truth is clear; whatever is, is right.

Nous exigeons le bonheur et rien n'est plus légitime; mais comprenons bien que ce bonheur doit être social, non pas individuel, et tel, en somme, que notre souffrance particulière peut y entrer, comme une dose de poison dans un remède. Et puis construisons-la, cette félicité à laquelle notre espèce aspire, par l'acquisition et le maintien de la santé, par la paix de l'âme, par la vertu. Assurément les scélérats prospèrent; assurément les justes sont enlevés avant le temps : il n'en est

---

1. Mme du Chatelet, *Institutions de Physique*, 1740.

pas moins vrai que dans le plan général qui nous déborde, tout ce qui est, est bien. Le poète répète la formule qui prend la valeur d'une incantation comme s'il n'y avait pas d'autre moyen de forcer notre consentement. *Whatever is, is right...* Que de complexité se cachait sous cet apparent simplisme! De Leibniz Pope ne prenait pas tout; avec Leibniz Pope ne concordait pas entièrement. « Tout est le moins mal possible. » — « Tout est bien » : les deux formules impliquent une différence sensible. Mais à cette date les différences se fondaient dans le courant général.

Presque en même temps, l'année 1734, la littérature de langue allemande consacrait elle aussi un poème à la recherche de l'origine du mal. Albrecht von Haller n'était pas seulement médecin, anatomiste, botaniste, physiologue; il cultivait aussi la poésie; et même il voulait montrer aux Anglais qu'ils n'étaient pas les seuls capables d'écrire des vers philosophiques. Sa pièce lyrique et didactique, *Die Alpen*, où il avait montré que la montagne n'était pas affreuse, comme on croyait, mais grandiose et belle, lui avait valu de la réputation : il continuait et par lui, la Suisse, après tant de pays déjà engagés, allait prendre part au grand débat : d'où son chant en trois parties, *Ueber den Ursprung des Uebels*.

D'une hauteur où règne le silence, si vous contemplez le paysage qui s'étend à vos pieds, vous ne constatez que joie; vous avez l'impression que le monde a été créé pour que ses habitants fussent heureux; un bien universel anime la nature. Mais si vous écoutez le cri de votre âme, si vous réfléchissez, si vous considérez la vie telle qu'elle est, combien ce bonheur vous semble illusoire et faux! Créatures de misère, nous sommes condamnés à la peine tandis que nous marchons vers la mort :

Elende Sterbliche! zur Pein erschaffen Wesen!

Tout change à des yeux avertis; ils ne voient plus que le mal, là même ou le bien paraissait avoir établi son domaine; et l'hymne de joie se transforme bientôt en interrogation passionnée, où tout le destin de l'homme se trouve en jeu : O Dieu de bonté, ô Dieu de justice, pourquoi as-tu choisi un monde éternellement tourmenté, éternellement coupable?

Parce qu'obéissant au conseil de sa propre sagesse, ce Dieu

n'a pu choisir que le monde qui s'éloignait le moins de la perfection; parce qu'il a pris le plus digne, pour le faire passer des virtualités à l'être

Der Welten würdigste gewann die Würklichkeit.

Le thème est repris, toujours le même : Dieu a créé, logiquement, une longue chaîne d'êtres, qui vont de lui-même au néant par une série de degrés; nous faisons partie d'un ensemble immense, que nous sommes incapables de saisir dans ses proportions et dans son harmonie. Il a mis, tout près de lui, les anges; un peu plus bas, les hommes, anges et bêtes, appartenant à la fois à l'éternité et au néant. Aux hommes, il a donné une conscience corporelle et une conscience morale; aux hommes, il a donné deux ressorts, l'amour d'eux-mêmes et l'amour du prochain, qui les poussent, tous les deux, à chercher leur bonheur. Tout étant organisé pour le bien, le mal est venu de ce que Dieu a laissé la liberté aux créatures : d'où la chute des anges trop ambitieux de perfection; d'où le péché d'Adam et sa chute; d'où notre moindre résistance, et nos fautes. Mais heureux ceux qui, par l'accomplissement du devoir, restent dans le plan divin!

Nous sommes ici à un des rares moments de l'histoire des idées où un accord semble se faire, avant que ses composantes ne se dénouent et ne reprennent leur liberté, en se combattant. La philosophie s'est ingéniée à trouver l'explication plausible d'une énigme douloureuse, et croit y avoir réussi. Les piétistes l'approuvent. Les moralistes la remercient d'avoir rassuré la vertu. Les poètes, n'employant plus le noir que par contraste, prodiguent le rose et le bleu; aux accents mélancoliques que Matthew Prior avait prêtés à Salomon pour exprimer la misère de l'homme, né pour pleurer, pour peiner, et pour mourir :

Born to lament, to labour, and to die,

ils substituent des hymnes de reconnaissance. Des conservateurs, bien nantis, *Tories* par tempérament, par croyance, par tradition, viennent à la rescousse [1] : le train du monde n'est pas si mauvais, après tout; il faut qu'il y ait des pauvres, des travailleurs, des valets; autrement, la hiérarchie serait bouleversée, les gentlemen ne seraient plus servis, et la paresse

---

1. Soame Jenyns, Esq. *A Free Inquiry into the Nature and Origin of Evil*, 1757.

amènerait licence, pénurie, dévastations. A cette complicité générale qui unit pour un temps les individus et les nations, il manque encore un mot; le voici, c'est l'*optimisme*.

Créé par la doctrine, il apparut pour la première fois dans les *Mémoires de Trévoux* de février 1737; le *Dictionnaire* de Trévoux l'accepta en 1752; et le *Dictionnaire* de l'Académie française dix ans plus tard. Mais à cette dernière date, l'Académie de Berlin l'avait déjà sanctionné, par un de ces concours qui jouaient un grand rôle dans la vie intellectuelle de l'époque. En 1753, en effet, elle avait proposé le sujet suivant, pour l'année 1755 : « On demande l'examen du système de Pope contenu dans la proposition : *Tout est bien*. Il s'agit : 1º de déterminer le vrai sens de cette proposition, conformément à l'hypothèse de son auteur; 2º de la comparer avec le système de l'optimisme, ou du choix du meilleur, pour en marquer exactement les rapports et les différences; 3º enfin d'alléguer les raisons que l'on croit les plus propres à établir ou à détruire le système. » L'Académie de Berlin voulait, on le voit, rendre à chacun son dû, à Leibniz ce qui appartenait à Leibniz, à Pope ce qui appartenait à Pope. Le prix fut décerné à Adolf Friedrich von Rheinard, dont la dissertation fut ensuite traduite et publiée en allemand [1]. — 1755 : c'était l'année du tremblement de terre de Lisbonne.

Cette année-là, la nature n'avait pas seulement suscité quelque peste ou quelque typhon, pour manquer par exception aux lois de sa bonté constante; elle avait ébranlé le sol. Lisbonne, ville charmante, au site pittoresque, et dont la population est traditionnellement aimable et douce; ville prospère, dont le port était le troisième de l'Europe, après Amsterdam et après Londres; ville chrétienne, toute remplie d'églises et de couvents, toute occupée de messes, d'offices et de processions, avait été ravagée. Le 1er novembre, jour de tous les Saints, un tremblement de terre avait jeté bas les maisons, les monuments, les remparts; un raz de marée avait suivi; enfin l'huma-

---

1. Herrn Adolf Friedrich Rheinards, *Vergleichung des Lehrgebäudes des Herrn Popes von der Vollkommenheit der Welt, mit dem System des Herrn von Leibniz, nebst einer Untersuchung der Lehre der besten Welt*, Leipzig, 1757. *Abhandlung von der Lehre der besten Welt, aus dem französischen*, Wism, 1757.

nité avait fait ce qu'elle avait pu pour ajouter au désastre, en pillant.

Cette nouvelle avait ému les savants, qui avec plus d'ardeur s'étaient remis à rechercher la cause mystérieuse des tremblements de terre; et par exemple, dans l'Espagne voisine, le Père Feijoo, qui les interprétait par la matière électrique [1]. Elle avait troublé les philosophes occupés à abolir le mal, même physique, et qui se trouvaient ainsi ramenés à une réalité qu'ils paraissaient avoir oubliée dans leurs spéculations. Elle émut en particulier celui que nous retrouvons à tous les tournants, Voltaire.

Voltaire avait commencé par respecter Leibniz, lorsqu'il ne le connaissait encore que de réputation. Il l'avait regardé de plus près, quand Mme du Châtelet, par un caprice qui suscitait en lui quelque jalousie intellectuelle, s'était bizarrement férue des doctrines de ce métaphysicien allemand : n'aurait-elle pas dû se contenter de Locke et du grand Newton ? Aussi ne l'aimait-il pas : mais s'il y avait une partie de ses théories qui lui paraissait acceptable, c'était cet optimisme sauveur. Il estimait qu'il y a plus de bien que de mal en ce monde, puisqu'en effet peu d'hommes souhaitent la mort; qu'on aurait tort de porter des plaintes au nom du genre humain, et de renier le souverain de l'univers, sous prétexte que quelques-uns de ses sujets étaient malheureux : de sorte que Leibniz lui était sur ce point de quelque secours. Ses monades étaient de la folie pure; mais non pas son optimisme, fondé sur un solide raisonnement.

Des doutes lui venaient; il avait besoin de se rassurer lui-même sur la valeur de cette conviction; il était comme le Babouc du *Monde comme il va* (1746), qui avait peine à se décider. Il y a bien à reprendre dans Paris-Persépolis; et Ituriel, un des génies qui président aux empires, se demande s'il ne convient pas de détruire cette capitale pécheresse. Babouc, envoyé en mission sur les lieux, hésite, et pèse le pour et le contre. Enfin il prend son parti : « Il fit faire par le meilleur fondeur de la ville une petite statue, composée de tous les métaux, des terres et des pierres les plus précieuses et les plus viles; il la porta à Ituriel. « Casserez-vous, dit-il, cette jolie

---

1. *Nuevo Systhema sobre la causa physica de los terremotos*, 1756.

statue, parce que tout n'y est pas or et diamants? » Ituriel
entendit à demi-mot; il résolut de ne pas même songer à corriger Persépolis et de laisser aller « le monde comme il va »;
« car », dit-il, « si tout n'est pas bien, tout est passable ».

Les romans de Voltaire sont toujours de la pensée; et dans
Zadig (1747-1748), toutes les fables de l'Orient ne lavent pas
son souci. Zadig est sage, bon et juste, et il est malheureux.
Il est riche; il a santé, beauté; son esprit est sagace, il possède
un cœur droit et sincère; il a tout ce qu'il faut pour mériter le
bonheur. Mais ni les femmes, ni la vie solitaire, ni la science,
ni le pouvoir, ne lui donnent la félicité qu'il cherche. L'envie,
la jalousie, la sottise, la cruauté, s'acharnent contre lui, et,
de catastrophe en catastrophe, l'amènent au plus misérable
état. La vie n'est-elle donc qu'une manière de farce cruelle,
qui n'a même pas le mérite d'être logique, et si bizarrement
composée que les causes les plus insignifiantes aboutissent
aux plus redoutables effets? Aussi Zadig, plongé dans ces
réflexions, en arrive-t-il à voir les hommes « tels qu'ils sont en
effet, des insectes se dévorant les uns les autres sur un petit
atome de boue ». Alors intervient l'hermite à barbe blanche,
son compagnon de voyage; l'hermite qui tient les propos les
plus sensés et mène la conduite la plus étrange, volant un
bassin d'or garni d'émeraudes et de pierreries chez un riche
qui a fort bien reçu les deux errants, donnant ce même bassin
d'or à un avare qui leur a tout refusé, mettant le feu à la maison d'un hôte généreux, assassinant le jeune neveu d'une
veuve charitable et vertueuse qui leur a prêté asile. C'est pour
le coup que Zadig s'étonne. L'hermite, se transfigurant, et
apparaissant sous les traits de l'ange Jesrad, donne enfin
l'explication que chaque épisode du récit rendait plus nécessaire. Ces crimes, incompréhensibles à notre raison, ne sont
point tels dans l'ordre universel; ils seront fertiles et augmenteront la somme du bien. Car le fastueux sera plus attentif,
l'avare plus soucieux de ses hôtes; un trésor immense était
caché sous la maison incendiée; le jeune neveu aurait assassiné
sa tante. Ainsi ces maux apparents ont leur raison d'être dans
le meilleur des mondes possibles... Par cette explication Zadig
n'est pas entièrement satisfait : « Mais s'il n'y avait que du bien,
et point de mal? — Alors, reprit Jesrad, cette terre serait une
autre terre; l'enchaînement des événements serait un autre

ordre de sagesse; et cet autre ordre, qui serait parfait, ne peut être que dans la demeure éternelle de l'Être suprême, de qui le mal ne peut approcher... « Mais », dit Zadig... « Comme il disait *mais*, l'ange prenait déjà son vol vers la dixième sphère. Zadig à genoux adora la Providence, et se soumit. » Ainsi, l'année 1748, Voltaire était encore disposé à se soumettre; mais...

Quand il apprit le désastre de Lisbonne, et quand le problème du mal, moins résolu qu'écarté, moins réglé qu'atténué dans sa rigueur, réapparut sous cette forme tragique, sa conviction incertaine fut ébranlée; il souffrit. Son *Poème sur le désastre de Lisbonne*, si gauche, n'en est pas moins pathétique. Regardons ces incendies et ces ruines; écoutons ces gémissements et ces cris; considérons que ce sont les innocents et les justes qui ont été frappés : oserons-nous dire encore, d'une voix lamentable, que tout est bien? Insinuer que les héritiers des morts augmenteront leur fortune, que les maçons gagneront de l'argent à rebâtir les maisons, que les bêtes se nourriront des cadavres enterrés sous les débris, ce serait blasphémer. Pope est digne d'estime et d'admiration; mais on ne saurait rester fidèle à son axiome; il faut en venir à cette triste et plus ancienne vérité, qu'il y a du mal sur la terre; le mot *Tout est bien*, pris dans un sens absolu et sans l'espérance d'un avenir, n'est qu'une insulte aux douleurs de notre vie. Dans ses lettres, plus intimes, Voltaire dénonçait la formule absolue de Pope, en attendant le jour où il ne se contenterait même plus de la formule relative de Leibniz : « Vous devez sentir que le *Tout est bien* de Pope n'est qu'une plaisanterie qu'il n'est pas bon de faire aux malheureux; or, sur cent hommes, il y en a au moins quatre-vingt-dix qui sont à plaindre. *Tout est bien* n'est donc pas fait pour le genre humain... » (20 juin 1756.)

Candide, ou l'optimisme. Traduit de l'allemand de M. le Docteur Ralph, avec les additions qu'on a trouvées dans la poche du docteur lorsqu'il mourut à Minden, l'an de grâce 1759. — C'est Job habillé à la moderne, dit Frédéric II; le roman de Candide a rendu ridicule le système de l'optimisme, dit le cardinal de Bernis.

Agilité et densité; des observations justes, profondes, et

qui frappent par la vérité de leur psychologie, faites d'un air si
détaché et d'une manière si rapide qu'elles n'ont pas l'air de
se prendre au sérieux; un art unique d'indiquer sans développer, d'évoquer les choses et de passer vite, comme un homme
trop riche qui sème ses trésors sans prendre la peine de se
retourner; une profusion de traits, de flèches légères qui
vibrent; le jeu d'une intelligence implacable, d'une ironie sans
pitié; tous les vieux procédés, les voyages, les utopies, les
aventures dans l'ancien et dans le nouveau monde, les naufrages, les autodafés, les Eldorados, rajeunis et vivifiés par
une étincelante fantaisie; une sorte de fébrilité, due à la suppression de toutes les lourdeurs, de tous les intermédiaires
inutiles; une gesticulation de fantoches, une danse macabre de
marionnettes comiques : c'est *Candide*. Et, recouverte par ces
scintillements, une tristesse profonde. On est forcé de rire,
devant tant de drôleries; et ces drôleries accumulées aboutissent au désespoir. On est ébloui; et puis on voit réappa-
raître le grand fleuve noir où s'engloutissent nos espoirs et
nos illusions.

Pauvre Candide! Plus misérable Cunégonde! Ridicule
Pangloss, qui contre vents et marées s'obstine à répéter que
tout est bien, à proclamer qu'il n'est rien qui ne s'explique par
le principe de la raison suffisante et par celui de l'harmonie
préétablie : ni les maladies, ni les noyades, ni les incendies, ni
les iniquités, ni les crimes! Battu, pendu, brûlé, disséqué,
tombé dans l'esclavage et ramant sur les galères des Turcs,
il n'en reste pas moins de son premier sentiment : « Car enfin,
dit-il, je suis philosophe, il ne me convient pas de me dédire,
Leibniz ne pouvant avoir tort. » Le spectacle qu'offre la terre
est affreux : ce ne sont que guerres, massacres, oppressions, vols
et viols; et toujours il en fut ainsi dans le passé; et toujours
il en sera de même dans l'avenir, puisque les éperviers ont
toujours mangé les pigeons quand ils en ont trouvé, et que
pareillement ils les mangeront toujours. Mais tout est pour
le mieux dans le meilleur des mondes.

Par cette caricature l'optimisme est bafoué. « Qu'est-ce que
l'optimisme? disait Cacambo. — Hélas! dit Candide, c'est la
rage de soutenir que tout est bien quand tout est mal. » —
« Il y a pourtant du bon, disait Candide. — Cela se peut, disait
Martin, mais je ne le connais pas. » — Et cette interrogation :

« Si c'est ici le meilleur des mondes possibles, que sont les autres ? » A la fin, quand Voltaire est las de tirer les fils qui meuvent ses personnages, et qu'il les rassemble en un tourne-main, aussi facilement qu'il les avait dispersés, la troupe se trouve réunie dans une métairie. Candide est mal en point; la belle Cunégonde a le teint noir, la gorge sèche, les yeux ridés, les bras rouges et écaillés; Pangloss est un gueux couvert de pustules, les yeux morts, le bout du nez rongé, la bouche de travers, les dents noires, tourmenté d'une toux violente et crachant une dent à chaque effort. Tels les a faits la vie. Ils trouvent enfin le grand secret, qui leur permettra de passer en paix le reste de leurs misérables jours : ils cultiveront leur jardin. Ce n'est pas un dénouement bâclé; il comporte une idée de résignation nécessaire, un appel au travail, qui éloigne de nous trois grands maux, l'ennui, le vice et le besoin; et ce jardin lui-même est le symbole de nos limitations. Mais est-il possible de cultiver son jardin sans être gêné par ses voisins, caressé ou tourmenté par les vents, battu par les pluies; sans regarder au-delà des clôtures, sans contempler l'horizon, sans lever la tête vers les astres ? Le remède répond bien à un certain aspect de la pensée empirique. Mais ce n'est qu'un pis-aller; l'aveu d'une défaite; une façon de se recroqueviller, pour donner moins de prise au mal triomphant : acceptation d'un monde incompréhensible, que la raison suffisante ne suffit plus à expliquer.

A partir de *Candide,* le procès est jugé et la cause est perdue. Ce n'est pas que l'optimisme ait disparu tout d'un coup : une doctrine se survit longtemps, même quand elle est blessée. Mais la majorité des contemporains ne prononçaient plus le mot qu'avec un sourire d'ironie, voire même sur un ton de protestation et de rancune. Le secrétaire de Mme d'Épinay expliquait, dans une lettre du 11 novembre 1771, que la marquise était souffrante, il prenait la liberté de donner de ses nouvelles; et il ajoutait : « Tout est bien, dit-on, cet axiome est d'autant plus beau que je n'y conçois rien, absolument rien dans ce moment-ci... Tout est bien; et moi je dis : cela n'est pas bien. » Cependant Mme d'Épinay elle-même, parlant des crachements de sang de M. de Mora, expliquait à l'abbé

Galiani qu'il était de la classe de ceux qui doivent mourir jeunes, « tant il est faux que tout soit bien » (6 juin 1772); et de son côté, le facétieux abbé parlait du meilleur de tous les mondes impossibles.

Les alliances se défaisaient. Les apologistes mettaient les chrétiens en garde contre le déterminisme qu'ils discernaient dans le *Tout est bien;* les matérialistes pensaient dans un autre plan : la nature ignore la catégorie du bien et celle du mal; tout ce qui est, est nécessairement; Dieu n'a pas créé de marge où l'imperfection a sa place puisqu'il n'y a ni création, ni Dieu; les lois éternelles voulaient la conservation des espèces, rien de plus, et la souffrance des individus pour elles n'avait pas de sens. La race des passionnés, qui s'apprêtait à succéder à la race des philosophes, demandait qu'on la laissât chanter sa mélancolie et se délecter de sa peine. Les sceptiques revenaient à leur attitude première :

D'où vient le mal? Eh! plus je l'examine,
Et moins je vois quelle est son origine [1].

Et puis les gens continuaient à souffrir, tout simplement. Celui qui avait vu mourir sa maîtresse, et qui avait connu le bonheur avec elle, fût-ce un bonheur troublé, maudissait sa solitude : « Quand, fatigué du travail ou de la société, ce qui m'arrive bientôt, je me trouve avec moi-même, et isolé comme je le suis dans ce meilleur des mondes possibles, ma solitude m'épouvante et me glace, et je ressemble à un homme qui verrait devant lui un long désert à parcourir, et l'abîme de la destruction au bout de ce désert, sans espérer de trouver là un seul être qui s'afflige de le voir tomber dans cet abîme et qui se souvienne de lui après qu'il y sera tombé [2]. »

A mesure que le siècle avançait, il laissait derrière lui ce qu'il avait aimé. De grandes ambitions novatrices dénonçaient le compromis que l'optimisme représentait pour elles. Kant évoluait de la façon la plus significative. Il avait cru d'abord que tout était pour le mieux dans le meilleur des mondes possibles. Les tremblements de terre ne l'avaient pas fait changer d'avis. Ils lui apparaissaient comme une

---

1. *Vers sur l'inexistence de Dieu, composés par Frédéric II quelques années avant sa mort.* (*Œuvres*, Éd. de 1848, t. XIV.)
2. D'Alembert à Frédéric II, 27 février 1777.

conséquence logique des conditions de notre vie sur la terre ;
et comme un mal dont quelque bien pouvait naître : car enfin
les habitants de Toeplitz, dont les sources d'eaux curatives
ont été multipliées, auraient des raisons d'entonner un *Te
Deum,* tandis que les habitants de Lisbonne chantent des
chants funèbres. En 1759 encore, dans son *Essai de quelques
considérations sur l'optimisme,* il apporte à Leibniz le secours
d'une argumentation serrée. Mais il changera ; il désavouera
même plus tard les écrits qui appartiennent à cette période
de sa vie, demandant qu'on n'en tienne aucun compte ; il
proclamera enfin l'insuccès de toutes les tentatives
philosophiques en Théodicée [1].

Ce n'était pas lui, cependant, qui allait marquer, comme
dans la théorie de la connaissance, la grande séparation. En
lisant le poème sur le désastre de Lisbonne, Jean-Jacques
avait été blessé dans sa croyance profonde à la bonté naturelle
de l'homme, et il avait pris la plume pour répondre longuement à l'auteur. Dans une lettre datée du 18 août 1756, il
manifestait le trouble où le changement d'opinion de Voltaire
l'avait jeté : « Homme, prends patience, me disaient Pope et
Leibniz, tes maux sont un effet nécessaire de ta nature et de
la constitution de cet univers. L'Être éternel et bienfaisant
qui le gouverne eût voulu t'en garantir : de toutes les éco-
nomies possibles il a choisi celle qui réunissait le moins de
mal et le plus de bien, ou, pour dire la même chose encore
plus crûment s'il le faut, s'il n'a pas mieux fait, c'est qu'il
ne pouvait mieux faire. » Que dit maintenant votre poème ?
« Souffre à jamais, malheureux. S'il est un Dieu qui t'ait créé,
sans doute il est tout-puissant, il pouvait prévenir tous tes
maux : n'espère donc jamais qu'ils finissent, car on ne saurait
voir pourquoi tu existes, si ce n'est pour souffrir et pour
mourir. »

Mais il n'en exaltait pas pour cela le docteur Pangloss. Il chan-

---

1. 1756 : *Von der Ursachen der Erdschütterung bei Gelegenheit des Unglücks,
welches die Westliche Länder von Europa gegen das Ende des vorigen Jahres betroffen
hat.* — *Geschichte und Naturbeschreibung der merkwürdigsten Vorfälle des Erdbebens,
welches an dem Ende des 1775* sten *Jahres einen grossen Theil der Erde erschüttert hat.*
— *Fortgesetze Betrachtung der seit einigen Zeit wahrgenommenen Erdserschütterungen.*
1759 : *Versuch einiger Betrachtungen über den Optimismus.*
1791 : *Ueber das Mislingen aller philosophischen Versuche in der Theodicee.*
1793 : *Die Religion innerhalb der Grenzen der blossen Vernunft.*

geait, bien plutôt, la position du problème. Car si la nature restait bonne. les hommes étaient devenus mauvais. Le remède qu'il allait proposer à la mauvaiseté des hommes, mauvaiseté acquise, était le *Contrat social*. Voilà pourquoi l'Europe, s'étant reprise, ayant constaté que tout n'était pas bien, voulant entreprendre le refaçonnement d'un monde qui n'était pas le meilleur des mondes possibles, avait besoin de Jean-Jacques Rousseau.

CHAPITRE IV

La politique naturelle
et le despotisme éclairé.

Difficultés de la politique naturelle...

Un sage vieillard Troglodyte, parce qu'on lui offre le pouvoir, verse des torrents de larmes : jusque-là, ses frères Troglodytes avaient vécu dans une égalité parfaite, le pouvoir était un joug qu'on voulait imposer à la vertu.

Cyrus a mis vingt-quatre ans à faire l'apprentissage de la royauté. Il est allé chez les Mèdes, dont le luxe et la mollesse auraient pu le corrompre et ne l'ont pas corrompu; il est allé sur les bords du golfe Persique, où Zoroastre en personne lui a fait connaître la sagesse des Mages; en Égypte, terre de la sagesse, où l'on a ressuscité pour lui le souvenir d'Hermès Trismégiste; à Sparte, dont Léonidas lui montre la discipline militaire; à Athènes, où Solon lui apprend les lois de la constitution d'Athènes; en Crète, afin d'y connaître les lois de Minos et de s'entretenir avec Pythagore, lequel lui explique la doctrine d'Orphée touchant le siècle d'or; en Chypre où il n'est guère resté, fuyant le temple de Paphos; à Tyr où fleurit le commerce; aussi est-il devenu philosophe, a-t-il régné avec facilité sur un peuple heureux, et conquis tout l'Orient moins par la force de ses armes que par le prestige de ses vertus.

De même en Égypte, Séthos. De même le comte Ménandre de Rivéra en Aquitaine. Beau, sage, instruit, parfaitement raisonnable, le comte Ménandre de Rivéra fut appelé à la cour, et s'y rendit bien à regret, car il savait que le jeune prince, sans être méchant, s'était laissé corrompre par les flatteurs et avait cédé l'administration du royaume à un ministre courtisan : l'État périclitait, l'artisan gémissait, le laboureur, quittant sa charrue, courait vers les cités, où il apprenait les arts inutiles, et changeait son innocence contre une duplicité fructueuse. Le comte de Rivéra est arrivé à temps : il a battu les Lycatiens, faisant cesser le combat à l'instant qui suit sa victoire; il a sauvé le roi malade, en lui conseillant les exercices du corps, la vie à l'air libre, et un régime frugal; il a calmé ses passions, lui a rendu le sens du devoir; guerrier pacifique, déjouant les complots, démasquant les traîtres, tissant d'amour et d'amitié le fil de ses jours, il n'a plus connu que félicité.

Trop naïves histoires[1]! Trop naïves maximes : toute politique qui n'était pas exactement inspirée par la pure vertu se détruisait d'elle-même; plus une nation était libre, et plus elle était cultivée; plus elle était cultivée, et plus elle était forte; quatre ou cinq bonnes lois suffisaient à établir la vertu. Trop naïfs regrets : pourquoi quelques philosophes ne s'assemblaient-ils pour légiférer et anéantir du coup l'injustice et le mal ?

Il fallait bien constater, cependant, que les rois n'étaient pas si dégoûtés d'être des rois; ni, dans les républiques, les stathouders ou les doges; ni, où que ce fût, les ministres, les secrétaires d'État, les intendants, les commis; et qu'au contraire, quiconque exerçait le plus petit commandement, loin de rejeter en pleurant cette autorité néfaste, la gardait ferme, selon les habitudes les plus invétérées de notre espèce. Peut-être, après tout, n'y avait-il pas d'autre droit que celui du plus fort, le monde est la maison des forts; peut-être la loi naturelle consistait-elle dans le fait que le plus gros mangeait le plus petit. Il n'était même pas sûr que la liberté politique, si on avait pu l'obtenir, fût l'universelle panacée; et peut-être même était-il dangereux de tout attendre d'elle, sans songer à d'autres servitudes qui demeuraient. La réforme sociale aurait dû marcher de pair avec la réforme politique, un grand trouble résulterait quelque jour de leur disparité; certains allaient même jusqu'à dire que l'esclavage antique

1. Montesquieu, *Lettres Persanes*, L. XIV, 1721. Ramsay, *La Nouvelle Cyropédie ou Les voyages de Cyrus*, 1727. Abbé Terrasson, *Séthos*, 1731. Johann Michaël von Loen, *Der redliche Mann am Hofe, oder die Begebenheiten des Grafen von Rivera*, 1740. La théorie du « capitaine philosophe » est exposée dans *Il Capitano filosofo*, de Paolo Mattia Doria, 1739.

persistait, bien qu'il eût pris un nom plus doux. Les manou-
vriers, les journaliers des campagnes et des villes, étaient des
esclaves; ce qu'ils avaient gagné à changer de nom était
d'être tourmentés à chaque instant par la crainte de mourir
de faim. On les disait libres : le fait est qu'ils ne tenaient plus
à personne, mais que personne ne tenait plus à eux. Le temps
n'était pas loin où Robespierre allait attaquer les Encyclopédistes, parce qu'ils avaient oublié la classe la plus misérable
et la plus méritante de la nation.

Pour interrompre une guerre commencée, il ne suffisait
pas de se jeter entre deux armées déjà aux prises, en tenant
d'une main un rameau d'olivier, et de l'autre une colombe;
à entendre un beau discours, les soldats n'abandonnaient
pas leur fusil et les officiers ne brisaient pas leur épée; en fait,
quand ils avaient signé un traité, les princes le déchiraient,
tout simplement. En 1742, l'année qui précéda sa mort, l'abbé
de Saint-Pierre avait encore envoyé au roi de Prusse un ouvrage
sur la manière de rétablir la paix en Europe et de la consolider pour toujours : or c'était en pleine guerre de succession
d'Autriche. En 1766 une bonne âme avait fondé un prix de
six cents livres pour l'orateur qui aurait le mieux parlé en
faveur de la paix. Non seulement un orateur, mais trois;
non seulement un prix, mais trois prix, à décerner par l'Académie française, la Société typographique de Berne, et une
Société littéraire de Hollande. Les Français, plus vifs, s'étaient
trouvés les premiers prêts à porter leur jugement, et l'Académie avait adjugé le prix à M. de la Harpe. Mais malgré tant
d'éloquence, la paix n'était jamais que pour demain, la paix
s'obstinait à ne pas venir.

Tout ne s'opérait pas très vite dans le sens du bien, par la
vertu de quelques pensées, de quelques dissertations et de
velléités généreuses; pour la moindre amélioration, il fallait
du temps; on s'imaginait qu'on allait changer facilement
sur la terre, et tout à coup on avait l'impression qu'on luttait
en vain contre une immensité de forces obscures. Quelquefois, Grimm s'arrêtait au milieu des beaux projets qu'il glissait
dans ses comptes rendus littéraires; alors sa pensée prenait
un tour mélancolique. Impuissance des Brutus, des Cassius,
des Cicéron, des Caton : les beaux cris qu'ont poussés ces
grands hommes n'ont pas arrêté la décadence romaine.

Nous vantons notre siècle, le croyant plus éclairé que ceux qui aient jamais paru, et nous nous trompons. Erreur que de croire que l'empire paisible de la philosophie va succéder aux longs orages de la déraison et fixer pour jamais le repos, la tranquillité et le bonheur du genre humain; douce erreur, mais erreur, qu'on est obligé d'avouer. « Quelques avantages que nous attribuions à notre siècle, on voit qu'ils ne sont que pour un petit nombre d'élus, et que le peuple n'y participe jamais. L'esprit des nations se modifie à l'infini, mais le fond reste toujours le même dans l'homme; et telle est la misère de sa condition que plus la vérité et le bonheur semblent essentiels à son existence, plus il est entraîné dans tous les âges vers l'infortune et vers le mensonge. » Grimm se demande comment l'histoire n'a pas, depuis longtemps, débarrassé ses amis les philosophes, et lui-même, de la chimère d'une perfection idéale qui restera toujours inaccessible. Pour se rassurer, il est allé voir son ami Diderot, qu'il appelle le Socrate moderne; Diderot lui a parlé éloquemment du pouvoir de la vertu et de l'empire de la raison, des progrès de l'esprit philosophique. Tandis qu'il parlait, un valet est entré dans la chambre et a crié d'une voix tremblante et étouffée : Le roi est mort! — C'était le jour de l'attentat de Damiens.

C'était une figure de menuet : révérences des princes aux philosophes, et des philosophes aux princes. Comme si les puissants avaient oublié qu'ils avaient persécuté, qu'ils persécutaient encore les écrivains qui tentaient de ruiner leur autorité; comme si les écrivains avaient oublié les déclamations furibondes qu'ils avaient lancées, qu'ils lançaient encore contre les tyrans; ils disaient que depuis des siècles, les rois n'avaient travaillé à rien d'autre qu'à forger les chaînes dont les peuples étaient chargés, et ils faisaient courbette devant ces mêmes rois. Le despotisme changeait de sens, pourvu qu'on lui ajoutât seulement un adjectif et qu'on l'appelât le despotisme éclairé.

Certes, il s'agit là d'un fait complexe; et l'on peut trouver, entre ce despotisme éclairé et la philosophie des lumières, des points d'union qui expliquent en quelque mesure le malentendu. Les despotes éclairés luttaient contre les privi-

lèges, et de là naissait une communauté d'action. Ils entreprenaient une vaste réforme égalitaire, détruisant les vestiges,
encore très apparents, de la féodalité. Partisans du progrès,
ils prenaient toutes mesures économiques qui étaient de nature
à favoriser la prospérité de leurs peuples. Les lumières étaient
utiles à l'éclat de leur règne. Surtout, la centralisation admi-
nistrative qu'ils opéraient établissait l'ordre à la place du
désordre : l'ordre, reflet de la raison universelle; ils rationa-
lisaient l'État. La raison, une fois invoquée, justifiait leur
conduite : Euclide aussi était un despote. On pouvait même
dire qu'il appartenait à l'esprit le plus fort, à l'intelligence
la plus claire, à l'entendement le plus sûr, de dominer; si bien
que le droit héréditaire se trouvait sanctionné dans leur
personne par le droit naturel. Plus encore : s'il n'y avait pas
d'autre morale que celle de l'utilité, pourquoi ne serait-il
pas permis à une nation plus grande de subjuguer une nation
qui représentait un moindre degré du bien général? Comment
la taxer de forfaiture, si ses conquêtes elles-mêmes accumu-
laient en fin de compte une plus vaste somme de bonheur?

Mais quelles que fussent les possibilités de conciliation,
celles-ci ne faisaient que masquer un antagonisme irréductible : ou bien l'État absolu, dirigeant toutes les activités
humaines; ou bien l'État libéral. Les théoriciens de l'État
libéral, s'alliant aux représentants de l'État despotique,
trahissaient leur philosophie politique. Ou bien il faut forcer
la nature, ou bien il faut la laisser agir. Ou bien le maximum
d'intervention, ou bien le minimum. Ou bien la vertu spontanée des lois éternelles, ou bien la volonté d'un homme qui
domine tout, même la loi.

Une forme de gouvernement s'imposait à l'Europe conti-
nentale, qui n'avait rien à voir avec les constitutions, l'équilibre des pouvoirs et la crainte soupçonneuse que l'un de
ces pouvoirs ne vînt à l'emporter. Le sort en avait été jeté
en 1740, lorsque Frédéric II avait succédé au Roi-Sergent.
Adieu, l'Anti-Machiavel! Faire son apprentissage, corriger
son impulsivité, dompter son horreur première des champs
de bataille, et sa peur; connaître le faible des hommes pour
mieux se servir d'eux; maîtriser jusqu'à son corps, et l'habituer
à marcher lorsque son âme lui disait : marche; user au mieux
des dons d'une intelligence sans pareille; devenir peu à peu

l'habile entre les habiles, et le fort entre les forts; prendre en main la politique extérieure, la direction de la guerre, l'administration, les finances, l'industrie, l'éducation même; rapporter toutes choses, et jusqu'au plus petit détail, à une volonté unique, transformer son maigre héritage en l'une des premières, et, s'il était possible, la première des puissances de l'Europe : telle fut son œuvre, et consciente. Car il n'était pas seulement le serviteur de l'État, il était l'État. Il n'y a pas eu, dans tout le siècle, de personnalité plus saisissante que la sienne; le siècle s'est tourné vers lui avec admiration. Entre le poète, le musicien, le dilettante de Rheinsberg et le vieux Fritz aux habits sales, les membres déformés par la goutte et le nez barbouillé de tabac, que d'êtres réunis en un seul! Le général qui, le soir de la bataille, récite du Racine et se croit lui-même un héros racinien. Le voyageur qui appelle à la portière de son carrosse les bourgmestres et les juges, qui interroge les paysans sur les terres arables, les vaches et le sel. L'ironique, le méprisant, le taquin, le goguenard, le mesquin qui cherche à économiser deux liards et l'homme de génie. Le fonctionnaire infatigable qui fait comparaître ses subordonnés dans son bureau et exige d'eux presque autant qu'il demande à lui-même. Le philosophe de Sans-Souci. Le diplomate rusé qui fait échec et mat à l'Autriche, à la France, à l'Angleterre, dût-il employer les coups défendus. Et tant d'autres incarnations, qui, toutes, par des moyens divers, s'en vont vers le même but : la plus grande Prusse.

En face de lui, son adversaire Marie-Thérèse; et quand celle-ci est allée prendre sa place à la chapelle des Capucins, dans le tombeau des Habsbourg, son fils Joseph II. Un despote qui voudrait être paternel, celui-là; prenant son rôle comme une mission sacrée; soupirant, parce qu'il essaye en vain de rendre tout le monde heureux. Unifier, centraliser, rationaliser, c'est aussi ce qu'il entreprend avec fièvre, courant de Vienne à Budapest, à Prague, à Bruxelles, afin de tout voir, de tout surveiller, de tout changer; confiant dans la vertu radicale des décrets, qu'il suffit de promulguer pour que les réformes immédiatement opèrent; bouleversant pour améliorer. Touchant dans son zèle et dans sa passion du bien public; brouillon, nerveux, précipité; malade de fatigue et d'épuisement, mourant à la tâche, désespéré de voir que les hommes refusent d'être des anges et de considérer comme un archange bienfaisant leur Empereur à la double auréole, celle des lumières et celle de Dieu. Il avait pourtant fait son possible pour tout réduire à la suprématie de l'État, même l'Église. En 1763, quand il ne faisait encore que s'exercer au pouvoir, avait paru un livre qui avait lointainement retenti : *Justini Febronii J. C. de statu Ecclesiae et legitima potestate Romani Pontificis liber singularis*. Sous le nom de Febronius se cachait, avec tant de soin que peu d'anonymats ont été mieux conservés, l'évêque suffragant de Trèves, Hontheim; et la thèse qu'il soutenait était de nature à provoquer une crise dans la chrétienté. Elle consistait à dire que la monarchie du Pape n'avait été qu'une suite d'usurpations; que le temps était venu de la remplacer par une aristocratie des évêques, déléguée elle-même de la démocratie des prêtres et des fidèles. Le Pape garderait le pouvoir exécutif, mais le pouvoir législatif ne lui appartiendrait plus; le droit de proclamer des doctrines valant pour l'Église universelle serait réservé aux Conciles généraux. Pour opérer cette réforme, le Pape lui-même devait intervenir, et les prélats, et les théologiens, et le Prince : au Prince le plus grand rôle serait attribué. Maître souverain de ses sujets, il les défendrait contre les exactions papales et ecclésiastiques... Mélange de jansénisme et de droit naturel, renforcé de tous les arguments qu'on eût jamais sortis contre Rome. Aux monarques qui voulaient que la religion ne fût pas une puissance à part, mais devînt un organisme régi par eux, l'occasion était trop belle pour qu'elle ne fût pas saisie; aussi le meilleur disciple de Febronius avait-il été Joseph II.

Catherine II laissait faire la nature, pour ce qui est de sa conduite privée; et ses favoris savaient combien la nature était exigeante chez elle. Mais au service de l'État russe, au bien de la plus grande Russie, elle consacrait son intelligence souveraine, son habileté politique, et sa volonté. Elle n'avait de cesse qu'elle n'eût atteint deux buts : à l'extérieur, détruire la Pologne, affaiblir la Turquie, démembrer la Suède; à l'intérieur, substituer son autorité à l'anarchie dans laquelle ses prédécesseurs immédiats avaient laissé l'empire; la grande Catherine reprendrait la tâche de Pierre le Grand. Une femme

de génie, disait le comte de Ségur; « fière, tendre et victorieuse » comme Louis XIV, disait le prince de Ligne.

D'autres souverains comptaient parmi les despotes éclairés,
Gustave III en Suède, Christian VII en Danemark, Stanislas-
Auguste en Pologne, voire même Charles III d'Espagne;
et quand les souverains ne suffisaient pas, c'étaient les ministres
qui les aidaient, le comte d'Aranda près de Charles III, Pombal
près de Joseph Ier, Dutillot à Parme, Tanucci à Naples.
Puissantes individualités; tout le contraire des pâles fils de
Télémaque, que les philosophes dépeignaient comme l'idéal
des rois. A ces impérieux, à ces réalistes qui ne connaissaient
d'autre raison que la raison d'État, à ces descendants du
Prince de Machiavel, les admirateurs de la constitution anglaise
adressaient leurs sourires. Un peu moins volontiers à Joseph II;
volontiers à Pombal, qui avait expulsé les Jésuites; car c'est
toujours là qu'on en revenait, le cri de guerre contre l'Église
faisait ralliement; volontiers au comte d'Aranda, à Dutillot,
à Tanucci; quand il s'agissait de Catherine II ils allaient
jusqu'à l'hyperbol , plus fleuris d'éloges que les plus plats
des courtisans. Elle était la Sémiramis du Nord; Algarotti
trouvait le paradis dans les neiges de Russie; Carlo Gastone
della Torre di Rezzonico dédiait à l'impératrice son *Ragiona-
mento sulla filosofia del secolo XVIII* (1778) : alliance signée
entre la philosophie et le pouvoir. Elle avait manifesté l'intention de donner un Code à ses sujets, et à cet effet elle réunissait
à Moscou des députés venus de toutes ses provinces, et elle
leur disait que la nation n'était pas faite pour le souverain,
mais le souverain pour la nation. Elle songeait à réformer la
justice, à organiser une éducation qui fût moderne. Elle
invitait les artistes à venir orner ses palais et sa capitale;
elle cherchait un Encyclopédiste comme précepteur de son
petit-fils, et à défaut de d'Alembert, elle prenait un Suisse
républicain; elle entretenait une correspondance familière
avec Mme Geoffrin, une des mères du couvent; après que
Robertson avait publié son *History of Charles V*, elle lui
envoyait une tabatière d'or et lui faisait savoir que ce livre
était le compagnon de ses voyages : à moins que ce ne fût
l'*Esprit des Lois* de Montesquieu; elle faisait traduire le *Bélisaire* de Marmontel. Il fallait entendre Diderot, son protégé,
son client, qui n'avait jamais voulu faire qu'un seul voyage,

celui de Saint-Pétersbourg, exprimer son enthousiasme :
si elle avait un défaut, c'est qu'elle était trop bonne; elle
n'avait absolument rien de despotique dans son caractère,
dans sa volonté, dans ses actes : on se sentait une âme d'esclave
dans les pays prétendus libres; mais là-bas, auprès d'elle,
dans un pays de prétendus esclaves, on respirait la liberté. —
Mais le favori des philosophes était le représentant de l'État
Léviathan, Frédéric II. Il était, disaient-ils, plus grand que
les plus grands des Empereurs romains. Il avait fait la félicité
de son peuple, donné un modèle à l'Europe et préparé le
bonheur des générations futures. Ainsi de suite. Parce qu'il
est lui-même un philosophe, ayant pris la peine d'étudier les
systèmes qui essayent de découvrir le sens de la vie; parce
qu'il a, très réellement, l'amour des lettres, et même qu'il
est, en quelque manière, un homme du métier; parce qu'il a
recueilli dans son Académie les persécutés pour cause de libre
pensée; parce qu'il contribue pour son compte à écraser
l'infâme; parce qu'il est déiste, et, au fond de son esprit,
plus avancé que les déistes, athée; parce qu'il a du génie :
pour toutes ces raisons, « les philosophes et les gens de lettres
de toutes les nations vous regardent depuis longtemps, Sire,
comme leur chef et leur modèle [1]... »

On sait de quelle manière ces princes et leurs successeurs
se comporteront, lorsque la Révolution française mettra en
acte les principes de la philosophie; on connaît leur Sainte-
Alliance. Déjà dans le particulier, et lorsqu'ils ne s'adressaient
pas aux souverains eux-mêmes, les panégyristes étaient obligés
d'émettre quelques doutes sur la façon dont leurs alliés prati-
quaient la politique naturelle. Il ne leur était pas commode
de justifier l'invasion de la Silésie : de même que la femme
métamorphosée en chatte court aux souris, de même le prince
jette son manteau de philosophe et prend l'épée, dès qu'il
voit une province à sa convenance. Salomon, vu de près,
causait quelque désillusion; son langage avait besoin d'être
interprété par un dictionnaire : « Mon ami » signifiait « Mon
esclave »; « Mon cher Ami » voulait dire « Vous m'êtes plus
qu'indifférent »; par « Je vous rendrai heureux », entendez
« Je vous souffrirai tant que j'aurai besoin de vous ». Le bruit

---

1. D'Alembert à Frédéric II, 7 mars 1763.

courait que Catherine II avait fait tuer son mari pour prendre le pouvoir : bruit fâcheux, qu'il convenait d'étouffer : on ne devait pas trop se vanter de pareils élèves... Tant pis; il fallait aimer ses amis tels qu'ils étaient. Même s'ils entreprenaient des guerres de conquête; même s'ils employaient le meilleur des ressources de leurs sujets à entretenir des armées toujours plus puissantes; même s'ils manquaient à la foi jurée; même s'ils se partageaient la Pologne. Le défaut était là; la philosophie croyait se servir des rois, et c'étaient les rois qui se servaient d'elle.

CHAPITRE V

Nature et Liberté :
les lois sont les rapports nécessaires
qui dérivent de la nature des choses.

Difficultés de la morale naturelle...

Était-il certain que la nature finît toujours par sanctionner soit le bien, soit le mal ? que le frugal ne fût jamais malade, et que le voluptueux le devînt toujours ? que le méchant fût toujours puni par ses remords ? que le voleur, dès que sa raison s'éclairait, comprît son erreur et se hâtât de restituer ce qu'il avait pris ? En somme, la moralité véritable n'était-elle pas une protestation contre la nature brute, contre son indifférence et son aveuglement ?

Était-il sûr, de même, que l'intérêt particulier fût, sans exception, lié à l'intérêt général ? que le bien de l'abeille ne se distinguât jamais du bien de la ruche ? Il y avait ce Mandeville qui dans sa *Fable* avait précisément soutenu le contraire : on n'était pas près d'oublier cet apologue-là. Même sans consulter les livres, et en regardant la vie de tous les jours, n'était-il pas manifeste que la ruine d'un marchand amenait la clientèle à son voisin ? Le malheur de l'un fait le bonheur de l'autre, disait la sagesse des nations. Si enfin on allait au principe même des choses, moralité et intérêt, même intérêt social, apparaissaient comme d'une qualité différente. Dans la morale pure, en effet, le désintéressement entrait comme un ingrédient nécessaire. Faites du bien à celui dont vous n'attendez rien, à celui même qui vous veut du mal; et non pas : faites du bien à celui dont vous attendez un bénéfice en retour.

Épicure était-il un bon maître ? Où s'arrêterait au juste la poursuite du plaisir réhabilité ? Les austérités d'autrefois n'avaient-elles pas leur raison d'être; était-ce sans motif, ou par humeur atrabilaire, ou par misanthropie, que quelque insensé les avait imposées à la conscience humaine? Maintenant, des auteurs traitaient la morale comme la nouvelle architecture qui cherchait la commodité et non plus la grandeur; personne ne voulait plus se contraindre, rien n'était moins dans le goût du jour. Un relâchement rapide en résultait, qu'on était bien obligé de reconnaître. « Un certain esprit de gloire et de valeur se perd peu à peu parmi nous. La philosophie a gagné du terrain; les idées anciennes d'héroïsme et de bravoure, et les nouvelles de chevalerie, se sont perdues... L'indifférence pour l'autre vie, qui entraîne dans la mollesse pour celle-ci, nous rend insensibles et incapables de tout ce qui suppose un effort [1]. » — Voilà pour les Français; voici pour les Anglais : « L'amour de la liberté, le zèle pour l'honneur et la prospérité de la patrie, le désir de la gloire, sont changés en une indifférence générale, en une vile soumission, en un désir violent de richesses [2]... » Et pour tout le siècle : « Comme je ne veux pas vous tenir des propos d'humeur, et que je vois tout avec assez d'indifférence, je ne vous dirai point qu'il n'y a jamais eu de siècle aussi corrompu que celui-ci; peut-être même faudrait-il, pour être juste, rabattre sur la corruption de celui-ci ce qui appartient à la folie. Mais je crois qu'il n'y en a point eu de plus indécent [3]. »

Les codes de morale — cette science qui devait devenir si simple, du jour où on l'avait rattachée, comme la politique, à l'andrologie — demeuraient inachevés, par l'embarras de ceux qui, les ayant entrepris, sentaient l'extrême difficulté de la besogne. On repoussait la morale dogmatique, on condamnait ce qu'elle avait de rigide, on lui reprochait de partir d'un commandement extérieur à l'homme. Mais, celle-ci mise de côté, étant bien entendu qu'on allait lui substituer la morale de la nature, l'éternelle question revenait : que voulait-elle, cette nature que chacun interprétait à sa façon? Dès lors, il n'y avait plus une morale, il y avait des morales; autant de morales que d'interprètes, occupés à traduire l'oracle nébuleux. Que les consciences fussent en désarroi, c'est ce que montre la multiplicité des tentatives qui se suivirent alors :

1. Montesquieu, *Cahiers*, Éd. Grasset, p. 53.
2. Bolingbroke, *Letters on the spirit of Patriotism,* 1749. Letter II.
3. Duclos, *Mémoires sur les mœurs de ce siècle,* 1751.

comme le traité le plus récent commençait toujours par
corriger ou par détruire les arguments de ses prédécesseurs,
les moralistes démolissaient ce qu'on venait d'essayer de
construire, en attendant que leur ouvrage fût démoli à son
tour : et c'était une immense dépense d'ingéniosité et de bon
vouloir, pour aboutir à un fatras. On souhaitait que se pro-
duisît une des grandes poussées qui entraînent une adhésion
unanime, et qui finissent par donner aux âmes l'impression
de la vérité et la douceur du repos. Au contraire, on assistait
à des disputes d'écoles et d'individus. On croyait voir nettement quels principes on ne devait plus suivre, mais les principes qu'il fallait suivre, on ne les voyait plus.

Considérons quelques-uns seulement des traités qui, tous,
offrirent une solution définitive, mais différente. En 1726,
Francis Hutcheson, professeur de morale et de philosophie
naturelle à Glasgow, donnait son *Inquiry into our Ideas of
Beauty and Virtue*. Le point de départ restait constant : on
convient qu'il n'y a de vérités importantes que celles qui
contribuent à nous rendre heureux. Mais la difficulté commençait au sujet du choix des moyens : on ne pouvait s'adresser
à la raison, elle était trop faible, et ceux qui avaient voulu
tirer d'elle une morale, les Stoïciens par exemple, n'avaient
pas réussi. Ni à la sensation pure et simple, puisqu'il ne dépendait pas de nous qu'elle fût agréable ou désagréable : elle
était passive. Mais il existait un sens que Shaftesbury avait
déjà indiqué, un sens d'une qualité spéciale, un sixième sens,
un sens intérieur, fait tout exprès pour nous permettre de
décider en matière de moralité et de beauté. « L'auteur de la
nature nous a portés à la vertu par des moyens beaucoup
plus sûrs que ceux qu'il a plu aux moralistes d'imaginer, je
veux dire par un instinct presque aussi puissant que celui
qui nous excite à veiller à la conservation de notre être... »

1736. Louis-Jean Lévesque de Pouilly, *Réflexions sur les
sentiments agréables, et sur le plaisir attaché à la vertu.*
L'instinct et le sentiment servent, en effet, de moyens plus
efficaces que la raison pour nous conduire à la vertu. Mais
peut-être ne sont-ils pas de l'ordre spirituel. Sans pouvoir
émettre autre chose que des hypothèses, puisque la nature se
couvre ici d'un voile, nous sommes autorisés à croire qu'un

objet qui est agréable met en mouvement des fibres du cerveau, sans les affaiblir ou les épuiser; que ce qui est douloureux les blesse, et que ce qui est ennuyeux, les laisse dans l'inaction. Ainsi la perception du beau et du bien se réduisent à des mouvements de la matière.

1741. *Essays, Moral and Political,* par David Hume.
Hutcheson est dans le vrai, quand il prouve l'inanité de la morale rationnelle. La faculté qui nous fait distinguer le vrai du faux n'est pas la même qui nous fait distinguer le bien du mal. La morale, au lieu de s'établir sur des relations inaltérables, qui devraient paraître aux intelligences aussi invariablement vraies que des propositions de géométrie, se rapporte au goût spirituel de chaque être en particulier. Mais Hutcheson n'est pas allé jusqu'au bout de ses principes. Car à quoi reconnaître la rectitude de ce sentiment individuel? A un certain consentement, à une certaine opposition, constatées chez autrui. « Nous appellerons vertueuse toute action qui sera accompagnée de l'approbation unanime des hommes, et nous nommerons vicieuse toute action qui sera l'objet du blâme et de la censure... » Si David Hume voulait se moquer d'Hutcheson, il ne parlerait pas autrement. Mais il ne se moque pas; il persévère dans sa ligne, et dissout la morale comme il avait émietté la raison.

1759. Adam Smith, *Theory of Moral Sentiments.*
Il faut trouver l'explication du fait moral, jusqu'ici la clef manque, Hutcheson s'est trompé, Hume a entrevu la vérité, mais ne l'a pas saisie. La moralité ne consiste pas dans l'approbation ou la désapprobation donnée par nos semblables, mais dans une émotion que nous éprouvons et qui trouve ou ne trouve pas une émotion semblable dans le cœur des autres. Nous l'appellerons la sympathie, dans le sens étymologique du terme...
Cette courte liste est impressionnante. Une morale s'esquissait, nous l'avons vu, suivant la logique de la philosophie des lumières, laquelle comportait déjà en elle-même un élément double : l'élément rationnel, soyons vertueux, parce que la vertu est le reflet de l'ordre de l'univers; l'élément empirique, soyons vertueux, parce que nos sensations nous

avertissent que nous devons rechercher le bien et fuir le mal, parce que notre première loi est celle de la conservation de notre être, parce que notre être ne peut se conserver sans avoir recours à la société dont il est membre, et qui lui rendra l'intérêt du capital qu'il lui prêtera. Mais en même temps, d'autres philosophes, acceptant les mêmes prémisses, arrivaient à des conclusions radicalement différentes, et recouraient à un instinct dont chacun changeait à sa guise le contenu et le sens. Encore la perspective générale est-elle incomparablement plus complexe; l'Angleterre et l'Écosse n'avaient pas terminé leur effort pour constituer une morale indépendante, que l'Allemagne en commençait un autre; dans l'intervalle des ouvrages éminents qui arrivaient à figurer comme des guides, lus, réédités, prônés, critiqués, tenons compte d'une foule d'autres hérésies; rappelons-nous que dans un ensemble qui voulait être doctrinal, comme l'*Encyclopédie,* ces morales voisinaient sans avoir l'air de se douter qu'elles étaient incompatibles; que les théories ne cessaient pas de proliférer au moment où nous abandonnons leur étude, celles de Jeremy Bentham, de James Oswald, de Thomas Reid : et nous comprendrons ce que contient de sens profond la réflexion naïve d'Adam Smith : que tous les systèmes parus avant le sien, étant fondés sur des principes naturels, étaient justes en quelque mesure; mais qu'étant dérivés d'une vue partiale et imparfaite de la nature, en quelque mesure ils étaient faux.

Pas plus qu'elle n'était rationnelle, pas plus qu'elle n'était bonne, pas plus qu'elle ne favorisait telle ou telle forme politique, la nature n'était vertueuse; et les adversaires de la morale naturelle ne manquaient pas de faire observer à ses partisans qu'ils partaient d'une erreur initiale : dire que la vertu était naturelle à l'homme, c'était émettre une affirmation dont l'humanité tout entière savait qu'elle était fausse. Il était vrai, au contraire, que lutter contre une nature déréglée n'était pas folie, cruauté, mais sagesse et amour; et que l'être conscient avait pour devoir d'étouffer les plus vifs mouvements d'une nature aveugle.

En fait, lorsqu'on consultait la nature sur un cas particulier, elle répondait oui et elle répondait non. Le suicide était-il légitime? Oui, car il était permis par la nature; si quelqu'un

trouve que son existence est devenue si odieuse qu'elle lui
est insupportable, et s'il se tue, il suit jusqu'au bout la volonté
qui, lui ayant imposé cette souffrance, lui a aussi fourni les
moyens de la terminer. Qu'on ne parle pas ici de pacte : le
jour où le pacte devient onéreux, il n'est plus question de le
respecter; la nature suppose des avantages mutuels entre les
parties contractantes; ces avantages cessant, cesse le contrat.
Le suicide était-il légitime? Non, car la nature veut le maintien de l'espèce, et l'individu qui se supprime contrevient à
cette loi; la nature tend à la conservation de ce qu'elle a créé,
il n'appartient pas à l'être créé de décider s'il a fini son rôle
dans l'ensemble du monde. Une querelle se prolongeait,
une des querelles dont nous avons vu tant d'exemples dans
ce siècle qui, à chaque occasion, sentait se ranimer sa passion
intellectuelle; une querelle suscitée par le livre de Johann
Robeck, *De Morte voluntaria Philosophorum et Bonorum Vivorum*
(1736), soutenant que l'on ne pouvait accuser de lâcheté,
de folie, et encore moins de crimes les Brutus et les Caton;
affirmant que la mort de Socrate avait été volontaire plutôt
que forcée. Robeck avait raison, Robeck avait tort.

Le pathétique de Vauvenargues vient de la succession
d'images douloureuses qui représentent sa vie; l'enfant qui
n'est pas aimé; l'adolescent qui n'est pas compris; le jeune
lieutenant du régiment du roi qui se traîne dans l'ennui des
petites garnisons; le combattant qui espère trouver, à la guerre,
l'occasion de manifester avec éclat sa valeur inemployée;
le vaincu, l'infirme; et, déchu de ses rêves, le malade qui
tousse, qui ne voit plus, qui a le visage marqué par la petite
vérole, et qui vient finir à Paris, dans un médiocre hôtel d'une
pauvre rue, une existence douloureuse qui trouve son terme
à trente-deux ans. Pathétiques, sa noblesse, son courage, et
la discrétion de sa plainte continue : quand il se promène
dans les jardins du Luxembourg, et qu'il s'y voit environné
de malheureux, accablés de leur misère sourde, vieillards qui
cachent la honte de leur pauvreté, jeunes gens que la gloire
entretient vainement de ses chimères, ambitieux qui concer-
tent des témérités inutiles pour sortir de leur obscur état :
son âme s'agite et se trouble, il se sent le frère de ces infor-

tunés : mais ce n'est pas un cri de révolte qui lui vient aux lèvres, c'est un cri de pitié. Pathétique, sa lutte pour la survie : il jette sa bouteille à la mer, quelques pensées, des réflexions, des essais, dont il n'est pas sûr qu'ils empêcheront son nom de sombrer dans un naufrage éternel. Pathétique, la forme même qu'il a choisie : la moins personnelle, celle qui a l'air de vouloir être le plus constamment objective, et qui est pleine d'aveux et de regrets, chaque fragment n'étant que la partie détachée d'une perpétuelle confession. Pathétique, l'influence du siècle qui travaille à mettre sur lui sa marque, à lui imposer ses maîtres à penser, ses lectures favorites, ses systèmes : mais qui n'atteint pas les retraites profondes d'une âme capable de se recueillir, de rejeter ce qui n'est pas conforme à son essence, de retenir seulement ce qu'elle aime et ce qu'elle veut.

Aussi, sous la forme si pure et si dépouillée qui ne peut s'empêcher quelquefois de frémir, trouve-t-on les moments de la formation d'une morale qui finit par être tout à lui. Il ne se faisait pas d'illusion sur la nature : « Entre rois, entre peuples, entre particuliers, le plus fort se donne des droits sur le plus faible, et la même règle est suivie par les animaux, par la matière, par les éléments, etc.; de sorte que tout s'exécute dans l'univers par la violence; et cet ordre, que nous blâmons avec quelque apparence de justice, est la loi la plus générale, la plus absolue, la plus immuable, et la plus ancienne de la nature. » De même, il ne se faisait pas d'illusion sur le bonheur; la vie est pour une part, mauvaise; l'injustice de la naissance, celle surtout, presque insurmontable, de la richesse qui semble donnée et refusée au hasard, la rendent cruelle à ceux que ne favorise pas le sort. Cependant il faut agir; le présent nous échappe et s'anéantit malgré nous; nos pensées sont mortelles, nous ne saurions les retenir : nous n'avons de recours que dans une activité infatigable qui oppose au perpétuel écoulement des choses un perpétuel recommencement. Il faut agir, par conséquent, dans le sens de la durée; il faut agir en s'associant non pas aux forces destructrices, mais aux forces conservatrices de l'univers; il faut agir dans le sens de la vertu, qui lutte contre les corruptions, les décadences, les anéantissements, et qui, en fait, triomphe du mal : car si elle était vaincue dans son combat, toujours renouvelé, l'antidote du vice disparaîtrait avec elle, et le vice amènerait l'anéantissement de notre espèce. Le vice existe, la vertu existe : parier pour le vice, ce serait parier pour la mort. On peut être la dupe du vice, on ne peut pas être la dupe de la vertu. L'homme le plus utile est celui qui donne les plus sublimes exemples de cette vertu créatrice et réparatrice : le héros. Le héros ne se traîne pas dans les bas-fonds; il n'est pas victime de la médiocrité qui entraîne les autres vers la ruine; il est excessif peut-être, mais dans le grand. Il obtient la plus belle récompense, le prix qu'envient ceux même qui affectent de le dénigrer, et qui s'appelle la gloire. Il est charitable, pitoyable, familier même à l'occasion; mais sans perdre contact avec l'humanité dont il connaît, comprend et partage les faiblesses, il sait s'élever au-dessus d'elle pour la guider. Il dégage l'élément pur des impuretés de notre être, il l'exalte, il le fait briller. Il devient l'étoile qui, sur la mer obscure où ils cherchent leur route, dirige les marins errants.

Défi jeté à tous ceux qui, avant, prenaient plaisir à dénigrer l'héroïsme; à tous ceux qui, après, continueraient à l'avilir. Protestation d'un noble esprit, qui refusait d'admettre les compromissions envahissantes. Rappel de cette maxime éternellement vraie, qu'il n'est point de morale sans le choix du plus difficile et du plus haut.

Liberté, ou déterminisme? — Tout dépendait de la réponse à cette question. « Je ne connais point de morale publique, ni civile, ni chrétienne, sans une conservation soigneuse du dogme de la liberté[1]. »

On croyait entendre deux chœurs alternés, dont le second gagnait en force et en audace.

Nous sommes libres, disait le premier, hétérogène. Nous sommes libres, Dieu nous a laissé le choix entre les deux routes dont l'une mène au salut, l'autre à la damnation. — Nous sommes libres, l'Être suprême ne saurait avoir fait de nous des marionnettes dont il tire les fils. — Nous sommes libres : si nous ne l'étions pas, il n'y aurait aucun gouvernement possible. Les avis, les instructions, les ordres, les peines, les récompenses, deviendraient inutiles; autant vaudrait sermonner un chêne pour le persuader de devenir oranger. Puisque l'expérience nous prouve qu'il est possible de corriger les hommes, concluons qu'ils ne sont pas des automates. — Nous sommes libres; sans doute, nos pensées sont déterminées par nos sensations; mais nos actes ne le sont pas : donc la liberté se définit le pouvoir d'agir ou de ne pas agir suivant les directions que nous prescrivent nos pensées. — Si nous n'étions pas libres, tout se passerait comme si nous l'étions, pensons donc que nous le sommes. Il s'agit là d'une vérité de sentiment, dont la seule preuve est analogue à celle de l'existence des corps; des êtres indépendants n'auraient pas une conscience plus vive de leur indépendance que celle que nous possédons de la nôtre. Fussions-nous assujettis à une puissance supérieure et nécessaire, les choses ne s'en passeraient pas moins comme elles se passent; on n'en continuerait pas moins à emprisonner les voleurs et à pendre les assassins. Vouloir aller plus avant en une telle matière, c'est se jeter dans un océan de ténèbres [1].

Nous ne sommes pas libres. L'âme est passive, elle ne change ni les éléments qui lui viennent du dehors, ni la combinaison de ces éléments. L'action, étant le résultat d'une pensée qui est conditionnée, est conditionnée pareillement. Donc l'homme est un agent nécessaire. — Nous ne sommes pas libres, nous dépendons d'une force aveugle et matérielle qui vivifie tous les êtres, agissant sans savoir qu'elle agit. Le monde est une vaste machine dont nous constituons les infimes rouages; nous n'avons pas de caractère privilégié; nous ne nous appartenons dans aucun des instants de nos jours; ce que nous allons faire est toujours une suite de ce que nous avons été; la fatalité est l'ordre immuable établi par la nature : vous niez la possibilité du miracle, comment admettriez-vous la liberté? — Le groupe qui parlait ainsi allait d'Anthony Collins, qui avait publié en 1717 un bréviaire du déterminisme, toujours consulté, *A philosophical Inquiry concerning human Liberty,* au baron d'Holbach, dont le *Système de la Nature* paraissait en 1770. Il nuançait ses néga-

---

1. D'Alembert, *Éléments de philosophie*, VII, Morale.

tions d'un sentiment d'orgueil : nous subissons des nécessités qui sont autrement nombreuses et autrement compliquées que celles qui s'imposent aux animaux; et c'est là notre supériorité sur eux, réjouissons-nous; ce Destin formidable qui entraîne tout dans sa loi, regardons-le sans trembler, n'imitons pas les faibles esprits qui s'imaginent posséder une liberté d'indifférence qu'ils n'arrivent même pas à définir; portons allégrement notre chaîne inévitable, et quand le moment sera venu, fondons-nous sans protester dans l'immense troupeau des morts. Il y a une surprise, et presque un plaisir, à poursuivre d'événement en événement, à travers le réseau infini des effets et des causes, l'action d'un fait minime, d'un mot, d'un geste, qui va se développant jusqu'à provoquer révolutions et catastrophes. Quand on prend conscience de la ridicule disproportion entre les effets et les causes, et qu'on sait que l'assassinat du bon roi Henri IV a dépendu d'un faux pas qu'un brachmane fit un jour sur les bords du Gange, on peut même ironiser sur la fatalité [1].

« L'article de la liberté est une pierre d'achoppement en philosophie [2]. » Allons droit à celui qui, entre tous, la rencontra sur son chemin et ne put pas l'écarter, puisqu'il s'était fait fort de découvrir l'esprit des lois, essence de la loi éternelle : la loi éternelle impliquait-elle un déterminisme, ou laissait-elle une place à notre volonté ?

Le mot drame ne répondrait pas au caractère de Montesquieu; il était quelquefois lyrique, comme malgré lui : mais

---

1. Voltaire, *Dialogue d'un Brachmane et d'un Jésuite*. Le Brachmane : « Je suis, tel que vous me voyez, une des causes principales de la mort déplorable de votre bon roi Henri IV, et vous m'en voyez encore affligé... Voici comment la destinée arrangea la chose. En avançant le pied gauche..., je fis tomber malheureusement dans l'eau mon ami Eriban, marchand persan, qui se noya. Il avait une fort jolie femme qui convola avec un marchand arménien; elle eut une fille qui épousa un Grec; la fille de ce Grec s'établit en France, et épousa le père de Ravaillac. Si tout cela n'était pas arrivé, vous sentez que les affaires des Maisons de France et d'Autriche auraient tourné différemment. Le système de l'Europe aurait changé. Les guerres entre l'Allemagne et la Turquie auraient eu d'autres suites; ces suites auraient influé sur la Perse, la Perse sur les Indes. Vous voyez que tout tenait à mon pied gauche, lequel était lié à tous les autres événements de l'univers, passés, présents et futurs. »
2. Euler, *Lettres à une Princesse d'Allemagne*, Lettre 83, 13 décembre 1760.

dramatique, jamais. Disons qu'il a eu conscience de se trouver dans un embarras dont il n'est jamais sorti.

Les lois sont les rapports nécessaires qui dérivent de la nature des choses.

Nécessaires : le mot est grave. Entre un climat donné et un individu donné, existe un rapport inéluctable; l'individu sera ce qu'exigent le degré de latitude, la géologie, la superficie de la terre, ses productions, le ciel, le vent; un Chinois sera ce qu'exige le climat de la Chine, vous ne changerez pas les Chinois, ni les Africains, ni les Américains. Ni aucun habitant de notre monde. Ni la lune, ni le soleil, ni la voie lactée.

Cette nécessité n'est pas la seule; elle n'est qu'une des innombrables nécessités qui pèsent sur nous. Regardez : beaucoup d'Anglais se suicident, le fait est constaté. Pourquoi? Cette manie vient d'un défaut de filtration du suc nerveux. Les sucs ne se filtrent plus, les forces motrices de la machine restent sans action, la machine est lasse d'elle-même; l'âme ne sent point de douleur, mais elle éprouve une difficulté d'exister : alors l'Anglais se tue. Les peuples du Nord sont énergiques, les peuples du Midi sont mous : affaire de fibres. Celles-ci varient sous l'action du froid ou de la chaleur. « L'air froid resserre l'extrémité des fibres de notre corps; cela augmente leur ressort et favorise le retour du sang des extrémités vers le cœur. Il diminue la longueur de ces mêmes fibres, il augmente donc encore par là leur force. L'air chaud, au contraire, relâche les extrémités des fibres, et les allonge; il diminue donc leur force et leur ressort. » Voilà pourquoi les Orientaux seront toujours efféminés, voluptueux, soumis au pouvoir despotique; et les Nordiques toujours vigoureux et actifs.

Si nous nous étonnions de cette intervention des fibres dans l'*Esprit des Lois,* nous ferions de la peine à Montesquieu; car il y tenait beaucoup. Que la sensation soit à l'origine de toutes nos activités, c'est bon à dire; mais comment la sensation devient-elle force active? Par les fibres. La fibre appréhende la sensation et la rappelle; plus elle est souple et ténue, plus vivement elle avertit l'âme de ce qui se passe au dehors, plus aisément elle lui représente ses sensations passées. L'âme est comme une araignée au centre de sa toile, avertie par de minces fils des sensations qui les ébranlent, de la présence des corps étrangers qui les ébranlent; capables aussi d'imprimer aux fils des mouvements en retour. Pour en être plus sûr, le savant membre de l'Académie de Bordeaux s'était livré à des expériences; il faut le voir ici dans une attitude pittoresque, penché sur une langue de mouton dont il examine les particules au microscope. « J'ai observé le tissu extérieur d'une langue de mouton, dans l'endroit où elle paraît, à la simple vue, couverte de mamelons; j'ai vu avec un microscope sur ces mamelons de petits poils ou une espèce de duvet; entre les mamelons étaient des pyramides qui formaient par le bout comme de petits pinceaux. Il y a grande apparence que ces pyramides sont le principal organe du goût. J'ai fait geler la moitié de cette langue, et j'ai trouvé à la simple vue les mamelons considérablement diminués, quelques rangs même des mamelons s'étaient enfoncés dans leur gaine. J'ai examiné le tissu avec le microscope, je n'ai plus vu de pyramides. A mesure que la langue s'est dégelée, les mamelons, à la simple vue, ont paru se relever; et, au microscope, les petites houppes ont commencé à reparaître. » Langue de mouton ou Sibériens, le gel agit sur l'extrémité des fibres, et cette action conditionne l'être. Tant fut grande chez Montesquieu, à un moment donné, la tentation d'expliquer l'esprit des lois par la matière.

Cette tentation, il l'a expressément repoussée, sinon dans le détail du développement, où souvent on la retrouve, du moins quand il a fait des déclarations de principe :

Ceux qui ont dit qu'une fatalité aveugle a produit tous les effets que nous voyons dans le monde ont dit une grande absurdité : car quelle plus grande absurdité qu'une fatalité aveugle qui aurait produit des êtres intelligents ?

Une fatalité aveugle, soit; mais ici se présente un autre danger, plus subtil. Il est contenu dans la formule toute voisine que Montesquieu oppose à la première :

Il y a une raison primitive, et les lois sont les rapports qui se trouvent entre elle et les différents êtres, et les rapports de ces divers êtres entre eux... Ainsi la création, qui paraît être un acte arbitraire, suppose des règles aussi invariables que la fatalité des athées...

Idée non moins chère à Montesquieu, qui l'avait exprimée dès les *Lettres Persanes,* qui en avait fait le soutien de ses *Considérations;* or sa fatalité rationnelle ressemblait à celle de Spinoza.

C'est bien ce qu'avaient vu, dès l'apparition de son grand ouvrage, les défenseurs de l'orthodoxie; et ils lui avaient reproché, expressément, de faire revivre l'esprit de l'*Éthique.* Obligé de publier sa *Défense* contre les critiques qui s'élevaient contre lui, Montesquieu fut obligé aussi de s'expliquer sur ce point : il n'était pas spinoziste. Le mouvement de sa réponse est ici très vif : comment serait-il spinoziste, lui qui a pris soin de distinguer expressément le monde matériel du monde spirituel, lui qui a dit que Dieu avait du rapport à l'univers comme créateur et comme conservateur? Un Dieu créateur et conservateur est l'opposé du panthéisme. Écartez de moi cette calomnie : spinoziste, je ne l'ai jamais été, je ne le serai jamais.

Le fait est que sa personnalité, si vigoureuse, répugne à un système qui ne distingue pas le Moi de la substance infinie, et le conçoit seulement comme un des modes de cette substance; que ses *Cahiers* intimes nous le montrent en train d'argumenter à ce sujet. Comment! un grand génie emploie toute sorte de raisonnements mathématiques, que l'on dit très forts et qui ne sont que très obscurs, pour réduire mon âme à la dignité de mon corps, et pour me persuader que je mourrai comme un insecte! Il m'enlève tout ce que je me croyais de plus personnel! Je serais plus perdu dans l'étendue qu'une particule d'eau n'est perdue dans la mer! Ce même philosophe veut bien, en ma faveur, détruire en moi la liberté! Il m'ôte le motif de toutes mes actions et me soulage de toute la morale. Il m'honore jusqu'au point de vouloir que je sois un grand scélérat sans crime et sans que personne ait le droit de le trouver mauvais. J'ai bien des grâces à rendre à ce philosophe...

En ces termes il argue, avec cette passion il se révolte contre Spinoza. Ne mettons pas en doute la parole d'un grand homme;

ne tenons pas compte du sentiment contemporain; écartons l'impression que la doctrine qu'il réprouve se révèle dans l'*Esprit des Lois* sinon à l'état massif, du moins par traces; nous serons obligés, pourtant, de reconnaître une autre présence : celle des Stoïciens, pour qui le monde était raison et nécessité. D'une filiation entre les Stoïciens et lui-même, Montesquieu s'est défendu aussi, cette fois comme à regret, mollement, faiblement : comme un homme qui, en les désavouant, n'en reste pas moins attaché à des amis très chers. Il a si souvent loué leur morale, complimenté les plus illustres de leurs représentants, admiré les Empereurs romains qui les avaient suivis; si publiquement avoué que s'il n'était pas né dans la religion chrétienne, il aurait compté parmi leurs disciples; dans le travail de sa préparation, il s'était si familièrement approché d'eux, jusqu'à s'annexer une de leurs formules, par lui trouvée dans Cicéron, « la loi est la raison du Grand Jupiter », qu'il lui était difficile de se déprendre. Pour eux, pour lui, l'univers était l'effet d'une cause rationnelle, cause unique, qui contient en soi l'enchaînement des causes; pour eux, pour lui, tout était rapport nécessaire, rapport de conséquence et rapport de justice.

Pour permettre à la liberté humaine de s'évader, quel tour de force il a dû accomplir! Quel passage torturé que celui du début, où il s'efforce de justifier les exceptions qu'il apporte à une règle invariable!

Il s'en faut bien que le monde intelligent soit aussi bien gouvern que le monde physique. Car quoique celui-là aussi ait des lois qui, par leur nature, sont invariables, il ne les suit pas constamment comme le monde physique suit les siennes. La raison en est que les êtres particuliers intelligents sont bornés par leur nature, et par conséquent sujets à l'erreur ; et, d'un autre côté, il est de leur nature qu'ils agissent par eux-mêmes. Ils ne suivent donc pas constamment leurs lois primitives ; et celles même qu'ils se donnent, ils ne les suivent pas toujours.

Idée stoïcienne encore que la première, à savoir que l'idéal des lois du monde moral est de se calquer sur la perfection des lois du monde physique; les êtres particuliers intelligents sont bornés par leur nature, et par conséquent sujets à l'erreur :

344

idée qui peut être leibnizienne, si la nature humaine était parfaite elle rejoindrait la nature divine. Il est de leur nature qu'ils agissent par eux-mêmes : c'est justement ce qui est en cause. Même assemblage factice dans le développement qui suit, et qui tend seulement à placer à l'entrée de l'*Esprit des Lois* un portique majestueux, mais à grande peine artificiellement construit.

L'homme, comme être physique, est, ainsi que les autres corps, gouverné par des lois invariables. Comme être intelligent, il viole sans cesse les lois que Dieu a établies, et change celles qu'il établit lui-même. Il faut qu'il se conduise ; et cependant il est un être borné ; il est sujet à l'ignorance et à l'erreur, comme toutes les intelligences finies ; les faibles connaissances qu'il a, il les perd encore ; comme créature sensible, il devient sujet à mille passions. Un tel être pouvait, à tous les instants, oublier son créateur ; Dieu l'a rappelé à lui par les lois de la religion. Un tel être pouvait, à tous les instants, s'oublier lui-même ; les philosophes l'ont averti par les lois de la morale. Fait pour vivre dans la société, il y pouvait oublier les autres ; les législateurs l'ont rendu à ses devoirs par les lois politiques et civiles.

Ce n'est pas tout. Car pour finir, l'homme pouvait améliorer la raison du grand Jupiter, et faire des lois qui fussent supérieures aux lois primitives. De même qu'au temps des Stoïciens, la nature humaine avait fait un effort pour produire d'elle-même une secte admirable, qui était comme ces plantes que la terre fait naître dans des lieux que le ciel n'a jamais vus : de même, le siècle de Montesquieu ne laisserait pas les choses comme il les avait trouvées, et la nature humaine ferait un nouvel effort. Il réduirait, il abolirait peut-être l'oppression que les siècles avaient perpétuée; il apprendrait à faire respecter les droits de l'individu; il l'entourerait de garanties telles qu'elles deviendraient inviolables. Les sujets et les princes seraient également modérés; une sagesse pratique s'ajouterait à l'effort de l'intelligence qui dissiperait les erreurs. Sans plus s'inquiéter de ce déterminisme qui nous condamnait peut-être à n'être que des résultantes et non pas des causes, Montesquieu désignait sa propre place dans la croisade de la liberté. S'il pouvait faire en sorte que tout le monde eût de nouvelles raisons pour aimer ses devoirs, son prince, sa patrie, ses lois;

qu'on pût mieux sentir son bonheur dans chaque pays, dans chaque gouvernement, dans chaque poste où l'on se trouve; que ceux qui commandent augmentassent leurs connaissances sur ce qu'ils devraient prescrire, et que ceux qui obéissent trouvassent un nouveau plaisir à obéir — Montesquieu mourrait le plus heureux des mortels. Il mourrait le plus heureux des mortels, mais laissant à d'autres le soin de concilier la fatalité, fut-elle rationnelle; et le progrès.

CHAPITRE VI

Le sentiment : Uneasiness; potencia sensitiva en el ombre.

L'homme de sentiment, l'homme de raison : deux types humains qui se succèdent; l'un arrive et l'autre s'en va... Et si, pourtant, les choses ne s'étaient pas passées avec cette simplicité schématique? S'il y avait eu entre les deux quelque complicité? Si la philosophie avait aidé le sentiment à s'exprimer, et même avait contribué à sa victoire?

Que des auteurs très secs aient fait une place, dans leurs œuvres, à la sensibilité, à la sensiblerie; que la tragédie ait largement exploité la passion, et quelquefois la tendresse; qu'un Sheridan, par exemple, ait alterné l'émotion et la critique aiguë; qu'un Goldsmith ait peint le vicaire de Wakefield et sa famille dans une note intermédiaire entre le souriant et le pathétique : voilà ce dont nous ne comptons point tirer parti. Car nous reviendrions à dire que les psychologies sont complexes, que les écrivains du temps s'en sont souvenus quelquefois; et ce serait une trop évidente vérité.

Nous ne tirerons pas davantage parti du fait que si le sentimental a résolument tourné le dos au philosophe, le philosophe lui a timidement tendu la main. Le philosophe a été éloquent, ce fut sa façon d'être lyrique; il n'a pas dédaigné de mettre un tremolo dans sa voix. Le philosophe a eu des indignations pathétiques; et, tout ennemi qu'il était de l'enthousiasme, des enthousiasmes spectaculaires pour la vertu. Il ne s'est pas souvent demandé ce qu'était au juste notre Moi étrange, dont les éléments étaient toujours en dissolution et qui n'en préservait pas moins son unité; toujours changeant, toujours le même. Mais il a quelquefois posé la question; et il a répondu que ce Moi mystérieux n'était peut-être pas un fait que l'intellect appréhende, mais un dynamisme que l'on sent. Le philosophe a cru que la vérité possédait une valeur intuitive..... Mais nous ne considérerons pas ces points de contact, trop rares; nous cherchons des actions plus massives et plus générales.

La science du concret a dessillé les yeux. Pour collectionner les plantes, il fallait bien se rendre dans les herbages et dans les forêts, et gravir quelquefois les premiers escarpements des montagnes. Un mouvement s'est produit, qui a porté les esprits vers l'observation des formes de l'être, et les a rendues dignes d'être regardées d'abord, ensuite admirées. Lorsque à vingt-cinq ans Linné décide d'étudier sur place la flore de Laponie, et que, le 12 mai 1732, il quitte Upsal par la porte du Nord, il hume le printemps. « Le ciel était clair et chaud; un léger vent d'ouest rafraîchissait doucement l'atmosphère; une tache sombre montait à l'occident. Les bourgeons du bouleau commençaient à éclater; les premières feuilles pointaient aux arbres, mais l'orme et le frêne demeuraient encore nus. L'alouette chantait dans les airs; au bout d'un mille nous entrons dans la forêt; l'alouette nous abandonne, mais au sommet des sapins, le merle entonne sa chanson d'amour. » Le jeune savant qui est ainsi capable de goûter le doux printemps de Suède, encore timide et frileux, ne deviendra pas seulement le plus grand botaniste du siècle : peintre de plein air, il comptera dans l'histoire du sentiment de la nature. Un peintre d'atelier, Buffon, ne comptera pas moins; à partir de 1740, il déroulera une collection d'images telle que les yeux du public n'en avaient jamais vu de semblable; images qu'aussitôt viendront préciser les illustrateurs.

La science a changé la surface et les profondeurs du monde. Il était tout petit, potager et verger, où quelques déserts faisaient contraste; jardin à l'anglaise tout au plus. Elle l'a montré immense, par ses explorations; elle y a discerné, presque jusqu'à l'angoisse, un pullulement de faunes et de flores étranges; elle l'a fait déborder de vie. — Il était récent, il ne comptait que quelques milliers d'années, maigre compte : elle l'a enrichi d'un passé prodigieux, chaos primitif, action des grandes eaux, océans qui baissaient leur niveau, les premières crêtes qui apparaissaient à la lumière; action du feu, volcans en éruption, fournaises incandescentes; gouffres tout d'un coup creusés, affaissements, ébranlements qui faisaient surgir ou disparaître des continents entiers; formidable travail d'enfantement. Elle l'a enrichi de la « multitude innombrable des globes que renferme ce vaste univers ». Elle l'a enrichi de tous les possibles, faisant de lui un immense polype torturé, évoquant les êtres difformes auxquels manquait quelque organe essentiel et qui dès leur naissance étaient condamnés à mourir; proposant des spectacles qui défiaient ceux de l'Apocalypse, jets innombrables qui chaque fois amenaient des constructions gigantesques et des écroulements; fleuves, torrents d'atomes, lancés par une matière infatigable, sans début et sans fin. Le monde était fixe : au contraire, cette même science demandait qu'on s'habituât au spectacle de sa continuelle évolution. La nature cessait d'être stable : « Quoiqu'il paraisse à la première vue que ses grands ouvrages ne s'altèrent ni ne changent, et que dans ses productions, même les plus fragiles et les plus passagères, elle se montre toujours et constamment la même, puisqu'à chaque instant ses premiers modèles reparaissent à nos yeux sous de nouvelles représentations, cependant, en l'observant de plus près, on s'apercevra que son cours n'est pas absolument uniforme; on reconnaîtra qu'elle admet des variations sensibles, qu'elle reçoit des altérations successives, qu'elle se prête même à des combinaisons nouvelles, à des mutations de forme et de matière... La nature s'est trouvée dans différents états; la surface de la terre a pris successivement des formes différentes; les cieux même ont varié, et toutes les choses de l'univers physique sont, comme celles du monde moral, dans un mouvement continuel de variations successives [1]. »

Marquons ici l'origine d'un des thèmes qui deviendront chers à la poésie romantique. Projetons dans l'éther ces mouvements des forces naturelles : et nous aurons les visions lamartiniennes. Imaginons la grande échelle des êtres, allant depuis le plus infime objet de la création jusqu'à Dieu; suivons les évolutions et les métempsycoses; et nous aurons, de même, les visions qui hantent la philosophie de Victor Hugo.

---

1. Buffon, *Les Époques de la nature*, 1774.

L'attitude de révolte poétique qui fut celle de Ugo Foscolo, de Wordsworth et de Coleridge à leurs débuts, de Keats par moments, de Byron toujours, vient d'autres causes, mais aussi de la pensée du XVIIIe siècle.

Libertà va cercando, ch'è si cara, porte en épigraphe le roman *Ultime lettere di Jacopo Ortis :* il va cherchant la liberté, la liberté chérie. De cette même liberté, les prédécesseurs de Jacopo Ortis, ses contemporains, ses successeurs sont tous épris. Le rationalisme a voulu ne considérer dans l'être humain que les valeurs universelles dont il était le représentant; mais le soustrayant à l'autorité, à la tradition, à la règle venue de l'extérieur, il l'a déchaîné. L'être humain devenait, sans avoir besoin d'autre inspiration que celle qui lui venait de lui-même, le maître de ses actions; il n'avait à répondre d'elles que devant son propre tribunal. La liberté première entraînait toutes les autres. Il y a plus de logique qu'on ne croirait d'abord dans ce propos de l'abbé Raynal : « Si vous portez la main sur moi, je me tue, disait Clarisse à Lovelace; et moi je dirais à celui qui attenterait à ma liberté : si vous approchez, je vous poignarde; et je raisonnerais mieux que Clarisse [1]... » — L'individu est libre; la pensée est libre; la passion est libre; l'expression littéraire est libre : c'est par un abus que nous nous obstinons à chercher une autorité, à suivre des modèles chez nos pères grands; osons nous représenter tels que nous sommes. — Ce n'est plus un paradoxe d'affirmer que s'il y a eu un romantisme qui a trouvé ses attaches dans un passé lointain, qui a été, en matière de religion, théocratique; en matière de politique, conservateur; et qui, en conséquence, a répudié l'héritage des lumières, il y a eu, aussi, un romantisme libéral, et même libertaire : celui de Shelley; celui de Stendhal.

Enregistrons ces données; puis assistons à un autre travail; celui de la psychologie qui s'applique à découvrir, au prix d'un effort prolongé, l'existence d'une force non rationnelle, qui permet de percevoir le beau et même de le créer.

---

1. *Histoire phil. et politique des établissements et du commerce des Européens dans les deux Indes,* 1770. Livre XI.

Qu'est-ce que le beau? Encore un problème, d'autant plus difficile à résoudre qu'aux psychologues, aux logiciens, aux métaphysiciens obstinés s'ajoutaient des peintres et des sculpteurs et des graveurs et des caricaturistes même, qui voulaient dire leur mot, comme il était juste, et qu'ainsi s'épaississait la confusion. Demandez dans une compagnie quel est ce beau qui charme tant; quel en est le fond, la nature, la notion précise, la véritable idée; s'il est absolu ou relatif; s'il y a un beau qui plaise à la Chine comme en France, un beau suprême, règle et modèle du beau subalterne que nous voyons ici-bas : alors les idées se confondent, les sentiments se partagent, naissent mille doutes sur les choses du monde qu'on croyait le mieux savoir; pour peu que vous poussiez vos interrogations pour faire s'expliquer les contendants, la plupart ne sauront que répondre [1].

Certes il y avait une façon de sortir d'embarras, et même de n'y pas entrer; il suffisait de s'en tenir fortement à la doctrine classique. Le beau était un reflet du vrai; et après cela, on n'avait plus qu'à se taire. Il valait pour tous les temps et pour tous les pays, il était unique comme la nature était unique. En imitant la nature on attrapait le vrai; ou en imitant les maîtres qui avaient imité la nature, parfaits modèles. Même si on se départait un peu de cette rigueur, et si, comme substitut du vrai, on suggérait le vraisemblable, dépendant d'une logique intérieure, le beau gardait toujours un caractère rationnel. Après tout, comme disait Crousaz, la variété tempérée par l'unité, la régularité, l'ordre et la proportion, ne sont pas des chimères [2].

Mais voilà précisément ce que les hérétiques contestaient; car il y avait des hérétiques, contre lesquels les orthodoxes, comme l'abbé Le Batteux, s'indignaient fort. Et comme la question principale se divisait elle-même en une foule de questions subsidiaires, les insinuations portées contre le dogme classique se glissaient dans une foule de réponses de détail, dont chacune contribuait à ébranler la croyance première. Le goût décide du beau; mais qu'est-ce que le goût? Il était bien difficile de persévérer à dire qu'il n'était jamais

---

1. Le P. André, *Traité sur le Beau*, 1741. *Premier Discours.*
2. Crousaz, *Traité du Beau*, 1715.

autre chose qu'une opération tout intellectuelle. Qu'est-ce
que le « Je ne sais quoi », auquel on est obligé de recourir
quand on se trouve à court d'explications, qui a en soi quelque
chose de mystérieux, et qui par son nom même tourmente
l'entendement? Qu'est-ce que le sublime, qui semble défier
les prises? Qu'est-ce que le génie? — Et, dans un flot voisin :
qu'est-ce au fond que la poésie? qu'est-ce que la vraie poésie,
par rapport à la fausse? De l'étranger affluent des formes qui
ne se réduisent pas aux nôtres; au fond des âges, nous entre-
voyons des formes qui ne se réduisent pas aux nôtres : ces
formes, cependant, revendiquent le nom de poésie. Qu'est-ce
que la peinture? la sculpture? l'architecture? Les vieilles
définitions ne suffisaient plus.

Ainsi se produisaient des rébellions multiples contre l'état
d'esprit qu'Antonio Conti, savant, homme de lettres, et cosmopolite, signalait chez les régents du Parnasse : « Ils ont
introduit dans les Belles Lettres l'esprit et la méthode de
M. Descartes, et ils jugent de la poésie et de l'éloquence indépendamment des qualités sensibles. » Les qualités sensibles
demandaient à être authentiquement reconnues; et les pays
qui, tout en subissant le pseudo-classicisme, ne pouvaient pas
s'empêcher de garder pour elles quelque prédilection, l'Angleterre, l'Italie, se plaisaient à souligner chez eux leur présence
éternelle. Tandis que les théoriciens anglais, schismatiques
par goût, multipliaient leurs explications rebelles, un poète,
Marc Akenside, en 1744, chantait *The pleasures of Imagination*.
Une maigre poésie, je le veux bien; une poésie didactique,
fière d'imiter Virgile et Horace, heureuse de retrouver les
cadences de Pope; mais qui, tout de même, substituait un
univers fait d'images belles à un univers de raison; qui dégageait la qualité unique du plaisir qu'excite en nous cette beauté;
qui analysait les charmes capables d'émouvoir nos cœurs consen-
tants; et qui chantait enfin l'épopée d'une nouvelle déesse,

Thou, smiling queen of every tuneful breast,
Indulgent Fancy [1]...!

Les doctrinaires italiens, tout attachés qu'ils fussent à la
raison souveraine, ne la voulaient pas si tyrannique qu'elle

---

[1]. *The Pleasures of Imagination*, Book I, vers 9-10. « Toi, souriante reine de
toute poitrine harmonieuse, Imagination indulgente aux hommes... »

ne laîssât rien subsister dans l'âme à côté d'elle; ils revendiquaient une place, au contraire, pour d'autres facultés, imaginatives et sensibles, dont ils faisaient ressortir l'action; et peut-être leurs traités et leurs lettres ont-elles inspiré la révolte qu'en Suisse Bodmer et Breitinger entreprenaient contre les stérilités de Gottsched.

Il fallait bien que la beauté, au lieu d'être objective, devînt subjective; au lieu d'être absolue, relative; au lieu de dépendre de quelque notion ontologique, dépendît d'une modalité de notre être, puisque l'empirisme l'exigeait. Qu'est-ce que le beau? Une passion épurée, répondait l'abbé Dubos. Nous avons besoin d'éprouver des passions; mais souvent elles nous font souffrir. La fonction de l'art est de nous les procurer, dépourvues des souffrances qu'elles entraînent avec elles. « Les peintres et les poètes excitent en nous ces passions artificielles, en nous présentant les imitations des objets qui sont capables d'exciter en nous des passions véritables. » Dans un appartement destiné à nous plaire, un tableau figurant l'affreux sacrifice de la fille de Jephté nous séduit plus qu'un tableau riant. La vue du couteau, de la victime, du sang qui coule, nous ferait horreur. Mais la représentation de cet acte douloureux garde sa qualité émotive en supprimant ce qu'il aurait de pénible dans la réalité [1]. Cette réponse devait faire un long chemin dans les âmes, discutée, repoussée, admise. Si les hommes étaient parfaitement bien portants et allègres, reprenait plus tard Pietro Verri, les beaux-arts n'existeraient pas. Mais ils nous distraient de nos peines secrètes. Soit que ces douleurs inconnues viennent de l'action physique des corps sur nos organes; soit qu'elles procèdent de sensations morales qui nous restent obscures, elles nous tourmentent sourdement; pour échapper à notre recherche, elles n'en sont pas moins présentes. Une belle musique, un beau tableau, une belle pièce de théâtre, nous arrachent à cette peine. Le comble de l'habileté, chez l'artiste, était même de provoquer dextrement de petites sensations douloureuses, à seule fin de les faire cesser [2].

Qu'est-ce que le beau? Partons logiquement du fait initial,

---

1. *Réflexions critiques sur la poésie et la peinture,* 1719.
2. *Discorso sull' indole del piacere e del dolore,* 1773.

répondait Francis Hutcheson, le même qui s'était inscrit en
faux contre la morale rationnelle; partons des sensations.
Certaines d'entre elles sont d'une nature particulière, ne pouvant être réduites à nulle autre; elles touchent un sentiment
qui est en nous, le sentiment de la beauté. Cette faculté
intérieure procure un plaisir tout à fait différent de ceux qui
viennent de la connaissance des principes, des proportions,
des causes, ou de l'usage des objets. La raison peut s'ajouter
à ce plaisir, en nous montrant un avantage, en nous procurant
la joie qui accompagne le fait de savoir; mais la raison n'est
pas de son essence. En conclusion : si nous étions privés de
ce sentiment intérieur, nous trouverions que les édifices, les
jardins, les habits, les équipages, sont convenables, utiles,
commodes : nous ne dirions jamais qu'ils sont beaux [1].

On recommençait; souvent on revenait en arrière; la
pierre échappait des mains et retombait. Mais on la hissait
de nouveau, avec l'acharnement dont nous avons déjà trouvé
tant d'exemples. En 1735, la science que l'on cherchait à
construire prenait un nom : Alexandre Gottlieb Baumgarten,
disciple de Wolff et frère de l'exégète, appelait cette science
l'esthétique, dans sa thèse de doctorat, *Meditationes philoso-
phicae de nonnullis ad poema pertinentibus;* le mot, encore enfoui,
était repris, dégagé et mis en tête d'un traité plus complet
dont Baumgarten publia le premier volume en 1750, *Æsthetica.*
Ce n'était pas un chef-d'œuvre; c'était même, à quelques
égards, une œuvre moins hardie que telle ou telle qui avait
précédé. L'important était le nom lui-même, qui traduisait
la volonté d'instituer une discipline à part, *theoria liberalium
artium;* et l'idée que cette connaissance sensitive, tout inférieure que A.-G. Baumgarten la supposât encore à la connaissance rationnelle, recevait sa charte et revendiquait ses droits.

Tout un effort, pour enlever à la raison sa prétention à
produire et à juger seule le beau; toute une activité déployée,
pour attribuer ce privilège à une catégorie spéciale de notre
esprit; une découverte, annoncée par le P. Feijoo à son public
espagnol, comme une vigie signale une terre nouvelle :
*Descubrimiento de una nueva Facultad o Potencia sensitiva en el
ombre.*

---

1. *Inquiry into the original of our ideas of beauty and virtue,* 1725.

Ce fils d'un pauvre cordonnier, qui, pour gagner son pain, sert de guide à un aveugle; ce garçon qui est tout de même arrivé à s'asseoir sur les bancs d'une école, et qui reproche à ses maîtres de n'être pas les amis des Muses, parce que le grec est chez eux plus rare que l'or; ce jeune homme qui, ayant appris qu'on met en vente la bibliothèque du savant Fabricius, à Hambourg, prend la route, au besoin sans manger, pour assister aux enchères et acheter quelque ouvrage grec; cet instituteur qui enseigne la lecture à des enfants galeux, mais oublie ses peines en faisant sa prière dans Homère; ce bibliothécaire qui n'a qu'une passion, compléter sa connaissance de l'antiquité, et qui relit l'*Iliade* et l'*Odyssée* trois fois dans un hiver; ce luthérien qui se fait catholique, parce qu'il a la perspective de remplir un petit emploi à Rome; ce Brandebourgeois qui estime qu'il ne commence à vivre que du jour où il foule le sol latin, Italiam, Italiam : ce Johann Joachim Winckelmann est poussé vers l'antiquité classique comme par un mouvement fatal. Or ce n'est pas uniquement cette vocation qui est surprenante : c'est la façon dont il va vers le plus parfait de la beauté grecque. Il rejette d'un seul coup tout le baroque, et même l'hellénisme de pacotille qui plaisait à ses contemporains; et contemplant les nobles statues du siècle de Périclès, il s'écrie : Voilà la vraie Beauté; reconnaissez sa présence à son caractère de simplicité. De même que les profondeurs de la mer restent calmes, la surface fût-elle en furie; de même, la physionomie de ces statues, au milieu des passions, traduit toujours une âme inébranlée. Rien ne trouble leur harmonie paisible.

La découverte des antiquités d'Herculanum a exercé, certes, une grande influence sur les esprits : mais elle ne s'est faite que lentement; on n'a pas été mis d'un seul coup devant le décor de la vie passée; bronzes et marbres ont été exhumés pièce par pièce; la résurrection s'est prolongée sur un long espace de temps. Au contraire, les *Gedanken über die Nachahmung der griechischen Werke in der Malerei und Bildhauer Kunst* (1755), et la *Geschichte der Kunst des Alterthums* (1764) ont été comme de brusques illuminations. Non seulement la Grèce apparut, toute pure dans sa nudité : mais toute la conception de l'art fut modifiée. L'art participait à l'évolution générale des créatures; il naissait, vieillissait, mourait, comme un homme et comme une plante; pour le bien comprendre, il fallait le suivre dans son effort progressif; aimer ses premiers témoignages pour leur gaucherie même; aimer les fruits de son automne, mais avec la mélancolie qui s'attache aux décadences; et entre les débuts incertains et les fins attristantes, aimer pleinement, avec reconnaissance, les chefs-d'œuvre qui ont retenu sur la terre l'image de la perfection. L'art n'était plus l'inexplicable produit d'une recette bien appliquée; on le voyait germer, s'épanouir et se faner; il était un phénomène vital.

Chose curieuse à penser : bien avant que le sentiment ne se déchaînât au point de rompre l'équilibre de nos facultés, de répudier les disciplines rationnelles, de transformer la vie en lyrisme; bien avant que ne parussent sur la scène les héros passionnés dont nous avons rappelé les noms; dès 1690, dès l'*Essay concerning Human Understanding,* l'homme de désir avait eu sa déclaration des droits; Locke avait établi que l'âme était passive; et cette première affirmation était lourde de conséquences, encore non développées. Mais il avait établi que l'âme était active, aussi, puisqu'elle travaillait sur les données fournies par les sens. Or le principe de cette activité était l'*uneasiness* — l'inquiétude; le désir :

L'inquiétude qu'un homme ressent en lui-même pour l'absence d'une chose qui lui donnerait du plaisir si elle était présente, c'est ce qu'on nomme désir, qui est plus ou moins grand selon que cette inquiétude est plus ou moins ardente. Et ici, il ne sera peut-être pas inutile de remarquer en passant que l'inquiétude est le principal, pour ne pas dire le seul aiguillon qui excite l'industrie et l'activité des hommes...

Le successeur et le réformateur de Locke, Condillac, insiste sur la psychologie du désir :

Désirer est le plus pressant de tous nos besoins; aussi à peine un désir est-il satisfait que nous en formons un autre. Souvent nous obéissons à plusieurs à la fois; ou, si nous ne le pouvons pas, nous ménageons pour un autre temps ceux auxquels les circonstances présentes ne nous permettent pas d'ouvrir notre âme. Ainsi nos passions se renouvellent, se succèdent, se multiplient; et nous ne vivons plus que pour désirer et qu'autant que nous désirons.

Il y ajoute la psychologie de l'ennui. La statue de marbre qui s'est animée dès qu'elle a reçu la faculté de sentir, se rappelle les situations heureuses où elle s'est trouvée; dès lors l'état d'indifférence lui paraît insupportable; la peine qu'elle éprouve s'appelle l'ennui. L'ennui dure, il augmente; il devient aussi accablant que la douleur; et l'âme se porte sans choix vers les manières d'être qui sont propres à le dissiper. La crainte de l'ennui fait agir et penser la plupart des hommes. Elle les pousse à rechercher les émotions fortes, même si ces émotions les remuent avec excès et les font souffrir. L'ennui fait courir le peuple à la Grève et les gens du monde au théâtre; l'ennui pousse les vieilles femmes vers la dévotion triste et les exercices de la pénitence; l'ennui jette les courtisans dans les cabales. « Mais c'est surtout dans les sociétés où les grandes passions sont mises à la chaîne, soit par les mœurs, soit par la forme du gouvernement, que l'ennui joue le plus grand rôle; il devient alors le mobile universel. » Les gens sensés sont inférieurs aux gens passionnés; on devient stupide dès qu'on cesse d'être passionné; si on n'est passionné on ne saurait être poète : « Le sentiment est l'âme de la poésie. » De qui sont ces phrases? de quel romantique convaincu? Elles sont inscrites dans le livre *De l'Esprit,* d'Helvétius.

Dans la nature, en somme, on pouvait trouver toutes choses : même le romantisme.

CHAPITRE VII

Le sentiment.
Primitivisme et civilisation.

Par moments, le civilisé se sent las d'être lui-même. Il voudrait rejeter un fardeau qui pèse à ses épaules et dont il ne s'est pas personnellement chargé; les efforts millénaires, les raffinements, les complications composent cette masse qui lui devient insupportable; il n'est plus que l'aboutissement d'un artifice. Sa vie est douce, mais il la trouve frelatée; ou bien cette douceur même le désoblige, et il l'appelle mollesse. Il aspire à la simplicité; il ne lui déplairait pas que ses habitudes délicates fussent violentées, couchant à la dure et dînant de brouet noir. Où sont les eaux vives qui le purifieraient?

L'homme du xviiie siècle a éprouvé ce sentiment qui, comme tant d'autres, revient et disparaît par ondulations. Dans son salon, Lancret ou Gainsborough, Boule ou Chippendale, il a souhaité l'air du large. Commodément installé dans son fauteuil, à la comédie, il a applaudi aux lazzi d'Arlequin Sauvage. Les moyens d'évasion ne sont jamais nombreux; il en avait très peu, en ce temps-là. Les exaspérations, les dérèglements des sens, les folies, par lesquels on a espéré, depuis, découvrir l'ineffable et l'inouï, n'avaient pas été inventés; il ne trouvait guère à sa disposition que l'exotisme, ou le merveilleux : tout en se moquant des sorciers et des nécromants, il regardait l'avenir dans un verre d'eau, et invitait les morts à lui tenir conversation. Maigres ressources.

Alors il rêvait qu'il remontait le cours du temps. Il vivait avec les Spartiates; cessant de voir dans Homère le poète auquel il n'avait manqué qu'un peu de savoir-faire pour atteindre la perfection, il enviait les mœurs de la Grèce antique, les rois qui savaient le nombre de leurs vaches, de leurs chèvres et de leurs moutons, et préparaient eux-mêmes leur repas; la reine Arété qui filait les étoffes dont son mari s'habillait, la princesse Nausicaa qui lavait à la rivière le linge de sa maison. Plus lointainement dans les âges révolus, il rencontrait le Bon Sauvage et il l'aimait.

Le bon sauvage sortait des mains de la Nature; on pouvait le rencontrer encore, tel qu'il était au commencement du monde, dans des régions difficilement accessibles où de jour en jour on voulait, hélas! lui imposer les coutumes absurdes des Européens. Justement, un voyageur venait de lui donner des couleurs plus vives, un relief plus dur, un caractère plus agressif, comme pour l'offrir en présent au siècle nouveau : le baron de La Hontan, qui avait terminé en 1715 sa carrière aventureuse. Ce révolté, ayant servi dans les armées du roi au Canada, puis ayant abandonné les blancs pour passer du côté des Peaux-Rouges, réunissait, dans un éclatant portrait, les traits les plus vifs dont on eût jamais peint ses amis les Sauvages. Ils étaient beaux, souples, forts, endurants; heureux, parce qu'ils étaient restés fidèles aux mœurs et à la religion naturelles, ne connaissant ni le tien ni le mien, ignorant l'argent, source de tous les maux, dédaigneux des sciences et des arts. En contrepartie, La Hontan avait fait la caricature du civilisé, ridicule avec son habit bleu, ses bas rouges, son chapeau noir, son plumet blanc, ses rubans verts; grotesque avec sa politesse, ses saluts, ses révérences, ses courbettes, son langage ampoulé; le corps usé par les condiments et par les drogues; et surtout l'âme empoisonnée par la superstition. Misérables Français, qui pensaient injurier un ennemi en l'appelant sauvage! L'homme nu incarnait la vertu, la vérité, le bonheur. Il ne suffisait pas de vanter les Chinois, les Siamois, lesquels étaient déjà corrompus, ayant des juges, des bonzes, des mandarins; il fallait dire adieu au vieux monde et se faire Huron.

D'autres personnages symboliques s'introduisaient à la suite d'Adario l'anarchique, porte-parole de La Hontan. Le premier héros noir, ébène et dents d'émail, Oroonoko, était importé en Angleterre par la romancière Mrs. Aphra Behm; du roman il passait au théâtre. Mais les malheurs d'Oroonoko, dans lesquels la perfidie des blancs tenait une grande place, étaient peu de chose en comparaison de ceux de Yariko la sauvagesse. Un jeune commerçant anglais du nom de Inckle, frais et blond, bien élevé et de manières polies, s'était embarqué à Londres afin de trafiquer aux Indes occidentales. Ses compagnons avaient été massacrés dans 'une île où ils avaient abordé au passage; tandis que la belle Yariko l'avait recueilli, avait pansé ses blessures, lui avait apporté des aliments, l'avait tenu caché dans une caverne : le tout par amour. Enfin un vaisseau anglais s'était montré à l'horizon, s'était approché; Inckle était monté à son bord; et touché par la passion de la jeune femme, il avait emmené son amante avec lui. Mais il avait réfléchi au temps et à l'argent qu'il avait perdus dans l'aventure; et toute enceinte qu'elle fût de lui, Inckle avait vendu Yariko à un marchand d'esclaves. Romans, tragédies, drames, opéras, poèmes, épîtres, héroïdes, fables, chansons; peintures, dessins, gravures, avaient répandu et popularisé l'histoire. Un diptyque s'offrait aux regards : le traître, le vilain, l'infâme, et c'était l'Européen; l'âme noble, généreuse, infortunée : et c'était la fille de la nature.

L'idée d'une déviation dont l'humanité s'est rendue coupable, et dont elle subit le châtiment, toujours plus grave à mesure qu'elle s'éloigne davantage de son vrai destin; l'affirmation de la valeur du simple, du spontané, par opposition à l'élaboré et au réfléchi; la volonté d'aller chercher un modèle idéal aux origines de la création, ou dans les espaces encore préservés de souillures; l'espoir de trouver le bonheur en reculant; des sentiments aussi, rébellion contre le présent, inadaptations, regrets, nostalgies; presque une sensation, un grand besoin de fraîcheur; des images qui déprécient le réel, qui transfèrent dans l'autrefois la beauté des rêves, sont les éléments qui entrent dans la force complexe qu'on appelle le primitivisme.

Des images, des sentiments, des volontés, des idées, achèvent de former, en même temps, le complexe opposé.

Le premier état de l'homme a été celui de la brute. Qui essaye de découvrir ce qui se passait aux temps primitifs, au lieu d'entrevoir de nobles créatures s'épanouissant dans la lumière, peut aussi bien imaginer des êtres qui ne se distinguent pas tellement de la bête, sans langage, sans autels et sans tombeaux, errant dans la grande forêt de la terre : des hordes barbares qui disputaient leur proie aux animaux farouches.

Les hommes qui sont restés dans l'état de nature, loin d'avoir la beauté qu'on leur prête, sont repoussants. Il n'y a pas de sauvages plus authentiquement sauvages que les Hottentots; les Iroquois sont des damerets par comparaison. Or les Hottentots ont le nez épaté, le corps recouvert d'un enduit de graisse et de suie; leurs cheveux puent l'huile rance. Tquassow admire les charmes de la belle Knomquaïha : « il fut frappé de la couleur luisante de son teint, aussi brillant que le jais qui couvre en duvet les noirs cochons de Hessaqua; il fut ravi d'admiration en contemplant le cartilage écrasé de son nez, et reposa ses yeux avec enchantement sur les flasques beautés de sa gorge qui descendait jusqu'au nombril. » Knomquaïha ajoute une savante parure à ses attraits : « Son visage qui brillait comme l'ébène le mieux poli était agréablement diversifié par des marques de terre rouge, et ressemblait aux voiles de la nuit lorsqu'ils sont parsemés d'étoiles. Elle saupoudra ses membres de cendre et les parfuma de cendre de civette. Autour de ses bras et de ses jambes étaient entrelacés les intestins brillants d'une génisse. A son col pendait une poche, faite de l'estomac d'un chevreau. Les ailes d'une autruche ombrageaient les deux promontoires charnus de sa partie postérieure, et par devant elle portait un tablier fait des oreilles hérissées d'un lion [1]. » Quelle caricature à opposer à l'image idéale du Bon Sauvage! D'ailleurs les savants faisaient observer qu'il n'y avait pas, qu'il n'y avait jamais eu un bon sauvage; que l'histoire et les voyages constataient, au contraire, l'existence de beaucoup d'espèces de sauvages, très différentes; que la plupart étaient encore féroces, et anthropophages à l'occasion. Devant ce fait, les *ferini*, ceux qui soutenaient que l'humanité première était bestiale, triomphaient des *anti-ferini*, et marquaient un point.

L'artifice avait mauvaise réputation, mais l'art était sacré. L'artifice étouffe la nature, mais la nature a besoin d'être corrigée par l'art. Conviction si profonde alors, qu'elle anima les expressions de la beauté, plastique ou littéraire; qu'elle

---

1. Lessing, *Laocoon*, 1766. Par. XXV.

se développa dans les traités innombrables; qu'elle dicta les préceptes de la composition, et qu'on essaya même de réunir en un seul les deux concepts : toutes les notions que nous possédons étant naturelles, l'art est naturel. On crut volontiers que la vraie nature était celle que l'art avait transformée; par l'art elle s'étend, se corrige et se polit; elle élague le chardon et la ronce, elle multiplie la rose et le raisin; la vraie nature n'est pas la montagne aride, mais bien plutôt le champ cultivé. Quelquefois on fit de la nature elle-même une artiste : car elle travaille sur un plan qu'elle s'est fixé, prépare en silence les germes de ses productions, ébauche les formes de tout être vivant, les perfectionne par un mouvement continu et dans un temps donné. Ses premières créations sont manquées : sans se décourager elle se reprend, pour arriver à la savante ordonnance que nous admirons.

Qui sait si l'idéal, dont le besoin tourmentait, était un héritage du passé, ou au contraire un espoir? Si la ligne de notre destin était descendante ou ascendante? Si, au lieu de chercher derrière nous les temps heureux que de toute manière nous ne pourrons ressusciter, nous ne devrions pas les attendre au terme de notre route? Ici intervenait l'idée de progrès. On a marqué, justement, sa valeur animatrice dans la pensée du siècle; on a rappelé sa première proclamation solennelle, faite par Turgot devant Messieurs de la Sorbonne, le 11 décembre 1750 : la nature naît et meurt sans cesse; au contraire, « le genre humain, considéré depuis son origine, paraît aux yeux d'un philosophe un tout immense qui, lui-même, a, comme chaque individu, son enfance et ses progrès... Les mœurs s'adoucissent, l'esprit humain s'éclaire, les nations isolées se rapprochent les unes des autres; le commerce et la politique réunissent enfin toutes les parties du globe; et la masse totale du genre humain, par des alternatives de calme et d'agitation, de biens et de maux, marche toujours, quoique à pas lents, à une perfection plus grande ». Essayons de voir de quelles sources ont jailli les eaux qui ont conflué pour former ce grand courant.

La querelle des Anciens et des Modernes avait contesté aux classiques grecs et latins leurs prérogatives, et plus profondément, elle était allée jusqu'aux motifs qui justifiaient la rébellion : le fait est suffisamment acquis. — Leibniz avait préconisé l'idée de continuité : et ce pouvait être, encore, l'une des composantes d'un progrès qui demandait l'action du temps. — La science se développait, voilà qui était incontestable ; un enfant dans les écoles en possédait plus, en matière de géométrie, que Pythagore lui-même ; le *nouveau type de connaissance*, l'histoire naturelle sous toutes ses formes, n'avait pas seulement servi à reculer nos bornes, mais nous avait procuré une méthode qui nous permettrait d'aller jusqu'à l'infini ; en même temps, elle avait assuré notre pouvoir. — Le progrès matériel n'était pas moins certain : nous avions à portée de la main une foule de commodités que nos ancêtres ne soupçonnaient même pas ; les arts mécaniques en multipliaient l'abondance et en diminuaient le prix. — Plus récent était le progrès politique ; les gouvernements commençaient à trouver leurs vrais principes, dans un siècle l'équilibre interne et l'arbitrage universel assureraient définitivement la sécurité des citoyens. — Progrès social, dont la perspective était plus nouvelle encore, et dont la théorie du moins s'élaborait : la conscience du besoin que nous avions les uns des autres nous rendrait plus humains ; le bonheur, sans être également réparti, s'étendrait à une plus grande masse d'individus ; le bien-être deviendrait plus commun ; la division du travail diminuerait la peine.

L'atmosphère était telle, que des adversaires même, la respirant, cédaient. Le souvenir du péché originel, d'Adam chassé de l'Éden, de la malédiction qui se perpétuait sur sa postérité misérable, s'atténuait ; un Dieu de bonté l'emportait sur un Dieu de justice ; certains chrétiens se ralliaient à un progrès qui n'arriverait jamais à sa limite extrême, mais qui s'accroîtrait jusqu'au voisinage des joies paradisiaques. La perfection divine se devait de permettre sur terre une perfection toujours plus grande ; la science divine n'ignorait pas que ce qui est le premier dans l'ordre de la nature est moins bien réussi que ce qui vient ensuite ; la sagesse divine, ayant créé les moyens qu'elle avait mis à notre disposition pour améliorer notre sort, ne pouvait nous interdire l'utilisation de ces moyens ; en fait, la vérité divine avait favorisé une progression religieuse : au polythéisme avait succédé le monothéisme ; au monothéisme, le judaïsme ; au judaïsme, le christianisme. Le choix d'un peuple auquel le dépôt sacré

serait remis avait été soigneusement préparé; la vraie foi ne
s'était répandue que peu à peu, elle avait encore à se répandre;
l'Église avait dû graduer ses conquêtes. L'âme individuelle,
pareillement, passait de ses ténèbres à des clartés successives.
Donc, il aurait été impie de penser que nous vivions dans
des temps plus pervers; pourquoi, bien plutôt, ne pas participer au mouvement général? La certitude que le présent
était plus éclairé que les époques antérieures, devait hâter
notre marche. C'est d'Angleterre que venaient ces développements; les laïcs et les pasteurs qui parlaient de la sorte étaient
persuadés que leur argumentation servait à réfuter les impies,
et particulièrement ce Tindal qui avait fait remarquer qu'il
était absurde de croire que Dieu avait attendu le règne de
Tibère pour se manifester. Il n'y a pas deux vérités, disaient
Tindal et ses adeptes; ou bien le christianisme se confond
avec la vérité éternelle, ou bien il est faux. Il n'y a pas deux
vérités, répondaient maintenant leurs contradicteurs : mais
il y a une vérité graduelle. Rien n'opère que par degrés;
rien, pas même le christianisme; rien, pas même la révélation.
Le progrès est la loi du monde des âmes [1].

Irradiant enfin toutes les manifestations de la pensée,
agissait la raison empirique. Elle n'était pas innée; elle se
formait, se fortifiait, s'achevait en quelque manière elle-même.
Lessing apportait une contribution décisive à l'idée de progrès,
en transférant à l'histoire de l'espèce le processus des individus,
et en interprétant la raison comme un lent devenir.

Toutes ces données, réunies, emportaient la conviction.
« Nous valons infiniment plus que nos ancêtres. Il y a plus de
mœurs qu'autrefois, plus de politesse, plus de lumières, plus
d'humanité. Nos pères sous François Ier étaient dans la barbarie, leurs mœurs étaient féroces. Aujourd'hui, tout est
changé en mieux. Il me semble que M. l'abbé de Saint-Pierre
a tout à fait raison, dans ce qu'il dit des progrès que le genre
humain fait peu à peu vers la raison universelle. » On saisit
dans ces paroles d'un observateur européen, Jean-François
de Boissy, Suisse qui a parcouru la France et l'Allemagne, et
qui a vécu en Hollande, l'accent d'une ferme assurance.

---

1. Ronald S. Crane, *Anglican Apologetics and the Idea of Progress. Modern
Philology*, 1934.

Il ne restera plus qu'à passer du progrès constaté à sa projection sur l'avenir, du progrès discontinu au progrès continu, du progrès croyance au progrès théorie; ce sera, plus tard, l'œuvre de Condorcet : *Esquisse d'un tableau historique des progrès de l'esprit humain* (1794).

Déjà nous avons dû dresser des actes de baptême pour des mots naissants : en voici encore un. En français, *civilisation* était un terme de jurisprudence, désignant l'opération qui transférait un procès du criminel au civil. Sans perdre tout à fait son sens juridique, il marque pour la première fois la différence entre un état sauvage et un état soumis aux lois dans l'*Antiquité dévoilée par ses usages*, de feu M. Boulanger (1766) : « Lorsqu'un peuple sauvage vient à être civilisé, il ne faut jamais mettre fin à l'acte de civilisation en lui donnant des lois fixes et irrévocables; il faut lui faire regarder la législation qu'on lui donne comme une civilisation continuée... » Le livre de feu M. Boulanger ayant été publié par le baron d'Holbach, on ne sait auquel des deux appartient la paternité. Toujours est-il que dans les années suivantes, le sens courant du mot devient celui que nous lui donnons encore aujourd'hui. Il se plaçait au sommet d'une hiérarchie : au plus bas, la sauvagerie; ensuite, la barbarie; ensuite, la civilité, la politesse; ensuite, « une sage police »; enfin, la civilisation : « le triomphe et l'épanouissement de la raison, non seulement dans le domaine constitutionnel, politique et administratif, mais dans le domaine moral, religieux et intellectuel [1] ».

Si, au lieu du mot abstrait et de sa définition, nous voulons une vignette vive, spirituelle et mordante, qui serve à illustrer la grande pénurie de l'état primitif du monde, et le triomphe de l'état civilisé, nous la trouverons beaucoup plus tôt, dans *Le Mondain* (1736) et *La Défense du Mondain* (1737) de Voltaire. Nos pères étaient pauvres : y a-t-il du mérite à être pauvre? Leur vie était frugale : moins par vertu que par ignorance. Cincinnatus est retourné à sa charrue parce qu'il n'avait rien de mieux à faire. Qu'on ne nous parle plus d'Ithaque ou de Salente, trop vantées par Fénelon; pour rien au monde

---

1. Lucien Febvre, *Civilisation. Évolution d'un mot et d'un groupe d'idées*, 1930.

nous n'aurions voulu y vivre. Le siècle d'or n'était qu'un siècle de fer. Illusion, la béatitude du premier couple, dans le jardin où il n'avait pas encore goûté aux fruits de l'arbre de la science, du bien et du mal :

Mon cher Adam, mon gourmand, mon bon père,
Que faisais-tu dans les jardins d'Eden ?
Travaillais-tu pour ce sot genre humain ?
Caressais-tu Madame Ève, ma mère ?
Avouez-moi que vous aviez tous deux
Les ongles longs, un peu noirs et crasseux,
La chevelure un peu mal ordonnée,
Le teint bruni, la peau bise et tannée,
Sans propreté l'amour le plus heureux
N'est plus l'amour, c'est un besoin honteux.
Bientôt lassés de leur belle aventure,
Dessous un chêne ils soupent galamment
Avec de l'eau, du millet et des glands :
Le repas fait, ils dorment sur la dure :
Voilà l'état de la pure nature.

Aujourd'hui, le plaisir s'offre à nous sous mille formes heureuses et délicates : nous jouissons des produits que le monde entier nous envoie; les beaux-arts rivalisent pour charmer nos yeux; nous habitons de belles maisons, nous nous promenons dans de beaux jardins; à nous, les carrosses, les bains parfumés, les tables élégamment servies, les mets savoureux, le champagne, les petits soupers. Reconnaissons ce que nous ne saurions nier sans hypocrisie; que chacun de nous ose s'écrier :

Le Paradis terrestre est où je suis.

Entre les deux directions on hésitait, surtout quand il s'agissait de cas d'espèce. Utilité ou nuisance des lettres et des arts ? Il était vrai que ce produit de la richesse corrompait les mœurs; que la corruption des mœurs causait la ruine des empires; et non moins vrai que ce produit du goût embellissait les jours; et que l'homme, sans les joies de la beauté, était le plus misérable des animaux. Si on abordait la question du luxe, on était perdu; le premier venu saisissait sa plume, composait une apologie ou un réquisitoire; radotages jamais finis, « mine inépuisable de sottises ». Le luxe était dangereux en soi, le luxe ne devenait dangereux que dans les États mal gouvernés. Il y avait deux luxes, l'un coupable et l'autre vertueux. Deux luxes encore, l'un aristocratique et l'autre populaire. Et deux encore, l'un commençant, qui était légitime; l'autre qui devenait illégitime à partir du moment où l'envie de briller poussait à se procurer des ornements qu'on ne pouvait plus payer. D'autres concluaient qu'on discutait bien vainement sur le luxe, puisqu'il était une réalité : bonne ou mauvaise il fallait l'accepter. Helvétius était pour les mœurs primitives, pour l'égalité des conditions, et pour le luxe; le baron d'Holbach était contre le luxe et pour la civilisation. Des sondages provoqués par une vaste enquête sur le primitivisme, et qu'on vient de pratiquer dans la littérature inférieure de l'Angleterre du xviiie siècle, les romans populaires, les tracts à bon marché, les poèmes de poétastres, y révèlent la diffusion de la philosophie à la mode, obscurément acceptée dans toutes ses tendances; et on n'a pas été peu surpris de trouver dans les mêmes œuvres, côte à côte et fraternelles, l'idée que le monde dégénérait, l'idée que le monde progressait [1]. Le même héros, la même héroïne, sans se sentir déchirés, allaient vers une nature heureuse et disparue, vers une nature heureuse et encore à venir.

Mais ce n'est pas dans ces régions obscures; c'est à la pleine lumière du jour et en grand appareil que Physis et Anti-Physis s'affrontaient; et qu'au moment où Physis emportait la victoire dans le sentiment de l'Europe, Anti-Physis s'imposait à son action.

Vers le milieu du siècle, en effet, un grand changement se produisait dans l'économie politique. Au mercantilisme allait succéder la physiocratie. Le mercantilisme n'avait pas mis moins de trois siècles à épuiser sa force; il s'était installé, avait recueilli l'adhésion des gouvernements, trouvé un grand ministre, Colbert, qui l'avait appliqué par système, suscité enfin des théoriciens qui l'avaient mis en formules. L'enrichissement national ne pouvait venir que d'une politique adroite des métaux précieux; en conséquence, la conquête de

1. *A Documentary History of Primitivism and related Ideas.* Vol. I, *Primitivism and related Ideas in Antiquity*, by Arthur O. Lovejoy, George Boas. Baltimore, 1935. — *Primitivism and related Ideas in English Popular Literature of the Eighteenth Century*, by Lois Withney. Baltimore, 1934.

ces métaux devait être confiée à l'État; celui-ci favoriserait l'exportation, réduirait l'importation, de façon que la balance du commerce lui fût profitable; tout le monde ne pouvant gagner à la fois, il prendrait toutes mesures nécessaires pour entrer dans une concurrence victorieuse avec ses voisins, et établirait sur eux son hégémonie. Or c'en était fait; l'équipe des mercantilistes, Melon, Dutot, Véron de Forbonnais, et leurs Essais et leurs Réflexions sur le commerce, cédait la place à une autre, Gournay, Quesnay, Mirabeau, Turgot, Lemercier de la Rivière; et celle-ci, savante, éloquente, animée de la foi des prosélytes, défendait à la fois une nouvelle pratique et une nouvelle philosophie. Elle exaltait Physis. Assez longtemps on avait cru que l'or et l'argent constituaient la richessse; la terre, et la terre seule, possédait une vertu productrice. L'industrie était stérile, parce que précaire, transférable à l'étranger, toujours menacée par quelque changement; même prospère, était un travail de seconde main, ne faisant jamais que transformer ce que fournit la terre. Stérile, le commerce, ne faisant jamais que transférer ce que fournit la terre. Stérile, le revenu des capitaux, n'étant jamais qu'un prélèvement onéreux et abusif. Au contraire, la terre créait, et créait annuellement; la puissance qui multipliait ses richesses était l'agriculture. La prospérité du monde venait de la propriété foncière; sur ce principe devaient s'organiser la politique, la morale, la pédagogie même : le tout.

Le mercantilisme portait de préférence la marque anglaise, la physiocratie la marque française : aussi cette dernière était-elle une idéologie. Toutes les idées que nous avons montrées en circulation, le libéralisme qui laisse agir les lois par elles-mêmes avec un minimum de contrainte, le despotisme éclairé qui, étant éclairé, opère dans le sens de la raison, le caractère sacré de la propriété, l'intérêt de chacun est l'intérêt de tous, revenaient dans les prêches de ses sermonnaires. Toutes ces idées, et notamment celle-ci, qu'une réforme universelle s'accomplirait facilement, grâce à quelques principes enfin reconnus; rien de plus aisé que de ne pas entraver le bien qui tend à se réaliser de lui-même; les directives suffisantes pour assurer le bonheur du plus vaste empire pouvaient se contenir en cinquante pages, soixante au plus. Aussi la Nature se devait-elle d'intervenir, ici encore : et en effet, la voici. Elle apparaissait comme la bonne mère nourricière, qui avertit par l'ordre des saisons qu'il est temps de semer et de récolter, qui donne la pluie aux pâturages et le soleil aux vergers, qui multiplie inlassablement les biens véritables, pour peu qu'elle soit sollicitée par l'homme. Le Physiocrate est celui qui se sent englobé dans les lois essentielles de l'ordre naturel, la Physiocratie est le Code de la Nature.

Le *Journal économique*, feuille du parti, enregistrait avec joie l'adhésion des pays voisins. A Florence on établissait une Académie d'agriculture ; la nation suédoise faisait admirer la grandeur de sa sagesse en formant une Académie dont le soin principal était d'étudier la nature, les propriétés du pays, et d'en diriger l'exploitation ; le vaste corps de l'Allemagne s'excitait à imiter l'Angleterre dans son rôle économique ; la Hollande avait compris qu'il fallait donner dans sa république une grande place aux propriétaires du sol. Aussi l'Europe fut-elle particulièrement attentive lorsque Louis XV tenta l'expérience par laquelle le sort de la réforme devait se décider. Pour que celle-ci montrât son efficacité, il fallait que le grain fût d'un bon prix. Pour que le grain fût d'un bon prix, il fallait que fonctionnât la loi de l'offre et de la demande : laissez faire et laissez passer. Une déclaration du mois de mai 1763 et un avis du mois de juillet 1764 établirent la liberté de la circulation des grains à l'intérieur du royaume, la liberté de l'exportation à l'étranger. S'ensuivirent des difficultés, des mécomptes, une disette dans plusieurs provinces, qui amenèrent des mesures rétrogrades : l'abbé Terray, nommé en 1769 contrôleur général, sans revenir tout à fait au protectionnisme, limita les mesures qui venaient d'être prises. Il tomba du pouvoir en 1774, et un grand espoir ressuscita lorsque Turgot fut nommé à sa place. Ami de Gournay ; ayant fait ses preuves dans l'intendance de Limoges ; philosophe, ami du bien public, inscrivant dans son programme que sous son gouvernement il n'y aurait ni banqueroute, ni augmentation d'impôts, ni emprunt, Turgot fut accueilli avec enthousiasme. Mais bien vite attaqué, dépopularisé, devenu l'affameur, il fut disgracié le 12 mai 1776 ; et la physiocratie, bien qu'il ne s'identifiât pas entièrement avec elle, fut ruinée par sa chute.

Celle-ci ne s'expliquait pas toute par des raisons particulières à la France. 1776; c'était l'année où Adam Smith publiait *An Inquiry into the Nature and Causes of the Wealth of Nations*. Adam Smith partait de la Nature, comme tout le monde; l'homme n'avait qu'à suivre le Code de la Nature, une fois de plus. Seulement, le Code de la Nature parlait un autre langage. La valeur suprême devenait le travail. Déjà résonnait le bruit des tissages; déjà la cellule n'était plus la famille, mais l'usine; déjà le centre de gravité de la vie économique était déplacé; déjà commençait l'ère de l'industrie; déjà, par elle, naissaient d'autres progrès et d'autres maux pour le monde.

CHAPITRE VIII

Diderot.

« Lorsqu'on essaie de définir Rousseau par opposition aux philosophes de son temps, un homme nous gêne : c'est Diderot, cet adorateur de la nature, cette machine à sensations, cette source d'enthousiasme. Dès qu'on parle en terme généraux, il semble qu'il recouvre Rousseau, qu'il le double, et souvent se confonde avec lui [1]... ». Le fait est que si l'on veut établir des classifications tranchées — Raison ici, et là, Sentiment — Diderot est un gêneur. Mais à qui tente de suivre le devenir des esprits et des âmes, Diderot est utile, Diderot est nécessaire. Car il montre la coexistence, instable et provisoire, de deux forces qui, bientôt, iront divergeant.

Qu'on a plaisir à vivre dans sa compagnie! Si pittoresque, vêtu de sa grande redingote de peluche grise, aux poches bourrées de livres; ou de sa vieille robe de chambre, qu'il a fait passer à la postérité en la décrivant. Si simple, si franc, si peu poseur; on n'a pas l'air d'un intrus qui veut forcer ses confidences : il suffit de l'écouter; il se confesse lui-même et tout au long du jour. Comme lorsque Garat lui rendit visite; Garat ne put placer un mot; et Diderot, ayant esquissé un plan de législation, donné à choisir entre cinq ou six sujets de drames et de tragédies, exposé ses idées sur Tacite et sur les traductions, joué une scène de Térence, chanté une chanson qu'il avait faite en impromptu dans un souper, récité une comédie, déclara que la conversation de ce jeune Garat avait beaucoup de mérite, et prit congé de lui avec douleur. Bouil-

---

1. Gustave Lanson, *Histoire de la littérature française. Jean-Jacques Rousseau.* Début.

lonnant; mélange tumultueux d'idées, de projets, d'occupations, de rêves. Rousseau, qui le connaissait bien, écrit un jour à Mᵐᵉ d'Épinay : « Je suis perdu s'il s'arrange pour me venir voir, cent fois il en fera le projet et je ne le verrai pas une. C'est un homme qu'il faudrait enlever de chez lui et prendre par force, pour lui faire faire ce qu'il veut. » Et une autre fois : « Quant à moi, je pense que le Diderot du matin voudra toujours aller vous voir, et que le Diderot du soir ne vous aura jamais vue. Vous savez que le rhumatisme le tient aussi quelquefois, et quand il ne plane pas sur ses deux grandes ailes auprès du soleil, on le trouve sur un tas d'herbe perclus des quatre pattes. » Diderot du matin, Diderot du soir, Diderot qui plane, Diderot à quatre pattes : c'est fort bien vu. Si généreux, aussi; prodigue de tous ses biens, donnant son argent, son temps, sa peine, et même sa prose : un des rares hommes de lettres qui n'aient pas été désespérément attachés à leurs écrits; capable de les laisser de côté, de ne pas les imprimer, de les passer à ses amis, de les abandonner comme un fruit tombé entre cent du grand arbre fécond, le ramasse qui voudra. Un peu lourd, un peu vulgaire; faisant honneur, en un seul souper, à plusieurs bouteilles de champagne rouge, de champagne blanc mousseux, de vin des Canaries, sans compter des liqueurs de deux ou trois espèces; sentant son ventre s'arrondir et lutter contre les boutons de sa veste, après dîner. Étourdi; prompt à se mêler de ce qui ne le regardait pas; familier, prodigue d'embrassades et de claques amicales; encombrant. Mais jamais mesquin, jamais hypocrite, jamais envieux; de sorte que ses défauts même ne sont pas moroses. Si fertile, si prodigue de connaissances et d'idées, qu'on peut trouver des génies plus profonds peut-être : mais plus riches, non pas.

Richesses qui sont chez lui paisiblement contrastées, et qu'il accumule sans souffrir de leur disparate. Pourquoi souffrirait-il? Il est joyeux de sentir tant de forces diverses affluer vers lui, émaner de lui.

Une épigraphe : « Mes parents ont laissé après eux un fils qu'on appelle Denis le Philosophe : c'est moi. »

Il est Denis le Philosophe. Il fait partie des frères; il les connaît tous, puisqu'il les a groupés autour de lui; et il est l'ami intime de quelques-uns, Grimm, Helvétius, d'Alembert, Condillac, le baron d'Holbach; il admire Montesquieu, auquel il a rendu un solennel hommage; il n'aime pas beaucoup Voltaire, son caractère est trop différent, mais Voltaire l'estime parce qu'il le tient pour un des premiers du monastère : aussi voudrait-il le faire entrer à l'Académie; si l'Atlas de l'*Encyclopédie* comptait parmi les Quarante, le parti s'en trouverait renforcé. Pour le philosophe, Diderot a toutes les ambitions; le magistrat rend la justice, le philosophe lui apprend ce qu'est le juste et l'injuste; le militaire défend la patrie, le philosophe lui apprend ce qu'est la patrie; le prêtre recommande au peuple le respect pour les dieux, le philosophe apprend au prêtre ce que sont les dieux; le souverain commande à tous, le philosophe lui apprend l'origine et les limites de son autorité. S'il était le maître, il ornerait de la couronne civique la tête du philosophe, *ob servatos cives*.

C'est lui qui a trouvé la métaphore, que nous avons citée, pour dire que les lumières allaient dissiper les grandes taches d'ombre qui couvraient encore la surface de la terre; et le symbole que nous avons rappelé, pour montrer l'Expérience, devenue géante, ébranlant les colonnes du temple de l'erreur. Il a suivi l'évolution même de la science, passant de la géométrie à la physique mathématique, et de la physique mathématique à l'histoire naturelle : il s'est passionné pour l'anatomie, pour la physiologie : il a étudié les fibres et les tissus, les nerfs et les os, les organes; il a vu palpiter la chair et circuler le sang; il a enlevé au métaphysicien le droit de parler de l'homme, pour le confier au médecin.

Étudier sa morale équivaut à retrouver à peu près toutes les affirmations et les hésitations de la philosophie. Le goût des questions morales; la morale-science; la morale rationnelle; la morale instinctive; la morale qui lie l'intérêt particulier au bien de l'espèce. Mais aussi, le regret de n'arriver point à faire un code de morale; la conscience de la relativité de la morale; la crainte que la même morale ne fût pas adaptée au sage et à la foule; et, plus que toutes choses, le déterminisme envahissant, qui excluait la possibilité même d'une moralité. Le maître de Jacques le Fataliste aurait bien voulu se croire libre; mais les arguments que Jacques le Fataliste jetait dans la balance la faisaient pencher vers le non; nous sommes tels qu'il convient à l'ordre général, à l'organisation particulière de chaque être; nous ne pouvons rien changer aux lois qui nous conditionnent; et dès lors, si la liberté est, philosophiquement parlant, un mot vide de sens, il n'y a point d'acte qui mérite la louange ou le blâme, il n'y a ni vice ni vertu, il n'y a rien dont il faille récompenser ou punir.

C'est ce Diderot-là qui a déclamé contre les tyrans; qui a déclaré que l'homme possédait un droit indiscutable à la liberté politique; que les citoyens ont bien voulu se dépouiller d'une partie de leur indépendance pour la confier à un pouvoir qui n'était que leur délégation; qui a défendu la sécurité et la propriété. C'est ce Diderot-là qui, en matière de pédagogie, a préconisé, pour remplacer l'éducation monastique, une éducation d'État, obligatoire et laïque; une éducation où le latin céderait la place aux langues vivantes; où les maîtres suivraient l'évolution de l'esprit des enfants, allant du plus simple au plus compliqué; où l'on formerait des hommes de science, des agriculteurs, des économistes, en un mot des citoyens utiles à l'État; où les arts mécaniques, ses protégés, seraient à l'honneur. C'est ce Diderot-là, curiosité universelle, qui, comme tout le monde, a recherché le principe des beaux-arts; qui a lu Platon et saint Augustin, Shaftesbury et Hutcheson, l'abbé Le Batteux et le P. André, Wolff et Hagedorn, tous ceux qu'on pouvait lire et quelques autres encore; qui, après tant d'avis différents, s'est trouvé bien embarrassé; et qui s'est décidé à définir le beau en ces termes : « J'appelle beau, hors de moi, tout ce qui contient en soi de quoi réveiller dans mon entendement l'idée de rapports; et beau par rapport à moi tout ce qui réveille cette idée »; le rapport se trouvant être « une opération de l'entendement, qui considère soit un être, soit une qualité, en tant que cet être ou cette qualité suppose l'existence d'un autre être ou d'une autre qualité ». — « Placez la beauté dans la perception des rapports, et vous aurez l'histoire de ses progrès depuis la naissance du monde jusqu'aujourd'hui. »

Ce Diderot-là n'a pas fait de l'anticléricalisme l'occupation dominante de sa vie; il n'en a pas moins été un des accusateurs les plus violents du Christ, dans le grand procès. Il a d'abord professé le déisme, et vite l'a dépassé : si on ne croit pas aux dieux, pourquoi les reléguer dans les intervalles des mondes ? Mieux vaut les nier franchement. Il l'a fait; il est devenu athée. Il a cru, ainsi que Naigeon qui le suivait comme un caniche son maître, que la terre apaisée serait heureuse, si on effaçait l'image de Dieu. Contre Dieu il a éprouvé de la colère, de l'amertume, de la fureur : témoin sa fable sur le misanthrope qui s'était réfugié dans une caverne où il méditait profondément sur les moyens de se venger de l'espèce humaine; alors ce misanthrope sortit de sa caverne en criant : Dieu ! Dieu ! « Sa voix s'étendit de l'un à l'autre pôle, et les hommes commencèrent à se disputer, à se haïr et à s'entr'égorger. C'est ce qu'ils ont fait depuis que cet abominable nom fut prononcé, et c'est ce qu'ils continueront à faire jusqu'à la consommation des siècles. » Matérialiste, il a cru aux atomes d'Épicure et de Lucrèce, en leur prêtant la sensibilité et l'intelligence confuses dont les avait doués Maupertuis; et il s'est donné la fête d'assister à la production et à la destruction des mondes.

Si nous nous bornions à cet aspect de son caractère, même du fond du royaume des ombres il trouverait le moyen de protester. Lorsque Van Loo fit son portrait, il ne fut pas content. Van Loo n'avait rendu qu'une physionomie : or, disait Diderot, j'en avais cent par jour, selon l'humeur qui m'affectait. J'étais serein, triste, rêveur, tendre, violent, passionné, enthousiaste. Les impressions multiples de mon âme se succédaient si rapidement sur mon visage, que l'œil du peintre le trouvait différent d'un moment à l'autre, et le manquait. — De même pour son esprit : il était Pantophile, il aimait tout. Sa forme favorite était l'effusion; et après l'effusion, le dialogue : la voix qui affirme et celle qui contredit; Lui et l'Autre; sans risquer de tomber dans les concetti, constatons qu'il restait toujours un peu de Lui dans l'Autre, un peu de l'Autre dans Lui. Toujours le Neveu de Rameau et son interlocuteur, non pas qu'il fût indécis et que, comme le personnage dont parlera plus tard Manzoni, entre le oui et le non il fût d'un avis contraire. En fait, il prenait parti nettement; mais son intelligence était si compréhensive, qu'elle regrettait toujours une partie de ce qu'elle devait abandonner. On a dit, excellemment, qu'à la vérité simple et ingénue que beaucoup de ses contemporains croyaient avoir fixée, il avait opposé le mouvement de la vie, qui rend cette vérité mobile;

et que sa pensée, en s'attaquant aux données qui se présentaient à elle, leur ôtait leur caractère de résistance, jusqu'à ce qu'elle régnât en souveraine sur un monde qu'elle transformait à son gré. Explication profonde de tous les Diderots qui sont dans Diderot. Laissons maintenant celui qui, par l'*Encyclopédie,* a été le héraut du siècle des lumières ; et voyons celui qui, par l'influence avouée qu'il a exercée sur les initiateurs du Sturm und Drang, a été l'un des initiateurs du romantisme européen.

Une autre épigraphe : « Si la nature a fait une âme sensible, vous le savez, c'est la mienne... »

Et d'abord une âme imaginative. Jaillissement perpétuel, ébauches, sujets, développements, digressions chéries, une foule d'œuvres en une seule œuvre. Force vive, qui trouve le réel un peu mesquin par rapport à ce qu'elle crée : commodément installé dans un coin de sa maison, l'homme d'imagination multiplie ses songes ; il n'a pas besoin de voyager s'il veut découvrir ; pourquoi descendre du grenier à la cave et remonter de la cave au grenier, quand on rêve si bien sans quitter son fauteuil ? S'il consent à se rendre à la campagne pour répondre à une invitation, il y porte un romanesque dans lequel des nuances subtiles sont déjà contenues. De sa fenêtre, au Grandval, il regarde le petit bois qui défend la maison contre le vent du nord, le ruisseau qui court à travers des ronces, des joncs, de la mousse et des cailloux ; le coup d'œil lui paraît « pittoresque et sauvage ». La nuit, de son lit même, il prend plaisir à entendre le vent qui souffle avec violence, la pluie qui frappe les gouttières, l'orage qui agite les arbres avec fracas, la basse continue qui gronde. Il n'ira pas beaucoup plus loin, sauf à Langres et à Bourbonne ; dans sa vieillesse et malgré ses serments, en Russie. Il n'en contribuera pas moins, et puissamment, à faire entrer la nature pittoresque dans les acquisitions humaines. Par le détour des tableaux : il décrira si bien les paysages qu'il aura vus aux Salons, les rochers, les précipices, les ruines, les couchers de soleil, les clairs de lune, et particulièrement les naufrages, que les privilégiés qui le liront finiront par s'émouvoir à son contact. Qui a donné les conseils suivants à l'artiste ? « Ne quitte ton atelier que pour aller consulter la nature. Habite les champs avec elle. Va voir le soleil se lever et se coucher, le ciel se colorer de nuages. Promène-toi dans la prairie, autour des troupeaux. Vois les herbes brillantes des gouttes de la rosée [1]... » C'est Diderot. Qui a orienté la poésie de la façon suivante : « La poésie veut quelque chose d'énorme, de barbare et de sauvage [2] »? C'est Diderot.

Son cœur est effervescent. Il frémit, il ne sait ce qu'il éprouve, comme il se sent triste, comme il se sent heureux! Tout l'être s'agite, et son exaltation se traduit par des larmes. Diderot marie sa fille, et, la perdant, il pleure de chagrin; il la voit heureuse, du coup il pleure de tendresse; il songe à la mort de ses parents, et il pleure de désespoir. Diderot entre dans de telles colères qu'il s'arrache les cheveux, qu'il se frappe la tête contre le mur : « Le mal est que je ne me fâche jamais jusqu'à un certain point que les entrailles une fois émues ne tressaillent plusieurs jours de suite. » Diderot ne demeure pas dans l'état paisible que procure une raison satisfaite; sa température habituelle est excessive; il brûle d'une fièvre de sensibilité.

Cette sensibilité, loin de rougir d'elle-même, est fière de ses emportements : si quelqu'un ne les partage pas, ce quelqu'un est bien à plaindre. Elle s'exclame : « O mon ami! » Elle interpelle les vivants : « O ma Sophie! » Et les morts : « O Sénèque! » Elle gourmande, elle bouscule, elle s'irrite. Elle prend des attitudes, exagère son pathétique, se regarde et s'écoute avec complaisance : elle est particulière, elle est unique, elle est fatale; par elle le drame est dépassé, le mélodrame est atteint.

Ces facultés-là, déchaînées, le font différer de ses amis; et de d'Alembert, par exemple, comme le feu diffère de la glace. Elles inspirent à l'athée l'éloge du culte catholique : qui, assistant à l'adoration du Vendredi Saint, ou bien à la procession de la Fête-Dieu, voyant la majesté du cortège, écoutant le chant des prêtres et les répons de la foule, touché par le grand, le sombre, le solennel, le mélancolique qui se dégagent des cérémonies religieuses, ne protesterait contre « les absurdes rigoristes » qui demeuraient insensibles? Si

---

1. *Salon de* 1765. *Lauterbourg.*
2. *De la poésie dramatique. XVIII, Des Mœurs.*

bien que l'ennemi du christianisme s'associe, en passant, au mouvement d'apologétique qui veut montrer que la religion est vraie parce qu'elle est touchante. Ce matérialiste croyait fermement à la suprématie de l'esprit; ce déterministe, lorsqu'il songeait à son amour pour Sophie Volland, ne voulait pas admettre qu'il fût le résultat de causes indépendantes de son choix personnel, s'indignait contre Naigeon qui l'aurait fait dépendre du passage de quelque comète, et enrageait contre une philosophie que son cœur ne pouvait s'empêcher de démentir. Cet ennemi des tyrans s'enthousiasmait pour Catherine de Russie. Ce partisan de la morale de l'intérêt ne pratiquait que la morale du sentiment; il professait cette maxime, déjà fâcheusement illustrée par l'abbé Prévost, que tout était permis à celui qui était bon. Cet esthéticien réduisait le beau à un rapport rationnel; en même temps, il faisait révolution, parce qu'à travers la foule de ses préjugés, celui du sujet, celui de l'utile, celui de la morale, celui de la philosophie, celui de l'idéal, et beaucoup d'autres, il arrivait à défendre la sincérité contre l'artifice, « le démon intérieur » de l'artiste, contre les conventions, et à proclamer la valeur émotive de l'art, disant : Soyez émus, quand les autres disaient : Soyez raisonnables. De même il exaltait la valeur émotive de la scène : O spectateur insensible, pourquoi es-tu venu au théâtre, sinon pour pleurer? Il pleurait avec délices; il pleurait en lisant le récit des malheurs de Paméla, de Clarisse; et à travers l'espace, il embrassait Richardson, en pleurant.

Tout céderait à l'analyse; à moins que notre vie psychologique ne fût animée par les petites perceptions obscures qui échappent à l'analyse. Tout devait se faire par méthode; à moins que la méthode ne fût un procédé, froid et lourd, infiniment inférieur à l'esprit d'invention qui s'agite, se meut, se remue d'une manière originale; la méthode, par rapport au génie, était le cri du coucou par rapport au chant du rossignol. Et comme il était agréable de se lancer à perte de vue dans les hypothèses, dans les systèmes grandioses qui n'étaient peut-être pas tout à fait certains, mais qui étaient si séduisants! Sa sensibilité, il la prêtait aux infiniment petits, aux particules indivisibles de la matière; et il la projetait jusqu'aux étoiles. Par elle il espérait défier la mort. Le marbre qui avait enfermé le corps de deux amants s'effriterait et se mêlerait à la terre;

la terre nourrirait les cellules des plantes; les plantes nourri-
raient des cellules animées : et deux de celles-ci, se reconnaissant, se retrouveraient peut-être quelque jour. Sa spéculation
philosophique prenait des allures de lyrisme :

> *Le premier serment que se firent deux êtres de chair, ce fut au*
> *pied d'un rocher qui tombait en poussière; ils attestèrent de leur*
> *constance un ciel qui n'est pas un instant le même; tout passait en*
> *eux et autour d'eux, et ils croyaient leurs cœurs affranchis de vicissi-*
> *tudes* [1]...

A cette poésie manque seulement le vers, que Musset lui
prêtera dans son *Souvenir* :

> Oui, les premiers baisers, oui, les premiers serments
> Que deux êtres mortels échangèrent sur terre,
> Ce fut au pied d'un arbre effeuillé par les vents,
>   Sur un roc en poussière.
>
> Ils prirent à témoin de leur joie éphémère
> Un ciel toujours voilé qui change à tout moment,
> Et des astres sans nom que leur propre lumière
>   Dévore incessamment...

Si nous voulions réunir les sens divers que nous avons vus
s'accumuler autour du mot Nature, il serait aisé de les trouver,
sinon tous, du moins en grand nombre, sous la plume de
Diderot.

Pour lui, suivant l'instant, le jour, l'humeur, le caprice, la
réflexion, la théorie, le système, la Nature est l'ensemble des
phénomènes extérieurs à nous; notre entendement est le petit
cadre sur lequel son image vient se peindre. — Elle est le
créé : on devrait lui élever un temple immense, où figureraient
les représentants de tous les animaux et de toutes les plantes. —
Elle est bonne et pleine d'attentions : il lui plaît quelquefois
de placer une âme sensible et un cœur très délicat dans un
homme de la condition la plus commune. — Elle est artiste;
elle a réservé le bleu pour les cieux, et, avec le vert, elle a tissé
le manteau de la terre au printemps; l'art imite la manière

---

1. *Jacques le Fataliste*, Œuvres, tome VI, p. 117.

subtile avec laquelle elle nous dérobe la liaison de ses effets. — Elle sait ce qu'elle fait; elle ne produit pas de forme qui n'ait sa raison d'être, pas de mal sans son remède, et même pas de gouvernement où elle ne pose des limites au malheur des peuples. — Elle est habile; elle a voulu que l'amour et la haine fussent redoutables, parce que son but est la production et la conservation des êtres; l'énergie des passions de l'homme est toujours proportionnée à cet intérêt. — Elle s'occupe du plus petit détail; elle prépare le tissu cellulaire, elle fabrique les membranes, aidée en ceci, il est vrai, de la maladie et du hasard. — Elle est juste; elle châtie les délits contre la société : vous êtes débauché, vous serez hydropique.

Elle est indifférente; pourvu que l'espèce se propage elle est satisfaite; elle ignore le bien et le mal. — Elle est capricieuse : l'espèce est pourtant composée des individus, et des individus elle n'a aucun souci. — Elle est inégale : tantôt elle reste longtemps engourdie et comme épuisée, tantôt elle fait effort pour donner de grands hommes. — Elle est capable de commettre d'étranges bévues et ne conseille pas toujours le bon parti dans le danger. — Elle est traîtresse, gardez-vous de vous fier toujours à son attrait. — Elle est cruelle; elle extermine les êtres dont l'organisation s'arrange mal avec les lois de l'univers. — Elle est l'ennemie infatigable qui poursuit l'homme depuis sa naissance; l'homme, s'il veut vivre, doit lutter contre elle en s'unissant aux autres hommes, ses frères. Elle est immorale; tout ce qui vit cherche son bien aux dépens d'autrui. Elle est incohérente. Elle est aveugle : elle ne veut pas, elle est, tout simplement. Est-elle, à proprement parler? Multiplicité et enchaînure de séries contingentes, elle n'a pas en soi de raison d'être. Nos sens peuvent-ils l'atteindre? Certaines causes des phénomènes sensibles n'ont pas de rapport avec nos sens...

Mais parmi tant de sens, dont nous ne prétendons pas épuiser la liste, il en est un qui semble l'emporter : la Nature est l'instinct profond qui anime l'individu, qui le magnifie, et qui lui confère sa grandeur privilégiée, fût-ce en opposition avec tout l'univers. Sans cet instinct, pas de caractères forts, pas de types originaux, pas de génies. Sans lui, nous serions emportés dans le flot mouvant des choses. Car nous passons, sans que nous puissions connaître soit la place que nous occupons, soit les limites réelles du temps qui nous est assigné; nous passons comme des éphémères; le monde est un composé qui tend sans cesse à sa destruction, une succession rapide d'êtres qui s'entre-suivent, se poussent, et disparaissent : mais du moins l'individu obtient, par l'intensité de ses puissances, ce que lui refuse la durée. Sans ce même instinct, nous serions un esclave dans un troupeau d'esclaves. L'individu peut bien essayer d'établir un compromis entre le spontané et l'acquis, le barbare et le corrompu; il peut bien vouloir se bâtir une demeure intermédiaire entre la hutte et le palais : au moment même où il pense se contenter de ce compromis, il pousse un cri et s'échappe :

> L'enfant de la nature abhorre l'esclavage;
> Implacable ennemi de toute autorité,
> Il s'indigne du joug; la contrainte l'outrage;
> Liberté, c'est son Vœu; son cri, c'est Liberté.
> Au mépris des liens de la société,
> Il réclame en secret son antique apanage.
> Des mœurs ou grimaces d'usage
> Ont beau servir de voile à sa férocité;
> Une hypocrite urbanité,
> Les souplesses d'un tigre enchaîné dans sa cage,
> Ne trompent point l'œil du sage;
> Et dans les murs de la cité,
> Il reconnaît l'homme sauvage
> S'agitant dans les fers dont il est garrotté [1].

Ainsi l'éleuthéromane se retrouve sous le civilisé. Il tressaille quand il lit le récit que Bougainville a fait de son séjour dans l'île heureuse où ses vaisseaux ont abordé; il sent s'émouvoir ce « je ne sais quoi de sauvage » qui reste au fond de son âme; il voudrait redevenir l'Otaïtien qui goûte à toutes les voluptés de la vie primitive. Mais il sait bien qu'il ne le peut pas; et ici s'engage le combat non seulement contre la société, mais contre lui-même, le combat qui déchire l'homme romantique. « Voulez-vous savoir l'histoire abrégée de presque toute notre misère? La voici. Il existait un homme naturel; on a introduit au-dedans de cet homme un homme artificiel; et il s'est élevé dans la caverne une guerre civile qui dure toute la vie. Tantôt l'homme naturel est le plus fort; tantôt il est terrassé par l'homme moral et artificiel; et, dans l'un et dans

---

1. *Les Eleuthéromanes*, 1772.

l'autre cas, le triste monstre est tiraillé, tenaillé, tourmenté, étendu sur la roue; sans cesse gémissant, sans cesse malheureux, soit qu'un faux enthousiasme de gloire le transporte et l'enivre, ou qu'une fausse ignominie le courbe et l'abatte [1]. »

Lorsque Rousseau est venu voir Diderot, tandis qu'il était prisonnier au donjon de Vincennes, et qu'il lui a fait connaître le sujet du concours de l'académie de Dijon, *Si le progrès des sciences et des arts a contribué à corrompre ou à épurer les mœurs,* Diderot l'inventif lui a-t-il conseillé de prendre le contrepied de l'opinion reçue, et de commencer la carrière qui devait le conduire à bouleverser la psychologie de l'Europe? Sans doute ne saurons-nous jamais ce qui s'est exactement passé ce jour-là; mais son intervention est dans la logique des possibles. De cet instant, je fus perdu, dit Jean-Jacques. De cet instant s'est prise une attitude nouvelle devant la vie.

---

1. *Supplément au voyage de Bougainville, ou Dialogue entre A et B...* Écrit en 1772. Œuvres, tome II, p. 246.

CHAPITRE IX

Les déismes : Bolingbroke et Pope.

Ainsi les philosophes des lumières n'ont pas résolu les problèmes qui naissaient de leur recours à la nature; ainsi des forces opposées à celles de la déesse raison se sont déchaînées sous leurs yeux, au milieu d'eux, et quelquefois grâce à eux. Nous arrivons maintenant au plus grave peut-être des malentendus qui ont désagrégé leur doctrine, puisqu'il s'agit des rapports de l'humain et du divin. Une religion demeurerait encore, l'athée était l'ennemi. Mais peut-il y avoir une religion sans dogmes? sans Église? Si elle est ce qui lie, peut-il y avoir une religion qui ne lie pas? « Une grande question à décider, ce serait de savoir si cette partie de l'armée fait un corps... Car ici, point de temples, point d'autels, point de sacrifices, point de guides. On ne suit point d'étendard commun, on ne connaît point de règlements généraux; la multitude est partagée en bandes plus ou moins nombreuses, toutes jalouses de l'indépendance [1]. » Le fait est qu'au lieu de la catholicité qu'on voulait atteindre, on aboutissait à l'éparpillement, à l'isolement, à des différences irréductibles dans cette affirmation si simple, Je crois en Dieu : encore fallait-il savoir au juste à quel Dieu on croirait. A regarder de près, on constate qu'il n'y a pas eu un déisme, mais plusieurs déismes, différents, en opposition, voire en dispute. Le déisme de Pope n'est pas celui de Voltaire, et celui de Voltaire est extrêmement loin de celui de Lessing. Dès lors, l'unité de croyance était décidément perdue.

---

[1]. Diderot, *La Promenade du sceptique*. 1747.

Un libertin dans sa jeunesse; un cynique, ne prenant pas la peine de cacher ses vices, dont il disait seulement qu'il espérait qu'ils seraient compensés par ses vertus. Un homme à bonnes fortunes, un ami des femmes, qui, même quand il s'est rangé, a gardé le goût des femmes, et qui a volontiers pris des airs de grande coquette. Un Lord anglais, sachant ce qu'il devait à son rang : un somptueux train de vie, de la dépense et de la prodigalité, des châteaux, des jardins, des invitations, des réceptions, des amis, une clientèle; une sociabilité qui n'excluait pas des manières légèrement hautaines, juste assez pour marquer les distances. Un politicien d'envergure, ayant longtemps exercé le pouvoir; et déchu du pouvoir, ayant pris une position plus avantageuse peut-être, celle de chef de l'opposition. Il n'ignorait ni les procédés par lesquels on mène habilement un parti, ni le tarif exact des consciences; et c'est de cela, outre de sa disposition naturelle, que lui venait ce dédain à peine perceptible pour les êtres humains, généralement semblables à ceux qu'il avait commandés ou achetés. Un esprit cultivé, surtout en superficie; une intelligence rapide et brillante; une mémoire qui lui permettait d'utiliser à point ce qu'il avait lu : et il avait beaucoup lu. Un excellent orateur, un causeur prodigieux, paraît-il : nous voudrions bien l'avoir entendu, car ses livres déçoivent un peu; de son vivant déjà, on avait l'impression d'être séduit par une première lecture, et un peu moins par une seconde; il laissait tomber ses écrits plutôt qu'il ne les publiait; il donnait des lettres, des essais, des brochures, plutôt que des livres compacts. Un cosmopolite, qui avait profité de deux longs exils pour faire de la France sa seconde patrie, et qui pratiquait le français aussi bien que sa langue maternelle. Un philosophe, mais qui regardait sa doctrine comme plus convenable à des êtres privilégiés qu'à la foule, et qui ne s'en servait pas toujours dans la pratique. Il laissait aller ses idées aussi loin qu'elles le voulaient, sans oublier qu'un tory, âme du parti conservateur, doit pourtant conserver quelque chose. — Tel était le vicomte Saint-John, devenu, par la grâce de la reine Anne, Lord Bolingbroke. Il y avait peu de noms plus fameux que celui-là.

Un poète. Enfant, il n'avait vécu qu'en compagnie des poètes anglais, français, italiens, latins et grecs; adolescent, il n'écrivait qu'en vers; jeune homme, ses vers passaient de main en main, soulevant un murmure d'admiration; un prodige qui, à vingt-trois ans, s'était classé comme le premier des écrivains de son époque. Les dieux ne l'avaient pas doué d'une pensée profonde, ni même d'une forte imagination créatrice : mais ils lui avaient donné le rythme et l'harmonie. Un hypersensible; un inquiet; dans le souffle du vent il voyait un orage, un orage qui ne s'élevait que contre lui; les caresses même lui semblaient égratignures; les compliments cachaient quelque intention maligne; sa vie, sans événements et, vue de l'extérieur, tout heureuse, était un continuel tourment. Toujours blessé, il blessait les autres en retour; et même il n'attendait pas, il prenait les devants : après quoi il se plaignait de l'injustice qu'on lui avait faite. Malingre et difforme; fils de papistes, et papiste lui-même, il n'avait pas été élevé dans les écoles aristocratiques; les louanges, le succès, la fortune, n'avaient pu effacer le souvenir premier de sa timidité et de sa solitude. Accueilli et fêté par les grands, bien qu'il fût simplement le fils d'un marchand drapier, il faisait payer aux gens de lettres le prix de son humeur chagrine. Ceux-là étaient les criminels qui empoisonnaient par leur jalousie chacun de ses triomphes successifs : il s'ingéniait à les atteindre au vif, comme il s'imaginait qu'ils voulaient l'atteindre lui-même; il appelait ses ennemis ceux qui l'étaient, ceux qui auraient pu l'être, ceux qui auraient pu le devenir un jour, ceux qui ne lui disaient rien : ils ne lui disaient rien, donc ils le persécutaient par leur silence.

Comme écrivait M. de Silhouette, un de ses traducteurs français : M. Pope, le plus grand poète de l'Angleterre, et un des plus beaux génies qui aient jamais paru.

De bonne heure il avait connu Bolingbroke; la connaissance s'était renouvelée et affermie quand ce dernier, rentrant de France, s'était installé à Dawley, dans le Middlesex. Twickenham, résidence de Pope, n'était pas loin; aussi avait-on voisiné. Il ne manquait au poète que d'avoir abordé la philosophie; c'était une exception singulière et presque impardonnable; qui n'avait pas philosophé en vers n'accomplissait pas tout son devoir. Bolingbroke le lui fit enten-

dre et devint son maître, répondant à son appel presque
anxieux :

Come then, my friend! my Genius! Come along!
O master of the poet, and of the song!

Le lord et l'écrivain se promènent dans le vaste parc que
découpent des allées géométriques; un Bolingbroke que
l'âge épaissit, dont les fatigues de l'action et des plaisirs ont
marqué la face, une face qui sera ravagée plus tard par le
cancer. Pope, frileux, fragile, écoute dévotement la leçon.

Celle-ci : que votre Muse continue ses chants incompa-
rables; mais qu'elle ne se contente plus de distraire et d'amuser
les hommes, qu'elle les instruise et qu'elle les réforme; car une
tâche plus digne d'elle doit être maintenant entreprise. J'ai
consulté bien des livres : les scolastiques, ce produit des âges
ténébreux, ces oiseaux de nuit; saint Thomas, ce présomp-
tueux, ce cerveau fou de métaphysique; Leibniz, un des plus
vains et des plus chimériques esprits qu'on ait comptés parmi
les penseurs; bien d'autres et de toute espèce : Platon, qui a eu
le tort de projeter sur les murs de la caverne des fantômes
d'idées; Socrate, chimérique; les Stoïciens, trop durs; les
Épicuriens, trop efféminés. Mais je n'ai pas rencontré la vérité.

Alors je suis descendu en moi-même; là m'attendait un
guide plus sûr que les feux follets que j'avais inconsidéré-
ment suivis. J'ai dépouillé toutes les notions secondes,
auxquelles il est vain de s'appliquer; je suis allé aux principes
simples; j'ai écouté ma raison; ne vaut-il pas la peine de
substituer, une fois pour toutes, son autorité à celle des
hommes qui se sont montrés incapables de juger pour nous?
Jugeons par nous-mêmes... La connaissance vraie n'est pas
l'effet inexplicable d'une révélation surnaturelle : la science,
pour être science, ne doit pas venir d'en haut; elle doit venir
d'en bas; il ne faut pas qu'elle soit divine, mais humaine.
A ce point, Bolingbroke prononce une formule décisive :
*Truth of existence is truth of knowledge : Vérité d'existence est
vérité de connaissance;* le fait, et le fait seul, commande la connaissance et conduit à la vérité.

Entendons-nous sur cette raison dont l'observation
intérieure nous montre la présence. Elle est si faible et si
limitée qu'elle nous interdit la recherche du transcendant.

Cette faiblesse et cette limitation, affirmons-les sans cesse dès que nous les avons découvertes, car nos erreurs et nos malheurs viennent de notre prétention à nous dépasser nous-mêmes. Si notre espèce existait pendant des milliers de générations, si elle poursuivait ses recherches pendant tout le temps que ces générations supposent, elle serait toujours incapable de pénétrer le secret des choses, d'atteindre substances, essences, causes premières. Et l'humanité serait condamnée à cesser d'être, qu'elle disparaîtrait de la surface de la terre en ignorant le pourquoi du monde, de la vie, du corps qu'elle a revêtu. La raison en tant qu'instrument de travail intellectuel est notre bien très précieux; elle est, en tant qu'elle veut saisir des valeurs surnaturelles, une maîtresse d'erreur. Elle est proportionnée aux faits qui lui sont accessibles, et rien qu'à eux.

Donc, notre connaissance doit être superficielle pour être réelle; elle ne peut pas savoir ce qu'est Dieu, mais elle peut savoir qu'il existe un Dieu. Elle perçoit, en effet, une loi naturelle dont l'existence s'affirme hors de notre âme et dans notre âme. Autre formule non moins décisive, non moins chargée de conséquences : *Nature and truth are the same everywhere, and reason shows them everywhere alike* : la nature et la vérité sont les mêmes partout, et la raison les montre partout semblables. La raison nous prouve un ordre dans les faits, et cet ordre est la garantie de la vérité; il est aussi la garantie de l'existence de Dieu. On ne saurait supposer une création ordonnée sans un esprit qui a voulu cet ordre. Cette constatation suffit aux besoins de notre vie morale. Elle nous amène, en effet, à rendre à Dieu le respect, la reconnaissance que nous lui devons; conformément aux sentiments que nous portons en nous et à notre intérêt, elle nous engage à traiter autrui comme nous voudrions qu'on nous traitât nous-même.

Dès sa jeunesse, Bolingbroke s'était fait cette conviction; il l'avait mûrie pendant son exil. Détaché de la foi, il avait repoussé l'athéisme que lui proposait un érudit français. Levesque de Pouilly. Il était arrivé à une philosophie moyenne, que Pope, maintenant, allait propager.

La première Épître de l'*Essay on Man* parut au mois de février 1733; la deuxième et la troisième, au cours de la même année : elles étaient anonymes, car Pope n'était pas sûr de son succès. La quatrième Épître, signée cette fois de son nom, date du mois de janvier 1734.

C'était une profession de foi, éclatante. Pour la première fois, le déisme devenait poésie; il sortait des retraites des philosophes et allait vers la foule, paré de beauté. L'*Essai sur l'homme* était d'une langue si pure et d'un tour si heureux, que l'Angleterre l'accepta comme un chef-d'œuvre. L'étranger l'accepta et se mit à le traduire. On ne s'arrêtait plus : quand avaient paru une version en vers et en prose, une imitation, une paraphrase, un autre interprète se présentait pour tenter la même aventure. En 1762 fut publié un volume qui donnait la traduction en plusieurs langues; et ce volume fut plusieurs fois réédité, rare fortune. La popularité de l'*Essay on Man* dura jusqu'à la fin du siècle et au-delà.

C'était la profession de foi de la religion nouvelle et l'opinion ne s'y trompa point. Dès 1737 un pasteur de Lausanne qui n'était pas sans renommée, dans son pays et hors de son pays, Jean-Pierre de Crousaz, consacra tout un ouvrage à sa réfutation; il l'aggrava d'un autre l'année suivante, contre un des interprètes français de l'ouvrage, l'abbé du Resnel : Pope avait eu tort de partager l'optimisme de Leibniz; Pope avait suivi la doctrine du fatalisme; Pope — sans s'en rendre tout à fait compte, peut-être — était de la tribu des impies. L'impétueux Warburton, qui avait d'abord maltraité son compatriote, quand il le vit attaqué prit feu et flamme, devint son défenseur acharné et réfuta les réfutations de Crousaz.

Pauvre Louis Racine, héritier d'un trop grand nom! Il était plein de bonne volonté; il ne lui manquait que le génie. Chrétien très fidèle, il voyait les progrès de l'incroyance et voulait s'opposer au torrent; il s'inspirait de Bossuet, de Pascal; en vers il exposait la doctrine de la grâce, en vers il défendait la foi. Dans son poème sur *La Religion,* en 1742, il discerna quelques-uns des responsables, dénonça l'*Essai sur l'homme,* et fit même à Pope l'honneur de lui consacrer deux Épîtres. Non pas, comme il l'expliquait à J.-B. Rousseau, qui de Hollande l'approuvait, qu'il eût le bonheur de pouvoir lire dans l'original les ouvrages de M. Pope, le plus célèbre poète de l'Angleterre; aussi ne prétendait-il pas attaquer ses véritables sentiments, dont il n'était pas certain :

mais il attaquait les sentiments qui étaient devenus si communs depuis la lecture de son *Essai,* bien ou mal compris. Les vers de Louis Racine n'étaient pas bons : ce qui n'empêcha pas qu'ils ne fussent appréciés, réédités, traduits. Le chevalier de Ramsay, converti jadis par Fénelon, prenait la défense de l' « Homère anglais » : le dessein de Pope avait été seulement de montrer que *depuis* la nature dégradée, tout est proportionné avec poids, mesure et harmonie, à l'état d'un être déchu, qui souffre, qui mérite de souffrir, et qui ne peut être rétabli. L'abbé J.-B. Gaultier, janséniste, était contre Pope, ce disciple de Spinoza; le P. Tournemine était en faveur de l'*Essai,* qui nuirait seulement aux esprits corrompus qui tournent tout en venin. Bref, une vive querelle, et qui dura longtemps.

Pope souffrait, comme de juste. Troublé par tout ce bruit, il avait chaudement remercié Warburton de l'avoir défendu, prié Ramsay d'intervenir, écrit à Louis Racine pour s'expliquer : ses principes étaient diamétralement opposés à ceux de Spinoza et même à ceux de Leibniz, tandis qu'il les tenait pour conformes à ceux de M. Pascal et de M. l'archevêque de Cambrai. Et même, pour donner une preuve éclatante de sa bonne foi, il publiait un hymne qu'il intitulait : *The Universal Prayer* (1738) : les malveillants verraient bien qu'il était fidèle à l'esprit de l'Évangile.

Mais il réussissait mal dans son dessein d'apaisement. Le Dieu qu'il invoquait, s'il était le père de toutes choses, et s'il avait préexisté à la création, n'en était pas moins celui que les saints, les sauvages et les sages adoraient indistinctement; son nom était à la fois Jéhovah, Jupiter et Notre-Seigneur :

> Father of all! in every age
> In every clime adored,
> By Saints, by Savage, and by Sage
>   Jehova, Jove, or Lord!

Aussi ne fit-il qu'exciter davantage les esprits. On appela son hymne la Prière du déiste.

C'était une profession de foi et c'était une prière; on y retrouvait à peu près tous les enseignements de Bolingbroke : mais combien l'ensemble était différent, ne fût-ce que par le ton; et combien la pensée elle-même était incertaine et troublée! L'*Essai sur l'homme* nous touche encore, malgré le changement de notre goût, parce que nous y percevons une sensibilité frémissante, celle d'une âme qui ne se satisfait pas entièrement des préceptes que lui dicte la raison; elle a besoin de se convaincre à nouveau, dès qu'elle s'est dite convaincue. Pope s'adresse à un interlocuteur qu'il voudrait à tout prix gagner, qu'il interpelle et qu'il gourmande, contre lequel il s'indigne quelquefois, tant il le trouve obstiné : cet adversaire, qui ne prend jamais la parole et dont on sent d'un bout à l'autre la présence, n'est autre que le poète lui-même, que la partie de sa conscience qui se refuse ou qui se dérobe. Nous sommes émus par ces contradictions, par le désespoir inopportun qui vient troubler une sécurité toujours affirmée, jamais atteinte. Les formules, souvent répétées, sont d'une netteté absolue; elles enferment, dans une suite de vers, dans un seul vers, des axiomes qu'on ne saurait exprimer avec plus de force et plus d'harmonie; il n'y a peut-être pas au monde de poésie didactique qui se grave plus aisément dans les mémoires. L'homme doit accepter, l'homme doit se contenter; l'homme est à sa juste place dans l'univers; l'homme doit admettre une intelligence infiniment supérieure à la sienne, qui sait bien ce qu'elle sait, qui fait bien ce qu'elle fait; l'homme doit croire à l'existence d'un Être suprême, qui ne saurait avoir agencé le monde autrement que pour le bien général ; chacun de ces articles de doctrine trouve une maxime décisive pour s'exprimer. Et cette fermeté dans la forme fait un étrange contraste avec les vacillements, les hésitations, les doutes, les appels, les refus.

Déisme poétique; déisme encore à l'état de nébuleuse. Pope avait voulu « naviguer entre les extrêmes de doctrines apparemment opposées... et former, en empruntant à toutes, un système de morale qui fût tempéré, sans être inconsistant; et court, sans être imparfait ». Un mélange inconsistant, voilà ce qu'il avait réussi à produire. On distinguait chez lui, avec raison, du paganisme, du panthéisme, du fatalisme, et du catholicisme persistant : car il parlait d'un état de nature qui était parfaitement heureux, et qui s'était corrompu, laissant ainsi supposer la croyance au péché originel. La réalisation de l'anarchie, prononcera Thomas de Quincey; Taine : « Un amalgame de philosophies contradictoires »; Louis Cazamian : « Sa plus forte dissertation philosophique, l'*Essay on Man,* est faite de lieux communs rafraîchis, rehaussés d'inspirations contemporaines... »

Déisme impur; déisme où persistaient quelques-unes des données psychologiques que, précisément, on voulait proscrire : un effort de volonté, plus qu'une évidence rationnelle; et une acceptation du mystère.

CHAPITRE X

Les déismes : Voltaire.

S'il n'avait pas existé, le siècle aurait-il eu le même caractère ? Il a mis sur le déisme sa marque ineffaçable. C'est lui qui l'a refaçonné ; ou si l'on veut une autre métaphore, c'est lui qui a filtré le breuvage ; et quand son travail a été fini, restait seulement une pure liqueur cristalline. Qu'on relise, pour faire l'épreuve, le livre qui fut l'un des manuels du déisme anglais, *Religion of nature delineated,* de Wollaston ; publié pour la première fois en 1722, l'ouvrage a fait fortune dans son texte original et dans ses traductions. Comparé aux comprimés voltairiens, il paraît n'être que verbiage et que fatras. Au lieu de ses longues dissertations, voici qu'apparaissent quelques raisonnements rapides, quelques formules agiles, simples au point qu'un enfant même pourrait les retenir ; voici des arrêts impérieux qui prennent force de loi.

C'est lui qui a insisté sur l'argument des causes finales ; c'est par lui que l'homme fut reconnaissant à l'Être suprême qui ne s'était pas contenté de le mettre à sa juste place, mais qui lui avait donné le plaisir :

> Mortels, venez à lui, mais par reconnaissance ;
> La nature, attentive à remplir nos désirs,
> Vous appelle à ce Dieu par la voix des plaisirs.
> Nul encor n'a chanté sa bonté tout entière :
> Par le seul mouvement il conduit la matière :
> Mais c'est par le plaisir qu'il conduit les humains [1].

C'est lui qui a précisé les refus : croyons en Dieu, mais refusons de parler de sa nature, refuson de parler du mode

---

1. *Cinquième Discours sur l'Homme,* 1739.

de ses opérations. Un grillon, se trouvant en présence d'un palais impérial, reconnaît que l'édifice est dû à quelqu'un de plus puissant que les grillons; pourtant il n'est pas si fou que de se prononcer au sujet de ce quelqu'un [1] : imitons cette sagesse.

> Soit qu'un être inconnu, par lui seul existant
> Ait tiré depuis peu l'univers du néant;
> Soit qu'il ait arrangé la matière éternelle,
> Qu'elle nage en son sein, ou qu'il règne loin d'elle;
> Que l'âme, ce flambeau si souvent ténébreux,
> Ou soit un de nos sens, ou subsiste sans eux,
> Vous êtes sous la main de cet Être invisible[2] ...

Donc, on s'interdira de raisonner sur l'âme : que sais-je? Sur l'au-delà : que sais-je? Chaque fois que l'on veut affirmer, on constate la même impuissance, reconnue comme un fait initial.

C'est lui qui a formulé le Credo de la doctrine, une page suffit à le contenir : *Dictionnaire philosophique*, article *Théiste* :

Le théiste est un homme fermement persuadé de l'existence d'un Être suprême aussi bon que puissant, qui a formé tous les êtres étendus, végétants, sentants, réfléchissants; qui perpétue leur espèce, qui punit sans cruauté les crimes, et récompense avec bonté les actions vertueuses.

Le théiste ne sait pas comment Dieu punit, comment il favorise, comment il pardonne; car il n'est pas assez téméraire pour se flatter de connaître comment Dieu agit; mais il sait que Dieu agit, et qu'il est juste. Les difficultés contre la Providence ne l'ébranlent point dans sa foi, parce qu'elles ne sont que de grandes difficultés, et non pas des preuves; il est soumis à cette Providence, quoiqu'il n'en aperçoive que quelques effets et quelques dehors; et jugeant des choses qu'il ne voit pas par les choses qu'il voit, il pense que cette Providence s'étend dans tous les lieux et dans tous les siècles.

Réuni dans ce principe avec le reste de l'univers, il n'embrasse aucune des sectes qui toutes se contredisent. Sa religion est la plus ancienne et la plus étendue : car l'adoration simple d'un Dieu a précédé tous les systèmes du monde. Il parle une langue que tous les peuples entendent, pendant qu'ils ne s'entendent pas entre eux.

---

1. Voltaire, *Catéchisme chinois*. Dans le *Dictionnaire philosophique*, 1764.
2. Id., *Poème sur la loi naturelle*, 1756. Première partie, début.

Il a des frères depuis Pékin jusqu'à la Cayenne, et il compte tous les sages pour ses frères. Il croit que la religion ne consiste ni dans les opinions d'une métaphysique inintelligible, ni dans de vains appareils, mais dans l'adoration et dans la justice. Faire le bien, voilà son culte ; être soumis à Dieu, voilà sa doctrine. Le Mahométan lui crie : « Prends garde à toi si tu ne fais pas le pèlerinage de la Mecque ! » « Malheur à toi, lui dit un récollet, si tu ne fais pas un voyage à Notre-Dame de Lorette ! » Il rit de Lorette et de la Mecque ; mais il secourt l'indigent et il défend l'opprimé.

C'est lui qui a prêté au déisme le secours de son art, en l'illustrant. Dites que vous vous refusez à tout anthropomorphisme, et vous aurez peu de chances d'être compris par le commun des lecteurs. Mais vous les amuserez en écrivant : « Il faut que je vous conte ce qui m'est arrivé un jour. Je venais de faire bâtir un cabinet au bout de mon jardin : j'entendis une taupe qui raisonnait avec un hanneton. « Voilà une belle fabrique », disait la taupe; « il faut que ce soit une taupe bien puissante qui ait fait cet ouvrage. » — « Vous vous moquez », dit le hanneton, « c'est un hanneton tout plein de génie qui est l'auteur de ce bâtiment. » Depuis ce temps-là, j'ai résolu de ne jamais disputer [1]. » Si vous dites qu'à votre avis, le déisme a une valeur universelle, vous resterez dans l'abstraction; mais vous serez concret, et pittoresque, si vous écrivez : « Je consultai tous les passages par lesquels on prouve évidemment que tous ceux qui n'avaient pas demeuré dans le quartier de la Sorbonne, comme par exemple les Chinois, les Indiens, les Scythes, les Grecs, les Romains, les Germains, les Africains, les Américains, les blancs, les noirs, les jaunes, les rouges, les têtes à laine, les têtes à cheveux, les mentons barbus, les mentons imberbes, étaient tous damnés sans miséricorde, comme cela est juste; et qu'il n'y a qu'une âme atroce et abominable qui puisse jamais penser que Dieu ait pu avoir pitié d'un seul de ces bonnes gens [2]. »

C'est lui, entre tous, qui a fait de la vérité le synonyme de la clarté. Philosophe, en ce que son art était imprégné de pensée; en ce qu'il se demandait, sans relâche,

---

1. *Dictionnaire philosophique*, 1764, Article : *Dieu.*
2. *Seconde anecdote sur Bélisaire*, 1767.

> Ce que c'est que l'esprit, l'espace, la matière,
> L'éternité, le temps, le ressort, la lumière,
> Etranges questions [1]...

Philosophe, en ce qu'il n'y avait pas de philosophie, lointaine ou proche, ancienne ou moderne, qui n'excitât sa curiosité et ne lui parût digne d'attention. Mais si l'on entend par philosophes les audacieux qui osent faire de leurs hypothèses une création égale à celle de l'univers, ceux qui essaient de donner à notre prison des ouvertures sur l'inconnu et sur l'inouï, ceux qui nous proposent une explication totale du mystère, alors Voltaire n'appartient pas à la tribu. Celui qui a prononcé le plus expressément le grand refus de la métaphysique, c'est toujours lui. Il s'est approché de Spinoza et il a reculé : Baruch Spinoza, je sais bien que tu as mené une vie exemplaire, quoi qu'en disent tes calomniateurs; je sais bien que tu n'as pas été un athée, dans le sens grossier qu'on attribue d'ordinaire à ce mot; je sais bien que tu as eu des vols vertigineux; je refuse cependant de te suivre et je te renie, parce que tu n'es pas clair. Leibniz, je sais bien que tu as été un génie; je sais bien que tu as cherché partout l'harmonie, que tu as vu partout la continuité, que tu n'as pas craint de t'en prendre au mal lui-même, pour l'expliquer : mais je ne t'aime pas, et même je dis que tu es un peu ridicule, que tu es un peu charlatan, que tu ne te comprenais pas toi-même; je me moque de toi, parce que tu as parlé des perceptions obscures, parce que tes monades ne sont pas claires. Wolff, tu es volumineux, verbeux, lourd, je refuse de te prendre en considération, bien que le prince héritier de Prusse te tienne en quelque estime, parce que tu n'es pas clair. Mais Locke est simple et clair, et donc je m'en tiendrai à la sagesse de Locke...

Il allait si loin dans ce sens, qu'il n'était plus cohérent, lui suffisant que chaque pièce de son assemblage fût transparente, même si elle ne s'accordait pas très bien avec les pièces voisines. Lockien, il affirmait qu'il n'y avait rien d'inné dans notre âme : à moins toutefois qu'il n'y eût des dispositions innées, ce qui remettait tout en question. Il croyait fermement à la vertu d'une règle morale, mais plus il avançait dans sa méditation et moins il était sûr de la liberté; moralité et fatalité

---

1. *Deuxième discours sur l'homme*, 1739.

lui paraissaient deux principes également clairs; et s'ils s'ajustaient mal, tant pis. Le Dieu inconnu dans lequel il plaçait sa confiance récompenserait les bons et châtierait les méchants : mais il doutait qu'il y eût une autre vie, où les bons seraient récompensés et les méchants punis. Était vrai, uniquement, le fait que l'analyse dépouillait, pour ne plus lui laisser d'autre caractère que la clarté; « un chaos d'idées claires » reste une des définitions les plus justes que l'on ait données de l'ensemble de sa pensée.

De même qu'il se sentait mal à l'aise, dès qu'il arrivait au voisinage des régions du confus, de l'imperceptible, de l'inconscient; de même, il ignorait les évolutions, les obscures poussées du temps, l'effort du devenir. Est intelligible ce qui est fixe : fixité des langues, fixité des espèces, fixité de la nature. La raison était fixe, elle n'avait jamais eu d'autre forme que celle que ses contemporains et lui-même lui avaient donnée, elle n'en aurait jamais d'autre; le présent éclairait le passé. S'il y a jamais eu deux langages incompatibles, c'est celui de Vico et celui de Voltaire.

Au déisme, il a enlevé le caractère aristocratique et quasi sceptique que lui avait donné Bolingbroke, le caractère poétique que lui avait donné Pope, pour le mêler intimement à la vie et à l'action. Il ne se faisait pas d'illusion sur la vie; et souvent il l'a regardée avec le sentiment poignant de son imperfection. *Quid est felicitas?* Des ennemis s'acharnent contre vous, les amis vous trahissent, les femmes que vous aimez vous trompent, ou meurent. L'histoire du genre humain est affreuse à considérer; à réunir quelques-unes des phrases que l'auteur de l'*Essai sur les mœurs* a employées pour la peindre, on obtient un réquisitoire : massacres dans l'Orient, massacres au Nouveau Monde; guerres de toute espèce, et parmi les plus funestes les guerres de religion. « Est-ce l'histoire des serpents et des tigres que je viens de faire? Non, c'est celle des hommes. Les tigres et les serpents ne traitent point ainsi leur espèce. » — « Il est des temps où la terre entière n'est qu'un théâtre de carnage, et ces temps sont trop fréquents. » — « L'histoire des grands événements de ce monde n'est guère que l'histoire des crimes. » — « Telle est la déplorable condition des hommes, que les remèdes les plus divins ont été tournés en poison. » — *Quid est justitia?* Les criminels sont récompensés, les justes souffrent; les jeunes gens, les enfants, meurent sans qu'on puisse dire pourquoi; les vieillards sont misérables. Il y a une bouffonnerie dans la disproportion des effets et des causes. Vanité des vanités.

Quid est veritas ? Ignorances éternelles. Les bornes de notre esprit sont au bout de notre nez; les fleuves ne vont pas à la mer avec autant de rapidité que les hommes à l'erreur. « Pilate dit à Jésus : Qu'est-ce que la vérité ? Et, ayant dit cela, il sortit. Il est triste pour le genre humain que Pilate sortît sans attendre la réponse; nous saurions ce qu'est la vérité [1]. » *De las cosas mas seguras, la mas segura es dudar :* des choses les plus sûres, la plus sûre est de douter. Seulement, les doutes sont tristes. Bref, si la nature ne lui avait donné deux antidotes excellents, l'amour du travail et la gaieté, il y a longtemps qu'il serait mort de désespoir.

Mais ne pouvant rien changer aux maux dont nous ne sommes pas responsables, atténuons du moins ceux que nous nous faisons à nous-mêmes; défendons-nous par la sagesse et par la modération, profitons plus consciemment des biens qui nous sont offerts : les raffinements de la civilisation; l'indépendance de l'esprit. Et ici — ce que n'avaient guère fait ses prédécesseurs — il intervient directement dans la direction de la vie. Il bataille à la fois pour ses principes généraux et pour les applications concrètes à propos desquelles se pose la question de leur efficacité et de leur valeur; il estime qu'il n'a pas rempli sa tâche, s'il ne travaille à obtenir une meilleure production des richesses, une moins mauvaise administration, de plus justes lois; s'il ne sauve les malheureux iniquement condamnés, ou s'il ne réhabilite leur mémoire. Il emploie un troisième antidote : l'action.

C'est lui qui a voulu affronter Pascal [2]. Non pas seulement au passage, comme faisaient les autres, qui ne se privaient pas de dénoncer en lui « l'un de ces moralistes mélancoliques, qui nous reprochent perpétuellement notre bonheur [3] »;

1. *Questions sur l'Encyclopédie,* Article *Vérité,* 1772.
2. *Lettres philosophiques,* 1734. Lettre XXV, *Remarques sur les Pensées de M. Pascal.*
3. Adam Smith cite Pascal parmi « those melancholy moralists, who are perpetually reproaching us with our happiness ». *The Theory of moral sentiments,* 1759. Part III.

mais dans un duel sans merci. Des coups qu'on lui avait portés, il n'était pas mort : mais Voltaire tuerait Pascal, et ce serait sa gloire. Il le défierait en champ clos, l'Europe étant spectatrice et juge. Il amènerait Pascal sur ce terrain, il l'abattrait, il l'achèverait. « Va, va, Pascal, laisse-moi faire ! » Il savait qu'il était très grand : tant mieux; avec sa fronde, il jetterait à bas ce Goliath.

Il s'approche, il sautille, il bondit. En vain voudrait-il réfréner une passion qui, d'un respect apparent, va passer à l'insulte. Pour commencer, il s'efforce de parler doucement : il se permettra seulement d'émender quelques *Pensées,* car celles-ci, on le sait bien, ont été laissées dans un certain état d'imperfection; il rendra service à l'auteur, voire il rendra service à la religion, en les corrigeant. Attitude qu'il est incapable de maintenir; chacun des arguments qu'il rapporte le fait tressaillir et excite sa colère; c'en est fait de son calme apparent. Bientôt il contredit mot pour mot. Cela est contre tout ordre, dit Pascal; cela est selon tout ordre, répond Voltaire. Le sot projet que Montaigne a eu de se peindre, dit Pascal; le charmant projet que Montaigne a eu de se peindre naïvement, comme il l'a fait, dit Voltaire. Il interpelle son adversaire; comment un homme comme M. Pascal pouvait-il donner dans un lieu commun aussi faux que celui-là ? Il attaque son style, c'est du galimatias. Il en vient aux idées, cette idée est aussi absurde que métaphysique, cette autre est un peu indécente et puérile, cette autre encore est d'un fanatique. L'homme n'est ni ange, ni bête, et le malheur est que qui veut faire l'ange fait la bête, dit Pascal. Qui veut réduire les passions au lieu de les régler veut faire l'ange, dit Voltaire : et il sousentend, goguenard, que Pascal fait la bête.

Peu à peu se dégage, jusqu'au pathétique, le caractère irréductible de l'opposition. D'un côté, ces *Pensées* qui portent encore la trace du tourment et de l'effroi dans lesquels elles ont été conçues, ces fragments qui doivent leur densité à toute une expérience humaine, la vie libertine, l'inquiétude, la recherche, la maladie, la conversion, la science et l'érudition qui viennent au secours de la foi; et la joie aussi de celui qui a enfin trouvé, de celui qui s'élance avec confiance vers le Christ aux bras étroits, de celui qui tient désormais les certitudes éternelles. D'un côté, le prosélyte qui propose à ses frères la solution que cette expérience douloureuse et triomphante a fournie à son âme libérée du doute. D'un côté, l'homme qui a revécu l'agonie du Mont des Oliviers, qui a gravi la pente du Golgotha. D'un côté, une explication religieuse du monde : la misère qui est en nous; la mort qui nous appelle, prisonniers qui sortent de leur cachot pour être égorgés tour à tour; la tare originelle qui nous vicie; l'impossibilité où nous sommes de guérir ou seulement d'atténuer cette perversion qui est au plus profond de notre être, et qui ne nous laisse d'autre ressource que de détourner la tête et que de nous divertir pour oublier. Notre grandeur, réminiscence et désir.

La seule explication qui nous permette de résoudre cette contradiction et d'expliquer ce mystère : la religion chrétienne, notre condition heureuse lorsque nous sommes sortis des mains de Dieu, la liberté de choix qui nous a été donnée, le choix du péché, la rédemption. L'unique religion qui nous assure de la vérité parce qu'elle tient compte de toutes les données du problème; parce qu'elle se prouve à la fois par la raison et par l'intuition; parce qu'elle se confirme enfin par les prophéties et par les miracles. Ensemble dont toutes les parties se tiennent; solution qui restitue un sens à notre destin.

Toutes visions d'un « misanthrope sublime », répond, en face, l'adversaire qui s'est lui-même suscité. Le sentiment du péché n'est qu'un préjugé parmi les autres. Oui, nous souffrons quelquefois; mais cette loi n'est pas si impérieuse qu'on n'arrive à l'adoucir. Un amour-propre nous a été octroyé pour la conservation de notre être; d'aimables jouissances nous attendent : Paris et Londres, villes opulentes et policées, ressemblent-elles à un cachot ou à une île déserte? Aucune énigme; l'homme est à sa juste place dans l'ordre de la création; il n'est déraisonnable que lorsqu'il cherche à en sortir; il doit accepter sa condition comme un fait : le sage n'ira pas se pendre parce qu'il ne sait pas comment on voit Dieu face à face et qu'il ne peut débrouiller le mystère de la Trinité. Autant vaudrait se désespérer de n'avoir pas quatre pieds et deux ailes. Pas d'instinct secret qui reste de la grandeur de notre première nature, et qui nous porte à chercher le divertissement : bien plutôt un instinct, non secret, qui nous pousse à aller vers les autres hommes, à fonder société avec eux. Ainsi, aucun besoin d'imaginer une déchéance, une chute; à moins que les tribulations d'un cheval de fiacre ne prouvent que les chevaux étaient tous autrefois gros et gras et ne recevaient jamais de coups de fouet; et que, depuis que l'un d'eux s'avisa de manger trop d'avoine, tous ses descendants furent condamnés à traîner des fiacres. Pas de pari, qui risquerait de nous amener à tout perdre, sous prétexte que nous ne voulons que l'absolu. Qu'est-ce que l'absolu? Il n'y a que le relatif. A un pari, seuls quelques élus trouveraient bénéfice; si Dieu n'était venu que pour un petit nombre de personnes, mieux vaudrait ne pas croire en Dieu. Autrement grand que le Dieu des chrétiens est le Dieu sans colère que l'univers adore, et qu'on atteint par l'exercice de la raison. Pas de place, dans un cerveau bien équilibré, pour les intuitions, pour les ravissements, pour les extases; il est absurde de dire que le cœur a ses raisons que la raison ne connaît pas, c'est une contradiction dans les termes. Pas de tradition, sinon celle d'un peuple grossier et imbécile; pas de prophéties, jamais de miracles. Forts de ces convictions, les seules que la mesure exacte des forces limitées de notre esprit et des réalités de notre existence nous permettent, nous comprendrons le sens véritable de notre destin.

Dès lors il n'y avait plus d'échappatoire possible. Deux familles d'esprits, il fallait savoir à laquelle on voudrait appartenir. Deux interprétations de la vie, il fallait choisir. Puisque lumière il y avait, les lumières naturelles, avec Voltaire; et surnaturelles, avec Pascal.

Il semblait qu'il fût éternellement jeune. Il avait soixante-dix ans, il avait quatre-vingts ans; et il faisait encore des gambades sur le bord de son tombeau. « Je suis flexible comme une anguille, et vif comme un lézard, et travaillant toujours comme un écureuil [1] » : son caractère restait aussi flexible, aussi vif; et la roue continuait à tourner. D'apparence, il était « maigre comme la mort et laid comme le péché » : mais il n'avait rien perdu de « la mobilité de son âme de feu ». « M. Pigalle, écrit-il lui-même, doit venir modeler mon visage; mais il faudrait que j'eusse un visage; on en devinerait à peine la place. Mes yeux sont enfoncés de trois pouces, mes joues sont du

---

1. Voltaire au comte d'Argental, 26 octobre 1739.

vieux parchemin collé sur des os qui ne tiennent à rien; le peu de dents que j'avais est parti. » Il n'en gardait pas moins sa force de combattant et sa volonté de chef; il dirigeait les philosophes, leur prêchait l'union, leur indiquait une tactique. « Il était le seigneur de Ferney avec cens, dîmes, inféodés, hommages, fiefs, emphythéotes, domaines directs, et l'omnino de juridiction haute, moyenne, et basse, avec le dernier supplice » — ce dont il n'était pas peu fier — mais il était fier, surtout, de se sentir l'un des Princes de l'Europe. Il n'écrivait pas une lettre qui ne passât de main en main, pas une page qui n'agît sur les esprits, pas un livre qui ne devînt célèbre. Il se vantait d'avoir brelan de rois dans son jeu, sûr de gagner sa partie contre le temps; quiconque voyageait, se faisait devoir de venir lui rendre hommage; les pères lui amenaient leurs enfants pour que ceux-ci pussent raconter un jour qu'ils avaient eu l'honneur de contempler le grand homme; si quelqu'un manquait au pèlerinage, si le comte de Falkenstein, dont ce nom ne cachait rien de moins que le futur Empereur, Joseph II, passait en brûlant l'étape, il s'en irritait comme d'une irrévérence. Qui fut plus certain, jamais, d'être immortel?

Seulement, un phénomène de cristallisation s'opérait dans son esprit. On a justement remarqué [1] qu'aux alentours de 1760, il avait procédé à un examen de conscience, dont le résultat avait été non pas qu'il avait changé, mais qu'il s'était durci. Il se fermait, il se concentrait. L'appel au sentiment que Richardson avait lancé, il refusait de l'entendre. La transformation de la mentalité anglaise, dont il avait été l'initiateur, trente ans plus tôt, il ne la suivait plus; du mouvement Wesleyen il n'a tenu aucun compte. Shakespeare même cessait d'être un barbare de génie pour n'être plus qu'un barbare. Dante, qu'il avait tenu pour composé de matériaux grossiers où brillaient cependant de l'or et des diamants, n'était plus qu'une manière de fou. Les Italiens contemporains lui semblaient se réduire à quelques écrivains de mérite qui avaient le bon goût de penser comme lui, Bettinelli, par exemple; et à quelques critiques imbéciles qui avaient le tort de le critiquer, comme Baretti, qui lui reprochait sa volte-face au sujet de Shakespeare. De l'effort de l'Italie, qui cherchait la voie

1. Norman L. Torrey, *Voltaire and the English Deists,* 1938.

qui devait la conduire aux résurrections, il n'avait aucun souci. L'éveil de la littérature allemande lui demeurait insoupçonné.

En même temps, son opposition au christianisme s'accentuait, s'exaspérait, devenait idée fixe. Cet esprit si charmant, si fin, si sobre, était violence et démesure dès qu'il s'agissait d'écraser l'infâme, comme il disait. Soit que le triomphe définitif de sa cause, qu'il espérait proche, l'ait enhardi et excité; soit que l'ait irrité la résistance obstinée qu'il percevait encore; soit que cette résistance fût plus profonde, au fond de lui-même et contre lui-même, de sorte qu'ayant déclaré tous les soirs que l'ennemi était vaincu sans recours, tous les matins il ait éprouvé le besoin de recommencer le combat, pour le vaincre : il a porté jusqu'à la fureur l'hostilité qui était en lui dans sa jeunesse et qui, maintenant, devenait manie. De la fabrique de Ferney, plus redoutable aux croyants que celles d'Amsterdam, de Londres, de Paris, de Berlin, partaient inlassablement des pamphlets où paraissaient à la fois le génie de l'artiste et le zèle du sectaire. Sa négation, il l'exprimait non pas dix fois, non pas cent, mais sous mille formes différentes : de sorte que l'obsession, caractère général du siècle, devenait chez lui une manière d'être : il ne voulait pas, il ne pouvait plus se dégager d'elle. La Bible était sans grandeur et sans beauté; l'Évangile n'avait apporté que malheur sur la terre; l'Église, tout entière et sans exception, était corruption ou folie; pas un seul confesseur de la foi qui n'eût été un fanatique; les plus purs, les plus nobles étaient traînés dans la boue; saint François d'Assise lui-même était dépossédé de sa douce auréole, et devenait un pauvre fou. Simplification caricaturale; volonté de ne jamais entrer dans les raisons de l'adversaire, à passer sous silence ou à défigurer; inlassable répétition : tels étaient quelques-uns de ses procédés. Quand on lit l'un ou l'autre des sermons, des catéchismes, des discours, des dialogues, des contes, qu'il jetait à pleines mains de par le monde, on admire une manière qui semble toujours plus aisée, un pittoresque toujours plus piquant, un style toujours plus voisin du naturel; quand on en lit dix ou vingt, on perçoit le mécanisme du propagandiste. Il est l'initiateur de cette manière basse, indigne de lui, qui consiste à dire qu'il ne faut pas croire, parce qu'il est rapporté dans les Livres Saints

que le démon transporta le Christ sur une montagne d'où il
lui fit voir tous les royaumes de la terre, alors qu'il est impossible de voir tous les royaumes de la terre du haut d'une montagne; ou encore parce que l'Église demande aux fidèles de
faire maigre le vendredi. Au besoin il allait jusqu'à l'ignoble,
ce dont il serait facile de donner des exemples, s'ils n'étaient
salissants. Infidèle, en se dégradant ainsi, à la mémoire de son
maître Bayle, qui ne s'était pas montré moins hostile à la tradition, à l'autorité, à la foi, mais qui était toujours resté dans
le grand.

   « Combien a-t-il fait de personnages différents pour nous
instruire? » disait Mably. « Ne paraissant presque jamais sous
son nom, tantôt c'est un théologien, un philosophe, un Chinois, un aumônier du roi de Prusse, un Indien, un athée, un
déiste; que n'est-il pas? Il écrit pour tous les esprits, et même
pour ceux qui sont plus touchés d'une plaisanterie ou d'un
quolibet que d'une raison [1]. » Le fait est que telle était son arme
favorite, l'ironie; qu'il la maniait de telle manière que personne ne l'égalait, que personne peut-être ne l'égalera; qu'il
s'en servait, à grande raison, pour combattre les exagéra-
tions; qu'il finissait par s'en servir indistinctement contre
tous objets, et non seulement contre les idoles, mais contre les
valeurs dont la disparition avilit et appauvrit l'humanité,
les élans, les ferveurs. Il léguait cette ironie à une race malhabile et grossière, qui prendrait l'habitude de rire devant ce
qu'elle ne comprendrait pas.

   Il prenait une apparence surhumaine; il était — c'est Diderot qui l'appelait ainsi — l'Antéchrist. Mais à ce point, une
partie de l'Europe ne le suivait plus, ne voyant plus en lui
que « le génie de la haine [2] ». Non pas seulement ceux qui
allaient demander au cœur des délices que la raison leur refusait; non pas seulement ses ennemis, innombrables : mais
quelques-uns de ses amis l'abandonnaient avec un sentiment
d'effroi. Parmi les tenants des lumières, un Genovesi lui reprochait d'exciter parmi les hommes une violence qui était
contraire à la maxime qu'il préconisait pour son compte :

---

1. *Du développement, des progrès et des bornes de la raison. Œuvres*, t. XV, p. 7.
2. « Voltaire ist der Genie des Hasses. » H. A. Korff, *Voltaire im literarischen
Deutschland der 18. Jahrhunderts*, Heidelberg, 1918. Zweiter Buch, pp. 235 et suivantes.

aimez-vous les uns les autres; un Alessandro Verri parlait de ces philosophes français qui, s'ils l'avaient pu, auraient institué l'Inquisition contre ceux qui n'étaient pas de leur avis; un Nicolaï, un Mendelssohn, un August Wilhelm Schlegel, un Johann August Eberhardt, estimaient qu'il risquait de gâter leur cause; Voltaire finissait par leur faire peur.

D'Alembert rêvait un jour d'établir en face de la vieille maison surmontée de la croix, où les hommes avaient coutume de se réfugier contre les maux de la vie, un autre édifice. Il en aurait montré les avantages; il aurait fait valoir la logique de son plan, le bien-être dont on jouirait dans ses demeures : après cela le choix serait demeuré libre; serait entré qui l'aurait voulu soit dans l'une, soit dans l'autre; on n'aurait pas jeté l'anathème sur le passé, on ne se serait pas déchiré, on aurait suivi la décision de sa conscience, en respectant la décision de la conscience d'autrui. C'était trop beau sans doute; c'était une attitude trop éloignée des habitudes de notre espèce. Le déisme français, rejoignant au-delà de Pope celui de Toland et de Collins, était essentiellement agressif. Du fait qu'est née au XVIIIᵉ siècle, que s'est perpétuée ensuite une race d'hommes qui n'a plus eu pour nourriture spirituelle que l'anticléricalisme, qui a fait de l'anticléricalisme son programme unique, qui a cru que l'anticléricalisme suffirait à refondre les gouvernements, à rendre les sociétés parfaites, et à conduire au bonheur; de ce fait, il y a beaucoup de responsables, et tous ne sont pas dans le camp des Encyclopédistes. Mais nul n'en est responsable au même degré que Voltaire.

CHAPITRE XI

Les déismes : Lessing.

Gottlob Ephraïm Lessing ressemblait aux penseurs d'Angleterre et de France par quelques traits fraternels. — La clarté, qui l'a désirée plus que lui? Il l'atteignait, non pas en se jouant, grâce à des rencontres heureuses, mais par son travail, sa patience, sa volonté. — La critique, qui l'a exercée avec plus de loyauté? Il se sentait personnellement provoqué par les textes, et il fonçait sur leurs auteurs, sans pitié pour la faiblesse humaine; de ses adversaires il ne laissait rien, parce que les hommes ne représentaient guère pour lui que des idées; aux idées fausses, pas de quartier. Je ne suis pas, disait-il lui-même, un de ces êtres privilégiés qui créent spontanément le beau, un magicien, un enchanteur; je suis un critique, et c'est par la critique que j'arrive à l'art. — Tant d'affirmations hasardées couraient le monde, que pour rétablir l'équilibre il prenait volontiers le parti de l'opposition; en présence des opinions reçues, spontanément il se rebellait; lisait-il des écrits en faveur de la religion, si nombreux qu'ils formaient les trois quarts de la production allemande, aussitôt il avait envie de connaître l'autre quart; devant toute condamnation, il interjetait appel.

Comme ses frères encore, il avait incroyablement lu, étudié, cherché. Écolier, un de ses maîtres disait qu'il était un jeune cheval auquel il fallait double ration d'avoine; il avait continué à manger des rations doubles ou quadruples. A ce compte-là, tout imprimé lui paraissait bon à lire, ne fût-ce que pour faire la chasse aux sottises; mais il aimait surtout ce qu'il n'était pas obligé de connaître et ce que les autres ne connaissaient pas, ce qui était à côté, ce qui était en marge;

si bien qu'à force d'accumuler, outre l'ordinaire, l'inédit et l'imprévu, il finissait par avoir à sa disposition un arsenal immense, qu'il utilisait largement dans ses combats. — Comme ses frères, il était inlassable; par nécessité, puisque, aussi longtemps qu'il l'a pu, il a vécu de sa plume; et par goût, dramaturge, esthéticien, théologien, philosophe, journaliste; laissant encore après lui une foule de fragments, d'essais, de matériaux pour des œuvres commencées ou projetées, non finies. — Volumes et manuscrits n'avaient toute leur saveur que quand il revenait vers eux après les avoir quittés pour humer l'air de la vie. La vie batailleuse et agitée, la vie qui pour se bien remplir doit apporter à l'être humain mille expériences, y compris celles de l'aventure et de la bohême, comme il l'a chérie! Il n'a pas taillé sans fantaisie la courte étoffe qui est concédée à chacun de nous. Le ministère l'attendait, on l'avait envoyé à l'Université de Leipzig pour y faire les études qui le conduiraient vers les ordres : or sa pieuse famille apprenait, avec scandale, qu'on le voyait plus souvent dans les coulisses du théâtre de Mᵐᵉ Neuberg que dans les salles de cours, qu'il traduisait des pièces et qu'il en composait lui-même; l'étudiant Gottlob Ephraïm avait décidé qu'il ne serait plus timide, qu'il ne serait plus gauche, qu'il n'aurait plus l'air d'un pauvre candidat en théologie, qu'il fréquenterait le monde et qu'il commencerait par apprendre l'escrime et la danse. Les livres, c'était une de ses convictions arrêtées, les livres peuvent faire un bon savant, jamais à eux seuls ils ne formeront un homme; la froide science livresque n'imprime dans le cerveau que des lettres mortes.

Cette crise initiale sera suivie de plusieurs autres; une impulsion le saisit, il faut qu'il change de place; sans adieux il déménage, oubliant derrière lui quelques dettes : il va partir, il est déjà parti. Installé à Leipzig et commençant de s'y faire un nom, il se transporte à Berlin; il abandonnera Berlin pour revenir à Leipzig, et Leipzig pour entreprendre à travers l'Europe un voyage que la guerre arrêtera dès sa première étape. Cet homme aux allures militaires, parfaitement à l'aise parmi les soldats, ce secrétaire du gouvernement prussien auprès du général Tauenzin, commandant la place de Breslau, c'est Lessing encore; le soir il prend les cartes et mène rondement la partie : si on lui reproche sa passion, il répond que ce n'est pas la peine de jouer, si l'on joue froidement. Ce qui ne l'empêche pas de lire toujours, d'étudier encore, de penser, d'observer autour de lui les originaux qui lui fourniront les caractères de la meilleure de ses pièces, *Mina von Barnhelm*. Nouvelle éclipse : il n'a plus rien à voir avec le gouvernement, avec l'armée; il est devenu le conseiller du théâtre de Hambourg. — Or ces variations ne sont pas des caprices, elles sont la sauvegarde de sa liberté. Les faibles se laissent emprisonner avec résignation ou avec joie, par le métier, les habitudes, l'entourage; les forts, dès qu'ils se sentent menacés d'enlisement, s'échappent. Brisons les chaînes, franchissons les portes, secouons la poussière de nos pieds sur ce que nous avons aimé, et chaque fois redevenons nous-mêmes! Ne cherchons pas la fortune : à chaque aventure Lessing est moins riche d'argent, parce que l'argent n'a pas de valeur pour lui, parce qu'il le dépense et qu'il le jette; à chaque aventure il est plus riche d'humanité.

Certains dons intérieurs lui manquaient, la fantaisie, la souplesse, les nuances; il était dur, et quelquefois rogue; son caractère comportait une nuance de pédanterie pédagogique. Il avait choisi son champ et suivait son sillon, sans regarder les prés ou les montagnes, les arbres ou les fleurs. Il admirait son ami Ewald Christian von Kleist, qui trouvait dans la contemplation de la nature son repos et sa joie : pour son compte, quand il avait besoin de se divertir, il allait parler littérature ou philosophie avec des amis de son espèce, au cabaret. Ce n'est pas qu'il fût insensible, ses ironies, ses colères et ses emportements le prouvent assez; assurément il n'était pas sentimental. Klopstock l'agaçait, et les autres angéliques; il n'éprouvait qu'une sympathie médiocre pour les passions du jeune Werther. A l'amour il a donné peu de place : a-t-il vraiment aimé, l'homme qui disait qu'il n'avait jamais écrit à une femme une lettre qu'on ne pût montrer à qui que ce fût? a-t-il fait d'autres confidences qu'intellectuelles? a-t-il seulement rêvé? Il a aimé cependant, sans confidences et sans rêves; il a épousé, sur le tard, une compagne qu'il avait choisie comme la meilleure possible dans une espèce difficile à comprendre. L'enfant que lui donna Eva König mourut au bout de quelques jours et entraîna sa mère dans la mort. Lessing fut déchiré et laissa entendre une émouvante plainte; il n'avait pas été exigeant, il avait seulement demandé la petite part de bonheur qui était concédée aux autres hommes, et voici que cette part lui était refusée. Mais ce qu'il regrettait surtout, c'est cette possibilité d'intelligence, apparue au monde et disparue. Il porterait sa croix ; et pour essayer de la rendre moins lourde, il se remettrait à travailler. Une dose de laudanum, faite d'occupations théologiques et littéraires, l'aiderait à passer une journée après une autre ; il redeviendrait ce qu'il avait été : une raison en marche.

Un de ses amis, Mylius, publiait un journal qui s'appelait *Der Freigeist*. Le nom aurait pu convenir à Lessing lui-même. Il était de la famille des libres esprits.

Mais Lessing, s'il porte la marque de son temps, n'est pourtant pas de ceux qui restent confondus avec l'ensemble du troupeau : il commande. A quelques-unes des idées et des volontés communes, nous le voyons qui se rebelle, avec un air de mépris. — Locke, un penseur qui a dit le dernier mot en philosophie ? Pope, un métaphysicien ? Il hausse les épaules. Ceux-là, il les laisse au pays de Gulliver ; et il fréquente d'autres compagnons, d'une autre stature : Leibniz, Spinoza. — Sur Wolff il laisse tomber son ironie : « En général, nous ne manquons point en Allemagne d'ouvrages systématiques. Choisir quelques définitions reçues, pour en déduire dans le plus bel ordre tout ce qu'il nous plaît d'établir, c'est un art dans lequel nous pouvons défier toutes les nations du monde. » Un certain pragmatisme est nécessaire, d'accord ; lorsque le paralytique reçoit les décharges bienfaisantes de l'électricité, il ne demande pas si c'est Nollet, si c'est Franklin qui a raison, ou si ce n'est ni l'un ni l'autre. Mais n'allez pas lui faire croire que pour expliquer un fait, il suffise de le constater. Vous cherchez à conquérir la foule ; soit, si tel est votre talent. Toutefois, ceux qui agissent sur ceux qui agiront sur la foule sont d'une espèce supérieure. Autre chose est un éblouissement de brillants, vrais ou faux, autre chose une démonstration solide qui emporte l'adhésion des penseurs. Un homme qui s'est exclusivement occupé de belles-lettres, ou qui a passé tout son temps à jouer de la flûte, est-il satisfait de lui-même lorsqu'il arrive au terme de sa vie, et pense-t-il franchir le front levé les portes du tombeau? L'évidence n'a pas besoin d'être parée de dentelles; elle plaît ou elle déplaît, et tant pis pour ceux auxquels elle ne plaît pas. Car ils sont incurables. Ce sont des impurs, et ils ont beau faire : si on se sert d'une éponge sale, inutile d'effacer.

Il attendait avec impatience l'ouvrage de Winckelmann, qui devait lui apporter les révélations qu'il souhaitait sur la beauté antique; et il était tout prêt à l'admirer. Mais l'admiration, chez lui, n'était jamais si fervente, qu'elle émoussât la pointe de son esprit. Or Winckelmann ajoutait à son histoire de l'art une théorie du beau : encore une. Il disait que les principes de l'art, après tant et tant d'écrits, n'avaient pas été approfondis autant qu'il conviendrait; que la beauté restait un des mystères de la nature; et qu'enfin il allait en donner l'explication définitive. Alors il faisait intervenir l'essence divine, dont ces œuvres belles sont l'expression humaine. « La beauté suprême réside en Dieu. L'idée de la beauté humaine se perfectionne à raison de sa conformité et de son harmonie avec l'Être suprême, avec cet Être que l'idée de l'unité et de l'indivisibilité nous fait distinguer de la matière. Cette notion de la beauté est comme une substance abstraite de la matière par l'action du feu, comme un esprit qui cherche à se créer un être à l'image de la première créature raisonnable formée par l'intelligence de la divinité. »

Ce sur quoi Lessing revêtit son armure, et entra en lice : il lui plaisait de fondre sur un champion qu'il estimait. Impossible de s'abstenir, et de laisser passer une fausseté. Impossible d'admettre que l'art grec fût l'archétype de la beauté, sous quelque forme qu'elle existât; et qu'on voulût imposer ses principes à tous les arts, notamment à la poésie. Sans doute Laocoon et ses fils, enlacés par un serpent monstrueux, gardent-ils, dans leur physionomie, leurs gestes, leur attitude générale, une majesté : la sculpture ne saurait légitimement reproduire une douleur qui, ravageant les traits, serait laide. Mais le Philoctète de Sophocle ne craint pas d'exprimer sa douleur par des gémissements; les héros d'Homère crient, se lamentent, se mettent en colère. Il faut donc qu'il y ait entre les deux arts une différence. C'est que le peintre et le sculpteur rendent un moment unique, les moyens de leur art leur imposent ce choix; comme ce moment reçoit d'eux une valeur

constante, ils ne doivent rien lui conférer de ce que nous considérons comme transitoire. Le poète, lui, ne se concentre pas
sur un seul instant; il est maître de prendre une action à son
origine, de la suivre, de la mener jusqu'à sa fin. La poésie
ne peut donc être, sans abus, assimilée aux arts plastiques. Et
la différence n'est pas seulement chronologique; elle ne s'explique pas seulement par le fait que les Anciens n'aimaient qu'une
beauté calme, au point que Timante, dans le sacrifice d'Iphi-
génie, a jeté un voile sur la figure d'Agamemnon, qu'il n'aurait
pu peindre que contractée, révulsée, hideuse, tandis que les
Modernes ont élargi leur goût. La différence est spécifique [1].

Lessing a repris son argument sous plusieurs formes, aboutissant à la même conclusion : mon principe reste dans sa
force, la succession dans le temps est le domaine du poète,
l'espace est le domaine du peintre et du sculpteur. Il n'en
fallait pas moins pour rompre la vieille alliance, *Ut pictura
poesis;* pour bouleverser les idées reçues sur une foule de
sujets d'esthétique, il ne fallait pas moins que la vigueur, la
combativité, l'opiniâtreté du même lutteur. Celui-ci continuait, en effet, à renverser les idoles. La poésie, plus souple
que les autres arts, pouvait reproduire la laideur, s'en servant
comme d'un ingrédient : dans le ridicule, laideur impuis-
sante; et dans le terrible, laideur cruelle. La poésie, plus riche
que les autres arts, n'avait pas besoin d'attributs mythologi-
ques, les balances de la Justice, la colonne sur laquelle la
Fermeté s'appuie, le frein de la Modération : elle n'était pas
à ce point dénuée d'expression. La poésie n'était pas réduite à
en revenir toujours à des types universellement connus, Vénus,
Mars ou Jupiter; l'invention proprement dite avait peu
d'importance pour l'artiste, un sujet banal le favorisait plutôt
qu'il ne le gênait; pour le poète, au contraire, l'invention
avait plus d'importance que l'exécution. Chemin faisant,
Lessing réhabilitait Shakespeare, infirmait les règles, dénonçait le dogmatisme, établissait les droits de la spontanéité,
demandait pour les vivants la permission de n'être pas semblables aux morts, même illustres. Mais le travail qu'il accomplissait par-dessus tout était la libération de la poésie. Il n'est
pas de l'essence de la poésie d'être didactique. Il n'est pas de

---

1. *Laokoon : oder über die Grenzen der Malerei und Poesie,* 1766.

l'essence de la poésie d'être minutieusement descriptive. Haller, dans son poème *Die Alpen*, a tellement décrit que l'imagination du lecteur n'a plus à s'exercer; l'Arioste, au lieu de disperser dans plusieurs stances les traits du portrait d'Alcine, aurait dû nous indiquer seulement quelques touches qui nous auraient laissé la liberté du rêve. Il y avait, dans la poésie, ce qu'elle disait; et aussi un élément plus puissant : ce qu'elle ne disait pas, ce qu'elle suggérait; la vraie poésie était l'ineffable.

C'est ainsi qu'il était toujours prêt à affirmer sa maîtrise. Mais rien ne lui tenait plus à cœur que la solution du problème religieux, dont tout dépendait.

En lui survivait l'âme du pasteur son père et des autres pasteurs ses ancêtres : des croyants, des apôtres, qui ne s'étaient pas contentés de remplir machinalement leurs fonctions, d'administrer la communion de leurs ouailles et de débiter des sermons dans leurs temples, mais qui avaient fait de la croyance l'aliment unique de leur vie spirituelle, défenseurs de la foi, enfants de Dieu. D'un tel héritage on ne se débarrasse pas à sa guise; même le jour où l'on sort de l'orthodoxie, on le garde et on l'aime. La religion est chose grave; et celui qui la raille n'est jamais qu'un petit esprit : sur cette affirmation, Lessing n'a pas varié; la religion ne souffre pas de plaisanteries; elle est une forme de la vérité, et la vérité ne ricane pas; certes, il a pensé que c'était un devoir de la débarrasser des impuretés qui s'étaient glissées en elle; aussi a-t-il fait partie du chœur qui a dénoncé la superstition; a-t-il lancé son mot contre les Croisades, dont il a dit qu'elles étaient le chef-d'œuvre de la politique pontificale, et qu'elles avaient abouti aux plus atroces persécutions dont le fanatisme se soit jamais rendu coupable; a-t-il déclaré qu'il vivait à une époque où la voix de la saine raison retentissait trop haut pour que tout furieux qui, sans nécessité et au mépris de ses devoirs civils, se jetait de gaieté de cœur au-devant de la mort, s'arrogeait le titre de martyr; a-t-il peint en traits noirs les moines ignorants et les évêques fourbes. Mais les chevaliers des Croisades, les martyrs intempestifs, les mauvais prêtres, n'incarnaient pas à ses yeux l'essence de la religion, qui représentait en soi une valeur éternelle.

Déiste à sa manière, il demandait qu'on le distinguât des autres déistes, de ceux qui suivaient la mode, qui n'entendaient rien à la philosophie profonde, et qui formaient non pas des chrétiens raisonnables, mais des disciples déraisonnant. Le sort avait fait qu'au début de sa carrière, il avait rencontré Voltaire, et qu'il l'avait détesté. Comme Voltaire se trouvait à Berlin, qu'il avait pris en qualité de secrétaire un professeur de français nommé Richier, et qu'il lui avait demandé un Allemand qui fût capable de lui servir de traducteur, Richier avait proposé un de ses amis, le jeune Gottlob Ephraïm Lessing, très intelligent et très pauvre. Les choses n'avaient pas mal marché tout d'abord; mais Richier avait eu l'imprudence de prêter à Lessing le manuscrit du *Siècle de Louis XIV*; Voltaire avait redemandé son bien : or Lessing avait quitté Berlin en emportant la pièce. Aux réclamations de son ami, il avait répondu par une lettre mi-respectueuse et mi-goguenarde; il n'avait jamais eu l'intention de garder l'exemplaire; mais il n'avait pas tout à fait fini de le lire, et il n'avait pas résisté à la tentation de connaître jusqu'au bout l'œuvre d'un si parfait écrivain. Encore moins avait-il eu l'intention de le traduire, car il savait que l'entreprise était déjà en main; pour bien traduire M. de Voltaire, il aurait fallu se donner au diable. Au reste, il avait l'impression qu'il s'agissait là d'une grande fâcherie pour un petit objet, et la certitude que Richier serait bientôt pardonné. Alors Voltaire avait écrit personnellement à Lessing, en le flattant, pour qu'il ne disparût pas avec le manuscrit; et en le menaçant, pour l'avertir qu'il ne prendrait pas l'affaire à la légère, et que la carrière de M. Lessing se trouverait compromise si lui, Voltaire, était obligé de s'adresser à la justice pour demander restitution. Lessing, outré, avait répondu à son tour par une lettre en latin dont le texte est perdu, mais dont il a dit plus tard que Voltaire n'avait pas eu lieu de l'afficher à la fenêtre. Le manuscrit avait été rendu et la querelle avait pris fin, non sans laisser dans l'âme du débutant une hostilité qui devait croître et se développer chez l'homme.

C'était le temps où la pensée allemande tendait à prendre conscience d'un caractère spécifique, qu'il s'agissait d'affirmer pour elle-même d'abord et ensuite pour les peuples voisins; elle sentait, obscurément encore et seulement dans son élite, que l'affirmation de ce caractère et de sa dignité impliquait un droit à la vie et devait avoir pour effet la reconnaissance publique de ce droit. Une poussière de petits États, séparés, divisés : mais aussi un effort vers une âme commune, tel qu'à un moment donné et après une longue préparation, la politique elle-même serait obligée de le traduire. On voulait manifester une pensée nationale, premier appel de la patrie.

Les Aufklärer entendaient participer au mouvement qui entraînait l'Europe vers les lumières, mais n'entendaient pas s'y perdre et s'y réservaient, au contraire, un rôle particulier. A les entendre, les Anglais n'étaient philosophes que jusqu'à une certaine limite où ils s'arrêtaient; ils étaient trop fiers pour lire les Allemands, trop amis de leurs aises pour creuser la pensée. Les Français étaient brillants, légers, superficiels. Les Anglais philosophaient avec leurs sensations, les Français avec leur esprit : les Allemands, seuls, avec leur raison [1]. Les Allemands, écrivait l'*Allgemeine Deutsche Bibliothek,* dont le seul titre était un programme, et qui s'adressait non pas seulement aux Berlinois et aux Prussiens, mais aux lecteurs et aux collaborateurs de toute la Germanie, les Allemands sont capables de tenir une place qu'aucun autre pays ne saurait occuper. Car ils sont calmes et refusent de se laisser entraîner par une fantaisie trop vive; la nature leur a inspiré le goût de la recherche; ils se situent entre les doutes trompeurs qui ne sont que des égarements de l'esprit et les enthousiasmes excessifs d'une imagination échauffée. On leur fait généralement ce reproche, que leur caractère national consiste à n'en avoir aucun : à eux de vouloir [2].

De cette Allemagne pensante, Lessing était le premier citoyen. Citoyen du monde, voilà ce qu'il croyait être, ne se faisant pas faute d'afficher son cosmopolitisme : qu'il n'avait aucune envie d'avoir la réputation de patriote, c'était la dernière qu'il ambitionnerait jamais; qu'il n'avait aucune idée de l'amour de la patrie, et qu'il se passait fort bien de cette faiblesse

1. Moses Mendelssohn à Lessing, 20 février 1758.
2. *Allgemeine Deutsche Bibliothek*, 1765, article I; *Ibid.,* 1768, vol. VI, article I : compte rendu de l'ouvrage *Von dem deutschen Nationalgeiste,* Francfurt am Mein, 1765; et *Noch etwas Zum deutschen Nationalgeiste,* Lindau am Bodensee, 1766.

héroïque. En fait, il était profondément allemand : l'un des créateurs de l'esprit nouveau de l'Allemagne. Leipzig, Berlin, Hambourg : chacune des villes où il s'établit comme par un coup de tête, a sa fonction dans la grande aventure de la formation d'un peuple : Leipzig, le centre de la vie intellectuelle, la capitale des livres, des modes, des élégances, du théâtre, de la critique; Berlin, qu'anime le génie de Frédéric II; Hambourg marché des échanges internationaux. Le secrétaire du gouvernement auprès du général Tauenzin, l'homme qui boit sec et qui joue gros jeu, se trouve participer à l'épreuve décisive de la Prusse et de l'Allemagne, à la guerre de Sept ans.

Les professeurs qui ne voulaient plus répéter la doctrine des maîtres, et éveillaient les jeunes gens; les pasteurs qui estimaient que les progrès de l'incroyance étaient dus à ce que beaucoup de leurs confrères, s'imaginant qu'ils enseignaient Dieu, ne voyaient plus que son ombre déformée; les savants, les exégètes, qui prétendaient vivifier l'arbre sacré; les critiques, qui animaient de leur esprit les revues éducatrices : tous se plaignaient de voir l'Allemagne étouffée sous la vieille orthodoxie. Et Lessing a répondu à leur demande. Prendre la défense des prétendus hérésiarques injustement condamnés; soutenir la cause des frères Moraves contre leurs persécuteurs; choisir à chaque occasion le parti du Samaritain contre le Pharisien : c'était sa joie. Mais parmi tant de combats, un combat est resté particulièrement célèbre, parce qu'il porta jusqu'au paroxysme l'âcreté de sa critique et la fureur de ses ennemis. Il était à Wolfenbüttel, alors; il avait accepté, faute de mieux, la place de conservateur de la bibliothèque du grand-duc de Brunschwig. Il n'était pas âgé, il avait quarante-deux ans; pourtant il se sentait las, et malheureux : cette défaite dans sa lutte contre le destin, cette condition médiocre, ce havre de grâce; cette servitude acceptée pour finir... Ce fut le moment où il lança contre l'orthodoxie luthérienne son éclatante provocation.

Samuel Reimarus était un sage et paisible professeur, qui enseignait les langues orientales au gymnase de sa ville natale, Hambourg. Content de vivre des jours sans orages, bon mari et bon père de famille, il avait toutes les apparences d'un homme dont l'existence est de cristal. Il avait écrit des livres estimés en faveur de la religion naturelle et contre l'athéisme, montrant en particulier que la merveilleuse organisation des insectes ne pouvait s'expliquer que par la sagesse de l'Être suprême. Ce juste avait vu sereinement s'approcher sa fin; le 19 février 1768, il avait invité quelques amis de choix à dîner chez lui pour le repas des adieux; trois jours après il était tombé malade, et le 1er mars 1768, il était mort.

Or, le plus profond de sa pensée était resté caché, il l'avait confié à un manuscrit sur lequel il avait écrit : *Schutzschrift für die Vernünftigen Verehrer Gottes,* Apologie pour les adorateurs raisonnables de Dieu; et ce manuscrit, soupçonné plutôt que connu par quelques intimes, aurait peut-être été ignoré pour toujours, si Lessing n'avait eu l'occasion d'en prendre connaissance, et en 1774, en 1777, en 1778, n'en avait révélé des passages sans donner le nom de l'auteur : *Fragmente eines Ungenannten,* Fragments d'un inconnu.

Ce n'est pas un Jean Meslier qui recommence; Reimarus n'a pas ses emportements, ses haines, sa rage destructrice; il ne vide pas une querelle personnelle entre le Seigneur et lui, il ne se laisse pas brûler par une rancune qui de proche en proche consume tout. Au contraire, il croit très sincèrement qu'il va vers Dieu, écartant les épines et les ronces, chassant la foule des impies et des idolâtres, dénonçant l'origine du vice et du mal, s'imaginant qu'il aura purifié la terre et le ciel lorsqu'il aura anéanti la croyance à une religion révélée. Il est étonnamment sûr de lui; il répète qu'il veut voir clair, *ich will die Sache klar machen,* et il en possède une autre, par laquelle il lui semble qu'on peut pleinement exprimer les règles fondamentales de la raison : *Ein jedes Ding ist, was es ist; ein Ding kann nicht zugleich sein und nicht sein :* chaque chose est ce qu'elle est; une chose ne peut pas à la fois être et ne pas être. Ainsi muni, Reimarus s'engage dans l'examen de l'Ancien Testament, sans se faire faute d'interrompre son travail critique par des exclamations passionnées, des interrogations, des appels : ah! comme les esprits tombent facilement dans l'erreur! comment est-il possible qu'on ait tenu pour vrais, pendant des générations et des générations, des faits aussi manifestement contradictoires? — Une religion qui est bonne et sage dans son essence ne peut avoir eu que des intermédiaires bons et sages; or regardez les personnages de la Bible, regardez David : ils n'étaient ni bons, ni sages; ils étaient vindicatifs, cupides, immoraux; donc une religion qui se fonde sur la tradition juive ne saurait être bonne et sage; elle ne saurait être vraie. Pas une histoire au monde où tout dépende aussi directement de Dieu; et pas une où les dépositaires des ordres divins ne soient moins dignes de les recevoir; dès lors il s'agit d'une histoire juive et non pas divine. Une religion qui prétend donner aux hommes un code de conduite morale doit formuler des règles précises, intelligibles à tous, parfaitement déterminées dans leur rédaction et dans leur contenu; or la Bible ne contient pas cet enseignement; elle ne considère même pas l'âme comme immortelle : donc ses préceptes ne sauraient provenir d'une révélation divine.

Reimarus ne procède pas autrement au sujet de l'Évangile : le Nouveau Testament, qui devrait contenir une vérité unique et qui, rédigé par quatre personnes, varie sur les temps, sur les lieux, sur les discours tenus, sur les faits accomplis, implique contradiction, et donc ne saurait faire foi. Le protestantisme est examiné à son tour : la doctrine du salut par la grâce est-elle raisonnable? la croyance au péché originel est-elle raisonnable? Le protestantisme, comme le catholicisme, est déraisonnable; ils sont, tous les deux, des impostures humaines, qui ont déformé la loi naturelle, à laquelle les hommes religieux doivent aujourd'hui revenir.

Telle est l'œuvre que Lessing exhuma. Aussi provoqua-t-il un scandale qui se prolongea sur plusieurs années. Melchior Gœtze, pasteur, releva le défi : l'étroitesse et l'obstination en personne; l'homme qui avait dénoncé pour cause d'impiété même ses collègues, même ses amis; bref, un adversaire de taille, pour lequel Lessing avait une certaine estime, parce qu'il était l'Intransigeance. Gœtze invoqua contre lui la vindicte du monde chrétien, demanda châtiment pour le blasphémateur; et Lessing continuait. Sermons, pétitions, brochures, livres, injures, menaces, ne faisaient que l'exciter : « J'ai publié ces Fragments et je les publierai encore, dussent tous les Gœtze du monde me damner jusqu'au fond de l'enfer. »

Et cependant, même lorsqu'il prenait cette attitude exaspérée, il ne se croyait pas l'adversaire de la religion en tant que telle. Il continuait à mépriser les plaisantins qui tournaient en ridicule les choses sacrées; la pauvre ruse de ceux des philosophes qui, par le biais de la superstition, s'en prenaient à la croyance, lui paraissait misérable. Il ne pensait pas que depuis le commencement des âges, les hommes se fussent trompés, en adorant et en priant; il ne partageait à aucun degré l'opinion simpliste, que l'Église de Dieu s'est établie par un complot grossier, conçu par les prêtres et par les rois complices. Puisque l'exigence d'une foi était un fait, primitif, essentiel, puérils étaient ceux qui le niaient : il fallait seulement déterminer sa nature, le sauver de ce qui n'était pas lui-même, et lui donner son vrai sens.

Pour ce faire, Lessing reprenait quelques-unes des idées exprimées avant lui, et autour de lui, non sans mettre sur elles la marque propre de son esprit. L'idée que la religion ne procédait pas d'une lettre dictée, d'une Bible, d'un Coran; qu'elle était une vérité interne; que Dieu était la présence dans notre âme d'une raison universelle et éternelle, à laquelle aucun individu ne pouvait refuser son adhésion. La foi était un fait de conscience, antérieur à la théologie, indépendant d'elle. La religion existait avant qu'il y eût une théologie; quand il n'y aurait plus de théologie, la religion existerait toujours.

Il reprenait l'idée que la moralité était religion. Comme le disait son ami Nicolaï, l'éditeur, dans son roman intitulé *Das Leben und die Meinungen des Herrn Magister Sebaldus Nothanker*, La vie et les opinions de Maître Sebaldus Nothanker (1773-1776), un pasteur qui s'en tient au dogme dans sa lettre la plus stricte, qui fait œuvre pie, qui recueille de l'argent pour bâtir des chapelles, n'en est pas moins un mauvais pasteur, s'il est dur envers les pauvres, impitoyable aux malheureux, et s'il voue aux peines éternelles ceux qui ne pensent pas comme lui. Au contraire : même si vous êtes déclaré hérétique et schismatique, si votre existence est vertueuse, si vous pratiquez la bonté autour de vous, vous serez selon le cœur d'un Dieu Raison qui est en même temps un Dieu Humanité. Les Collegiants d'Amsterdam, qui ne font partie d'aucune Église, mais qui admettent tous les hommes dans leurs assemblées fraternelles, parce qu'ils disent qu'on peut entrer par plus d'une porte dans la Cité de Dieu, et qui ne demandent pas à un homme qui meurt de faim son certificat de baptême avant de lui donner à manger, sont plus près de la religion véritable que les plus orthodoxes des Luthériens.

Lessing reprenait l'idée d'une ascension rationnelle, telle que l'exposait un autre de ses intimes du temps de Berlin, Moses Mendelssohn, dans son *Phédon* (1767) : un Phédon qui avait lu, lui aussi, Leibniz et Spinoza, et qui prêtait à Socrate des propos comme celui-ci : « Nous sommes bien fondés à croire, d'après cette tendance irrésistible des êtres raisonnables à un état plus parfait, que leur perfection est la fin suprême de la création. Nous pouvons dire que cet immense univers a été produit afin qu'il y eût des êtres raisonnables qui pussent s'élever de degré en degré, croître peu à peu en perfection, et trouver dans cet accroissement leur félicité. »

Enfin l'idée de Semler, qu'il y avait dans toute religion un élément local, national et transitoire, qu'il ne fallait pas confondre avec sa substance durable. Mais Semler ne suivait pas Lessing jusqu'au bout, et même il se rangeait parmi ceux qui lui jetaient l'anathème, parce que Lessing, hardiment, achevait ces préparations et transformait cet ensemble, en leur ajoutant la philosophie du devenir.

Qu'est-ce, en effet, pour lui que la révélation? Rien d'autre que l'éducation progressive du genre humain. C'est le titre du livre capital qu'il publia l'année 1780 : *Die Erziehung des Menschengeschlechts*.

Ce que l'éducation est pour l'individu, la révélation l'est pour l'humanité. Comme l'éducation ne fournit rien à l'homme, qui ne soit déjà en lui-même, mais le lui donne plus facilement et plus rapidement : ainsi la révélation ne fournit rien à l'humanité que celle-ci ne puisse atteindre d'elle-même, mais elle l'aide à dégager ses richesses obscures. La révélation n'est pas fulgurante; elle se sert du temps. Quoique le premier homme ait été doué de la notion d'un Dieu unique, il était impossible que cette notion, communiquée et non trouvée, persistât dans son état pur; et l'homme s'est livré à l'idolâtrie, au polythéisme, qu'il ne faut pas mépriser si on les remet dans leur ordre chronologique et à leur place, et qui sont déjà la possibilité grossière d'un développement futur. Ces égarements auraient pu durer pendant des millions d'années, si Dieu n'était venu leur donner une nouvelle direction. Il a choisi un peuple — le plus ignorant de tous, le peuple israélite — pour lui communiquer l'idée d'un Dieu unique; et ce progrès était considérable. Mais comme on était loin encore du concept transcendantal de l'unité! Il ne pouvait, ce peuple enfant, recevoir d'autre éducation que celle qui convient à un peuple enfant. Cependant les autres peuples avaient continué leur route à la lumière de la raison; beaucoup étaient en retard, quelques-uns étaient en avance. Les Israélites apprirent dans leur servitude, au milieu de la sage nation des Perses, à mesurer leur croyance avec la conception de l'Être des êtres, tel qu'une raison plus exercée l'avait connu et honoré. La révélation avait guidé leur raison; et maintenant la raison, à son tour, contribuait au progrès de la révélation; premier service réciproque que ces deux puissances se fussent rendu; aux yeux du Créateur, une telle influence mutuelle est si peu messéante, que sans elle l'une des deux, révélation ou raison, serait inutile. C'est par ce contact que les Juifs apprirent à mieux connaître Dieu. Il y avait, dans leurs saintes Écritures, des allusions, des indications, au sujet de l'immortalité de l'âme; mais cette croyance, trop élevée pour le commun, resta, à ce stade, l'apanage de quelques particuliers. Dans ces préparations consistait la valeur de la Bible, livre élémentaire qui devait être dépassé.

Il le fut. Christ vint; le Nouveau Testament fut le second livre, supérieur au premier. Il a servi, il a occupé l'entendement humain pendant des siècles; mais il ne saurait durer éternellement. La progression continuera. Nous aurons des idées plus justes et plus rapprochées du vrai, sur l'essence divine, sur notre nature, sur nos rapports avec Dieu; nous irons vers la moralité désintéressée qui nous fera chérir la vertu pour elle-même. Lessing devient lyrique et prend le ton des prophètes, lorsqu'il nous ouvre les perspectives du lointain avenir. Il viendra, il viendra certainement, le temps de la consommation : il viendra, le temps où l'homme fera le bien parce que c'est le bien, sans l'espoir de récompenses arbitraires placées devant lui, et qui jadis semblaient nécessaires pour fixer le regard. Il viendra certainement, le temps d'un nouvel Évangile, qui dès le livre élémentaire nous était promis. Marche ton pas imperceptible, Providence! Fais seulement qu'à cause de ce caractère imperceptible, je ne désespère pas de toi, alors même que tu semblerais reculer! Il n'est pas vrai que la ligne la plus courte soit la ligne droite : tu as tant de choses à entraîner sur ta route éternelle!

S'il s'exalte ainsi, le dur, l'inflexible Lessing, c'est sans doute qu'il se compte lui-même au nombre des apôtres qui œuvrent et qui peinent, au milieu des ingratitudes et des incompréhensions et des inimitiés, pour étendre à la société civile les bienfaits qui sont en germe dans le présent, et que moissonnera le futur : dans son âme opère le Dieu révélation, le Dieu raison, confondus en un seul Dieu. On peut penser qu'il a représenté son œuvre propre dans un Dialogue [1] qui commence comme une énigme, et qui finit par un acte de foi dans les destinées morales de l'humanité. L'un des deux interlocuteurs se déclare franc-maçon, non parce qu'il appartient à une loge, mais précisément parce qu'il n'a subi aucune initiation, prêté aucun serment, obéi à aucun rite. Que veut-il dire? Les sociétés civiles, établies pour assurer le bonheur des hommes, manquent leur but; elles connaissent les dissentiments et les guerres, elles opposent les nations les unes aux autres, Français, Anglais, Allemands, Espagnols, Italiens, Russes. A l'intérieur même de chaque nation, il est facile de saisir des défectuosités : persistent les abus, les privilèges, l'opposition des riches et des pauvres. Il importe donc qu'il y ait des sages qui soient exempts des préjugés de leur tribu, de leur moment : ils guériront les maux dont le citoyen supposé le plus heureux ne saurait être exempt. Leur progrès sera lent, il s'étendra sur des siècles et des siècles; ils travailleront pour la paix, pour la justice, pour l'amour, jusqu'au temps où les bonnes actions finiront par devenir spontanées, où l'on pratiquera le bien sans l'espoir des récompenses et sans la crainte des peines.

Tel se voyait Lessing dans les années toutes voisines de sa mort.

---

1. *Ernst und Falk. Gespräche für Freimaürer*, 1778. *Fortsetzung*, 1780. Lessing est mort le 15 février 1781.

Lessing, déiste. Mais un déiste qui place un sens tout autre sous le même mot; qui conserve pour les religions positives, et pour la religion chrétienne en particulier, reconnaissance et respect; qui voit en elles un émouvant effort vers la vérité, un épisode d'une lente conquête spirituelle. Voltaire écrivait, dans le troisième entretien du *Dîner du comte de Boulainvilliers* : « En fait de religion, on a eu une conduite directement contraire à celle qu'on a eue en fait de vêtement, de logement et de nourriture. Nous avons commencé par des cavernes, des huttes, des habits de peaux de bêtes, et du gland; nous avons eu ensuite du pain, des mets salutaires, des habits de laine et de soie filée, des maisons propres et commodes; mais, dans ce qui concerne la religion, nous sommes revenus au gland, aux cavernes et aux peaux de bêtes. » Pensée simpliste, à à laquelle s'oppose maintenant une des hypothèses les plus hautes qu'on ait jamais conçues pour expliquer la marche de l'humanité.

Lessing, apôtre de la raison; mais d'une raison à la fois immanente et transcendante; d'une raison qui, dans son travail, s'aide quelquefois de l'intuition; qui ne refuse même pas les fulgurations de certains mystiques, qu'elle considère comme des prédécesseurs qui ont été seulement trop hâtifs. De sorte qu'il réhabilitait des forces dont ses prédécesseurs avaient nié la valeur et la présence même.

Lessing, un des maîtres de l'Aufklärung, et non le moins glorieux. Mais de l'Aufklärung, il altérait l'essence. Pour les autres, elle était le privilège du siècle, du siècle des lumières; pour Lessing, elle était une lueur qui avait déjà faiblement brillé dans le fond des âges; que le présent n'avait fait que renforcer; qui devait s'épurer encore, au cours d'un avenir infini. Pour les autres, elle était un fait, par eux démontré, par eux établi; quelque chose d'arrêté, et de décisif; pour Lessing, elle était un devenir. Pour les autres, elle était un refus de ce qui n'était pas leur vérité; pour Lessing, elle était une acceptation et une interprétation du tout. Pour les autres, elle était la défaite irréparable de la métaphysique et de la foi; pour Lessing, elle était une métaphysique, et presque une foi.

Déjà la Réforme avait brisé l'unité de la croyance, brisé d'une façon telle que tous les efforts accomplis pour la recons-

titution, si persistants qu'ils fussent, demeuraient vains.
Mais maintenant, c'était une autre affaire; l'unité de croyance
ne pouvait plus être autre chose qu'un lointain souvenir.
Chaque sage interprétait à sa manière la nature du Dieu qu'il
voulait bien garder encore. Quand ces doctrines diverses
tombaient dans l'esprit de la foule, elles s'atténuaient, elles
se dissolvaient; elles finissaient par disparaître. Il n'y avait
plus la masse des fidèles, et quelques rebelles parmi eux;
il y avait des indifférents. La chrétienté ne se scindait plus
seulement; elle s'émiettait, elle se dissolvait. Restait un troupeau qui ne cherchait plus son bonheur que dans cette vie
mortelle et qui l'interprétait bassement. Il ne le voyait plus que
dans le bien-être, les satisfactions matérielles, voire même que
dans le plaisir. Il n'était même pas athée, puisque l'athéisme
suppose un terme à nier; il n'était plus rien. Il était livré à
sa propre conscience, et il n'avait plus de conscience; en dehors
des devoirs que lui imposait la vie sociale, il ne se sentait plus
de devoirs; il ne se souvenait que de ses droits. Des milliers,
des centaines de milliers, des millions d'hommes, n'éprouvant
plus rien d'analogue aux angoisses d'un Pope, ne voyant plus
dans Voltaire que son côté destructeur, parfaitement incapables
de suivre Lessing dans ses spéculations et de l'accompagner
dans ses envolées, perdaient la notion du divin, soit comme
origine, soit comme terme; et c'était l'aboutissement du
déisme.

L'Europe et la fausse Europe.

L'Europe, qu'était-ce au juste? On ne le savait pas. Vers l'est, ses limites étaient incertaines; à l'intérieur, elle n'avait pas toujours eu les mêmes divisions, par rapport aux peuples qui l'habitaient; son nom même s'expliquait mal. Jupiter, déguisé en taureau, avait enlevé Europe, fille d'Agénor, tandis qu'elle se promenait avec ses compagnes sur une plage de Phénicie; en l'honneur de cette belle, il avait appelé Europe l'une des parties du monde; fabuleuse histoire à laquelle Hérodote déjà ne croyait plus. Mais, faute d'une idée précise, on éprouvait un sentiment très fort : « L'Europe surpasse en toutes choses les autres parties du monde. » Sans doute, elle était moins vaste que l'Asie, que l'Afrique, que l'Amérique : et on s'en trouvait quelque peu marri; aussi ajoutait-on, très vite, que cette petitesse était compensée par de multiples causes de grandeur. Incertaine tant qu'on voudra, elle n'en formait pas moins *ein bewunderwürtiges Ganze,* un tout merveilleux [1]. Elle avait des lois communes; et commune, une religion qui avait fait d'elle la chrétienté, souvenir non aboli au fond des consciences rebelles. Elle constituait « une espèce de grande république, partagée entre plusieurs États, les uns monarchiques, les autres mixtes, ceux-ci aristocratiques, ceux-là populaires; mais tous correspondant les uns avec les autres, tous ayant un même fond de religion, tous ayant les mêmes principes de droit public et de politique, inconnus des autres parties du monde [2] ». Et de même que les Grecs

---

1. Joh. Chr. Adelung, *Pragmatische Staatsgeschichte Europens...* Gotha, 1762. *Vorlaüfige Einleitung,* p. 4.
2. Voltaire, *Siècle de Louis XIV, Introduction,* chap. II.

pouvaient se disputer entre eux, mais conservaient des relations de bienséance et de politesse, comme les habitants d'une seule ville, de même les Européans, ou mieux les Européens, pouvaient se battre et se déchirer, mais restaient solidaires. Bref, « ce n'est pas d'un pays, ce n'est pas d'une nation, que le XVIIIᵉ siècle tient sa célébrité; il la doit à tous les peuples, à tous les pays de l'Europe; et c'est ce qui la rend si grande, si intéressante, et si vraie [1]... »

On ne cessait pas de louer les vertueux Chinois et les sages Égyptiens; mais il fallait bien avouer que ni la Chine ni l'Égypte n'avaient tenu les promesses qu'elles avaient faites, jadis. Elles étaient demeurées inertes, tandis que l'esprit de l'Occident avait manifesté une curiosité inlassable. Jamais il ne s'était arrêté, de sorte que les Grecs et les Latins eux-mêmes étaient dépassés par le présent. Jadis, il y avait eu des centres lumineux, mais en petit nombre; rien n'éclipsait Athènes et Rome, mais au temps de leur splendeur, « Paris... n'était qu'une petite cité barbare, Amsterdam n'était qu'un marais, Madrid un désert, et de la rive droite du Rhin jusqu'au golfe de Bothnie tout était sauvage [2] » : ainsi l'Europe moderne valait mieux que l'Europe ancienne. Que de privilèges à elle réservés! Puissance militaire : immensité des dépenses, grandeur des engagements, nombre des troupes, continuité de leur entretien. Développement de l'agriculture, climat tempéré, fertilité du sol, si l'on exceptait les terres qui se trouvaient à l'extrême Septentrion. Prospérité du commerce, aidé par l'abondance des voies de communication. Densité des habitants, opulence des villes. Mais par-dessus tout, suprématie intellectuelle : les sciences, les beaux-arts, et les arts mécaniques, qui multipliaient les biens; l'empire d'une raison qui tendait à l'universel, qui corrigeait les sottes vanités nationales, qui abolissait l'*ingenium glebae*. Partie philosophique, partie pensante du monde.

Non pas que ses fils fussent exempts de défauts. Agités, leur histoire était celle d'incessantes révolutions, et leurs annales un tissu de malheurs, de folies et de crimes. Corrompus par le luxe, ils exploitaient cruellement les habitants des

1. *Esprit et génie des écrivains du XVIIIᵉ siècle.* Amsterdam, s. d.
2. Voltaire, *L'A. B. C.,* 1768. *Septième Entretien.*

colonies qu'ils avaient conquises. Pourtant ils gardaient le droit d'être fiers d'eux-mêmes. Pourquoi les Asiatiques et les Africains n'avaient-ils pas abordé dans leurs ports, conquis leurs territoires, imposé leur autorité aux princes autochtones ? Parce que les Européens étaient les plus forts ; ils étaient les plus forts parce qu'ils étaient les plus sages ; étant les plus sages, ils représentaient un degré plus avancé de civilisation [1].

Ils voyageaient, comme pour prendre une plus sûre possession de leur domaine, de leur domaine sans égal. Le voyage changeait de caractère, non plus le caprice de quelque original, trop curieux, mais un apprentissage, un travail, le complément de l'éducation ; c'était l'école des Européens. Les Anglais accomplissaient leur Grand Tour, sous la conduite de quelque précepteur ; les Allemands savaient que leur formation n'était pas complète s'ils n'étaient allés se polir à l'étranger ; les Italiens et les Français étaient partout. Les Russes n'étaient plus ces étranges Moscovites, dont l'apparition avait étonné la génération précédente : ils venaient allégrement dépenser leurs roubles dans les grandes villes occidentales, et particulièrement à Paris. Quand on s'éloignait de son clocher, on ne pensait plus se lancer dans une expédition aventureuse, à grand danger : les routes devenaient meilleures, les correspondances plus faciles ; et même — révolution — on commençait à circuler la nuit. Les portes des bourgs ne se fermaient plus quand sonnait le couvre-feu, et les postillons lançaient hardiment leurs chevaux sur les routes obscures ; le temps s'économisait de moitié. Les raffinés faisaient construire des carrosses spacieux, le duc de Richelieu avait un lit dans le sien, plus un garde-manger contenant trois entrées ; on raconte qu'en 1742, au moment de quitter Choisy-le-Roi, il fit bassiner les draps, « se coucha en présence de trente personnes, et dit qu'on le réveillerait à Lyon ». Tous les acteurs que nous avons fait paraître sur la scène, il faudrait les reprendre pour les montrer dans leur mobilité ; il n'est guère d'homme de lettres, au XVIIIᵉ siècle, qui n'ait été piqué de la même tarentule ; même Samuel Johnson, le plus massif des écrivains, a quitté son home, son fauteuil, et sa place à la bonne taverne d'Old

1. Samuel Johnson, *Rasselas*, 1759. Chapitre XI. Montesquieu, *Cahiers*, Éd. Grasset, pp. 65 et suivantes.

Cheshire Cheese pour voir le continent; même Diderot a fini par consentir à quitter Paris pour Saint-Pétersbourg. Même les princes, attachés à leur place héréditaire, voyageaient; le prince de Suède a su que la mort de son père avait fait de lui Gustave III, tandis qu'il se trouvait dans une loge de l'Opéra, à Paris.

Ils visitaient les célèbres cabinets d'histoire naturelle et les curiosités; ils s'exclamaient devant les pierres qui contenaient de l'eau, devant les fossiles et les monstres, jeux inquiétants de la création. Ils visitaient les savants, dans leurs maisons modestes, et assistaient aux séances des Académies. Ils mesuraient les églises et comptaient les escaliers des tours. Ils fréquentaient les théâtres, ne manquaient jamais un opéra, surtout en Italie; car ils se délectaient de musique, heureux d'emporter dans leur bagage la dernière partition de Pergolèse, pour la faire jouer dans leur pays, après leur retour. Ils entraient dans les ateliers des peintres et des sculpteurs, achetaient tableaux, statues, collectionnaient aussi les antiques médailles. Il y avait des capitales européennes. Paris, où l'on se sentait étrangement libre, où l'on pouvait paraître à son gré, et d'où l'on pouvait aussi bien disparaître sans que personne s'en aperçût; réunion de merveilles; fusion de ce que chaque contrée avait de meilleur; accueillante entre toutes les villes par la douceur de ses mœurs et la bonne grâce de ses habitants; rendez-vous des étrangers qui séjournaient dans ses hôtels : Paris, la lumière des lumières. La douce Venise, plaisir, séduction et charme : le carnaval et les masques, les promenades en gondole, le jeu, les théâtres qui portaient des noms d'églises, les concerts qui se donnaient jusque dans les couvents des religieuses, les tréteaux de la place Saint-Marc, les courtisanes qui recevaient dans des palais; Venise, la Sybaris moderne. Rome et sa Semaine sainte; Naples et son printemps. Vienne, germanique et latine, porte qui s'ouvrait sur l'Orient.

Guides, descriptions, itinéraires, voire même des bibliothèques entières de voyages, enregistraient ce goût toujours croissant. Bien plus! L'étranger devenait un type de comédie. Lord Runebil, le chevalier Le Bleau, Don Alvaro de Castille, le comte de Bosco Nero, s'affrontaient sur la scène; on représentait le *Français à Londres,* et l'*Anglais à Bordeaux.* Les images simplistes par lesquelles on aimait à se figurer les habitants des autres pays, quelquefois justes et le plus souvent fausses, prenaient une telle fixité que le temps même ne les effacerait plus. N'eût-on jamais quitté le Faubourg Saint-Antoine ou la rue Saint-Denis, on voyait paraître sur les planches l'Anglais taciturne, philosophe, splénétique, toujours riche et toujours généreux; l'Italien, toujours ami des beaux-arts; l'Espagnol, toujours noble et fier; et on sentait qu'on faisait partie d'une collectivité bizarre, mais indissoluble. Des coutumes émigraient, l'opéra à l'italienne, le salon à la française, le thé à l'anglaise, voire la matinée à l'anglaise; et on finissait par parler des « usages communs de l'Europe ».

Les particuliers correspondaient, donnant des nouvelles moins de leur vie privée, de leurs intérêts, de leurs amours, que du mouvement des esprits : tel livre vient de paraître, telle tragédie vient d'être sifflée. Les sociétés savantes correspondaient. Des écrivains à gages avaient pour métier de donner aux princes d'Allemagne la primeur des produits de Paris. Les journaux, autrefois le répertoire des richesses indigènes, étaient envahis par le compte rendu des livres d'outre-mont, d'outre-mer; d'autres se fondaient tout exprès pour activer les échanges, *Bibliothèque anglaise*, *Bibliothèque germanique*, *Journal des nouveautés littéraires d'Italie*, *Journal étranger*; d'autres encore invoquaient jusque dans leur titre leur caractère européen, *L'Europe savante*, *Histoire littéraire de l'Europe*, *Bibliothèque raisonnée des savants de l'Europe*, *Biblioteca universale o gran Giornal d'Europa*, *Estratto della letteratura europea*, *L'Europa letteraria*, *Giornale letterario d'Europa*, *Correo general historico, literario y económico de la Europa*; en les lisant, comme dit un journal italien, « les hommes qui jadis étaient Romains, Florentins, Génois, ou Lombards, devenaient tous plus ou moins Européens [1]. »

Si, dans les écoles, les langues étrangères n'étaient guère enseignées, on commençait à les apprendre lorsqu'on s'apercevait que, dans la vie, elles devenaient nécessaires au commerce des intelligences. Une grammaire paraissait; d'édition en édition, elle suivait une longue carrière; jusqu'à ce qu'un autre auteur, relevant les fautes de celui qui l'avait précédé,

---

1. *I Caffè*, 1764. Premier article.

cet ignorant, lançât à son tour une grammaire, encore plus fructueuse; il arrivait aux rivales de se fondre plutôt que de se nuire, deux grammaires en une seule, bonne affaire pour l'acheteur, bonne aussi pour les vendeurs. De même paraissaient, nombreux, les dictionnaires. Et les extraits et les morceaux choisis. Les maîtres de langues allaient depuis les plus obscurs aventuriers jusqu'aux écrivains illustres : Baretti a été professeur d'italien à Londres, et Goldoni à Paris.

Que de traductions! comme on les voit se hausser pour peu que du XVIIᵉ au XVIIIᵉ siècle on suive leur courbe! Traductions où s'inscrit, en bévues, en contresens, en énormités, l'ignorance des intrépides qui ne connaissent ni la langue étrangère, ni la leur; entreprises commerciales, manufactures où des besogneux travaillent pour le compte d'éditeurs avides; chefs-d'œuvre traités « comme ces infortunés qu'un corsaire dépouillait de leurs habits magnifiques, après les avoir arrachés de leur patrie, et qu'il va vendre dans des terres éloignées, chargés de misère et de haillons [1]. » Insolents traducteurs, qui s'appellent des plénipotentiaires et qui même se croient supérieurs aux auteurs originaux, dont ils élaguent les défauts et accentuent les beautés sans pudeur. Belles infidèles, et nécessairement infidèles, puisqu'il fallait aller sans trop de heurts de l'inconnu au connu, et faire goûter une saveur exotique sans inspirer de répulsion. Telles quelles, elles passaient; et par leur action se constituait une littérature internationale.

A mesure que les relations se multipliaient ainsi, un ordre devenait plus nécessaire; une hiérarchie de valeurs; et au sommet, une autorité consentie. Pendant un temps donné, on put croire que la puissance que l'Europe avait choisie pour remplir cette haute fonction était la France. Parce qu'elle avait la force politique, sans laquelle les lettres ne se sentent pas soutenues; parce qu'elle avait le nombre, et qu'elle essaimait; parce qu'elle avait derrière elle une longue tradition de culture; parce qu'elle venait d'avoir Louis XIV et sa constellation de génies, elle s'était, dès le siècle précédent, proposée

---

[1]. La Barre de Beaumarchais, *Lettres sérieuses et badines*, 1729. Tome II, Deuxième Partie, Lettre dix-neuvième.

comme modèle. Voici qu'au lieu de s'obscurcir, ainsi qu'il arrive d'ordinaire après la disparition des pléiades, elle prenait un éclat nouveau. Corneille et Racine, Bossuet et Fénelon n'avaient pas épuisé leur vertu, que d'autres étoiles apparaissaient dans son ciel. L'ascension continuait; et les écrivains qui l'honoraient maintenant possédaient la qualité même qui excite l'émulation : ils étaient la modernité. Il n'en existait ni de plus vifs, ni de plus hardis, ni de plus prompts à formuler, à défendre, à répandre les idées qui s'imposaient aux mentalités contemporaines. De sorte que la France gardait la suprématie littéraire qu'elle avait reçue en héritage, et justifiait cette faveur par un apport substantiel. A peu près tous les autres peuples avaient l'impression d'être en retard lorsqu'ils se comparaient à elle; et voulant combler ce retard, leur première impulsion était de la prendre pour guide. Rare privilège d'un pays qui, tout à la fois, règle et inspire; qui, tout à la fois, représente la stabilité qui rassure, et le mouvement qui est la vie! On cherchait à l'égaler dans les genres classiques où elle avait excellé, et où elle excellait encore; en même temps on voulait penser comme elle, vite et audacieusement. C'était le temps où le gallicisme envahissait les langues étrangères, et où, loin d'en être honteux, on s'en disait fier; car le français, déjà si pur, si clair, si raffiné, était devenu l'expression même de la raison : par quel attachement au vieux purisme, par quel préjugé national l'aurait-on repoussé? aurait-on refusé de puiser dans son vocabulaire? de prendre son tour analytique? C'était le temps où on écrivait le français comme à Versailles, jusque sur les bords de la Néva; où beaucoup d'auteurs, abandonnant leur idiome natal, lui préféraient celui des grâces et de la philosophie, qui leur permettait d'être lus en tous pays. C'était le temps où l'Académie de Berlin proposait, comme sujet de prix pour l'année 1784, les questions suivantes : « Qu'est-ce qui a fait de la langue française la langue universelle de l'Europe? par où mérite-t-elle cette prérogative? est-il à supposer qu'elle la conserve? » et où elle couronnait, avec le discours de l'Allemand Schwab, le discours de Rivarol, qui consacrait l'hégémonie intellectuelle de la France.

« Les Français ont été, depuis plus de cent cinquante ans, le peuple qui a le plus connu la société, qui en a le premier écarté toute gêne [1]... » Autre prérogative qui expliquait la même prééminence : si l'Europe devait former une société, la France encore lui présentait un idéal. Paris était comme un grand salon, où il faisait bon causer, briller, écouter seulement. Ceux qui avaient eu la douceur d'y vivre, quand ils s'en allaient sans retour, gardaient la nostalgie du Paradis perdu : tel l'abbé Galiani, qui, lorsqu'il dut regagner Naples bien malgré lui, jamais plus ne se consola. Une existence s'y organisait, meilleure, semblait-il, que celle dont le passé avait donné l'exemple; un *commercio umano* [2], un commerce plus humain, s'y établissait; on aurait voulu que partout fût suivi cet exemple. L'aristocratie, la haute bourgeoisie des diverses nations, faisaient de leur mieux pour attirer chez elles ceux qui avaient su bâtir cet édifice heureux. Cela commençait par l'aménagement de la maison et par la parure des personnes, par l'œuvre des cuisiniers, des sommeliers, des perruquiers, des tailleurs; en prenant la frisure et l'habillement des Français, on prenait leur ton. Lorsque les couturières de la rue Saint-Honoré envoyaient dans les grandes villes de l'étranger, pour être exposée aux vitrines, la poupée habillée à la dernière mode de Paris, elles exerçaient leur part d'influence sociale; comme les modistes; comme les maîtres à danser. Cela continuait par les comédiens, qui traversaient les cours princières, les capitales, et même qui s'y fixaient quelquefois. « Si vous voyiez notre théâtre, il vous offrirait un spectacle très risible; vous verriez une école d'enfants. Tout le monde a son livre devant les yeux, tête baissée, sans détourner jamais les yeux pour voir la scène; ils paraissent contents d'apprendre le français [3]. » Cela continuait par les artistes de toute espèce, qui, eux aussi, travaillaient à construire une Europe française au siècle des lumières [4]. Si, à titre d'expérience, on range par catégories les gallicismes qui ont pris, en ce temps-là, droit de cité hors de France, on voit comment ils appartiennent à l'art de bien manger, de se bien vêtir, de se bien présenter, de pratiquer de belles manières, de parler en homme du monde; et comment ils traduisent, aussi, des nuances psychologiques et morales

1. Voltaire, *Dictionnaire philosophique*, Article *Langues*.
2. Lettre de Frugoni à Algarotti, de Parme, le 13 octobre 1758.
3. L'abbé Galiani à Mme d'Épinay, de Naples, le 16 janvier 1773.
4. Louis Réau, *L'Europe française au siècle des lumières*, 1938.

qui contribuent au raffinement de l'esprit; ils forment un ensemble cohérent, après le désordre de leur première venue. Ils impliquent une notion d'art; art militaire; art de converser; art de sculpter ou de peindre; art de penser; art de vivre.

Il s'est même produit ce phénomène singulier, qu'on s'est trompé sur le sens du mot cosmopolite. Voici, en effet, que le cosmopolite, fût-ce à son insu, devenait celui qui pensait à la française : il entrait dans une tribu, il faisait partie d'une espèce, il était le citoyen d'une nation encore, d'une nation qui comprenait les civilisés de toutes les nations, et dont les membres se sentaient unis par une communauté de langage, et même de vie. Le cas extrême est représenté par l'homme qui fut le plus brillant de tous, le prince de Ligne. Le prince de Ligne dit qu'il a tant de patries qu'il ne sait plus au juste à laquelle il appartient; il se sent parfaitement à son aise à Vienne aussi bien qu'à Saint-Pétersbourg; toujours en mouvement, l'Europe n'est plus qu'une grande route aux multiples auberges, qu'il parcourt à bride abattue. En réalité, par la langue qu'il parle et qu'il écrit, par la qualité de son esprit, par ses mœurs, par son être tout entier, il appartient à l'élite qu'il rencontre partout, et qui, partout, lui donne l'illusion d'être en compagnie familière, l'élite qui confond Paris avec Cosmopolis.

« Un même courant circule alors à travers toute l'Europe occidentale, réalisant une unité spirituelle comparable à celle de la Renaissance, de l'humanisme, et plus tard du romantisme [1]. » Du moins cette unité a voulu se réaliser. On a cherché à reconstituer une âme européenne. Même les peuples de la périphérie, que leur éloignement, que le caractère particulier de leur langage, que leur individualisme, semblaient exclure du mouvement général, peu à peu s'y sont ralliés. La Suède, condamnée à se replier sur elle-même après Charles XII, entrait d'abord dans une période qui paraissait être de léthargie, et qui n'était que de recueillement. Bientôt elle contribuait à l'œuvre de science qui était celle de toute l'Europe, par Linné; Olaf Dalin, le poète de cour, traitait les thèmes à la mode, dans les genres à la mode; en 1750, Mme Nordenflycht

---

1. Rudolf Mertz, *Les amitiés françaises de Hume et le mouvement des idées. Revue de Litt. comparée,* 1929.

ouvrait le premier salon littéraire qu'eût connu Stockholm. La Hongrie, par les Universités hollandaises où fréquentait bon nombre de ses étudiants; par les Universités allemandes, où d'autres étudiants apprenaient la philosophie de Wolff; par les Jésuites et par les Piaristes; par Vienne; par ses relations directes avec Paris; par ces représentants divers de la raison qui devenait l'inspiratrice des temps nouveaux, la Hongrie se modernisait. La Pologne divisée contre elle-même, anarchique, incapable de résister aux convoitises de ses voisins, et condamnée à périr, entreprenait depuis l'avènement de Stanislas Auguste une tâche pathétique : elle renoncerait au sarmatisme qui l'avait fait se complaire dans ses vieux défauts; elle prendrait à l'étranger le secret des réformes sociales qui la sauveraient; elle changerait ses méthodes d'éducation; elle demanderait une philosophie à l'*Encyclopédie*, une logique à Condillac; elle retrouverait une force vitale : immense effort, au milieu des partages qui bientôt allaient la faire disparaître du nombre des nations : lutte de vitesse qu'elle espérait gagner; et si elle la perdait, elle aurait du moins assuré la persistance d'une volonté qu'elle confierait à l'avenir. La Russie, tout en regardant du côté de l'Orient, empruntait à l'Europe le secours de ses artistes, de ses savants, de ses ingénieurs, de ses philosophes, pour revenir à la tradition de Pierre le Grand.

Si bien qu'une carte idéale se dessinait. Au centre, le pays qui donnait plus qu'il ne recevait, dont la langue offrait aux peuples divers le moyen de communication qu'ils désiraient, dont la pensée éblouissait : la France. A côté d'elle, et comme pour l'aider, la Hollande avec ses libraires et ses gazettes, la Suisse : *Helvetia mediatrix*. A des distances plus ou moins grandes, suivant la qualité de leur production, mais toujours gravitant autour d'elle sur cette carte planétaire, les autres nations. Et dans l'ensemble, un ordre spirituel, un ordre européen.

Ce n'était pas une pure apparence; c'était un des aspects de la réalité : mais ce n'était pas le seul. Que l'Europe cherche son unité, le fait est sûr; qu'en même temps elle se déchire, le fait n'est pas moins constant. Elle se déchirait donc de son mieux, suivant son habitude. Les écrivains qui parlaient des Suisses ou des Polonais, des Portugais ou des Moscovites, ne manquaient jamais d'ajouter quelque épithète désobligeante à leurs définitions; toujours un *mais* venait limiter l'énumération des qualités, comme pour corriger ou pour détruire l'effet de la louange. Qu'on ouvre le *Dictionnaire historique* de Moreri à l'article *Europe*, et on y trouvera aussitôt l'exemple de ce parti pris, qui est général : « On dit que les Français sont polis, adroits, généreux, mais prompts et inconstants; les Allemands, sincères, laborieux, mais pesants et trop adonnés au vin; les Italiens, agréables, fins, doux en leur langage, mais jaloux et traîtres; les Espagnols, secrets, prudents, mais rodomonts et trop formalistes; les Anglais courageux jusqu'à la témérité, mais orgueilleux, méprisants et fiers jusqu'à la férocité... » Chacun est servi. Qu'on feuillette le théâtre de Boissy, un de ceux qui aimaient mettre à la scène des personnages exotiques :

> J'ai parcouru sans faire résidence,
> L'Allemagne, la Suisse, où l'on m'a forcément
> Enseigné l'art de boire alternativement
> En même pot qui fait la ronde,
> Et de m'enivrer proprement
> Pêle-mêle avec tout le monde.
> Puis j'ai vu la Hollande où l'esprit, l'agrément,
> Où le plaisir paraît un être imaginaire;
> Où le vrai savoir-vivre, où le grand art de plaire,
> Est l'art de commercer toujours utilement.
> J'ai fait le tour de l'Italie :
> Là j'ai, pendant dix mois, subsisté de concert,
> Ou n'ai vécu que de dessert [1]...

Qu'on lise le *Voyage de la raison en Europe* (1772), de Caraccioli, un des gallicisants qui firent du français leur langue première. « Voyons », dit la Raison, « si les lumières que j'ai départies aux Européens, comme à ceux d'entre les hommes que j'affectionne de préférence, ne se sont point obscurcies, et s'ils révèrent encore mes lois. » La Raison, personnifiée par un « philosophe aimable », est déçue, car la Hollande, bien que possédant encore des vertus éminentes, est en décadence, le commerce y excite un intérêt trop sordide; les Portugais

---

1. *Le mari garçon*, 1742.

sont fins, mais entêtés de scolastique; les Espagnols ont quelques hommes rares et sublimes, mais ils sont abrutis par leur paresse...

Puisque les Français s'arrogent une supériorité, la critique se fera particulièrement dure pour eux. Haro sur « Jean de France », qui aime la bonne chère, le vin et les filles; sur le Monsù, qui agace par ses compliments, ses pirouettes et l'expression de son dédain pour tout ce qui ne porte pas la marque de Paris; sur la Mamselle, coquette et perfide; sur M. de Fatencourt et sur M. Lebhaft; voire même sur le « fripon francese », sur l'aventurier qui se pare d'un faux titre de noblesse et s'insinue dans d'honorables familles afin de les duper; haro sur M. Ricaut de la Marlinière! « Souvent un Français, après avoir épuisé toutes ses ressources, quitte Paris qui ne lui promet point de fortune; le chevalier d'industrie laisse ses dettes à son tailleur et se fait maître de langues, à deux florins par mois, chez la nation germanique [1]... » Bref ils ne sont, ces Français vaniteux, que les Graeculi du monde moderne.

Des querelles éclatent, qui manifestent ces animosités. Paris s'est moqué de l'Anglais Rostbeef; Londres aura sa vengeance et se moquera du petit-maître parisien, mis en farce. Celui-ci, dépouillé de ses atours, laissera voir une chemise en toile à sac; sa tête, tombée la perruque, apparaîtra couverte de gale et d'emplâtres; on trouvera dans ses poches une croûte de pain rongée, quelques oignons grignotés, un peigne crasseux qui a perdu la moitié de ses dents [2]. Walpole a sévèrement réglementé les théâtres londoniens, mais a permis à une troupe française de faire concurrence aux acteurs locaux. La troupe débute au mois d'octobre 1738 : la populace enfonce les portes, s'empare des places, siffle les intrus, leur lance des projectiles divers et des couteaux; au-dehors, elle brise vitres et lanternes, elle démolit la façade du théâtre. Quand il s'agit de ce qui touche le plus profondément peut-être la sensibilité d'un peuple, la musique, la dispute devient interminable. En 1752, une troupe italienne s'installe à l'Opéra de Paris;

---

1. *Il fripon francese colla dama alla moda,* commedia del marchese Gioseffo Gorini Corio, Milan, 1730.
2. Zacharie, *Le Mouchoir, Poème héroï-comique,* Chant III. Dans le *Choix de Poésies allemandes,* de Huber, 1766.

la musique française se croit menacée jusque dans son sanc-
tuaire. Une bataille s'engage, les adversaires sont face à face :
dans le coin du roi, les officiels, les conservateurs, les partisans de Rameau; dans le coin de la reine, les philosophes,
les novateurs, les partisans des Bouffons. Guerre de couplets,
de pamphlets, de libelles; on brûle dans la cour de l'Opéra
un mannequin représentant Jean-Jacques Rousseau, défenseur
des Italiens; quand ces derniers sont obligés de quitter la
place, les passions ne s'apaisent pas, on continue à se quereller.
Tout recommence en 1773, les Gluckistes contre les Picci-
nistes; pour imposer le silence à ces acharnés, il faudra la
Révolution [1].

Après tout, on peut vivre assez bien en famille, même si
on se chicane quelquefois : mais c'est la famille elle-même
qui se modifie. Sur la carte dont nous parlions tout à l'heure,
il faut inscrire de nouveaux centres intellectuels; Berlin va
tendre à éclipser Leipzig, la ville des livres; Dresde, la ville
des beaux-arts; Hambourg, la ville du commerce; Londres
va tendre à éclipser Paris : rien de moins. Longtemps on
n'avait eu que du mépris pour l'Allemagne littéraire. La
science et le droit, soit; mais poésie, non pas. Comment les
Barbares du Nord auraient-ils eu le front de revendiquer une
place? Leur intelligence était grossière, et leur langue impro-
nonçable : ils n'avaient pas un seul auteur qui fît éclat en
Europe, autrement on l'aurait su. « Nommez-moi un esprit
créateur sur votre Parnasse, c'est-à-dire nommez-moi un
poète allemand qui ait tiré de son propre fonds un ouvrage
de quelque réputation, je vous en défie [2]. » Le défi était relevé,
et l'on devait marquer, étape par étape, cet avènement. 1750,
Grimm : « Depuis environ trente ans, l'Allemagne est devenue
une volière de petits oiseaux qui n'attendent que la saison
pour chanter. Peut-être ce temps glorieux pour les Muses
de ma patrie n'est-il pas éloigné... » 1752, le baron de Biele-
feld : *Progrès des Allemands dans les belles-lettres et les arts.*
1753, Grimm : « Le goût des traductions de l'allemand semble
s'accroître tous les jours... » 1762 : « La poésie et la littérature
allemandes sont devenues à la mode à Paris... Si l'on avait

---

1. Abbé Prévost, *Pour et Contre,* Nombre 80.
2. Mauvillon, *Lettres françaises et germaniques,* 1740.

parlé, il y a douze ans, d'un poète allemand, on aurait paru bien ridicule. Ce temps est changé... » 1766, Dorat, *Idée de la poésie allemande* : « O Germanie, nos beaux jours sont finis, les tiens vont commencer. » 1766, Huber, *Choix de poésies allemandes* : une Somme présente au public les œuvres d'auteurs aux noms étranges, Uz, Gellert, Rabener, Hagedorn, Lichtwer, et autres, avec lesquels il faut compter. « Il n'y a guère plus de seize ans, écrit Huber, que la poésie allemande était encore entièrement inconnue en France. » Dans ce court espace d'années, on a passé de l'ignorance à l'engouement.

Il s'agissait d'un changement d'espèce. Le berger d'Helvétie, Gessner, signifiait le simple opposé au factice, le naturel à l'artificiel, la sincérité du cœur à la fade galanterie. Klopstock signifiait la poésie des Bardes et la poésie religieuse. Winckelmann signifiait une autre conception de la beauté. Le *Werther* du jeune Gœthe proposait à ses lecteurs innombrables l'admiration et l'imitation d'un nouveau type humain. Les richesses de l'Allemagne, si profondément différentes de celles qu'offrait la France, exigeaient qu'on les distinguât : il fallait choisir. En 1761, le Piémontais Denina, dans son *Discorso sulle vicende della letteratura,* ne donne que peu de lignes aux Allemands; le seul poète que ceux-ci lui semblent posséder est le Suisse Haller. En 1763, on publie à Glasgow la seconde édition de son *Discours,* qui sera traduite à Paris l'année 1767, sous le titre de *Tableau des Révolutions de la littérature ancienne et moderne.* Cette fois, réparation est faite. Dans le passé lointain, les Allemands n'avaient employé que le latin pour écrire leurs savants ouvrages; il y a vingt ans, ils ne possédaient en langue vulgaire que quelques poésies tout à fait extravagantes; « maintenant, il paraît qu'ils veulent aller de pair avec les peuples les plus savants de l'Europe, et où il y a le plus de littérature ». Ils ne couraient qu'un danger : l'imitation excessive des Français, et des Anglais.

Car on imitait les Anglais, maintenant; les Anglais ne se contentaient pas d'avoir donné à l'Europe le plus illustre des philosophes, la phalange des déistes, des apologistes ingénieux, des moralistes en abondance, voire même des classiques seconds, comme Dryden et comme Pope : ils entraînaient, par leur exemple, sur des voies inconnues. Ils exportaient les De Foe et les Swift; les Richardson, les Fielding, les Smollett, les Sterne; les Young, les Gray, les Hervey, les Ossian : toute une littérature originale. La qualité, le nombre, ils les possédaient à la fois; de l'île inépuisable partaient sans cesse de nouveaux messages, avidement recueillis sur le continent. C'étaient les Anglais que l'Allemagne, commençant à répudier les Français, prenait pour ses maîtres. Elle écoutait la leçon de ses libres penseurs, de ses journalistes moralisants, de ses romanciers, de ses dramaturges, de ses poètes. Comme disait Uz en reprenant, après tant d'autres, l'image de l'ascension des poètes au Parnasse contemporain : les Allemands, plutôt que de suivre la route la plus fréquentée, odorante de fleurs et aboutissant à la statue d'Homère, prenaient un sentier raboteux, au bout duquel ils trouvaient une statue anglaise de marbre noir. « L'esprit anglais semble avoir aujourd'hui la même influence sur le Parnasse allemand, que les richesses et les armées anglaises en ont sur l'équilibre de l'Europe; Londres est ce qu'a été Paris [1]. »

La mesure, le bon goût, l'équilibre, l'obéissance aux saintes règles : les Anglais rejetaient ces contraintes, heureux de revenir à leur libre génie. L'appréhension du concret, les fêtes de l'imagination, fussent-elles mélancoliques et funèbres, les troubles de la sensibilité, les émois du cœur, s'opposaient au règne de l'intelligence abstraite et de la raison philosophique. Or, que faisait la France devant les progrès de cette rivale? Elle l'acceptait, l'invitait, la fêtait; sa curiosité, sa sympathie, sa faveur, elle les donnait à des mérites qui représentaient assez exactement le contraire des siens. Elle devenait anglomane, obéissant à la mode nouvelle. Bien plus! elle se faisait elle-même l'intermédiaire entre l'Angleterre et l'Europe. Les livres anglais étaient trop lourds, elle les allégeait; trop désordonnés, elle les régularisait; trop longs, elle les abrégeait, par ses traductions. Elle faisait leur toilette, de sorte qu'ils n'effarouchaient plus sa clientèle. Après un bref séjour à Paris, ils repartaient pour les pays latins, et même pour les pays germaniques. Par l'intermédiaire de la France, les Italiens, les Espagnols, les Portugais; et les Allemands, au moins jusqu'au milieu du siècle, ont connu la littérature

---

1. Dans le *Choix de poésies allemandes* de Huber, ouvrage cité, tome IV; *Épîtres morales.* Pp. 202 et suivantes : *A M. le Conseiller C.*

anglaise. De sorte que ceux même qui prétendaient à l'hégémonie, travaillaient allégrement à la détruire. Et les deux
voisines que nous avons données comme propagatrices de
leur gloire, changeaient en même temps qu'eux leur orientation. C'est un travail bien caractéristique que celui qu'opère
le Hollandais Justus Van Effen : en se servant du français,
il fait connaître les journaux anglais, les chefs-d'œuvre anglais.
La Suisse évolue : de Berne et en français, Béat de Muralt
annonce la supériorité naissante de l'Angleterre sur la France;
à Zurich, Bodmer et Breitinger se font les initiateurs de la
nouvelle littérature allemande, Haller crée la poésie philosophique sur le modèle anglais; Genève devient, comme Paris,
anglomane.

Les temps étaient révolus. Parce qu'elle était séduite;
parce qu'elle éprouvait le besoin de se renouveler; parce que,
fournisseur attitrée de la clientèle étrangère, son éventaire
ne pouvait manquer de ces marchandises demandées; parce
qu'il y avait du prosélytisme dans toutes ses entreprises :
pour ces raisons, la France aidait l'Europe à se libérer de la
suprématie intellectuelle de la France. Rarement elle voyait
qu'elle avait affaire à un esprit tel qu'en l'exaltant elle se niait
elle-même. « Les poésies nocturnes d'Young ont fait fortune
ici », écrivait Mme Riccoboni à Garrick; « c'est un changement
sans réplique dans l'esprit français ». Le plus souvent, elle
semblait ignorer cette différence essentielle. Elle ne savait
pas que l'Angleterre s'était arrêtée, dans la propagation de
la philosophie des lumières; tandis qu'elle faisait fête à Bolingbroke, à Hume, à Gibbon, dans lesquels elle reconnaissait
ses compagnons de lutte, elle ne savait pas que l'opinion
britannique se décidait pour un retour à la foi puritaine. A
peine a-t-on prononcé, dans la France du xviiie siècle, le
nom de ce William Law, mystique, qui dès 1723 publiait
A Serious Call to a Devout and Holy Life; et dès 1731, *The
Case of Reason :* par lui, l'homme de la nature et l'homme de
la raison étaient condamnés; la nature n'était que le sang, la
chair, et le péché; la raison n'était qu'une lumière factice,
venant de l'extérieur : tandis que le chrétien, éclairé de l'intérieur par la grâce divine, accédait seul à la vérité et à la vie.
La France du xviiie siècle ne montrait que du dédain, quand
par aventure elle le connaissait, pour ce John Wesley qui

avait, dès 1738, trouvé son chemin de Damas. Il allait, tous les jours de sa vie, catéchisant les mineurs de Newcastle, ou les tisseurs de Bristol, ou les miséreux de Londres, ou, de ville en ville et de village en village, tous ceux qui avaient perdu la foi dans le Sauveur; du fond de leur détresse, il leur rendait l'espoir des résurrections, au nom du Christ; croisade parmi les humbles, dont le résultat était que l'Angleterre retrouvait, par le méthodisme, ses assises morales.

Ainsi nous commençons à voir, après les forces convergentes, les forces divergentes qui s'opposent à l'unité de la conscience européenne. En voici d'autres.

Assurément, c'est au XIXe siècle que le principe des nationalités se proclame, que les nationalismes s'affirment : mais ils se préparent au siècle précédent. Qu'il est profond, qu'il est vigoureux le sentiment obscur qui a précédé l'idée! Comme il est habile à discerner, dans les influences étrangères, les éléments qui lui sont utiles et qu'il gardera, des éléments non spécifiques dont il saura se débarrasser! On dirait que chaque pays est un organisme qui persiste dans son être, et qui finit toujours par suivre sa propre loi. Il n'en est pas un, parmi ceux que nous avons considérés, pas un qui n'ait voulu d'abord assurer son existence individuelle; pas un qui n'ait considéré l'adjuvant de la pensée et de la forme françaises autrement que comme un moyen dont il devait provisoirement se servir, pour devenir plus fortement lui-même; pas un qui ne se soit soumis à une hégémonie intellectuelle, autrement que pour se libérer.

Prenons l'exemple d'un de ceux dont l'unité se trouvait depuis longtemps acquise, l'Espagne. Pour la première fois dans l'histoire des temps modernes, celle-ci semble se franciser. Il lui faut une académie, semblable à celle qui siège au Louvre; et en effet, sous l'impulsion d'un homme qui est en relations directes avec les savants étrangers, le marquis de Villena, la Real Academia española se fonde en 1714, et commence un Dictionnaire dont le premier volume paraît en 1726. Il lui faut un journal, sur le modèle du *Journal des Savants;* et en effet, le *Diario de los Literatos de España* paraît à partir de 1737, plusieurs autres le suivront. Il faut qu'elle soumette son génie au bon goût; qu'elle ait enfin un théâtre classique, et de belles tragédies régulières qui obéissent aux trois unités. Il y a des Espagnols pour renier Calderon et Lope de Vega; il y en a pour demander, et obtenir que les *autos sacramentales,* un des trésors de leur héritage, soient exclus de toute représentation : ce qu'ordonne un décret royal en date du 11 juin 1765. Les modes sont françaises, portées avec ostentation par les femmes et même par les hommes, les *petimetres;* la langue s'émaille d'expressions françaises; les ministres au pouvoir sont imbus des idées françaises : triomphe des *afrancesados.*

Ou plutôt, vie superficielle et vie simpliste. Ces fragiles victoires des gallomanes ne sont pas remportées sans de longues résistances; encore n'ont-elles pas de lendemain. Aux éloges hyperboliques de Paris, répondent les reproches adressés aux Français, les injures adressées aux Espagnols qui sont assez fous pour copier les ultramontains. Au bout du compte, on s'aperçoit que les seules œuvres d'une qualité durable sont celles qui ont su traduire l'esprit de la nation : les saynètes de Ramon de la Cruz, les comédies de Nicolas Fernandez de Moratín. L'action de l'étranger n'atteint ni la masse, ni la petite bourgeoisie, ni toute l'aristocratie, ni tous les écrivains, il s'en faut; elle s'arrête à un niveau qui est très vite atteint. Qu'on attaque la gloire espagnole : aussitôt des défenseurs surgiront. C'est un épisode chargé de sens, que la querelle des critiques italiens et des Jésuites espagnols. Ceux-ci ont été chassés, avec quelle brutalité, nous l'avons vu; ils se sont réfugiés pour la plupart en Italie. Or des Italiens reprennent le vieux reproche : que déjà, Sénèque et Martial avaient importé à Rome le mauvais goût qui avait fini par corrompre les lettres latines; qu'aux temps modernes, Gongora avait continué. Là-dessus les Jésuites espagnols prennent la plume, les Pères Juan Andres, Tomás Serrano, Javier Lampillas; oubliant, ces bannis, le tort que leur pays leur a fait, ils défendent ardemment l'honneur national. Un Jésuite expulsé, encore, le P. Juan Francisco de Masdeu, publie à partir de 1783 une monumentale *Historia critica de España;* et dans le premier volume, il énumère les titres de gloire de son pays natal, en montrant qu'il tient ses mérites de son propre fonds, et non de l'étranger. Le fait est qu'on n'entame pas si facilement la vieille Espagne, les traits de son caractère sont trop marqués pour qu'une mode passagère les efface. Qu'elle veuille demeurer elle-même, dans son indépendance farouche, c'est ce qu'elle montrera bientôt, dans sa lutte contre Napoléon.

Il y a, au XVIIIe siècle, un nationalisme anglais qui date de plus loin; il y a un nationalisme français qui se manifeste avec éclat lorsqu'en 1765, de Belloy fait représenter le *Siège de Calais*. Le public applaudit, pleure, crie au chef-d'œuvre; moins à cause de la valeur intrinsèque de la pièce que pour les émotions qu'elle soulève. « Voici peut-être la première tragédie française où l'on ait procuré à la nation le plaisir de l'intéresser pour elle-même. » Adieu les velléités de cosmopolitisme, quand il s'agit d'une patrie qui ne se confond plus tout à fait avec le royaume :

Je hais ces cœurs glacés et morts pour leur pays
Qui, voyant ses malheurs dans une paix profonde,
S'honorent du grand nom de citoyen du monde.....

Mais nulle part ce sentiment ne fut plus vif que dans deux grands pays encore morcelés, où une littérature nationale a appelé la nation. Combien l'Italie était divisée, nous le savons; à peu près toutes les espèces de gouvernement étaient représentées chez elle; de l'une à l'autre de ses provinces, ce n'étaient que frontières et douanes; elle semblait composée de morceaux hétérogènes, qui jamais plus ne se rejoindraient. Pourtant elle prenait conscience de sa faiblesse politique; elle souffrait, elle regrettait, et déjà elle espérait obscurément. Toute gallicisée qu'elle fût, elle tressaillait chaque fois que les Français, ou d'ailleurs un autre peuple, la prenaient à partie. Il n'était pas vrai que son théâtre, sa poésie, sa philosophie, sa science, fussent de qualité inférieure : la suprématie de son art, à elle seule, aurait suffi à lui assurer son droit à la vie. Il n'était pas vrai qu'elle fût réduite à une imitation servile. Il n'était pas juste que dans telle ou telle de ses capitales, et par exemple à Milan, on traitât d'étranger un Italien qui n'était pas milanais : un Italien était partout chez lui en Italie, comme un Anglais en Angleterre, comme un Hollandais en Hollande [1]. Souvent les poètes reprenaient le thème

---

1. G. Rinaldo Carli, *Della patria degli Italiani*. Dans *Il Caffè*, 1764-1765, semestre terzo, p. 12-17.

banal, traité dans toute l'Europe, de la décadence de l'Italie présente, comparée à la Rome impériale. Mais ils le traitaient, eux, à leur manière; rappel d'un titre de noblesse, toujours valable; crédit sur l'avenir.

Même si nous ne tenions pas compte, à grand tort, de ces appels, de ces revendications littéraires, de ces exigences, un fait psychologique demeurerait certain. Ceux qui ont étudié les traits profonds de la race n'ont jamais manqué d'insister sur un certain bon sens pratique qui leur semble un des traits dominants de cette âme latine. Il apparaît ici, en effet, irréductible à toutes les idéologies. Liberté, égalité, progrès : fort bien; mais plus qu'à la valeur théorique des principes que ces mots engagent, l'Italie pense à leur application particulière; elle entend se réformer elle-même avant de réformer le monde. Elle n'est point tellement férue de l'État libéral, qu'elle ne s'accorde avec les gouvernements, même autoritaires, qui veulent travailler à son bien; que Naples soit république ou monarchie absolue, l'essentiel est qu'on y combatte efficacement la féodalité qui pèse lourdement sur le peuple. Pour elle, l'égalité n'est pas nivellement, mais meilleure organisation des classes. Le progrès est une répartition plus équitable de l'impôt, l'établissement d'un cadastre, les facilités données au commerce et à l'agriculture. On voit chez elle peu d'esprits absolus, et on y chercherait en vain l'équivalent du baron d'Holbach; elle n'éprouve pas le besoin d'abolir sa religion ancestrale, soit à cause d'un scepticisme modéré qui la protège contre les excès, fût-ce celui de l'incroyance, soit par ce qu'elle respecte sa tradition, soit parce qu'elle se contente de remédier aux abus de l'administration ecclésiastique, sans la confondre avec l'essence de la foi. Ses grandes œuvres — celle de Parini, celle de Pietro Verri, celle de Beccaria — sont sociales ou économiques. En Italie, la philosophie des lumières ne se traduira pas en révolution, mais en évolution immédiatement profitable. S'il n'est pas exact de lui prêter, dès ce temps-là, des plans précis d'unité nationale, il n'en faut pas moins reconnaître l'existence d'un vif sentiment d'*italianità,* qui est à l'origine de sa résurrection politique : le Risorgimento commence dès le XVIIIᵉ siècle.

Le second des deux pays qui prononcèrent le grand refus est l'Allemagne. Même sensibilité, chez ses écrivains, à tous les jugements défavorables que l'étranger portait sur eux; mêmes aigreurs et mêmes colères, à l'idée qu'on ne leur rendait pas justice; même façon de revendiquer une haute place, voire la première. Mais en outre, une œuvre d'une telle vigueur, qu'elle résume en elle toutes les attaques : ici nous retrouvons Lessing.

Hambourg avait voulu posséder son théâtre; et des amateurs s'étaient trouvés pour débarrasser le directeur de troupe de ce qui cause généralement sa perte, du point de vue de l'art : le souci de gagner de l'argent. A ses côtés, ils voulaient un animateur, qui, délivré de toute occupation matérielle, et n'ayant à s'occuper ni du recrutement des acteurs, ni de la scène, ni de l'administration, aurait eu pour fonction unique de guider moralement l'entreprise. Nul n'en était plus capable que Lessing; aussi fut-il appelé. Le 22 avril 1767, il publia le premier feuilleton de sa *Dramaturgie*. « Elle sera une revue critique de toutes les pièces qu'on représentera; elle suivra pas à pas tous les progrès que la poésie et l'art dramatique pourront faire ici. »

Il suivait, en effet, les pièces représentées, une à une, disant pourquoi l'*Olinte et Sophronie* de Cronegk n'était pas bonne, et pourquoi *Le Triomphe des Honnêtes femmes,* de Johann Elias Schlegel, lui plaisait, au contraire. Seulement, on n'avait guère de comédies allemandes dignes de tenir la scène; on n'avait pas de tragédies. Alors on était forcé de recourir au répertoire français, de sorte que par une conséquence inattendue, le théâtre national de Hambourg aurait servi à consacrer la suprématie de la France, sans Lessing. Indulgent pour Regnard et pour Dancourt, sympathique au drame bourgeois de Diderot, pour la tragédie classique il était sans pitié. Elle ne mourrait donc jamais, cette orgueilleuse? Chaque fois qu'on l'applaudissait, il montrait pourquoi on n'aurait pas dû l'applaudir; il insistait sur ses défauts, chaque fois qu'on vantait ses mérites; elle n'était que froideur, convention, artifice; incapable de peindre les passions fortes, et de rendre les caractères au naturel. Certaines règles valaient une fois pour toutes, en ce sens qu'elles répondaient à des données immuables de la raison; Aristote les avait formulées, avec la même certitude qu'Euclide avait conférée à ses propositions. Eh bien! les Français croyaient s'y être conformés;

et pas du tout, ils les avaient travesties. En somme, tout leur théâtre était un contresens; à proprement parler, il n'existait pas.

Lessing était obligé d'écouter, plus souvent qu'il n'aurait voulu, des tragédies de Voltaire. Qu'il s'agît de *Sémiramis*, ou d'*Alzire*, ou de *Mérope* (bien inférieure à celle de Maffei), elles étaient mauvaises. Eh quoi! Voltaire encore? — Toujours Voltaire; et Lessing disait pourquoi : « Il n'y a pas, me semble-t-il, pour un critique, de meilleure méthode que de suivre cette maxime : qu'il cherche d'abord un adversaire à combattre; il arrivera ainsi peu à peu à son sujet, et le reste viendra par surcroît. C'est pour cela que, dans cet ouvrage, je le reconnais franchement, j'ai pris une fois pour toutes à partie les écrivains français, et en particulier M. de Voltaire. Ainsi, cette fois encore, un léger salut, et en garde! » Encore cette exécution ne lui suffit-elle pas, car il veut mettre à mal un autre auteur encore plus grand, le créateur même de la tragédie française : Pierre Corneille. Lessing ne peut pas souffrir qu'on l'appelle le grand Corneille : c'est le gigantesque, le monstrueux Corneille qu'il aurait fallu le nommer; pas de grandeur où il n'y a pas vérité. Et non seulement ses tragédies sont mauvaises, mais il a voulu faire croire qu'il avait suivi les règles d'Aristote, pour se justifier après coup; dans ses *Discours*, perfidement, une fois son œuvre terminée, il a interprété la pensée du philosophe grec « d'une façon radicalement fausse ». Donc Corneille est le premier corrupteur, le responsable, l'homme qui a donné au monde l'illusion que les Français avaient un théâtre, alors qu'ils n'en avaient pas. « J'ose faire ici une proposition qu'on prendra pour ce qu'on voudra : qu'on me cite une pièce du grand Corneille que je ne refasse mieux que lui! Qui tient la gageure? »

Personne ne l'a tenue. Le théâtre de Hambourg n'eut qu'une courte vie; le dernier feuilleton de la *Dramaturgie* date du 19 avril 1769. Acrimonieuse, pédante, injuste tant qu'on voudra, elle est cependant si passionnée, si puissamment convaincue, si originale, qu'elle compte à demeure parmi les grandes œuvres de la critique. Elle a marqué un moment historique : elle est la révolte ouverte contre le génie français, né jusque dans sa gloire suprême, le théâtre. A la place occupée par Corneille, Racine, Voltaire, Lessing mettait

Shakespeare, le « géant », qui était, par rapport à la tragédie française, ce qu'une fresque est à une miniature; il appelait même à son secours la Comedia espagnole, parce qu'elle n'était pas conventionnelle, et qu'elle traduisait une âme indomptée. Tant il fallait de compagnons à Lessing irrité, Anglais, Espagnols, à côté des Allemands, pour combattre le prestige de la France.

Ce que l'Italie n'eut pas non plus, ce fut une incarnation de la patrie; ce fut le grand homme qu'on a défini « une intelligence et une volonté qui manœuvrent une force »; ce fut un Frédéric II. Quiconque, non prévenu, lit la production lyrique allemande qui foisonne vers le milieu du siècle, s'étonne de rencontrer, au milieu de tant d'odes bachiques, anacréontiques, ou moralisantes, ou vides tout simplement, des allusions aux fiers Germains d'autrefois, à leur force, leur vertu, leur indépendance; des plaintes au sujet de la Germanie, maintenant opprimée; des appels à l'union. Ils expriment, ces poètes encore gauches, le même sentiment, déjà national, qui partout s'affirme; et ce sentiment va se cristalliser autour de Frédéric. Les *Chants d'un grenadier prussien*, de Gleim, réunis en 1758, ne sont pas un chef-d'œuvre : mais on peut y voir le passage de l'idée prussienne à l'idée allemande. Gleim feint d'être un soldat, un combattant, déclarant qu'il est autre chose qu'un Pindare ou qu'un Horace : un Tyrtée moderne. Il exalte la guerre, l'héroïsme, la vaillance de ceux qui meurent pour la patrie et méritent de vivre éternellement dans la mémoire de leurs concitoyens; il célèbre la gloire de Frédéric le Grand. « Victoria! Mit uns ist Gott! » La Prusse a vaincu l'Autriche, elle a libéré l'Allemagne :

> Wenn Friedrich, oder Gott durch ihn
> Das grosse Werk vollgebracht
> Gesändigt hat das stolze Wien,
> Und Deutschland frei gemacht...

« Quand Frédéric, ou Dieu par lui — a accompli la grande œuvre — il a dompté la fière Vienne — et rendu libre l'Allemagne... »

Mais ce vainqueur, allemand, de quelle langue se sert-il le plus volontiers, sinon du français? dans quelle langue compose-t-il ses écrits, sinon en français? Il faut que sur ce point aussi — le dernier — clarté se fasse.

1779. Frédéric II, *Lettres sur l'amour de la patrie, ou correspondance d'Anapistémon et de Philopatros.*

Le roi est inquiet de certaines tendances de ses alliés les philosophes, il va s'expliquer sans ambiguïté possible. Anapistémon a été reçu chez son ami Philopatros; rentré chez lui, il le remercie de ce séjour heureux. Il a eu avec lui, le dernier soir, une conversation sur les liens de la société et sur les devoirs de ceux qui la composent. Il n'avait jamais réfléchi sur ce grave sujet : Philopatros voudra-t-il, par lettre, le mieux renseigner ?

Ainsi Philopatros fait la leçon à Anapistémon le sceptique, l'épicurien, le cosmopolite. Il reprend les arguments habituels qui tendent à prouver que le bien de l'abeille ne saurait se dissocier de celui de la ruche; mais l'essentiel pour nous est qu'il substitue, à l'idée vague de société, l'idée précise de patrie. « Est-il possible qu'on aime véritablement sa patrie ? » demande Anapistémon; « ce soi-disant amour n'aurait-il pas été inventé par quelque philosophe ou par quelque rêvecreux de législateur, pour exiger des hommes une perfection qui n'est pas à leur portée ? Comment voulez-vous qu'on aime le peuple ? Comment se sacrifier pour le salut d'une province appartenant à notre monarchie, lors même qu'on n'a jamais vu cette province ? Tout cela se réduit à m'expliquer comment il est possible d'aimer avec ferveur et avec enthousiasme ce que l'on ne connaît pas du tout ». Et Philopatros, qui est Frédéric II lui même :

> *Le bien de la société est le vôtre. Vous êtes si fortement lié avec votre patrie, sans le savoir, que vous ne pouvez ni vous isoler ni vous séparer d'elle sans vous ressentir vous-même de votre faute. Si le gouvernement est heureux, vous prospérerez ; s'il souffre, le contenu de son infortune rejaillira sur vous... L'amour de la patrie n'est donc pas un être de raison, il existe réellement.*

Anapistémon résiste. Il a entendu parler d'un Encyclopédiste, qui a professé que la terre était l'habitation commune des êtres de notre espèce, que le sage était le citoyen du monde, et qu'il était partout également bien. Un homme de lettres a tenu devant lui les mêmes propos, qui l'ont séduit : n'est-il pas beau de cesser d'être le membre obscur d'un petit État, pour devenir partie de l'Univers ?

Là-dessus Philopatros s'échauffe. Ces Encyclopédistes, et les gens de lettres qui les suivent, disent quelquefois des bêtises. La terre entière est l'habitation des hommes : d'accord; inutile de développer avec emphase une vérité aussi triviale. Le sage est citoyen du monde : d'accord. Il ne s'ensuit pas qu'il doive être un errant qui, ne tenant à rien, court le monde par ennui, et devient vagabond par nécessité. Que diraient les Encyclopédistes, si la Patrie elle-même se présentait à eux, et leur tenait ce langage : « Enfants dénaturés autant qu'ingrats, auxquels j'ai donné le jour, serez-vous toujours insensibles aux bienfaits dont je vous comble ? D'où tenez-vous vos ayeux ? C'est moi qui les ai produits. D'où ont-ils tiré leur nourriture ? De ma fécondité inépuisable. Leur éducation ? Ils me la doivent. Leurs biens et leurs possessions ? C'est mon sol qui les fournit. Vous-mêmes, vous êtes nés dans mon sein... » Si la Patrie lui tenait ce langage, voici comment il répondrait : « Mon cœur, vivement touché de tendresse et de reconnaissance, n'avait pas besoin de vous voir et de vous entendre pour vous aimer. Oui, je confesse que je vous dois tout, aussi vous suis-je aussi indissolublement que tendrement attaché; mon amour et ma reconnaissance n'auront de fin qu'avec ma vie; cette vie même est votre bien; quand vous me la redemanderez, je vous la sacrifierai avec plaisir. Mourir pour vous, c'est vivre éternellement dans la mémoire des hommes; je ne puis vous servir sans me combler de gloire... » Philopatros s'excuse de son lyrisme : « Pardonnez-moi, mon cher ami, ce mouvement d'enthousiasme où mon zèle m'emporte. Vous voyez mon âme toute nue... »

1780. *De la littérature allemande, des défauts qu'on peut lui reprocher ; quelles en sont les causes, et par quels moyens on peut les corriger.*

Ce même Frédéric II sait que les Allemands s'étonnent de sa prédilection pour une littérature étrangère : il va s'expliquer, se disculper presque. Raisonnons : notre Allemagne n'est pas encore arrivée à son point de maturité, elle ne possède même pas encore une langue commune : comment produirait-elle des chefs-d'œuvre ? Nos pères ont bien rempli leur tâche en rendant la patrie forte et prospère; c'était le premier travail à accomplir, le soin de la parure ne venant que plus tard. Aujourd'hui, le goût général est si décidé pour tout ce qui peut illustrer cette patrie glorieuse, que nous désirons nous introduire à notre tour dans le Temple de mémoire : encore devons-nous mériter ce couronnement. Que nos écrivains se mettent donc à l'école des classiques anciens, à l'école des classiques seconds, les Français : qu'ils se gardent d'imiter un Shakespeare dont les tragédies ne sont que des « farces ridicules, dignes des sauvages du Canada ». Qu'est-ce que *Gœtz von Berlichingen*, qui paraît aujourd'hui sur la scène, sinon une imitation détestable des mauvaises pièces anglaises ? Pourtant le parterre applaudit avec enthousiasme et demande la répétition de ces « dégoûtantes platitudes »... En ces termes Frédéric II se justifie, désavouant la jeune littérature allemande. Il ne change pas; il est toujours fidèle à son amour de la patrie; mais pour ce qui est des grandes réussites littéraires, il estime qu'il faut les préparer seulement : elles ne viendront que demain. Aujourd'hui, écrire en allemand, c'est s'emprisonner; écrire en français, c'est s'ouvrir toute l'Europe.

1781. Justus Möser, *Ueber die deutsche Sprache und Literatur*. Des écrits qui traduisirent l'émotion provoquée par le discours du roi, celui-ci est le meilleur. Justus Möser, l'historien d'Osnabrück, est plein de déférence et même de respect; il sait garder la mesure : quand il regrette que les Allemands n'aient encore qu'une patrie littéraire qui leur soit commune, et quand, par ce regret même, il fait allusion à une unité politique encore à naître, il garde une parfaite discrétion. Son accent n'en est pas moins net : il montre, très fermement, la façon dont il lui semble que le grand Frédéric a dévié. Si les Allemands sont en retard, la faute n'en est point à leur insuffisante imitation des modèles français : elle vient, au contraire, de ce qu'ils n'ont pas osé s'inspirer de leur propre génie. Erreur, que de préférer les jardins à la française aux grands chênes des forêts teutoniques; jamais les produits étiolés des serres étrangères ne croîtront bien sur le sol teuton. *Gœtz von Berlichingen* s'inspire de l'histoire nationale, et c'est pour cela que la pièce est belle. La tragédie à la française se caractérise par une simplicité factice; elle est le résultat de soustractions successives; et d'abstractions; tandis que le drame allemand du jeune Gœthe rend la multiplicité de la vie : deux conceptions de l'art, dont la seconde est incontestablement préférable; deux conceptions du monde. Autre erreur, que de croire que la littérature allemande ne fleurira que dans la terre promise, car elle a fleuri dès maintenant : Klopstock, Bürger, Gœthe, en sont la preuve. La langue elle-même, pauvre parce qu'on l'a épurée mal à propos, retrouve sa richesse en utilisant les mots et les tours populaires; Lessing, et Gœthe encore, ont heureusement puisé à cette source. Ainsi le roi s'est trompé; la raison en est sans doute qu'il a composé son plaidoyer à une date antérieure, lorsque les changements qui se sont produits en Allemagne n'étaient pas encore certains, lorsqu'il était l'élève d'Algarotti et de Voltaire. Qu'il est grand, toutes les fois qu'il met sa confiance dans la force allemande qui assure la durée, qu'il montre un noble cœur allemand! Mais quand il veut rivaliser avec des modèles étrangers, au lieu d'être le premier en toutes choses, il n'est plus que le second; et c'est grande pitié.

Résistances; rébellions; luttes pour déposséder la France de son privilège; des langues, des littératures, des philosophies, qui sont chargées d'exprimer la force d'un sentiment national qui va tous les jours croissant; des États multiples qui affirment leur volonté de vivre de leur vie particulière; une Espagne imperméable, une Italie qui veut retrouver son unité romaine, une Allemagne qui se constitue moralement, une Angleterre dont la pensée conquiert le continent : voilà, pour ne parler ici que des pays qui ont dirigé l'opinion européenne, quelques-uns des éléments oubliés par Rivarol, lorsqu'il écrivait sereinement que le temps était venu de dire : le monde français.

Il n'y aurait pas de concorde spirituelle, inspirée par une nation vivante; et même une certaine communauté de culture était menacée. Au temps de la grande période classique, tous les enfants de bonne race avaient vécu en compagnie de César, de Tite-Live, de Virgile; ils avaient hésité entre Annibal et Scipion; ils avaient rêvé d'imiter les héros de Plutarque : l'Urbs était leur cité. Quand ces enfants s'étaient dispersés, et qu'ils étaient devenus des hommes, ils n'étaient pas tout à fait perdus : restait un moment de la durée, un intervalle dans l'espace, où ils avaient pensé en commun; restaient de communs souvenirs, une commune mesure selon laquelle ils jugeaient le présent; ensemble ils avaient habité une île fortunée, dont ils retrouvaient le souvenir. Mais la nouvelle éducation, l'appétit du moderne, la recherche d'un progrès que chacun pouvait imaginer d'après son mirage individuel, tendaient à abolir ce passé qui les avait unis.

Il n'y aurait pas de concorde politique : tout au plus des coalitions provisoires, qui se déferaient comme elles s'étaient faites, toujours. Les sages philosophes ne gouverneraient pas les États, mais bien plutôt Machiavel, opiniâtre, et triomphant. Il n'y aurait pas de paix universelle; seulement des trêves, pendant lesquelles on se préparerait à la guerre, en cherchant de meilleurs moyens de s'entretuer. Car la science augmenterait, comme on l'avait espéré, la puissance de l'homme, mais augmenterait du même coup sa puissance de détruire. Le XVIIIe siècle finirait par les guerres de la Révolution, le XIXe commencerait par les guerres de l'Empire.

Et cela continuerait : des guerres, des révolutions, des catastrophes amplifiées. A l'Europe, fait géographique difficile à définir, similitudes vagues, velléités de former un tout, projets idéologiques, aspiration à des lendemains où les maux cruellement sentis s'atténueraient par le bienfait d'une union véritable, s'opposerait la fausse Europe, chaos d'intérêts et de passions. Le monde entier serait bouleversé, à la fin.

N'y a-t-il pas d'autre constatation à faire, dans l'ordre de l'esprit? Rien d'autre que cette confusion, que ces aigreurs, que ces perpétuelles luttes? que ces tempêtes, que ces naufrages, que ces épaves? Faut-il n'aboutir qu'au désespoir? Il faut pourtant bien que l'Europe possède quelque force indestructible, puisque au milieu de catastrophes inouïes, elle continue à vivre.

Nous nous sommes demandé quelle était cette force, en étudiant la période de l'histoire de ses idées qui va de 1680 à 1715; et après avoir dit qu'elle était d'abord un acharnement de voisins qui se battent, nous ajoutions : « Qu'est-ce que l'Europe? — Une pensée qui ne se contente jamais. Sans pitié pour elle-même, elle ne cesse jamais de poursuivre deux quêtes : l'une vers le bonheur; l'autre, qui lui est plus indispensable encore, et plus chère, vers la vérité. A peine a-t-elle trouvé un état qui lui semble répondre à cette double exigence, elle sait qu'elle ne tient encore, d'une prise incertaine, que le provisoire, que le relatif; et elle recommence la recherche qui fait sa gloire et son tourment. » Oui, c'est bien ainsi qu'il en était; c'est ainsi qu'il en est, pour le XVIIIe siècle; et sans doute est-ce ainsi qu'il en sera dans la suite : à travers toutes les déceptions, la permanence d'un principe sauveur.

Sa soif inextinguible de vérité : telle est, dans sa misère, sa grandeur; c'est en cela qu'elle personnifie, plus que tout autre continent, la condition humaine. Elle n'admet pas que ce qui est, doive être nécessairement : elle ne s'abandonne pas au nirvana. Elle ne met pas sa confiance dans un mécanisme qui, augmentant le bien-être, endort la pensée. Elle n'est pas lâche; elle ne se soumet pas, elle n'accepte pas. La pierre a glissé le long de la montagne, elle est retombée jusque dans la plaine : il faut la hisser de nouveau vers les cimes : donc l'Europe reprend sa tâche; elle n'estime jamais payer d'un prix trop cher l'accomplissement de sa mission. Lorsqu'elle crée, c'est encore qu'elle cherche; lorsqu'elle blasphème, c'est encore qu'elle croit; ses découragements sont sans lendemain.

Européens, toujours inquiets, dit Voltaire [1]. « Un génie de liberté, qui rend chaque partie très difficile à être subjuguée et soumise à une force étrangère », dit Montesquieu [2]. Et Lessing : « Ce qui fait la valeur de l'homme n'est pas la vérité qu'il possède ou croit posséder : c'est l'effort sincère qu'il fait pour s'en rapprocher. Car ce n'est point par la possession, mais par la recherche de la vérité que grandissent les forces qui font sa perfection toujours croissante. La possession rend tranquille, paresseux, orgueilleux. Si Dieu tenait enfermée dans sa main droite la vérité entière, et dans sa main gauche l'aspiration éternelle vers la vérité..., et s'il me disait : « Choisis! » je choisirais humblement la main gauche et je

1. *Œuvres*. Éd. Garnier, tome XXII, p. 491.
2. *Esprit des Lois*, Livre XVII, chapitre VI.

dirais : « Donne, mon père, car la vérité pure n'est que pour toi [1]! »

Ou, pour le dire en d'autres termes, par la voix d'un homme du xxᵉ siècle [2] :

« Il avait commencé à comprendre ce que l'Europe était en réalité pour lui. Elle représentait non seulement son passé à lui, mais celui de trois cents millions d'hommes, avec ce qu'il en savait et qu'il portait dans son sang; non seulement la région qui l'avait produit, mais aussi l'image et la configuration de toutes les régions entre la mer du Nord et la Méditerranée, leur atmosphère, leur histoire, leur évolution, non seulement telle et telle ville où il avait vécu, mais des centaines de villes et, dans ces villes, les églises, les palais, les châteaux, les œuvres d'art, les bibliothèques, les traces des grands hommes. Y avait-il un seul événement de sa vie auquel les souvenirs de plusieurs générations ne fussent associés, souvenirs nés en même temps que lui ? L'Europe était, idée inconcevable et qui le remplissait de respect, l'existence d'un tout depuis deux millénaires, Périclès et Nostradamus, Théodoric et Voltaire, Ovide et Érasme, Archimède et Gauss, Calderon et Dürer, Phidias et Mozart, Pétrarque et Napoléon, Galilée et Nietzsche, une armée innombrable de génies radieux, une autre non moins innombrable de démons, toute lumière trouvant son équivalent dans d'égales ténèbres, mais y resplendissant, faisant naître un vase d'or des noires scories, tout cela : les catastrophes, les nobles inspirations, les révolutions, les périodes d'obscurcissement, les mœurs et la mode, le bien commun à tous, avec ses fluctuations, ses enchaînements, son évolution degré par degré : l'esprit, voilà ce qu'était l'Europe. »

---

1. G. E. Lessing, *Eine Duplik*. Werke, Éd. Hempel, tome XVI, 26.
2. J. Wassermann, *Der Fall Maurizius. L'affaire Maurizius*, trad. de l'allemand par J.-G. Guidau, 1930.

Table des matières analytique.

naturelle de l'homme, sur l'obéissance à la loi de la nature, et sur l'instinct qui nous porte à la poursuite du bonheur, p. 164. — Réhabilitation de la passion, du plaisir et de la volupté, faits naturels et, comme tels, rationnels, p. 164. — Légitimation de l'amour-propre réglé par l'intérêt personnel et limité par le respect de l'intérêt d'autrui, p. 166. — Ainsi fondée sur la raison, la morale prend le caractère de science expérimentale, p. 169. — Active propagande en faveur de la nouvelle éthique, p. 169. — Grimm et son *Essai de catéchisme pour les enfants;* Saint-Lambert et son *Catéchisme universel,* p. 170. — Trois vertus essentielles à la nouvelle morale : la tolérance, la bienfaisance, et l'humanité, p. 171.

Troisième partie.
Désagrégation.

d'une épiphanie de l'homme de sentiment, p. 276. — Enfin le défaut d'unité et de cohérence dans la doctrine des philosophes et les divergences entre leurs conceptions du déisme est une cause majeure de leur défaite, p. 278. — Ce sont les phases chronologiques mêmes par où est passée l'histoire de la philosophie des lumières, p. 279.

des tableaux; sa sensibilité toujours en effervescence met sans cesse en lui l'homme de sentiment en contradiction avec l'homme de raison : athée, il s'attendrit aux cérémonies du culte catholique; matérialiste, il a foi dans la suprématie de l'esprit; déterministe, il croit au libre choix dans l'amour; ennemi des tyrans, il s'enthousiasme pour Catherine II; il professe la morale de l'intérêt et pratique la morale du sentiment; esthéticien, il proclame la valeur émotive de l'art avec un enthousiasme qui confine au lyrisme de nos romantiques, p. 375. — Sa conception de la Nature, aussi complexe que contradictoire, p. 378. — Pour lui, le Nature est avant tout l'instinct, l'intensité des puissances de l'individu par où l'homme naturel se retrouve dans sa liberté primitive et s'affranchit des contraintes de la civilisation. Diderot prépare Rousseau et l'attitude des nouvelles générations devant la vie, p. 379.

— Le Déisme aboutit, dans la masse, à l'abolition de la notion du divin, p. 420.

Conclusion.
L'Europe et la fausse Europe.

L'Europe, imprécise dans ses limites orientales, incertaine dans ses divisions, forme, dans la diversité de ses éléments, un tout merveilleux, p. 422. — A l'inertie des races de l'Orient, elle oppose une curiosité inlassable et un perpétuel effort vers le mieux, p. 423. — D'où sa suprématie dans l'ordre matériel et, plus encore, sa prééminence dans l'ordre intellectuel qui fait d'elle la partie pensante du monde, p. 423. — L'activité des Européens, moyen de connaissance; leurs voyages sont des enquêtes; échanges par lesquels tend à se constituer un esprit commun et une littérature internationale, p. 424. — Entre les nations diverses s'établit spontanément une hiérarchie des valeurs où domine la suprématie de la France, p. 427. — Rayonnement intellectuel qui s'explique par sa stabilité qui rassure et sa quête incessante du mouvement qui est la vie : universalité de la langue française, p. 428. — L'art de vivre est un art français, p. 429. — Le cosmopolite d'alors, est celui qui pense et vit à la française : le prince de Ligne, p. 430. — Effort de l'Europe pour réaliser son unité spirituelle dans une gravitation des peuples occidentaux autour de la France secondée de la Hollande et de la Suisse, p. 430. — A ces forces convergentes en faveur d'un ordre européen s'opposent des forces divergentes et des ferments de dissociation : des critiques s'élèvent, des querelles éclatent, des écrits satiriques voient le jour, des rivalités surgissent, p. 431. — Le génie propre de chaque nation tend à s'affirmer aux dépens de ses voisins; exemple de l'Allemagne, p. 434, de l'Angleterre, p. 435. — La France, sympathique à ces souffles nouveaux, encourage l'essor et aide inconsciemment l'Europe à se libérer de la suprématie intellectuelle qu'elle-même exerce, p. 437. — Les nationalismes qui s'affirmeront au XIXᵉ siècle se préparent au XVIIIᵉ, p. 438. — Exemple de l'Espagne, très soumise aux influences françaises, qui prend conscience de son propre génie, p. 438; nationalismes anglais et français : Du Belloy et *le Siège de Calais*, p. 440. — Origine et caractère particulier du sentiment national en Italie : le *Risorgimento* date du XVIIIᵉ siècle, p. 440. — Attitude irritée de l'Allemagne devant la critique

A CHEVÉ
D'IMPRIMER LE 10 JANVIER 1968,
PAR OFFSET-AUBIN A POITIERS
(VIENNE), POUR LE COMPTE DE LA
LIBRAIRIE ARTHÈME FAYARD
6 RUE CASIMIR DELAVIGNE A PARIS

Dépôt légal nº 3854   1846   1er trimestre 1968

Imprimé en France.